Wulf Wallrabenstein

Offene Schule – Offener Unterricht

Ratgeber für Eltern und Lehrer

Mit Fotos von Michael Seifert

Rowohlt

Originalausgabe
Lektorat Bernd Gottwald

9. Auflage Januar 2001
Aktualisierte Auflage 1994

Veröffentlicht im Rowohlt Taschenbuch Verlag GmbH,
Reinbek bei Hamburg, Februar 1991
Copyright © 1991 by Rowohlt Taschenbuch Verlag GmbH,
Reinbek bei Hamburg
Umschlaggestaltung Peter Wippermann / Jürgen Kaffer
Illustration Mike Loos
Satz Garamond und Optima auf der Linotronic 500
Gesamtherstellung Clausen & Bosse, Leck
Printed in Germany
ISBN 3 499 18752 3

Das Kind sagt

Ich will groß sein,
ich will mir ein Haus bauen aus Luft
und einen Garten machen aus Löwenzahn,
Lieder sollen darin wachsen,
die ich jeden Tag esse,
und ich will reich sein wie ein Kuckuck,
dem der ganze Wald gehört,
und ich will viele Kinder haben,
die schicke ich in die Schule,
damit sie den Krieg verlernen
und wissen, wie man ein Gewehr
aus Lachen macht und eine Kugel
aus Wind und einen Vater, der nie
fortgeht.

Wiemer, R.O., Das Kind sagt, in:
Ernstfall, Stuttgart 1989

«Steinbruch» zur Einstimmung

Adler steigen keine Treppen.

Lernen mit allen Sinnen – gegen das Monopol nur intellektuellen und rezeptiven Lernens.

Begabung ist ein Gewächs, das nicht in Monokulturen gedeiht.

Ihr müßt lernen, einzugreifen. Die Chancen dazu werden Euch geboten.

Ich finde es schlimm, wenn alle dasselbe machen müssen.

Wenn etwas schwerer ist, kann ich meine Freundin fragen.

Vom Lern- und Leistungskult zur Lernkultur.

Soviel Belehrung wie nötig, soviel Erfahrung wie möglich.

Das Lernen lernen!

Welche Reform braucht die Schule?

Prinzipien mehr als Ziele, begründete Überzeugungen mehr als empfohlene Varianten.

Auf Elternabenden fiel mir oft auf, daß die Lehrerin eine viel bessere Meinung von einem Kind hatte als die Eltern, die ihrer Brut nicht viel Gutes zutrauten.

Wen interessiert es, ob Uta Fu oder Fu Uta ruft?

Soll denn hier jedes Kind machen, was es will?

Man hat vergessen, daß die Einführung der Schule nicht als Bildungszwang gedacht war, sondern als eine Garantie für das Bildungsrecht.

Die stärkste Erinnerung an meine eigene Schulzeit ist das Gefühl, ständig auf der Hut sein zu müssen, damit mein mangelndes Wissen nicht entdeckt wurde.

Wir Lehrer sind überfordert durch Therapiearbeit an einzelnen Kindern.

Offenheit fängt bei uns selber an.

Inhalt

Kapitel 10: Offener Unterricht: kontrovers

Kapitel 11: Kinder, Eltern, Lehrer zum Offenen Unterricht

Kapitel 12: Praktische Hilfen

Vorwort des Lektors

Meine Arbeit an dem Buch von Wulf Wallrabenstein war für mich auf vielfältige Weise besonders persönlich und wichtig. Mit den verschiedenen Manuskriptfassungen ging die Entscheidungsfindung einher, unseren Sohn auf die Regelschule oder eine Freie Schule gehen zu lassen. So haben meine Beschäftigung mit dem Manuskript und die Diskussion mit dem Autor ebenso wie die Unterhaltung mit Lehrern und Lehrerinnen und das Kennenlernen elterlicher Wünsche, Erwartungen und Ängste dazu geführt, Offenen Unterricht und Offene Schule als positiv-spannendes Ereignis zu sehen; nicht zuletzt dadurch, daß ich bei Lehrern und Lehrerinnen ein derartiges Engagement – mit heißem Herz und kühlem Kopf – bisher nicht gewohnt war. Der durchschimmernde Rest Skepsis wird zunehmend von unserem Sohn aufgeweicht, der sich seit einigen Monaten in der Schule einfach wohl fühlt – und das sollte doch die beste Voraussetzung auch für «erfolgreiches» Lernen sein.

Bernd Gottwald

VORWEG:
TYPISCHE FRAGEN –
OFFENE ANTWORTEN

Wer sich heute an den Auseinandersetzungen um die «Öffnung»
der Schule beteiligen will, wer den Hintergrund dieser inneren Reform der Schule zu verstehen versucht oder als Mutter oder Vater
schlicht wissen möchte, ob dieser Unterricht gut für das eigene
Kind sei, macht widersprüchliche Erfahrungen: Sie reichen von der
Zuspitzung – «Offen ist besser als geschlossen» – über die alte Lei-
stungsdiskussion – «Wird dabei auch genug gelernt?» – bis hin zur
Ausgrenzung einzelner Schulen – «Die arbeiten immer noch nicht
offen…»

Der Suchende und Fragende nimmt also wahr, daß allein schon
der *Begriff* «Offener Unterricht» zu Auseinandersetzungen und
vorschnellen Zuschreibungen führt – die *Praxis der Öffnung* des
Unterrichts hat jedoch in der Regel zu überzeugenden Formen gemeinsamen Lernens und Lebens von Kindern, Lehrerinnen, Lehrern und Eltern geführt.

Bei der Beteiligung an dieser Praxis, aber auch im Nachdenken
und in der Auseinandersetzung darüber werden von Eltern und
Lehrern besorgt oder auch provozierend vor allem vier typische
Fragen zur Offenen Schule und zum Offenen Unterricht gestellt.
Sie sollen hier vorweg einen schnellen und direkten Einstieg in die
Problematik mit weiterführenden, offenen Antworten ermög-
lichen:

**Offene Schule, Offener Unterricht, Öffnung der Schule – sind
das nicht wieder diese gefährlichen pädagogischen Experimente
mit Kindern?**
Weder gefährlich noch Experiment, denn eine menschliche Gestaltung der Institution Schule gehört zu den pädagogischen Grundbedingungen für ein erfolgreiches Lernen von Kindern. Die dafür
notwendige Öffnung zum Kinde steht in bewährter pädagogischer
Tradition mit Namen wie Pestalozzi, Petersen, Montessori, Freinet,
Gaudig, Kerschensteiner und vielen anderen. Offen bleibt bei

dieser Antwort, welche pädagogischen Elemente im einzelnen dabei als Orientierungen dienen. (Darüber ausführlich in Kap. 10, S. 275).

Lernen die Kinder bei Offenem Unterricht auch genug?

Heute kann man diese Frage mit Sicherheit bejahen – es gibt entsprechende Untersuchungen zu Leistungsvergleichen. Aber was heißt «genug»? Für die Eltern genug, für den weiteren Lebensweg, für die Wissensbestände eines Faches? Genug lernen heißt heute vor allem, daß Kinder Lernbereitschaft und Lernfreude selbständig entwickeln – also das Lernen des Lernens gelernt haben. Diese lebensnotwendigen Fähigkeiten und entsprechende Fertigkeiten stehen im Zentrum des Offenen Unterrichts. Offen ist, in welchem Ausmaß dabei alles fachspezifische Wissen der Lehrpläne vermittelt werden muß. (Genaueres im Kap. 5, S. 110).

Heißt «offen», daß die Kinder in der Schule machen können, was sie wollen?

Nein, dann wird ja «offen» mit Chaos, Beliebigkeit, Unordnung und Unverbindlichkeit gleichgestellt. Gerade der Prozeß der Öffnung benötigt klare Vereinbarungen über das Miteinander, sorgfältige Vorbereitungen von gemeinsamen Projekten und deutliche Strukturen im Lernfeld Freie Arbeit. Solche Übereinkünfte und Regeln für die Arbeit werden in der Klasse gemeinsam entwickelt und deshalb akzeptiert. Offen ist die Art und Weise der Vereinbarungen. (Nachzulesen im Kap. 6, S. 150).

Warum sollen sich die Schule und der Unterricht öffnen?

Tiefgreifende Veränderungen bei den Kindern selbst und in ihren Lebensbedingungen fordern die Schule heraus und machen eine veränderte, offenere Schule und einen veränderten Umgang mit den Kindern notwendig. Der pädagogische Bezug wird (wieder) stärker betont, so daß das einzelne Kind mit seinen Lernmöglichkeiten in einem erfahrungsoffenen Unterricht so angenommen wird, daß es mit Selbständigkeit, mit Zeit, mit Ausdauer, mit Kreativität, mit Zuversicht und aus eigenem Antrieb lernen kann. Offen bleibt bei dieser Antwort, wie die Balance zwischen Freisetzen und Führen, Beraten und Steuern, Vertrauen und Überprüfen sinnvoll entwickelt werden kann (vgl. dazu Kap. 7, S. 162).

Kapitel 1

Einführung und Hintergrund

Was denken wir, wenn wir von «Offenem Unterricht» hören, welche Fragen haben wir, wenn wir in Verbindung mit der Schlagzeile «Leben-lernen in der Schmuseecke» das Modewort «Offene Schule» lesen, wie verhalten wir uns selbst, wenn wir auf einem Elternabend eine aufre-gende Auseinandersetzung zwischen Gegnern und Befürwortern die-ser pädagogischen «Bewegung» erleben?

Sind nicht schon bei dem schönen Eigenschaftswort «offen» vielfäl-tige Gefühle, Erfahrungen und Einstellungen mit im Spiel?

Manche Menschen bilden gleich den Gegensatz «offen – geschlos-sen», andere kommen auf sprachliche Bilder, die ihnen zum Wort ein-fallen: ein offenes Gesicht, ein offenes Ohr, eine offene Tür, eine offene Situation. Auf jeden Fall liegt in allen Vorstellungen und Bildern ein Moment der Freiheit, des Unabgeschlossenen und der Weite.

Bei genauerem Hinschauen zeigt sich, daß unsere mit dem Wort ver-bundene Vorstellung auch bedeutet, daß Platz ist für das Denken und die Einstellung von anderen Menschen – ja, vielleicht sogar für ihre Beteiligung; Platz auch für alternative Perspektiven, für das Offenbar-werden von Problemen. «Offen» heißt dann auch, Raum zu geben für Veränderungen, für Spannungen, für Widersprüchliches, für Neues, für Zukünftiges.

Auf der anderen Seite wird bei dieser positiven Zuschreibung deut-lich: Der Enge, der Abgeschlossenheit und den fertigen Programmen wird damit eine Absage erteilt. Genau dies ist einer der tieferen Gründe für die bewegten Auseinandersetzungen um den «Offenen Unter-richt»: Wir haben Probleme damit, Offenheit und Schule zu verbinden, etwas noch nicht Festgelegtes in den Zusammenhang mit einer Institu-tion zu bringen, die uns aus unserem eigenen Erleben auch erinnert an Enge, vorgefertigte Systematik, festgeschriebene Methoden, an Ver-waltetes, an Vorgedachtes und Nachzudenkendes – eben an Geschlos-senheit.

Wir haben aber auch Probleme damit, die im Anspruch «Offenheit» signalisierte Ungewißheit, Unruhe und Veränderung für uns als Per-son, als Eltern, als Lehrer und Lehrerin wirklich zuzulassen! Jeder Mensch merkt eben recht schnell, daß «Offenheit» gut klingt, aber auch Bewegung bedeutet, daß «Öffnung der Schule» und «Öffnung des Unterrichts» einen Prozeß und eine Entwicklung markieren, die

Gesichertes, Gewachsenes, Eingeübtes, Normen, sogar Erziehungsstile und Lebensmuster in Frage stellen können. Damit ist geklärt, daß ein Buch und Ratgeber zur «Offenen Schule» und zum «Offenen Unterricht» nur im Zusammenhang mit unseren persönlichen Erfahrungen mit der Schule, mit der Erziehung von Kindern, mit den Vorstellungen und praktischen Mustern der Verständigung und des Zusammenlebens im Alltag einen Sinn macht. Aus diesem Grund werden in diesem Buch viele Geschichten aus und über Offenen Unterricht erzählt. Es sind Geschichten aus der Schul- und Erziehungspraxis von Eltern, Kindern, Lehrern und Lehrerinnen. Sie beziehen sich vorwiegend auf die Grundschule und die Klassen 5–7 der Sekundarstufe, weil diese Reform im Augenblick von «unten» nach «oben» wächst. Die Geschichten werden so entfaltet, daß die Hintergründe, die notwendigen Begründungen, die Theorievorstellungen und die Praxisanregungen für unser Thema zu verstehen sind.

Zusammengenommen ist das Ganze eine «Lerngeschichte» von Offenem Unterricht und ein «Lernweg» zur Offenen Schule, weil die Lernerfahrungen von Kindern und Erwachsenen die Lernmöglichkeiten von Leserinnen und Lesern in Gang setzen wollen: für aufregende Entdeckungsreisen zwischen Kinderschule und Elternschule, zwischen Einschulung und Abschulung, zwischen Verschulung und Entschulung.

Erfahrungen mit dem Offenen Unterricht muß man natürlich selbst machen, man kann sie aber auch teilen und weitergeben. Wir tun das schon dann, wenn wir uns vielleicht zunächst belanglose Geschichten aus der Schule erzählen, die dann aber über unsere Beziehung zu den Zuhörern bedeutungsvoll werden: Eine Mutter erzählt ihrer Nachbarin von einer «komischen Matratzenecke» in der Klasse ihres Sohnes. «Wie finden Sie denn das?» Schon diese Andeutung zeigt, daß wir uns im Alltag in unseren «Geschichten» artikulieren, dabei unsere Einstellungen und Wünsche mit ausdrücken und Teilnahme an unseren offenen oder verdeckten Botschaften erwarten. So erhalten wir nicht nur bloße Informationen über etwas, sondern können aus Geschichten lernen.

Geschichten sind ein lebendiger Einstieg – um dem Geheimnis des Offenen Unterrichts auf die Spur zu kommen, müssen wir uns aber weiter auf ein verwirrendes Netzwerk von Informationen, Darstellungen von Erfahrungen, Dokumentationen und Argumentationen, Unterstellungen, politischen Bedingungen und Perspektiven, gesellschaftlichen Trends und Entwicklungen, Lerntheorien und Erziehungskonzeptionen einlassen.

Dabei geht es nicht nur um «reine» Information über einen Sachzusammenhang: Die Besinnung auf unsere eigene Grundhaltung führt uns vor, wie eng der pädagogische Hintergrund der Thematik mit Einstellungen, Erfahrungen und (Vor-)Urteilen verknüpft ist. Viel deutlicher wird dies, wenn wir persönlich betroffen sind:

Unser Kind kommt zur Schule. Es freut sich auf das Neue, Aufregende und erlebt, wie schön ein Vormittag in einer ersten Klasse mit anderen Kindern ist. Es geht gerne weiter zur Schule, liebt seine Lehrerin heiß und innig – doch irgendwann schwindet die Begeisterung, Schulunlust macht sich breit... Wie kommt das? Liegt das an der Schule, ist das entwicklungsbedingt, liegt das an den Erwachsenen, passiert das bei allen Kindern?

Eine solche Erfahrung und die entsprechenden Fragen kennen fast alle Eltern und Lehrer. Gehen sie ihnen nach, kommen sie auf Gründe, die direkt mit dem Schulalltag zu tun haben, genauer mit dem, wie die Kinder die Schule als wichtigsten Teil ihrer Lebenswelt erfahren. Erleben sie die Grundschule z. B. eher als eine Kinderschule oder eher als ein vorgezogenes Gymnasium? Sind die weiterführenden Schulen mehr an den Fächern oder mehr an den Schülern orientiert? Geht es um Konkurrenz und Einzelleistung, ist Schule durch ein zusammenhangloses Lernen und vorherrschenden Frontalunterricht gekennzeichnet, oder gibt es auch Lernen in Projekten, im Spiel, in künstlerischen Aktivitäten, Lernen durch Übernahme von Verantwortung für Themen, die Räume, die Gegenstände und für das Miteinanderarbeiten?

Solche bewußt gegenübergestellten Verständnisse vom Schulalltag machen uns klar, daß Schulunlust und Schulversagen, aber auch Schulfreude und Engagement in der Schule über die Verantwortung für die Zukunft der Kinder uns als Eltern und Lehrer direkt betreffen – sie führen für jeden zu erkennbaren, gesellschaftlichen Hintergründen. Ganz schlicht ausgedrückt: Sind wir eine «Ellbogengesellschaft», die eine «Ellbogenschule» braucht, können wir mit den Erfahrungen einer Freizeit- und Konsumgesellschaft noch rigide Formen der Verschulung hinnehmen, sind wir eine Demokratie, die nur dadurch überleben kann, daß mehr Menschen lernen, Verantwortung zu übernehmen und zu teilen, sind wir eine Risikogesellschaft, die ein mehrfaches Umlernen für wechselnde Berufe für notwendig erachtet?

Schule ist also nicht mehr ein einfaches Geschäft, die klassischen Voraussetzungen für eine gut zu überschauende Schullaufbahn schwinden, die «Beschulung» ist heute für alle Beteiligten ein Risiko. Die Fragen nach dem Gegenwartssinn von Schule – wozu brauche ich das? – und nach zukünftigen Orientierungen angesichts bedrohter Zukunft werden immer häufiger und auch radikaler gestellt. So fragen heute Eltern ganz direkt und durchaus widersprüchlich:

– Was ist wichtiger in der Schule: Leistung oder Kindorientierung?
– Sind die Lehrpläne nicht total überholt?
– Brauchen wir noch die anonyme Regelschule, oder ist nicht die gemütliche Privatschule die richtige Alternative für unsere Kinder?
– Muß es so etwas wie Auslese (Selektion) in den Schulen geben?
– Ist eine innere Schulreform als Öffnung der Schule überhaupt notwendig?

Eltern, Lehrer und Lehrerinnen haben aus den Erfahrungen mit Antworten auf solche Fragen schon seit Ende der sechziger Jahre veränderte Formen einer kindorientierten Schulpraxis entwickelt – nachzulesen in vielen Dokumentationen, Berichten und Büchern. Neu seit Beginn der achtziger Jahre ist – und deshalb wurde dieses Buch geschrieben – die «Öffnung» in den Regelschulen. Nicht nur die alternativen Schulen, Privatschulen, freien Schulen oder bekannten Reformschulen wie die Laborschule in Bielefeld oder die «Offene Schule» Kassel-Waldau sind also davon betroffen, sondern auch die zahllosen, normalen Regelschulen: Die Staatsschule an der nächsten Ecke verwandelt sich, in Vollmarshausen und Quakenbrück ebenso wie in München und Hamburg!

Natürlich nehmen dadurch auch die Konflikte zu. In den Regelschulen muß – im Gegensatz zu den nicht-staatlichen Schulen – eine sehr schwierige Übereinkunft hergestellt werden zwischen unterschiedlichsten Eltern- und Lehrergruppen und Erziehungsinteressen, zwischen sich Öffnenden und Abwartenden, Leistungsfanatikern und Kindereuphorikern, Reformorientierten und Reformfeindlichen.

Konflikthafte Auseinandersetzungen im Bereich Offene Schule / Offener Unterricht haben aber auch noch ganz andere Gründe, die direkt mit der Öffnung zu tun haben: einseitige Inanspruchnahme einer pädagogischen Konzeption, Öffnung unter Druck, Überforderungen und Enttäuschungen bei nicht gut vorbereiteten Einstiegsversuchen, Gruppenbildung in den Kollegien der Schulen (die «Traditionellen» gegen die «Reformer»), Probleme mit der Schulaufsicht, Erschöpfung der psychischen und physischen Kräfte engagierter Kolleginnen und Kollegen angesichts sich verschlechternder Rahmenbedingungen und veränderter Kinder, die weder zu Hause noch auf der Straße genügend Zeit und Menschen für ihre Entwicklung haben. Diese und viele andere Probleme zeigen, daß die «innere» Reform für die Schule im Augenblick eine der größten Herausforderungen bedeutet.

Das für jeden Menschen daran Aufregende ist, daß er sich zunehmend vor Entscheidungen gestellt sieht, sich als Handelnder begreift in einem größeren Zusammenhang. Konkret für unsere Erziehungsziele gefragt: Wollen wir der möglichen Aufteilung von Bildung und Erziehung zustimmen – in einen öffentlichen, uns eher gleichgültig lassenden Teil mit der Regelschule und einen durch Engagement in selbstorganisierten Bereichen, in Bewegungen, in Gruppen, in der Familie, Nachbarschaft und Freizeit bestimmten privaten Teil? Ist nicht vielleicht die *Öffnung der Schule nach außen* zum Stadtteil, zur Gemeinde, zur Umwelt, wie auch die *Öffnung der Schule nach innen* zum Kinde, in der Entwicklung einer aktivierenden Lernumwelt und eines kindgerechten Unterrichts ein sinnvoller Weg?

Die mit der letzten Frage vermittelte Botschaft des Buches, die Skizze des pädagogischen Hintergrundes, das Kennzeichen der Signale für die stille Bildungsoffensive «Öffnung», die Zuspitzung auf die vielen praktischen Fragen, verweisen auf eine schwierige Aufgabe. Das Buch muß bei dieser Thematik in drei Bereichen zugleich ansetzen, um Ratgeber sein zu können:

1. Das «Ich», das betroffene Individuum, das Kind, seine Lerngeschichte: *Veränderungen beim Kind.*
2. Das «Wir», das Miteinander, die Partner, die Bezugsgruppe, die Familie, die Lerngruppe, die Schulklasse: *Veränderungen im Unterricht.*
3. Die «Institution», die Schule, das Bildungssystem, die pädagogischen Bedingungen: *Veränderungen in Schule und Umwelt.*

Dieser komplexen Aufgabe kann nur mit Erfahrungen und Erkenntnissen aus Praxis *und* Wissenschaft begegnet werden. Sie werden in diesem Buch so zusammengeführt, daß wir selbst Stellung beziehen müssen und die Kinder mit ihren Lernmöglichkeiten und unterschiedlichen Lebenswelten sichtbar werden (Bereich 1), daß der Unterricht als Zentrum der Öffnung von Schule deutlich wird und einzuschätzen ist (Bereich 2) und die Entwicklung einer pädagogischen Praxis der Öffnung zwischen Eltern und Schule notwendig erscheint und im Buch vermittelt wird (Bereich 3).

Das Buch verfolgt also viele praktische Fragen, stellt Fragen zur Besinnung und zum Nachdenken, fordert auf, in Frage zu stellen – gibt natürlich auch (offene) Antworten, ermöglicht Orientierungen, teilt Erfahrungen mit, hilft mit Anregungen, informiert über Modelle, Probleme und Lösungen. Es setzt auf einen Leser, der gerne selbst nachdenkt, weniger belehrt werden will und vielleicht sogar – wie viele Kinder im Offenen Unterricht – das entdeckende Lernen für sich entdeckt...

Herr Keuner sah die Zeichnung seiner kleinen Nichte an. Sie stellte ein Huhn dar, das über den Hof flog. «Warum hat dein Huhn eigentlich drei Beine?» fragte Herr Keuner. «Hühner können doch nicht fliegen», sagte die kleine Künstlerin, «und darum brauchte ich ein drittes Bein zum Abstoßen.»
«Ich bin froh, daß ich gefragt habe», sagte Herr Keuner.

Bertolt Brecht

Kapitel 2

Schulgeschichten für Entdecker

Eine Reise in die eigene Schulzeit: Erfahrungen und Kritik

Schweißgebadet wache ich auf – wieder dieser Traum… Alle zwei oder drei Jahre überfällt es mich auch heute noch, mit 48 Jahren. Ich höre die Stimme: «Wallrabenstein, an die Tafel!» Ich zucke zusammen – habe ich geträumt? «Ja, Herr Studienrat!» An der Tafel mühe ich mich ab – aber ich schaffe es nicht. Immer wieder schrillt die Kreide im Ohr – nein, wegwischen. Die Klasse lacht schon. Sie weiß, was jetzt kommen wird, denn es ist jeden Montag das gleiche Ritual unter den gleichen Bedingungen. Studienrat H. ist nicht vorbereitet, und die erste Stunde kann man gut überstehen, wenn man den Schlechtesten in Mathematik an der Tafel vorturnen läßt. «Schreibe doch die Ausgangsgleichung noch einmal rechts an die Tafel!» Meine Hand ist feucht. Die Kreide fällt herunter. Ich weiß auch, was jetzt kommen wird. Ich werde schon vorher rot, tiefrot, schamrot. – «Helga, geh und hilf ihm. Ihr versteht euch doch so gut. Hier vorne dürft ihr sogar unter meiner Aufsicht Hand in Hand arbeiten.» Stille, Stille, und dann wieder: «Los, die neue Gleichung! Na, Wallrabenstein, das wissen wir aber besser…»

Bei einer Reise in die eigene Schulzeit komme ich an dieser Geschichte nicht vorbei. Natürlich erinnere ich mich auch noch an andere Begebenheiten, an das Gesicht von Peiatz Roth, an Räume, an Gerüche, an das zersplitterte Holz meiner Schulbank, ich sehe den blonden Zopf von Rotraud vor mir – vier Jahre in der Grundschule, immer Blickrichtung Lehrerpult. Aber wie ist es zu erklären, daß mich diese Tafelgeschichte verfolgt?

Achtung: Gedankenexperiment

Was fällt Ihnen bei einer Reise in Ihre Schulzeit ein? Wie war das damals – die erste Zeit in der Schule? Erinnern Sie sich noch an das Schulgebäude, wie sah der Schulhof aus? Und der Unterricht, was geschah da? Schließen Sie die Augen, und entdecken Sie die alten Bilder! – Notieren Sie kurz Ihre Vorstellungen, damit Sie darauf zurückgreifen können.

Wenn Sie jetzt die Erinnerungen bedenken und in Worte fassen, entstehen «Geschichten», die Erfahrungen aus dem Unterricht und der Schule widerspiegeln. Ein Nachdenken über diese «Schulbilder» zeigt, was die Schulerfahrungen mit Ihnen selbst zu tun haben...

In Elterngruppen, mit denen wir Schulerfahrungen gesammelt, erzählt und besprochen haben, erstaunte uns die Fülle der deutlichen Bilder und ihre z. T. gravierenden Unterschiede in der Wiedergabe der Wirklichkeit von «der» Schule. Unter den vielen Entdeckungsreisen, die Anlaß der Gespräche über die Öffnung von Schule waren, bewegten und beschäftigten uns einige in besonderer Weise. Sie sollen hier wenigstens andeutungsweise vorgestellt werden:
– Die Abguckmauer: Vom Aufbauen von Sichtblenden gegen die Nachbarn bei der Arbeit...
– Das Mädchen mit den Kopfläusen: Wie Sylvia Kopfläuse bekam, die sie gar nicht hatte...
– Damit du dir das endlich merkst: Von gezielten Schlägen auf die Fingerspitzen mit einem Lineal...
– Va-Va-Va-ter: Von der Qual des Lesenlernens vor der Klasse...
– Die da vorne: Wie eine Wut auf die Beste in der Klasse entwickelt wird...
– Ein Sternchen für die Mäuschen: Von dem Sinn schulischer Auszeichnungen mit niedlichen Sachen...
– Es zieht schon wieder: Wie man lernt, verdeckte Aufforderungen zu befolgen...

Unsere Arbeit an solchen und ähnlichen Schulgeschichten ergab ein genaues Bild davon, wie diese Geschichten durch ihr jahrelanges «Aufbewahren» eine persönliche Einstellung zum Sinn von Schule in positiver oder negativer Perspektive bedingen. Denken Sie noch einmal an die Einführungsgeschichte von der Mathestunde, an die aufgezählten Schulgeschichten, an Ihre eigenen Erinnerungen, und vergleichen Sie! Vielleicht sind Ihre Erinnerungen viel positiver – aber man kann es drehen und wenden, wie man will, die Arbeit an Schulgeschichten (ob

zufällig eher positiv oder eher negativ) ergibt folgende Erfahrungs-
werte:

● Wir sind als erziehende Eltern und Lehrer, die eine Öffnung der
Schule bedenken, auch immer *Gefangene unserer eigenen Sozialisa-
tions- und Erziehungserfahrungen in Familie und Schule.* Wir sehen
Schule z. T. so, wie wir sie selbst erlebt haben. Das, was wir von der
Institution Schule erwarten, ist in der Regel nicht das Ergebnis einer
vernünftigen Auseinandersetzung mit den konkreten Möglichkeiten
von Schule, sondern eine von der eigenen Lebensgeschichte und vom
Lebensstil mitbestimmte Übertragung und «Projektion» unserer
Erfahrung auf das, «was für unsere Kinder gut ist».

● Wenn man durchschnittlich 15 000 Stunden seines Lebens von der
Einschulung bis zur Schulentlassung in dieser Institution verbringt,
werden die sozialen und psychischen Muster der Beziehung, des
Umgangs, der Zusammenarbeit nachhaltiger «gelernt» als die Wissensbestände. Entdeckungsreisen in die Schulzeit zeigen, daß *die Art
und Weise des Umgangs miteinander die nachhaltigsten Spuren hinterläßt:* Individuelle Lernerfahrungen, Kreativität, Spaß, Freiheits-
Spiel-Räume kommen in den Erinnerungen eher selten vor; dafür
aber häufiger Versagererlebnisse, Einschränkungen, Angst- und
Konkurrenzmotivationen, Zensurenhickhack, Machtstrukturen,
Herrschaftssprache, Scheitern von menschlichen Bezügen...

Nun war es Vormittag. Die Kinder malten Gesichter und fünfbei-
nige Hinterteile auf die Löschblätter. Nun war es Vormittag. Die
Lehrerin wiederholte zum fünften Mal: «Mit euch nimmt es kein
gutes Ende, ihr seid alle sehr faul, ihr solltet euch ein Beispiel
nehmen an den fleißigen Ameisen!»

Der Wind spielte auf dem Schulhof mit Butterbrotpapier. Der
Wind fegte das Papier vor Sandomirs Füße.

Drinnen im Schulgebäude saß die Schläfrigkeit gleich hinter
der Eingangstür und wedelte ein so abgestandenes Gähnen über
Sandomir hin, daß er am liebsten sofort umgekehrt wäre. Von
allen Decken hingen riesige trockne Schwämme und dicke Bal-
ken Kreide herab. Sandomir erschrak. Die Türen der Lehrmittel-
schränke öffneten sich, die ausgestopften Eulen, Habichte und
Paradiesvögel blinzelten müd nach einer großen Uhr, schüttel-

ten den Staub aus ihrem Gefieder, wetzten ihre Schnäbel an der Erscheinung des Fremdlings und kehrten zurück in ihre Reglosigkeit.

«Alles Gute!» sagte Sandomir.

Er nahm seinen Kompaß, ließ die Nadel ausschwingen und fand den Weg hinauf ins dritte Stockwerk zum Zimmer des Rektors. Den Flur entlang hinten in Abständen kleine Mäntel und Mützen an Kleiderhaken. Sandomir hängte seine Bahnwärtermütze an einen Kleiderhaken gleich neben der Tür einer Jungen- und Mädchenklasse, die im Kopfrechnen geprüft wurde.

Sandomir bückte sich ans Schlüsselloch, er sah, die Mädchen standen kerzengrad zwischen den Bankreihen, er hörte den Singsang der Lehrerin:

Na die U
Na die weiß auch nich
Na die Nu
A die weiß auch nich
Na die Mu
Ha die we ß auch nich
Na die Lu
Ja die weiß auch nich

Sandomir öffnete die Tür, er steckte den Kopf ins Klassenzimmer und sagte, zur Lehrerin gewandt, mit leiser Stimme: «Das Meerschweinchen lebt vom Salat. Trotzdem ist es bescheiden und spricht über seine Brüder niemals schlecht.»

Die Kinder gickerten, die Lehrerin sagte ärgerlich: «Wie bitte? Was wollen Sie? Was sagten Sie? Haben Sie was abzugeben? Dann legen Sie's hier aufs Katheder! So, und wir machen jetzt weiter!» Sandomir schloß die Tür. Er atmete ganz tief. Das strafende Augenpaar der Lehrerin machte ihm zu schaffen.

«Hildegard», rief die Lehrerin, «errechne also, wieviel Kilometer hat ein Radfahrer zurückgelegt, wenn er von Wimmershausen nach ... Wimmers ... nach Wimmer ... wie?»

(aus: Günter Bruno Fuchs: Der Bahnwärter Sandomir.
© 1971. Carl Hanser Verlag. München Wien)

Die Spinne im Morgenkreis:
Bericht aus einer Offenen Schule

Schulerinnerungen sind geeignet, uns nachdenklich zu stimmen und unsere persönlichen Schulvorstellungen in Bewegung zu bringen. Dabei dürfen wir nicht vergessen, daß es immer beliebt war, Schulkritik zu formulieren und Katastrophenbilder von der «schrecklichen» Schule zu entwerfen. Unabhängig von dieser ‹Mode› wissen wir heute mehr über die lebensgeschichtlichen Folgen einer Schulerziehung als «Verschulung». Gerade die gesicherten empirischen Erkenntnisse über Schulunlust und Schulversagen haben zu einer aktuellen Schulkritik geführt, aus der heraus der Begriff und die Vorstellung einer «Offenen Schule» entstanden.

Die Idee einer Öffnung für eine Schule als *Lernort und Lebenswelt* mit individuellen Lernphasen, Projektorientierung, Beteiligung der Eltern, Umweltbezug und anderen Elementen kann bei dieser Entwicklung helfen, Veränderungen des Schulalltags einschätzen zu lernen. Finden wir also heraus, wie weit bei einer Offenen Schule und Offenem Unterricht wir selbst mit unseren Schulvorstellungen betroffen sind:

Das Telefon klingelt. Die Klassenlehrerin eines zweiten Schuljahres meiner «Begleitschule» bittet mich, im «Morgenkreis» am nächsten Tag etwas «vorzustellen». Die Kinder hätten beschlossen, interessante Gegenstände mitzubringen und davon zu erzählen. Was nehme ich mit? Ein schönes Kinderbuch, unsere witzige «Ottomarionette»? Ich ertappe mich bei dem komischen Gedanken, daß von mir vielleicht etwas «pädagogisch Wertvolles» erwartet wird...

Meine Frau, selbst Lehrerin, denkt direkter: «Nimm doch etwas mit, was die Kinder wirklich interessiert, z. B. die Hauswinkelspinne dort hinter dem Schreibtisch!» Eine gute Idee! Am nächsten Morgen fahre ich zur Schule mit einer Spinne in einem Marmeladenglas. Vor der Klasse kommt mir Aline entgegen: «Du, wir haben gestern Geburtstag gefeiert, da ist was passiert...» Hannes und Nele schleppen einen Karton in die Klasse. Es ist 10 Minuten vor acht Uhr – die Kinder trudeln ein, tauschen Neuigkeiten aus, stöbern in Büchern in der Leseecke, eine Gruppe bildet sich um Alexander, der seinen Zaubertrick erklärt, zwei weitere sortieren in der Druckecke Buchstaben, andere überprüfen die Drucke vom Vortage, die an einer Wäscheleine in einer Ecke hängen.

Die Klasse zeigt auf einen Blick: Es ist ein Entdeckungs- und Erfahrungsraum. Da sind zahllose offene Regale und Borde mit Materialien zum Untersuchen und Entdecken, zum Kniffeln und Knobeln. Rechts an der Wand überall Ordner, Pappkartons mit Umweltmaterialien. Gleich links hängen ausgestopfte Tiere mit Schildern und Informationen – von den Kindern geschrieben; darunter ein Tisch mit entsprechenden Sachbüchern. Der Tisch der Lehrerin muß irgendwo in der Ecke sein – die Tische und Stühle der Kinder sind zu Achter- und Vierergruppen zusammengestellt. Ich bemerke einen niedrigen Wandschrank mit farbigen Ablagekörben, viele Karteikästen mit Rechtschreibkarteien und Rechenspielen, einen Tisch mit zwei Schreibmaschinen, einen selbstgebauten Hängeordner für die fertigen Arbeiten. An einer freien Wand viele Bilder der Kinder, eine Ämterliste, ein Plakat mit Regeln für die Freie Arbeit, einen großen Wochenplan. Vor den Fenstern stehen viele Grünpflanzen, dort ist auch eine Waage, Werkzeuge, ein Mikroskop, Flohmarktutensilien...

Um 8.15 Uhr, nachdem alle Kinder sich in Ruhe eingefunden und auf die anderen, die Lehrerin und die Lernumwelt eingestellt haben, werden die Stühle zum Morgenkreis zusammengestellt. Zwanglos, aber

doch mit klaren Regeln für das «Drannehmen» erzählen die Kinder von dem, was sie bewegt und was sie mitgebracht haben. Es entsteht eine natürliche Erzählatmosphäre, nur wenige Beiträge sind auf die Lehrerin fixiert – der Bezug aufeinander und das Interesse an dem anderen mit seiner Sache ist bemerkenswert. Nachfragen, Kommentare und Meinungen zu einem Beitrag werden durch ein besonderes Zeichen bei der gesprächsleitenden Schülerin angemeldet.

Plötzlich ruft Dennis dazwischen: «Oh, guckt mal, was Kojak mitgebracht hat!» Schwuppdiwupp hat er mein Marmeladenglas, das ich weit unter meinen Stuhl gestellt hatte, in der Hand, und schraubt den Deckel los. Alle starren gebannt darauf, wie die Spinne erscheint und sich an einem Faden an der Hand von Dennis herabläßt, der jetzt seinen Arm hochhält. Der Faden wird immer länger. Atemlose Stille. Tanja: «Los, Dennis, steig mal auf deinen Stuhl! Mal sehen, ob sie das auch noch schafft!» Die Spinne arbeitet fleißig weiter, bis Nele sich nicht mehr halten kann und losplatzt: «Oh, Frau L., wie kann das angehen: ein so kleiner Po und ein so langer Faden!» «Stimmt», ruft Tim, «der paßt da doch gar nicht rein!»

Die Kinder schauen fragend auf ihre Lehrerin. «So genau weiß ich das auch nicht, ihr könntet ja versuchen, das herauszukriegen!» «Oh, ja», rufen einige Kinder, «wer hat Lust mitzuforschen?» – «Dann brauchen wir aber mehr Spinnen!» Schon sind vier Kinder aufgesprungen und laufen auf ein bejahendes Kopfnicken der Lehrerin hinaus. Ich will hinterherstürzen, um die Aufsichtspflicht zu garantieren. Die Lehrerin drückt mich beruhigend auf meinen Platz. «Das können die schon, es wird ihnen nichts passieren!» – Im Stuhlkreis hat sich die Aufregung gelegt. Thomas zeigt einen «Donnerkeil» und erklärt, was das ist...

Nach einer Viertelstunde kommen die vier «Spinnenforscher» wieder herein. Sie haben sich in dieser Zeit selbständig beim Hausmeister zwei weitere Marmeladengläser besorgt, die sie nun freudestrahlend hochhalten. «Fünf verschiedene Spinnenarten», ruft Tanja. Alle staunen (die beiden Erwachsenen eingeschlossen), und Hannes schlägt vor: «Wir können doch nachher in der Freien Arbeit die Spinnen beobachten! Wer macht mit?» Die Lehrerin schaltet sich ein, weist auf ein Spinnenbuch in der Leseecke als Hilfe hin und bittet die Gruppe, sich Fragen zu überlegen und aufzuschreiben. «Was wollt ihr herausfinden?»

Es wird unruhig. Zwei Mädchen fangen mit einer Rangelei an – offensichtlich können sie nicht so eng zusammensitzen: «Bis hier ist mein Platz!» Ein Junge schaltet sich ein: «Da hab ich vorher gesessen, jetzt will…» Das Mädchen, das den Morgenkreis leitet, hebt den Daumen. Es wird etwas ruhiger, aber das Rangeln zwischen den drei Kindern geht weiter. Auch ein deutlicher Blick der Pädagogin reicht nicht aus. Aline ruft: «Hört endlich auf!» Als die Lehrerin nun auch den Daumen hebt – das vereinbarte Zeichen für Ruhe –, lacht Nadine los. Aber die Lehrerin sagt nur: «Wenn ihr überhaupt nicht mitmachen wollt – warum fangt ihr dann nicht schon an, für euch zu arbeiten?» Die beiden Mädchen stehen auf und gehen in die Druckecke. Es ist wieder ruhig.

Die Gesprächsleiterin beendet diesen Abschnitt: «Ich gebe jetzt ab an Frau L.» Nun sind wir mitten in der Planung und Organisation der folgenden «Freien Arbeit». Die Lehrerin erläutert zwei Pflichtaufgaben aus dem Wochenplan (Rechtschreibkartei, Matheübungsheft), verabredet sich mit vier Kindern für eine Leseübung, erinnert an das Gleichgewichtsexperiment mit Flasche, Korken und Gabel in der Forscherecke, verweist auf die Knobelaufgabe mit Buchstaben, die sie an die Wandtafel geschrieben hat. Zum Schluß: «Weiß jeder, was er nachher arbeiten will?» – Einige Kinder sagen kurz an, was sie sich vorgenommen haben. Da fällt Christian ein, daß er unbedingt die Geschichte von seinem verschwundenen Hamster erzählen muß. Die Lehrerin macht ihm deutlich, daß dafür jetzt nicht mehr ausreichend Zeit ist. Er soll seine Geschichte heute im Abschlußkreis erzählen. Die Verständigung über die Stillarbeit findet ihren Abschluß mit einem witzigen Lied, das durch kräftiges Klatschen und Rufen deutlich die anstrengende Phase beendet. Die nachfolgende kurze Pause nutzen die meisten Kinder, um einmal um den Klassentrakt zu rennen, um Seil zu springen oder mit Fangspielen ihrem Bewegungsdrang gerecht zu werden.

In der folgenden «Freien Arbeit» sitzen die ‹Forscher› im Gruppenraum vor ihren Spinnen: es wird beobachtet, gefragt, besprochen, nachgeschlagen und notiert, so etwas wie ein «Spinnenfieber» entsteht. Das Problem mit dem unendlichen Faden aus dem kleinen Po ist nicht so leicht zu lösen. Da ruft Max: «Hier, hier steht etwas. Sie hat zwei Drüsen. – Was ist denn das? …» Auf selbstverständliche und aufregende Weise entwickeln die Kinder ihr eigenes, bescheidenes «Spinnenprojekt», von dem im Augenblick keiner weiß, wohin das führen wird. Nur einmal wird die Lehrerin benötigt. Sie bespricht mit der Gruppe eine Dokumentation in Form eines «Spinnenheftes» und einen «Bericht» über die Spinnen in der nächsten Woche im Morgenkreis. Dann wendet sie sich einem Kind zu und berät bei der Lösung einer Rechenaufgabe. Sie arbeitet längere Zeit mit dem Kind. Ayre kommt dazu: «Frau L., ich hab das schon gemacht, soll ich mal helfen? Willst du, Basti?» Der Junge möchte nicht: «Nee, Frau L. soll hierbleiben.» Aber die Lehrerin wird an einem anderen Platz benötigt: «Du kannst es jetzt auch allein, Basti!» sagt die Lehrerin und zu Ayre gewandt: «Ich finde das toll, daß du selbst auf die Idee gekommen bist. Vielleicht könnt ihr morgen zusammen rechnen.»

Die anderen Kinder gehen in der Klasse unterschiedlichen Aufgaben nach: Sie holen sich angefangene Arbeiten aus Ablagekörben, arbeiten mit Karteikarten, schreiben an der Tafel, diktieren sich Rechtschreibtexte im Partnerdiktat. Inzwischen sind auch zwei Mütter gekommen, die einer Dreiergruppe in der Druckecke helfen, die Lettern in die Setzkästen zu sortieren und das Drucken mit der neuen Klappflügelpresse auszuprobieren. Jetzt sitzt die Lehrerin bei einer Kindergruppe und hilft bei einer Leseübung.

Auch ich werde bald in Anspruch genommen: «Du, kannst du das schon?» Ich überlege mit, berate, lasse mir erklären, tröste bei einem kleinen Mißgeschick und bin plötzlich bei der Forschergruppe selbst ein Lernender auf Entdeckungsreise. Es ist sehr laut geworden. Ein Kind geht an den Lehrerinnentisch in einer Ecke und schlägt an eine Triangel: das reicht diesmal, es wird wieder leiser.

Mein Blick fällt in dieser Situation auf ein großes Plakat neben der Ämterliste. Es ist so etwas wie ein Vertrag (die Kinder haben tatsächlich unterschrieben) mit Regeln für die gemeinsame Arbeit. Ich lese: «Wir leben in einer Klasse zusammen! Wir arbeiten und spielen, wir forschen, wir üben, wir sind fröhlich oder auch mal traurig. Regel Nr. 1: Man soll es sagen, wenn man sich ärgert! Regel Nr. 2: Man soll keinen auslachen! Regel Nr. 3: Wenn man ganz doll wütend ist, soll man…»

Mitten in der Arbeit schrillt die Glocke zur großen Pause, die meisten Kinder möchten weiterarbeiten, sie umringen die Lehrerin und zeigen stolz, was sie geschafft haben: «Kinder, morgen kann es doch weitergehen. Ihr habt ja gut gearbeitet – nun braucht ihr die Pause, und ich auch!»

Nach der großen Pause gibt es eine Mathematikstunde. Die Lehrerin arbeitet vorwiegend frontal, allerdings mit einem gut geplanten Wechsel von gemeinsamem Kopfrechnen, Erläuterungen an der Tafel, Partneraufgaben und Stillarbeit. Auffällig ist der hohe Anteil an Selbstüberprüfung und die gemeinsame Freude über Leistungen von eher schwachen Schülerinnen und Schülern.

Die nachfolgende Musikstunde wird mit einem Schlußkreis beendet: Drei Kinder stellen ihre Arbeitsergebnisse aus der «Forschergruppe» zur Spinne vor, Christian erzählt endlich von der Hamstersuche nachts im Hausflur, die Lehrerin verteilt Antwortbriefchen auf die «Liebesbriefchen», die ihr einige Kinder geschrieben haben und liest noch einen Abschnitt aus dem Kinderbuch vom «Sams» vor...

Soweit der Blick in den Schulalltag einer Offenen Schule.

Achtung: Gedankenexperiment

Wenn Sie bei diesem Buch besonders aktiv mitdenken wollen, halten Sie einmal inne. Versuchen Sie, drei Fragen zu beantworten, die von Eltern und Lehrern häufig gestellt werden, wenn es um die Beurteilung von Unterricht und Schule geht. Überprüfen Sie die Fragen in einem *ersten Gedankenschritt* an dem Bild von Schule aus Ihrer Erfahrung. Überprüfen Sie dann das gerade am Spinnenbeispiel vermittelte Schulbild!

- Wie weit orientiert sich die Schule an den grundlegenden Bedürfnissen von Kindern?
- Wie weit werden Kinder auf ein zukünftiges Miteinanderleben, Mitentscheiden und Miteinanderarbeiten vorbereitet?
- Wie weit berücksichtigt die Schule die jeweilige Umwelt der Kinder?

Dieses Gedankenexperiment bleibt möglicherweise ein Gedankenspiel, bei dem leicht eine Schwarzweißmalerei herauskommt. Deshalb können Sie jetzt in einem *zweiten Gedankenschritt* die Bedingungen für eine Öffnung der Schule konkreter erfassen.

Auch die Institution Schule hat, wie im Einleitungskapitel gezeigt wurde, sogenannte heimliche Botschaften (Vermittlung von Einstellungen) für Schülerinnen und Schüler. Die folgende Botschaft wurde von Eltern und Lehrern aus ihren Schulerfahrungen zusammengestellt. Zugespitzt formuliert lautet die Botschaft:

«In der Schule bist Du einer unter vielen. Halte Dich zurück, bis Du aufgerufen wirst. Stelle keine dummen Fragen. Was und wie Du zu lernen hast, bestimmt Dein Lehrer. Kümmere Dich nicht um die anderen – wichtig ist allein, daß Du den Wissensstoff möglichst schnell lernst. Dafür erhältst Du dann eine gute Zensur, für die Du vielfach belohnt wirst…»

Denken Sie jetzt an den beschriebenen Vormittag in einer Klasse mit Offenem Unterricht. Verwandeln Sie die erste Botschaft in eine Botschaft aus dem Offenen Unterricht. Am besten formuliert man Satz für Satz und schaut noch mal auf das «Spinnenbeispiel»:

«In der Schule bist Du eine wichtige Person in der Gemeinschaft mit allen Kindern. Halte Dich nicht zurück, wenn Du…»

Vielleicht fühlen Sie sich jetzt bedrängt durch diese deutliche Gegenüberstellung und meinen, daß Positives und Negatives hier stark überzeichnet sind. Zugegeben, der Eindruck ist denkbar. Es geht hier jedoch nicht darum, den Offenen Unterricht als das wahre Paradies der Pädagogik darzustellen und etwa alle anderen Konzeptionen, Ideen und Schulmöglichkeiten abzuwerten, sondern nur darum, die *Veränderungen* und *Alternativen* zu den eigenen, möglichen Erfahrungen und Einstellungen deutlich zu markieren.

––––––––––

Das wird auch sichtbar, wenn nun an dem Spinnenbeispiel die wesentlichen Merkmale einer Öffnung von Schule und Unterricht gekennzeichnet werden:

Öffnung heißt dabei zunächst ganz schlicht, daß die Kinder mit *ihren* Lernmöglichkeiten und *ihren* Einstellungen, mit *ihrer* Begeisterung für die Sache im Mittelpunkt des Unterrichts stehen. Es ist zunächst also eine Öffnung für die Vorschläge und Ideen der Kinder, so daß die Unterrichtsergebnisse deutlich als eigene Leistungen und eigene Lösungen erfahren werden. Das Kind als Lerner, Entdecker und Problemlöser vom ersten Lebenstag an wird mit seinen eigenen Möglichkeiten und seiner «natürlichen Lerngeschichte» angenommen und ernst genommen.

Eine solche pädagogische Öffnung zum Kinde kann für eine Offene Schule verstanden werden als

- Öffnung nach *innen* in einer *Veränderung des Unterrichts* und als eine

- Öffnung nach *außen* in einer *Veränderung der Institution Schule* zu ihrer Umwelt, zur außerschulischen Erfahrungswelt der Kinder im Stadtteil und im Dorf.

Bei genauerem Hinschauen stellen wir fest, daß diese Öffnung mehrere Perspektiven, *verschiedene Dimensionen* hat:

- Ein verändertes Lernen, das von der Unabhängigkeit, der Initiative, dem echten Interesse der Kinder und den natürlichen Erfahrungen lebt. Aber auch die Verwirklichung von neuen, ungewöhnlichen Erfahrungsarten, die den Kindern in ihrer verplanten Konsum- und Medienwelt und beim traditionellen Buch- und Schullernen zunehmend verschlossen bleiben, gehört zu den grundlegenden Elementen.

  Beispiel «Spinnen erforschen»: Öffnung für die Erfahrungswelt der Kinder – *inhaltliche Dimension*.

- Ein Miteinander-Umgehen in vielfältigen Formen mit selbstentwikkelten und klar erkennbaren Regeln und Vereinbarungen. Individuelle und gemeinsame Lernformen werden so miteinander verbunden, daß Planung, gegenseitige Hilfe und eigene Entscheidungen möglich sind.

  Beispiel «Morgenkreis»: Öffnung für eine Beteiligung an der Gestaltung und Planung des Unterrichts – *methodische Dimension*.

- Eine Lernorganisation mit Inhalten und Sachen, die Kinder interessieren. Im Werkstattcharakter, an Materialien aus der Kinderumwelt und an Arbeitsmaterialien aus der Schule entstehen sinnvolle Formen der Aneignung, des Beobachtens, des Begreifens, des Tätigseins, des Nachdenkens. In Erkundungen wird die schulische Umwelt im Stadtteil und im Dorf entdeckt – Zusammenhänge, Menschen, Berufe, Arbeit, Tiere, Häuser und vieles mehr direkt erfahren.

  Beispiel «Tagesablauf»: Öffnung für einen deutlich strukturierten Tagesablauf mit vielfältigen Organisationsformen des Lernens innerhalb und außerhalb der Schule – *organisatorische Dimension*.

Mit diesen Perspektiven sind entscheidende Merkmale einer Offenen Schule und Offenen Unterrichts im Bezug zu unseren eigenen Schulerfahrungen entfaltet.

Diesen entwickelten Vorstellungen und den skizzierten Lernmöglichkeiten in einem veränderten Unterricht wird bei einer ersten Beschäftigung häufig zugestimmt – überzeugen lassen sich jedoch viele Eltern und Lehrer erst durch andere Gründe für eine Öffnung des Unterrichts: Sie ergeben sich aus den *Veränderungen der Lebenswelt und Lebenssituationen von Kindern in dieser Gesellschaft* – Veränderungen, die sich heute in einer neuen Qualität und Komplexität als Herausforderung für die Schule darstellen. So soll im nächsten Abschnitt durch den Einblick in die «Lerngeschichte» eines Kindes herausgearbeitet werden, was dies konkret bedeutet.

Wenn Sie abschließend Ihre Leseergebnisse in der Gegenüberstellung von Schulerfahrungen und einem Blick in den Offenen Unterricht bedenken, wird eine Erkenntnis besonders deutlich: Man muß umdenken lernen, denn das gewohnte Bild von Schule mit eher glatten Lösungen, Häppchenwissen und Lernen aus zweiter Hand im Zusammenhang vom Ernst des Lebens und Ernst der Schule oder Spaß des Lebens und Spaß der Schule, hat Brüche und Risse bekommen, ist fragwürdig geworden.

Wieviel sie uns wohl bezahlen werden? Es war nämlich ein Gesetz erlassen worden, für den Unterricht gäbe es Gehalt, denn Lernen sei auch Arbeit. Und ein anderes Gesetz bestimmte, die Kinder sollten arbeiten, die Erwachsenen aber mußten in die Schule gehen.

War das ein Tohuwabohu! Die meisten Jungen wollten nämlich Feuerwehrleute oder Schofföre und die Mädchen Verkäuferinnen in Spielwarengeschäften oder Konditoreien werden. Na, und manche redeten ganz einfach Dummheiten: Einer wollte Henker werden, einer Indianer und einer Geisteskranker.

«Aber alle können doch nicht das gleiche tun.»

«Dann sucht euch nur einen anderen dafür, warum soll gerade ich etwas machen, wofür sich die anderen zu gut sind?»

Und zu Hause gab es Zank und Streit, als die Kinder ihren Eltern Bücher und Hefte gaben.

«Ihr habt die Bücher zerrissen und die Hefte bekleckst, und wir bekommen nun Schelte, als ob wir die Dreckfinken wären», sagte die Mutter.

«Deinen Bleistift hast du verloren, womit soll ich nun zeichnen? Wenn ich keinen habe, wird die Lehrerin böse sein», brummte der Vater.

«Das Frühstück ist nicht fertig, schreib mir nur gleich eine Entschuldigung, daß ich wegen des dummen Frühstücks zu spät komme», bat die Oma.

Die Lehrerinnen aber freuten sich sehr, nun ein wenig ausruhen zu können, denn Erwachsene sind ja nicht so wild und schwatzhaft.

«Wir wollen den Kindern ein Beispiel geben, wie man lernen soll», erklärten sie. Doch gab es auch solche, die amüsierten sich einfach, für die war Hänschens Reform ein gefundenes Fressen.

«Lange dauert das ja sowieso nicht», sagten alle.

Ganz merkwürdig sah die Stadt aus, als die Erwachsenen mit dem Ranzen zur Schule gingen, die Kinder aber in Büros, Fabriken und Geschäfte, wo sie die Eltern vertreten sollten. Manchen Erwachsenen war es gar nicht recht, und sie schämten sich. Andere wieder machten sich nichts daraus. «Was ist schon dabei, daß wir wieder Kinder sind! Ging es uns denn so schlecht, als wir noch klein waren?»

Und sie dachten an frühere Zeiten zurück, manchmal trafen sich sogar ehemalige Schulfreunde auf ihrer alten Bank wieder. Die Lehrer, die Spiele und Streiche fielen ihnen wieder ein.

«Besinnst du dich noch auf unseren Lateinlehrer?» fragte ein Ingenieur seinen Schulfreund.

«Und weißt du noch, wie wir uns einmal geprügelt haben – worum ging es damals eigentlich?»

«Ach, ich weiß schon. Ich hatte mir ein Taschenmesser gekauft, und du hast gesagt, es wäre nicht aus Stahl, sondern aus Eisen.»

«Und dann saßen wir im Karzer.»

Ein Doktor und ein Rechtsanwalt tauschten eifrig ihre Erinnerungen aus, sie vergaßen ganz, daß sie doch keine kleinen Jungen mehr waren, schupsten sich gegenseitig in den Rinnstein und jagten einander nach, bis eine Lehrerin vorbeikam und sie zurechtwies: Sie hätten sich auf der Straße anständig zu benehmen, denn alle Leute schauten zu.

Manche aber waren einfach wütend. Eine dicke Dame zum Beispiel, eine Gastwirtin, ging, den Tornister auf dem Rücken, zur Schule und ärgerte sich grün und gelb, daß es gar nicht mehr anzusehen war. Plötzlich erkannte sie ein Mechaniker.

«Guck mal an, da geht sie ja, die alte Tonne. Das ist doch die, die uns immer betrügt: Den Schnaps verdünnt sie mit Wasser, und wenn du einen Hering willst, dann bekommst du nur ein Stückchen, mußt aber für den ganzen blechen. Weißt du was, der stellen wir ein Bein. Wenn wir schon unbedingt Kinder sein sollen, dann auch richtig. Stimmt's?»

Und er stellte ihr ein Bein. Fast wäre sie hingepurzelt. All ihre Hefte fielen aus der Schulmappe.

«Ihr Rüpel», schrie die dicke Dame.

«Entschuldigung, das war ein Versehen.»

«Warten Sie nur, ich werde es der Lehrerin melden, daß Sie einen nicht ruhig über die Straße gehen lassen.»

Die Kinder dagegen gingen sehr ruhig und ernsthaft zur Arbeit, und um neun Uhr waren schon alle Büros und Geschäfte geöffnet.

(aus: Janusz Korczak: König Hänschen I. München 1974)

Ich habe gelernt, Freunde zu kriegen: Einblick in eine Lernbiographie

Auf den ersten Blick mögen ihn alle – und so ging es mir bei der Einschulung: Ein fröhliches, offenes Gesicht, die blonden Locken wild in der Stirn, eine Sommersprosse neben der anderen auf der Nase. Das ist – nennen wir ihn doch «Nils». Meine zweite Begegnung mit ihm am vierten Schultag ging schlecht aus. Ich wollte in dieser Klasse hospitieren und hatte noch gar nichts gesagt, als er sich vor mir aufbaute und mit voller Wucht blitzschnell gegen mein Schienbein trat – einfach so. Es tat höllisch weh, wütend riß ich ihn hoch und schrie ihn an: «Was habe ich dir getan?» Nils sagte nichts und schaute mir mit einem merkwürdig starren und keineswegs verlegenen Blick in die Augen.

Das war unser erster Machtkampf, und er hatte meine Aufmerksamkeit – wie gewünscht. Von der Klassenlehrerin hörte ich an diesem Vormittag, daß er nun schon dreimal aus dem Unterricht weggelaufen sei, sich überhaupt nicht einordnen könne und häufig andere Kinder ärgere. Am liebsten würde er Mädchen im Vorbeigehen so nebenbei kneifen oder ihnen ein Bein stellen. Außerdem hätte er sich zweimal hinter dem Schrank versteckt und einmal auf dem Schrank gesessen.

Ein einsamer Kämpfer? Der Anfang seiner Lerngeschichte ist schnell erzählt: Nils kommt als viertes Kind in einer Familie zur Welt, die auseinanderbricht. Der Vater, arbeitslos und Alkoholiker, reagiert hilflos auf die brüchigen Beziehungen in seiner Familie. Die Mutter muß dazuverdienen, sie ist durch vier Kinder in der viel zu kleinen, hellhörigen Wohnung überfordert, der quirlige Nils erzeugt bei ihr Streßverhalten, sie nimmt immer häufiger Tabletten. In Konfliktsituationen reagiert sie unsicher. Nils wird geschlagen, weil er als jüngstes Kind nicht so anpassungsfähig ist wie die älteren Geschwister, und läuft von zu Hause weg. Schließlich kommt er als einziges Kind aus der Familie mit sechs Jahren in ein Heim. Von dort wird er eingeschult; auch er bekommt von seiner Mutter eine Schultüte – von Süßigkeiten überquellend. Alle drei Wochen darf er den Sonnabend und Sonntag zu Hause verbringen. In der Schule wird es schnell deutlich: Nils will nicht Lesen und Schreiben lernen – er verbindet keine positiven Erfahrungen mit diesen Kulturtechniken. Niemand zu Hause liest oder schreibt, wenn es nicht unbedingt notwendig ist. Der Fernseher und immer neue Videos stehen im Mittelpunkt des Interesses. Ist dies der Grund für seine Lernweigerung? So einfach ist es nicht, viele Faktoren kommen zusammen. Die Lehrerin erklärt mir, daß z. B. seine Feinmotorik, also die Fähigkeit zu feineren Bewegungen mit Schreibwerkzeugen u. a., äußerst schwach entwickelt sei, seine Unterscheidungsmöglichkeiten für unterschiedliche Zeichen auf eine Wahrnehmungsschwäche schließen ließen – aber er malt!

Schon bei den ersten Bildern, die er in der Schule malt, wird sein Thema deutlich: nach Hause kommen, ein Stückchen Glück aus der verlorenen Familie zurückholen. Er fängt an, sich in das vermeintliche Glück hineinzuphantasieren. Er erfindet zunächst in den Bildern und dann auch im Erzählen immer neue Geschichten, die irgendwie nicht stimmen – Geschichten von tollen Geschenken, die ihm seine Mutter macht, vom Supersportwagen seines Vaters... Die Kinder in der Klasse äußern Zweifel, er übertreibt um so mehr. Nun sind sie für sein «Aufschneiden» und «Spinnen» schon sehr sensibilisiert: «Das stimmt nicht!» Da wird er wütend, schlägt, läuft aus dem Unterricht und vom Schulhof weg und schließlich auch aus dem Heim.

In der Klasse entzieht er sich jeder Pflicht, jeder Überprüfung und schafft sich Freiräume, wo er will. Eines Tages fragt ihn die Lehrerin, warum er aus dem Heim weggelaufen sei. Seine Antwort: «Wenn die mich satt haben, komme ich nach Hause zurück!» Das ist Anlaß für eines von vielen Gesprächen zwischen Lehrerin und Erzieherin des Heims. Aber wo soll man ansetzen? Die Familiensituation kann nicht verändert werden, das Interesse für die vielen Anregungen in der Klasse – von der Druckerei bis zur Leseecke und zum Experimentiertisch – ist gering, diese Lernwelt ist nicht seine.

Am Ende einer Schulwoche gibt es in der Turnstunde wieder einen Konflikt mit ihm. Er läuft fort, das Heim wird benachrichtigt. Er muß auf sein Zimmer und erfährt, daß er am Wochenende zu Hause nicht erwünscht ist. Am Abend ist das Zimmer nicht wiederzuerkennen, die Tapeten abgerissen, die Möbel zerkleinert, alle Bilder heruntergerissen, alles zerstört – nur der Schulranzen steht unversehrt da. Der Erzieher erzählt davon der Lehrerin: ein unübersehbares Signal, die Schule hat eine noch nicht erkennbare Bedeutung für Nils gewonnen.

Irgendwie verändert sich nun etwas, aber es bleibt weiterhin ein schwieriger und anstrengender Lernprozeß für alle Beteiligten. Die Lehrerin bespricht im Stuhlkreis mit Nils und den anderen immer wieder die kleinsten und schwerwiegenden Probleme und Konflikte. Die Kinder lernen dabei, in der Klasse mit den Provokationen von Nils gelassener umzugehen. Bei der Freien Arbeit versucht er z. B., durch ständiges Stören auf sich aufmerksam zu machen; viele Kinder wollen jedoch arbeiten und geben ihm deutliche Absagen, die ihm zu denken geben. Die Lehrerin versucht, in der freien Arbeitszeit Zugang zu ihm zu finden durch Lernberatung, durch praktische Hilfe, durch Körperkontakt – er darf sie nachmittags besuchen. Vergeblich.

Irgendwann jedoch, am Ende des ersten Schuljahres, gelingt es der Lehrerin, im Gespräch über seine Bilder, die er in der Freien Arbeit malt, sein Interesse für die «richtigen Geschichten darinnen» zu wekken. Sie schreibt diese Geschichten für ihn auf, sie werden in der Klasse vorgelesen – aber selbst schreiben will er nicht. Er sagt: «Ich kann das ja sowieso nicht!» Sein Selbstkonzept wird immer deutlicher: «Lesen und Schreiben ist nichts für mich, höchstens Malen und Turnen.» Die Lehrerin läßt ihn.

Als die Schule ein «Waldprojekt» macht, ist er in seiner Gruppe plötzlich einer der Eifrigsten beim Sammeln und Forschen im Wald, freilich auch einer der Wildesten, der auch voll Wut Zweige abbricht. Aber dann geschieht folgendes: Im Stuhlkreis wird die Verteilung der «Forschungsaufgaben» besprochen. Es gibt viele wichtige Tätigkeiten – Schilder müssen geschrieben werden, Beobachtungen festgehalten, Fragen gesammelt und kurze Berichte zusammengestellt werden. Nils meldet sich für das «Protokoll». Die Kinder meinen: «Du kannst doch noch nicht schreiben!» – «Und ob, am Wochenende hab ich für meine Mutter einen Brief geschrieben, zehn Seiten!»

Da sitzt er also wieder in seiner selbstgebauten Falle. Die Lehrerin beruhigt die Kinder und baut Nils eine Brücke: «Du kannst ja bis morgen erst einmal zwei Schilder von deinen Sachen schreiben, Baumrinde und Eichenblatt, du weißt schon, für unsere Ausstellung!» Am nächsten Tag kommt Nils mit allen sieben Schildern für alles, was er im Wald entdeckt hat, in die Schule. – Schilder selbst und richtig geschrieben mit so schwierigen Wörtern wie «Bucheckern» und «Gewölle». Er verkündet: «Die Buchstabentabelle brauche ich nun nicht mehr!» Der Knoten ist geplatzt – er hat in der Offenheit dieses Unterrichts eine Arbeit als sinnvoll für sich selbst entdeckt. Bald schreibt Nils seine erste Geschichte über einen Projekttag.

Als bei einer anderen Gelegenheit die Lehrerin das Weben in der Klasse einführt, ist es plötzlich Nils, der wie ein Weltmeister loslegt und schon am nächsten Tag den längsten und schönsten «Tischteppich» präsentiert – er muß bis in die Nacht gearbeitet haben. Dazu schreibt er einen Text mit einer Erklärung des Webvorganges: «Für die anderen Kinder im Heim!» Deutlich wird wieder: Über seine persönliche Erfahrung, die ihm die Schule in eher «nichtverschulten» Anlässen anbietet, kommt er praktischen und alltäglichen Zusammenhängen auf die Spur, die für ihn bedeutsam sind. So beginnt er, für sich einen Platz in einer problematischen Welt zu finden – er muß nicht mehr fortlaufen, sein Zuhause ist bei ihm.

Im zweiten Schuljahr schreibt die Lehrerin Berichte. Im Gespräch darüber in der Klasse meinen die Kinder, daß sie sich nun auch schon ganz gut selbst einschätzen können. Sie möchten auch Berichte schreiben: «Ich über mich.» Der Text von Nils spricht für sich, der Auszug aus dem Bericht der Lehrerin zeigt seine Entwicklung in einer offenen Lerngemeinschaft.

«Lieber Nils,
Du hast im zweiten Schuljahr viel gelernt: Du bist geduldiger im
Umgang mit anderen Kindern geworden, wirst nicht mehr so
schnell wütend und lachst viel mehr. In der Klasse hältst Du Dich
schon oft an Gesprächsregeln. Du gehst rücksichtsvoller mit Mit-

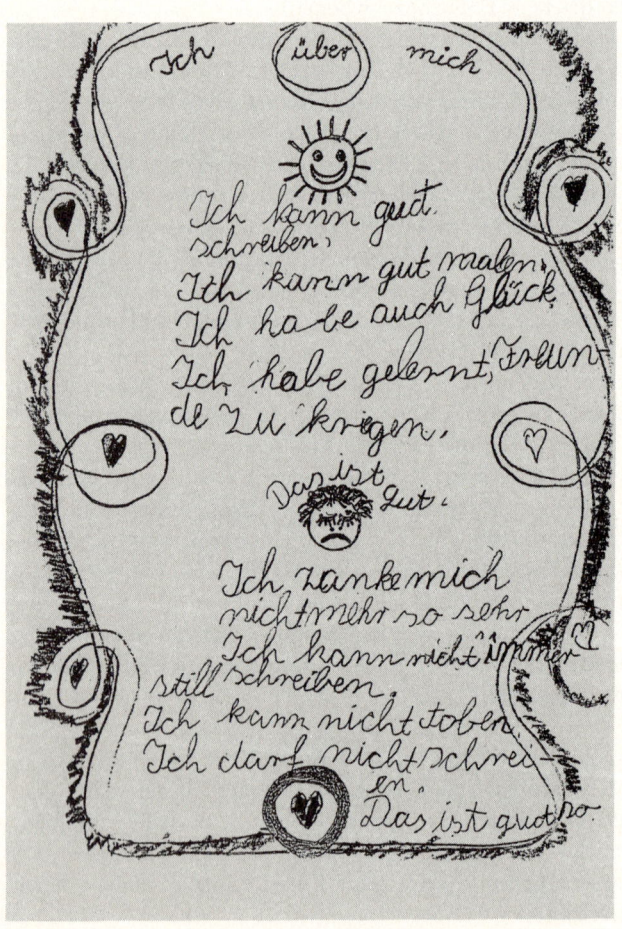

schülern um. Wenn Du ein Problem hast, so können wir schon oft ruhig mit Dir darüber reden, ohne daß du beleidigt bist. Dadurch hast Du neue Freunde in der Klasse gefunden.

Im mündlichen Unterricht arbeitest Du nun rege mit. Du weißt viel über Deine Umwelt, kannst gut beobachten und darüber anschaulich berichten. Im Gesprächskreis erzählst Du gern und ausführlich vom Wochenende. Beim Schreiben hattest Du anfangs große Schwierigkeiten. Es fiel Dir schwer, Ober- und Unterlängen einzuhalten und gleichmäßig zu schreiben. Das wird allmählich besser.

Wenn Du Lust hast, schreibst Du selbstausgedachte Geschichten auf. Du hast viel Phantasie und kannst abwechslungsreich erzählen. Du kannst aber auch selbständig Berichte über das aufschreiben, was wir erlebt haben. Das haben Deine Texte von der Projektwoche gezeigt. Darauf kannst Du stolz sein.

Du mußt aber lernen, auch bei anderen Texten und Arbeiten mitzumachen. Leider drückst Du Dich noch zu oft vor den Pflichtaufgaben.

Die Geschichte von Nils geht natürlich weiter. Nach den Sommerferien, zu Beginn des dritten Schuljahres, gab es einen erschreckenden Rückfall in Verhaltensweisen, von denen die Lehrerin glaubte, daß Nils diese überwunden hätte: Mißachtung der vereinbarten Regeln, Verweigerung bei Pflichtaufgaben, beim Schreiben – wenn ihm etwas nicht paßt, läuft er wieder weg, bleibt aber im Bereich der Schule…

In einem längeren Gespräch mit der Lehrerin über mögliche Ursachen dieser Situation und Bemühungen für die Zukunft galt es nicht nur, das «Prinzip Hoffnung» zu bemühen, sondern auch die zwei grundlegenden Elemente in der Lebenswelt von Nils und in seinem System der Gefühle zu bedenken: sein intensiver Bezug zu den ihn interessierenden Gegenständen der Lernumwelt und sein wechselndes Maß an Zuwendung und Liebe. Passend zu der Arbeit mit Nils und hilfreich für unser Gespräch war eine Aussage von Siegfried Bernfeld aus dem Jahre 1925 in seinem Buch «Sisyphos oder die Grenzen der Erziehung»: «Das Kind bedarf eines gewissen Quantums Befriedigung seiner Liebestriebe, es muß sich geliebt fühlen und muß lieben dürfen. Wir wissen, daß es auch der Versagung bedarf, fehlte sie, ist das Resultat nicht selten die zügelloseste Kriminalität (Destruktion). Wir wissen, daß die Liebe des optimalen Grades nicht ausreicht, das erwünschte Ergebnis zu garantieren. Aber wir wissen, über jeden Zweifel frei, daß die Liebe die unerläßliche Voraussetzung für jede Annäherung an die Norm ist.» (Bernfeld 1973)

So wird also die Geschichte von Nils weitergehen, im Auf und Ab von Freude, Rückfall und Neubeginn (vgl. S. 324)...

Diese Einblicke in eine Lernbiographie, besonders authentisch in den Texten von Nils und seiner Lehrerin, veranschaulichen exemplarisch *Grundbedingungen einer Offenen Schule und eines Offenen Unterrichts:*

1. Bei der Öffnung sind die unterschiedlichsten Bedingungen und Muster einer heute stark veränderten Kindheit zu berücksichtigen – Kinder werden nicht unter moralischen und leistungsorientierten Kategorien als «gute» oder «schlechte» Schülerinnen oder Schüler eingestuft. Sie können in offeneren Formen der Arbeit lernen, *ihre Probleme selbst zu erkennen, zu lösen und Vertrauen in die eigenen Fähigkeiten zu entwickeln* – auch mit Hilfe ihrer Lerngruppe und ihrer Lehrer und Lehrerinnen.

2. Bei der Öffnung der Schule muß zunächst also auf das übliche technokratische Leistungsprinzip mit Zensuren, Auslese (Selektion), Aussonderung, Abschulung und Vermessungspraktiken verzichtet werden, weil es die Kinder sehr schnell auf ein festgelegtes Leistungsprofil fixiert und ihre Persönlichkeit verkürzt. *Öffnung bedeutet, den pädagogischen Sinn in der Veränderung und Entwicklung der Kinder sehen zu können.*

3. Das vorrangige Ziel der Erziehung ist in der Tradition erzieherischen Handelns – nicht erst bei Pestalozzi beginnend – *die Entwicklung der Selbstbestimmung und optimalen Förderung jeden einzelnen Kindes und nicht die Selektion.*

    Dies ist begründet und verankert in der Verfassung, in den Richtlinien, in den Grundprinzipien humaner Gesellschaftstheorien und den gesicherten Ergebnissen der Lehr-Lern-Forschung.

Öffnung für veränderte Kinder:
Die Offene Schule

Der Einblick in eine Lernbiographie zeigte beispielhaft, daß bei einer Öffnung der Schule die *Lebensprobleme* und die *Lernprobleme* von Kindern in ihrer Abhängigkeit bedeutsam werden, ja, daß zuweilen die Lebensprobleme Vorrang vor den sogenannten «schulischen» Problemen haben. Dieser Einblick soll nun in einen erweiterten Zusammenhang gestellt werden, um die Begründungen für den Offenen Unterricht zu differenzieren. An drei Problemfeldern läßt sich besonders gut veranschaulichen, warum der Offene Unterricht als eine pädagogische Antwort auf die tiefgreifenden Veränderungen in der Sozialisation von Kindern und Jugendlichen verstanden werden kann:

Ich fasse die Ergebnisse neuerer Untersuchungen der empirischen Sozialforschung und Entwicklungspsychologie in drei zentralen Denkfiguren zusammen.

1. Kinder leben heute in veränderten «sozialen Strukturen»
2. Kinder leben heute in einer «Medienwelt»
3. Kinder entwickeln zunehmend unterschiedliche «Kindheitsmuster»

Kinder leben heute in veränderten «sozialen Strukturen»:
Wenn heute schon ungefähr 40 Prozent aller Kinder als Einzelkinder aufwachsen, 33 Prozent in Familien mit nur einem Elternteil und einem Kind, bei 40 Prozent der Kinder vom ersten Schuljahr an die Eltern berufstätig sind, dann gewinnt die Schule tendenziell veränderte Funktionen: als Stätte sozialer Begegnungen und als Betreuungsinstitution (Ganztagsschule).

Kinder haben schon früh einen rationellen Umgang mit der Zeit gelernt, sie nehmen vielfältige Freizeitangebote planmäßig wahr, haben «Termine». Teile des Bildungsangebots (Musik, Sport...) sind privatisiert; die soziale Auslese findet nachmittags stärker statt als in der Schule. Damit hat sich auch das Spielverhalten geändert. Es gibt kaum «freie Zeit». Die Fähigkeit zum spontanen Spielen nimmt ab, die Erwartung wächst, daß immer etwas geboten wird – auch in der Schule. Natürlich sollte die Schule ein derart rezeptives Verhalten nicht noch durch vorgefertigte, didaktisch geglättete Häppchen und entsprechende Lernmethoden unterstützen, sondern helfen, das Lernen des Lernens zu erlernen.

Es fehlen also *offene* Situationen mit den Möglichkeiten *eigenaktiver* Gestaltung sozialer Systeme, es fehlen Erfahrungen des Lernens in selbstbestimmter Interaktion mit Gleichaltrigen und in jahrgangsübergreifenden Gruppen.

Kinder leben heute in einer «Medienwelt»
Die Medien haben sich mit der Konsumwelt zu einem Verbundsystem entwickelt, das die Kinder viel stärker als früher einbezieht. Kinder schlafen heute mit einer Medienfigur, mit einer entsprechenden Kassette ein, haben entsprechende Aufkleber, Bilderbücher, Fernsehsendungen, Handtücher, T-Shirts, Geschirr, Plastikspielfiguren. Die Kinder eignen sich dabei wesentliche Teile ihres Weltverständnisses über manipulierbare Medien an, sie sind zu Experten geworden, was Medien und Konsum betrifft, haben sich ein «heimliches» Wissen außerhalb der Lehrpläne erworben. Der Unterricht müßte die neuartigen Medienerfahrungen der Kinder berücksichtigen und verarbeiten, darf aber keinesfalls das mediale Bewußtsein als sekundäre Erfahrung der Wirklichkeit bloß fortsetzen.

Die Schule hat hier die Chance, über die Aktivierung aller Sinne in situationsbezogenen Ansätzen verstärkt die Eigentätigkeit der Kinder zu entwickeln. Eine solche Vermittlung *primärer Erfahrung* führt zwangsläufig zur Öffnung der Schule: Erfahrungen aus erster Hand bedeuten Lernen mit «Kopf, Herz und Hand» als *entdeckendes und praktisches Lernen*. Der Sinn der Tätigkeit und der Lohn für die Anstrengung liegen dabei in der Sache selbst, führen zu einer langfristigen Lernermutigung, sind politisch relevant, weil Wissen und Handeln, Tun und Denken in konkretem Zusammenhang stehen. Ein solches Lernen erzieht zu notwendigen Formen von Ausdauer, Ruhe, erfordert Stetigkeit, Beharrlichkeit und Ordnung angesichts von Unverbindlichkeit, Zerstückelung, Nervosität und Hektik.

Kinder entwickeln zunehmend unterschiedliche «Kindheitsmuster»
In allen Schulen wächst die Unterschiedlichkeit der Lerngruppen: Lehrerinnen und Lehrer müssen nicht nur pädagogisch-didaktisch, sondern auch sozialerzieherisch arbeiten, sie müssen zunehmend individualisierend arbeiten, müssen kulturell, sozial und psychisch integrieren. In einer Klasse befinden sich in einzelnen Teilbereichen oft Leistungsdifferenzen von bis zu drei Schuljahren.

Deshalb erscheint es im Augenblick notwendig, sowohl differenzierende, *individualisierende Lernformen* für unterschiedliche *«Lerntypen»* und *Lernvoraussetzungen* anzubieten als auch ein *gemeinsames Fundament*.

Der Umgang der Kinder untereinander und mit Erwachsenen hat sich verändert (Emanzipation, Demokratisierung). Kinder wollen an Entscheidungen beteiligt, als Partner auch im Unterricht akzeptiert werden. Der Unterricht muß deshalb Wahl- und Beteiligungsmöglichkeiten durch eine *Öffnung seiner Struktur* herbeiführen.

Zusammengefaßt:

1. Die Schulen reagieren sinnvoll auf die fortschreitenden Veränderungen bei Kindern (Überversorgung im Medienbereich und Unterversorgung im Sozialbereich), wenn sie in der Spannung von Nähe *und* Distanz zur Gesellschaft auch sozialpädagogisch arbeiten. Eine Öffnung nach außen und innen ermöglicht Kindern, z.T. verlorengegangene Erfahrungen (Verständnis, Verläßlichkeit) wieder zu entdecken und dadurch den Gegenwartssinn von Schule direkt zu erfahren.

2. Die Öffnung der Schule nach außen und innen bedeutet auch, ein Stück Gegenkultur zur Medien- und Konsumgesellschaft zu entwickeln, wenn der *aktive Erwerb* grundlegender Bildung in den Mittelpunkt rückt; die bruchstückhaften Kenntnisse aus der Medienwelt machen heute die Schule als reine Informationsvermittlungsstelle fragwürdig und fordern sie heraus, praktisch-begreifendes Lernen mit Verstehensprozessen, mit Zeit, mit Nachdenklichkeit und Auseinandersetzung zu inszenieren.

3. Für die Öffnung der Schule gibt es kein Patentrezept, aber die Möglichkeit, einen Weg der Öffnung aus den gegebenen Bedingungen individuell mit allen Betroffenen zu entwickeln. Die Handlungsfelder «Unterricht», «Schulleben» und «Schule und Umfeld» werden dabei in unterschiedlicher Weise von einer Öffnung betroffen, der «Unterricht» ist jedoch als Zentrum der Veränderung von Schule der geeignete Ansatzpunkt: hier können in vorsichtigen Schritten, in Kleinformen, in geschützten Räumen die ersten Erfahrungen mit «Offenem Unterricht» und einer «Offenen Schule» gesammelt werden.

Hartmut von Hentig schreibt zu dem Buch:
«Auf der Seite der Kinder. Welche Reform braucht die Schule?»

... Ich fasse sie hier zusammen – Prinzipien mehr als Ziele, begründete Überzeugungen mehr als empfohlene Verfahren:
– gegenseitige Achtung/Höflichkeit zwischen Erwachsenen
  und Kindern
– Freiheit, nicht Ungebundenheit (freedom not licence)
– die Schule ist für die Kinder da
– Lernen-macht-Freude und Lob-gibt-Lernzuversicht
– den Kindern Zeit lassen
– Suche nach Wahrheit (statt Anhäufung von Wissen)
– Lernen an der Erfahrung / Lernen an den Folgen
– die Vermeidung von Dogmen / Glaubenssätze kollektivieren
  den Menschen, Einsichten setzen den einzelnen frei
– Werte haben, befolgen, zeigen – nicht Werte predigen, aner-
  ziehen, auferlegen
  es gibt so etwas wie eine pädagogische Sittenlehre; sie enthält
  Sätze wie diese:
  Ein normales Kind möchte gut sein.
  In einer sozial eingestellten und freien Umwelt wird sich
ein Kind sozial und frei verhalten: es lernt Verantwortung.
  Ein Kind soll urteilen lernen, nicht Anordnungen ausführen.
(Das setzt einen anderen Satz voraus: Eine Moral, von der sich
ein Kind bestraft fühlen muß, wenn es ihr folgt, taugt nichts.)
  Wenn Kinder sich fragen: Was ist wirklich wichtig?, werden
sie in der Regel die richtige Antwort geben; man lasse ihnen
darum auch in wichtigen Dingen eine freie Wahl.
  Wenn man von den Menschen erwartet, daß sie gegen ihre
Überzeugung handeln, machen sie häufig ganz dumme Fehler. (Unsere Schüler lernen als erstes die Psychologie des Lehrers, sie fragen: was will er? Und nicht: was will ich?)
  Die Wirklichkeit hat eine disziplinierende Wirkung. Die
Kontrolle der Erwachsenen enthebt die Kinder dieser Wirkung, Freiheit setzt sie dieser Wirkung aus.
  Eine gute Schule kommt mit wenig Regeln und ohne Strafen
aus / eine gute Schule ist eine, an der nicht gelogen werden
muß / eine gute Schule ist eine, an der man freundlich sein
kann, weil man keine Angst hat...

Hier eine durch und durch pädagogische, praktische und persönlich begründete Erfahrungslehre, mit der ich noch heute beginnen kann, mich, meinen Lehrerberuf, meine Schule zu ändern. Einer administrativen Reform bedarf es dazu nicht. Schulen sollten kleiner werden und autonomer. Das genügt.

(aus: Vorwort zu David Gribble: Considering Children. Velber 1990)

Achtung: Gedankenexperiment

Sie haben schon in den ersten Abschnitten festgestellt, daß man bei diesem Buch aktiv mitarbeiten kann. Halten Sie nun inne, und überprüfen Sie das Gelesene und Bedachte an einem Zeitungstext aus der öffentlichen Diskussion über den Offenen Unterricht. Überlegen Sie genau:
– Welche Aussagen finden Ihre Zustimmung? Warum?
– Welche Aussagen empfinden Sie als Unterstellung? Warum?
– Welche Einstellung wird im Hintergrund deutlich?
– Was will der Text?

«Leben lernen in der Schmuseecke
Unsere Schulen kommen nicht zur Ruhe. Nachdem die 68er-Träume, die Klassenzimmer zu politisieren, weitgehend ausgeträumt sind, wollen alternative Pädagogen das Regiment am Pult übernehmen. An die Stelle der guten alten Chancengleichheit sind neue Schlagworte getreten: Freiarbeit zum Beispiel und Projektunterricht. Während in SPD-Ländern wie Hamburg, Bremen und Nordrhein-Westfalen die lautlose Revolution amtlich verordnet wird, operieren im konservativ geführten Süden die Reformisten von der sogenannten Basis aus. Schon wieder soll die Unterrichtsschule von Ideologen abgeschafft werden, diesmal im Namen des freien Individuums...»

(aus: «Rheinischer Merkur/Christ und Welt», Nr. 37, 11.9.1987)

Kapitel 3 **Was ist Offener Unterricht?**

Kinder antworten

Was ist Offener Unterricht? Eine einfache Antwort fällt schwer und leicht zugleich, wenn wir an die Fülle möglicher Definitionen denken. Wer kann die Vielfalt der Vorstellungen so vereinfachen, daß sie dennoch glaubwürdig bleiben? Überzeugend doch wohl diejenigen, die damit täglich ihre Erfahrungen machen!

Was sagen also Kinder dazu, wie verstehen sie selbst ihr Tun und Denken im Schulalltag? Nun ist jedem klar, daß Kinder durchaus etwas zu ihrer Arbeit in der Schule sagen können, aber natürlich keine «Definition» vor dem Hintergrund eines Vergleichs mit anderen Unterrichtsformen anzubieten haben. Am Ende des zweiten Schuljahres erzählen uns Constanze und Christine von ihren Erfahrungen mit Offenem Unterricht. Ihre Aussagen sind klar, direkt und zeigen auf unverfälschte Weise die kindliche Wahrnehmung eines Unterrichts, der für sie selbstverständlich ist:

Was ist Offener Unterricht?
«... Das wichtigste ist diese Freie Arbeit. Wo man machen kann, was man möchte von den Sachen, die es da gibt. Da ist auch noch der Wochenplan, der Morgenkreis, das Forschen und das, was wir alle machen und wenn es lustig ist...»

Wie geht es im Offenen Unterricht zu?
«Heute war Helge fertig, und Isi kam nicht weiter, da hat Helge Isi geholfen! – Ich finde es gut, daß wir nicht immer an uns selbst denken, daß wir auch was für andere machen. Und daß man mehr mit Kindern zusammenkommt, aber auch mit der Lehrerin! – Ich finde es gut, mit Sachen aus der Natur zu lernen. Manchmal beraten wir im Kreis, und manchmal bringen wir Ideen mit. – Bei der Projektwoche fand ich es gut, die Tiere zu beobachten – auch darüber zu reden und zu besprechen, was wir schreiben...»

Freie Arbeit:
«Da kann man sich aussuchen, was man macht. Wo man nicht immer das machen muß wie andere. Wir kriegen auch ganz viele Möglichkeiten, Karteien und Drucken und so. Wir stellen da Sachen aus. Die das gefunden haben, schreiben etwas dazu...»

Wochenplan:
«Da arbeiten wir mit Mini-Lück oder Sabefix. Ich finde es gut, daß man viel Zeit hat zum Üben von Lesen und Rechnen. Wir helfen uns auch beim Geschichtenschreiben, und daß wir, wenn der Plan fertig ist, darüber sprechen und das aussuchen können, was wir machen wollen...»

Diese Äußerungen der beiden achtjährigen Mädchen zeigen ein erstaunlich entwickeltes Bewußtsein für das, was sie in der Schule tun. Die hinter den konkreten Tätigkeiten liegenden Einstellungen, Ziele und Begründungen des Offenen Unterrichts werden ansatzweise sichtbar:

- vielfältige Gelegenheiten zum selbstbestimmten Tätigsein;
- eine deutliche Zielsetzung und Vorstellung von Helfen, Beraten und Gemeinsamkeit;
- die Möglichkeit, in einer (begrenzten) Freiheit ohne Abhängigkeit von Erwachsenen Zielsetzungen zu realisieren;
- ein bewußt strukturierter Wechsel von individuellen Lernphasen mit gemeinsamen und angeleiteten Phasen;
- eine unaufdringliche Erziehung zum Handelnkönnen durch die Einsicht in den Sinn des Tuns.

Eine Definition und vier Thesen

Die Aussagen der Kinder zu ihrem Unterricht, die pädagogischen Interpretationen und der hier schon vorgelegte Entwurf einer Öffnung von Schule ergeben einerseits, daß Spannungen und Widersprüchlichkeiten mitzubedenken sind, andererseits erkennen wir nun, daß es nicht um eine neue Methode in der Schule geht, etwa um eine didaktische Modewelle, sondern um ein *pädagogisches Verständnis und eine päd-*

agogische Haltung gegenüber Kindern und Jugendlichen. Dieser Zugang zur Erziehung ist offen

– für Veränderungen in der Lebenswelt und Lebenssituation der Kinder,
– für neue Konzeptionen und Erkenntnisse vom Lernen,
– für individuelle Interessen und Erfahrungen und
– für die Freiheit der Kinder, ihr eigenes Lernen und folglich auch Entscheidungen im Unterricht mitzubestimmen und mitzutragen.

Die Vorstellung «Offene Schule – Offener Unterricht» verlangt damit vor allem Offenheit bei Eltern, Lehrerinnen und Lehrern in ihrer Beziehung und Haltung zu Kindern.

Damit ist der pädagogische Rahmen einer Definition von Offenem Unterricht knapp umrissen. Die wissenschaftliche Auseinandersetzung um den Begriff, Zielsetzung und Inhalte hat eine lange Tradition und verweist auf zahlreiche Theoriestränge und unterschiedliche Wurzeln des Offenen Unterrichts. Inzwischen zeichnet sich jedoch vor dem Hintergrund einer fast zwanzigjährigen Auseinandersetzung um «Offene Curricula», «Offenen Unterricht», «Offene Schule» in der Bundesrepublik eine weitreichende Übereinstimmung im Bereich der Definition ab. Auf der Grundlage verschiedener Vorschläge (u. a. Benner 1989, Kasper 1988, Ramseger 1987) möchte ich Offenen Unterricht kennzeichnen als

Sammelbegriff für unterschiedliche Reformansätze in vielfältigen Formen inhaltlicher, methodischer und organisatorischer Öffnung mit dem Ziel eines veränderten Umgangs mit dem Kind auf der Grundlage eines veränderten Lernbegriffs.

Die einzelnen Elemente dieser vielschichtigen Definition sind leicht zu erklären, weil sie in den ersten Kapiteln dieses Buches schon vorbereitet wurden: Die «unterschiedlichen Reformansätze» beziehen sich auf bewährte pädagogische Traditionen von Pestalozzi bis Montessori, von den deutschen Reformpädagogen wie Gaudig, Petersen, Kerschensteiner bis zum französischen Reformpädagogen Freinet, von den englischen Ansätzen einer «open education» und «informal education» bis zum «open classroom» in den USA. Die «vielfältigen Formen» der Öffnung wurden in ihrer *inhaltlichen* Dimension (Öffnung für Inhalte und Erfahrungen aus der unmittelbaren Lebenswelt der Kinder), in ihrer *methodischen* Dimension (Öffnung für neue Lernformen und für die Mitgestaltung des Unterrichts durch die Kinder) und in ihrer *organisatorischen* Dimension (Öffnung für veränderte Unterrichtsabläufe und Organisationsformen des Unterrichts wie Freie Arbeit, Projekte und Wochenpläne) schon durch die Auswertung eines Berichtes aus einer Offenen Schule vorgestellt (S. 35).

Der «veränderte Umgang mit dem Kind» in der Spannung von Erziehen, Anleiten *und* Freisetzen, Unterstützen wurde beim «Einblick in eine kindliche Lernbiographie» (S. 38) konkretisiert, die «Grundlagen eines veränderten Lernbegriffs» in der Widersprüchlichkeit von Individualisierung *und* der Notwendigkeit einer allgemeinen, grundlegenden Bildung wurden in den Abschnitten «Erfahrungen und Kritik» (S. 24) und «Öffnung für veränderte Kinder» (S. 45) aufgezeigt.

Die Öffnung der Schule nach innen durch eine Veränderung des Unterrichts und die Öffnung der Schule nach außen durch eine Veränderung der Institution Schule zu ihrer Umwelt soll nun auf der Grundlage der entwickelten Definition von Offenem Unterricht über vier Thesen präzisiert werden:

These 1 : Kinder erleben

Kinder wollen als Lerner, Entdecker, Forscher und Problemlöser vom ersten Lebenstag an ernst genommen werden. Sie brauchen
Umwelten, in denen sie ihren Hunger auf
wirkliche Erfahrungen stillen können, bei
denen sie aus sich heraus etwas tun können
und von Erwachsenen als eigenständig Fragende akzeptiert werden. Eine Humanisierung und Öffnung der Schule gelingt durch
ein darauf bezogenes Erleben und Wahrnehmen von Kindern, wenn die deutliche Hinwendung zum Individuum sich auf die Veränderungen und Entwicklungen des einzelnen Kindes konzentriert und vom Vertrauen
auf sein Handelnkönnen lebt.

__Gleichwohl__ ist die Selbstbestimmung und
optimale Förderung nur eine Illusion über
Lernfreiheit, wenn sie nicht auch an den Erwachsenen gebunden wird. Bei der Suche
nach dem gelingenden Lernen muß er als
Sinnstifter, Anreger, Berater, kritischer Begleiter und Erfahrenerer zur Verfügung stehen. In dieser Perspektive führt eine Öffnung
in der Person der Erwachsenen zu pädagogisch sinnvollem Erleben von Kindern.

These 2: Unterricht öffnen

Die Notwendigkeit, Unterricht zu öffnen, ist in dem grundlegenden Ziel von Erziehung und Bildung enthalten, Kindern durch eine individuelle Aneignung und gemeinsame Arbeit die praktische und handelnde Teilnahme an dem notwendigen gesellschaftlichen Wissen, Erfahrungen und deren Veränderungen zu ermöglichen. Zentrum solcher Teilnahme und Veränderungen ist die Öffnung in der inhaltlichen, methodischen und organisatorischen Dimension des Unterrichts. Sie gehört damit direkt zum Auftrag der Schule, wenn diese sich selbst als Teil einer gesellschaftlichen Kultur von Lernen und Leben versteht.

Gleichwohl ist die Aufgabe der Öffnung unterhalb der Ebene von Postulaten glaubwürdig erst durch Praxis einzulösen: Aus einer *strukturierten Offenheit* (Freie Arbeit, Projekte, Wochenplan) ist ein akzeptables Konzept Offenen Unterrichts zu entwickeln, bei dem die individuellen Lernerfahrungen für eine gemeinsame, begriffsbezogene, perspektivenreiche Aufarbeitung von der Lehrerin und dem Lehrer für alle genutzt werden. Dafür gibt es weder Patentrezepte noch einfache Lösungen.

These 3: Lernen lernen

Wie Kinder genau lernen, ist heute umfassend noch nicht geklärt. Aber wir wissen vor dem Hintergrund neuer Lerntheorien (Piaget, Wygotski, Leontjew, Aebli u. a.), daß eine bestimmte Haltung, bestimmte Methoden und Prozesse der Aneignung und des Erwerbs von Erkenntnissen das Lernen nachhaltig fördert: Wenn das Ich des Kindes betroffen ist, wenn es seine eigene Lebenswelt in dem zu Lernenden wiederfindet, wenn es mit allen Sinnen handelnd etwas für sich selbst entdeckt, dann erfolgt die notwendige *aktive Ausbildung eigener Sinn- und Erkenntnisstrukturen* als Aufbau von dynamischen Denksystemen, die erweitert, verändert und verdichtet zu selbständigem Handeln führen.

Gleichwohl ist dieses Lernen des Lernens in vielen Schulen mit ihrem hohen Anteil an passivem Lernen im Nachvollzug vorgedachter Erkenntnisstrukturen noch in den Anfängen: Erst bei sinnvollen Formen der Öffnung und Differenzierung können Kinder weniger als Objekte didaktischer Vorentscheidungen benutzt werden – die mit der Freien Arbeit definitiv gegebene Selbststeuerung ist ein Perspektivenwechsel, der ein entwicklungs- und förderungsorientiertes Handlungskonzept bereitstellt.

These 4: Traditionen verändern

Traditionen in der Schule verändern sich dann, wenn die Schule selbst offen ist für Veränderungen in ihrem gesellschaftlichen Umfeld. Heute muß sie sich als Teil einer «Risikogesellschaft» nicht nur auf Kinder mit veränderten Lernfähigkeiten und Lernansprüchen einstellen, sondern auch auf nicht vorausplanbare Veränderungen in den Lebensbedingungen. Diese Perspektive trägt dazu bei, sich wieder stärker mit den «inneren» Möglichkeiten der Schule, mit methodischen und praktischen Fragen eines erziehenden Unterrichts, mit bewährten, traditionellen und neuen Lernformen auseinanderzusetzen. Offener Unterricht kann dabei als «Lehr- und Lernstück» für eine *Veränderung von Schultraditionen* verstanden werden, weil er als innere Reform von «unten» eine Veränderung des pädagogischen Bezugs aufbaut.

Gleichwohl sind dabei Fehler, Rückschritte und Konflikte zu verzeichnen, die aber als notwendige und menschlich verständliche «Umwege» im Sinne eines Lernens mit langem Atem zu akzeptieren sind und sowohl einer kritischen Distanz und Begleitung als auch einer Unterstützung und Ermutigung bedürfen.

Mit diesen vier Thesen sind die Definition, der Ansatz und das in diesem Buch vorgestellte Verständnis einer «Offenen Schule» mit «Offenem Unterricht» markiert, begründet und zusammengefaßt. Die Thesen führen wieder vor Augen, wie vielschichtig und weitreichend die einzelnen Problemfelder unter der Vorstellung einer «Humanisierung» von Schule sind. Da die Zusammenhänge auf erkennbare Positionen und Aussagen vereinfacht wurden, sollen die Thesen in den folgenden Abschnitten erläutert und konkretisiert werden. Der Hintergrund «Gesellschaft – Sinn von Schule – Lernen von Kindern – Erziehung von Eltern und Lehrern – Veränderung von Unterricht» wird im weiteren Verlauf unter verschiedenen Perspektiven jeweils entfaltet – eine isolierte Darstellung der sich darauf beziehenden Theorien und Annahmen erfolgt in diesem Buch nicht, wohl jedoch eine Einschätzung zur Theoriediskussion um die pädagogischen Konzeptionen von Offenem Unterricht im Kapitel 10.

Für konkretes Handeln, sich informieren, sich orientieren im Schulalltag bleibt die Frage offen, wie denn überhaupt Offener Unterricht in der Praxis zu erkennen ist.

Wie erkennt man Offenen Unterricht?

Guter Offener Unterricht ist nicht unbedingt an einer Fülle von Arbeitsmaterialien und einer lebendigen Klassenraumgestaltung zu erkennen – eine Vielzahl von Faktoren und Bedingungen müssen in besonderer Weise miteinander verknüpft werden, um von einer pädagogisch sinnvollen Konzeption und Praxis Offenen Unterrichts sprechen zu können. Eine ausführliche Darstellung und Erklärung dieser spezifischen Elemente erfolgt im Kapitel 4, Kriterien zur Beurteilung Offenen Unterrichts werden im Kapitel 7 vorgestellt. Trotzdem gibt es bei einem ersten Blick in eine Klasse eine Reihe von sicheren Indikatoren einer Öffnung des Unterrichts mit Formen Offenen Unterrichts. Sie sind hier für eine *praktische Orientierung*, ohne den Anspruch einer theoretisch angeleiteten Begründung, so zusammengestellt, daß die Frage «Woran und wie erkennt man Offenen Unterricht?» direkt beantwortet werden kann. Neben dem allgemeinsten und schlichtesten Indiz für Offenen Unterricht – Kinder arbeiten engagiert an ihren Sachen – sind es vor allem folgende *charakteristischen Merkmale*, die in verschiedenen Bereichen auf ein Grundmodell Offenen Unterrichts verweisen – es ist natürlich in jeder Klasse in vielen unterschiedlichen Ausformungen entwickelt:

- *Lernumwelt:* Die Klasse mit Werkstattcharakter, offene Lernflächen und Lernzonen, Leseecke, Karteienregale, Umweltregale, Forschertisch, Pflanzen, Spielecke, Klassendruckerei, Sammeltisch, Sammlungen, Bastelecke, Pinnwand, Fördermaterialien, Aquarium…

- *Lernorganisation:* Freie Arbeit und flexible Tages-Wochenpläne, Projekte, individuelle Zeiteinteilung, wenig Frontalphasen, Möglichkeiten zur Entwicklung spontaner Aktivitäten, Lernberatung, Morgenkreis, Abschlußkreis, Klassenrat, Berichte…

- *Lernmethoden:* Vielfältige Formen entdeckenden, praktischen Lernens, Freiheit bei individueller Arbeit, freie Entscheidungen für Zusammenarbeit und gegenseitige Hilfe, Selbstkontrolle, Möglichkeiten für Experimente und sinnliche Erfahrungen mit Materialien, flexible Lerngruppen an unterschiedlichen Problemstellungen, Aufarbeitung von Erfahrungen im Kreis mit Lerndokumentationen und Berichten, gemeinsame Auswertung, kreative Lernmethoden…

- *Lernatmosphäre:* Deutliche Akzeptanz der Kinder als Lerner mit individuellen Lernvoraussetzungen, Förderungsorientierung, Atmosphäre des Vertrauens und gegenseitiger Offenheit, klare Abmachungen (Regeln, Verträge), Beratung, Kinder verstehen sich als Gemeinschaft und finden Anerkennung und Unterstützung, keine Ausgrenzungen…

- *Lerntätigkeiten:* Kinder arbeiten praktisch, stellen etwas her, untersuchen, entscheiden über Inhalte, stimmen über gemeinsame Vorhaben ab, experimentieren, beschaffen sich Informationen, schreiben freie Texte, setzen, drucken, stellen interessante Dinge in der Klasse vor, erzählen, dokumentieren, besprechen Konflikte, entwickeln eigene Fragestellungen, erarbeiten Regeln, tanzen, spielen, diskutieren, rechnen, machen Vorschläge, erfinden Spiele, sammeln und ordnen, pflegen Tiere, beobachten, malen, diktieren sich, stellen ein eigenes Buch zusammen...

● *Lernergebnisse* (sichtbar): Geschichten, Gedichte, Wandzeitungen, Bilder, Spiele, Pläne, Tabellen und Übersichten, Ausstellungen, Sammlungen, Theaterstücke, Lieder, eigene Lernmittel, Karteien, Objekte, Gesprächsprotokolle, Berichte, eigene Sachbücher und Werkprodukte, Briefe...

Kinder erleben

Die Thesen – kompakt und pointiert – sollen nun in ihren wesentlichen Bestandteilen erläutert werden. Wenn Sie sich nach diesem Einblick in die Praxismerkmale Offenen Unterrichts die These «Kinder erleben» durchlesen, wird Ihnen die notwendige Einstellungsveränderung in der Haltung Erwachsener bei der Entwicklung von Kindern bewußt. «Hunger auf wirkliche Erfahrung» ist eine deutliche Aussage im Zusammenhang mit der sog. «Mediatisierung» von Erfahrung: Kinder eignen sich heute wesentliche Teile ihres Weltverständnisses, ihrer Einstellungen und sozialen Umgangsformen auch über Medien an – Erwachsene spielen bei diesen Lernprozessen eine wichtige Rolle: Der Hunger auf primäre Erfahrungen, also Erfahrungen aus erster Hand, kann durch ein lernförderndes Verhalten vom Erwachsenen unterstützt oder auch behindert werden; hier setzt seine Verantwortung ein. Die These «Kinder erleben» bedeutet für Erwachsene demnach, Kinder in ihren alltäglichen Lernprozessen und Handlungen erst einmal aufmerksam wahrzunehmen und auf die versteckten oder offenen Botschaften der Kinder pädagogisch sinnvoll zu reagieren.

Diese Aufgabe wird im Zusammenhang unserer These in der folgenden *Schulgeschichte* nachvollziehbar.

Es ist der zweite Schultag von 26 Kindern einer ersten Klasse. Nach der Einschulung hat sich die Lehrerin für die erste gemeinsame Arbeit etwas Besonderes ausgedacht. Die Kinder sitzen im Stuhlkreis – in ihrer Mitte liegt eine große, goldfarben strahlende Scheibe, die von der Lehrerin angefertigt wurde und nun ein spannender Gesprächsanlaß ist: «Was ist das? – Na klar, ein Goldtaler! – Nee, das ist eine große Sonne! – Da, die ist für unsere Klasse. – Dann fehlen aber noch die Strahlen…» Die Kinder sind von dieser Idee begeistert, die Lehrerin ist begeistert, daß die Kinder gleich so kreativ reagieren, und man beschließt, daß alle Kinder Strahlen für die gemeinsame Sonne im Klassenraum basteln und an die Scheibe ankleben. Die Lehrerin: «Kinder, ich hab schon alles vorbereitet, da sind die Scheren, da ist Papier, nun geht es los! – Was ist mit dir, Natalie?» Das angesprochene Kind schaut ziemlich unglücklich aus. Natalie sagt in die Stille hinein: «Das finde ich ganz doof, das mache ich nicht!»

Überlegen Sie einmal – wie würden Sie selbst als Erwachsener in einer solchen Situation reagieren? Was würden Sie tun, was würden Sie sagen? Vielleicht: «Guck mal, all die anderen Kinder wollen das doch auch!» Oder so: «Hier in der Schule muß man sich einordnen…»
In unserer Schulgeschichte läßt die Lehrerin sich nicht «provozieren» (sie nimmt die Aussage von Natalie nicht als «Provokation» wahr) und fragt zurück: «Möchtest du etwas anderes machen?» Das Kind daraufhin: «Ja, wenn das leichter ist…» Schon in dieser schlichten Rückfrage liegt die Chance, das Kind wirklich zu «erleben», denn erst dadurch wird ein grundlegendes Lernmuster von Natalie aufgedeckt: Sie hält sich bei Anforderungen zurück und verdeckt ihre Unsicherheit durch eine Lernverweigerung. Vielleicht liegt dieser Haltung gegenüber Neuem und Unbekanntem eine jahrelange Ausprägung einer Verhaltensweise durch eine ‹Einschärfung› von Erwachsenen, von Mutter oder Vater, zugrunde – etwa nach dem Modell: «erst einmal abwarten», «sich nur nicht hervorwagen».
In dem kurzen Gespräch, das sich aus der Fragehaltung der Lehrerin ergibt, wird eine Vorliebe von Natalie deutlich: Sie kritzelt am liebsten mit dem Bleistift herum. Die Lehrerin ermutigt sie, das nun auch hier zu tun. So kritzelt Natalie herum und tut das, was sie schon kann – dabei entstehen auf ihrem Blatt kleine Strichmännchen. In diesem Augenblick kommt ein anderes Mädchen dazu, das bis jetzt fröhlich mit kräftigen Plakafarben leuchtende Strahlen für die Sonne gemalt hatte –

eine Tätigkeit, die dieses Mädchen schon aus dem Kindergarten kannte. Das Kind schaut neugierig Natalie über die Schulter: «Oh, das ist ja toll, diese Kinder hier, die kann man ja auf die Strahlen setzen…» So wird Natalie (etwas überrumpelt) in den gemeinsamen Arbeitsprozeß hineingezogen, und ihre Kritzelfiguren auf den Sonnenstrahlen verhelfen der Klasse zu einer besonders schönen, nicht klischeehaften Sonne – auch Natalie strahlt.

Hier zeigt sich, wie ein stärkeres Sich-Einlassen auf die individuellen Lernmuster und unterschiedlichen Lernerfahrungen erst die Möglichkeit schafft, Veränderungen und Entwicklungen der Kinder zu fördern. Mit diesem Beispiel wollen wir auch darauf verweisen, daß bei Natalie – die hier für viele Kinder mit ähnlichen Lernmustern steht – die Möglichkeiten für selbstbestimmtes, produktives und kreatives Handeln eher eingeschränkt sind. Selbst etwas herzustellen, etwas zu planen, etwas mit anderen weiterzuentwickeln gehört nicht zu den von den Medien und der Konsum- und Spielwarenindustrie vorangetriebenen Zielen: Reagieren, Bedienen, Dazukaufen, Habenwollen, das Spielprogramm vervollständigen – das sind die vorherrschenden und werbepsychologisch geschickt angebotenen Botschaften und Handlungen. Diese führen nur zu problematischen Abhängigkeiten und deutlichen Erfahrungsverlusten in der direkten Aneignung der Umwelt, führen zum «allmählichen Verschwinden der Wirklichkeit» (v. Hentig 1985), führen zum Mangel an Umwelten, in denen die Kinder aus sich heraus noch etwas gestalten, entwickeln und entdecken können.

«Kinder erleben» beginnt also damit, daß Erwachsene das Fragen, Suchen, Forschen des Kindes als für seine Entwicklung des Denkens und Handelns notwendige Haltung wahrnehmen und unterstützen. Die Fragehaltung und die Suche nach dem gelingenden Lernen sind für die Kinder und die Schule mindestens ebenso wichtig wie die vorherrschenden Muster der Vermittlung (Didaktik) schon vorgedachter Antworten.

Die zweitwichtigsten Worte waren die ‹Wee-Wörter›. Wee-Wörter beginnen mit ‹w›, und diese sind, soweit das Anna betrifft, Fragewörter. ‹Was›, ‹wie›, ‹welches›, ‹weshalb›, ‹wieso› und vor allem ‹warum›. Und dann gab's ‹Dee Wörter›, und Anna bestimmte sie zu Antwort-Wörtern. Meistens begannen sie

mit ‹d› und bildeten mit den Wee-Wörtern ein Paar. ‹Warum
–darum›, ‹weshalb–deshalb›, ‹was–das›. Leider paßte diese Regel nicht immer. Vielleicht gab es das doch: ‹Wieso–dieso›?
Dieso. Warum eigentlich nicht? Überhaupt beschloß Anna, die
gesamte Sprache aufzuteilen in eine Fragehälfte und eine Ant-
worthälfte. Die Fragehälfte war die wichtige. Denn hatte man sie
nicht, entfiel die andere Hälfte sowieso. Fragen waren aufregend
und manchmal riskant. Und man wußte nie genau, wohin sie
einen führten.

Das aber war das Problem, wenn es etwa um Schule und Kir-
che ging. Solche Institutionen betrachteten offenbar die Ant-
worthälfte als die wichtigere. Es war in höchstem Maß ärgerlich,
welche vorfabrizierten und unbedenklich immer weiter benütz-
ten Antworten man dort vorgesetzt bekam, selbst wenn sie sich
schon seit langem als falsch erwiesen hatten. Wichtig war eben
doch nur, was man mit einer Frage bezweckte und was man mit
ihr erreichen wollte. Es gab so viele sinnlose Fragen, man konnte
in der Schule Jahre damit füllen, und die Antworten brachten
einen nirgendwohin.

(aus: Fynn: «Hallo, Mister Gott, hier spricht Anna»
© deutsche Rechte by Scherz Verlag, Bern und München)

«Kinder erleben» heißt in dieser Perspektive, Kinder ernst zu nehmen
und ihren jeweiligen Entwicklungsstand zunächst zu akzeptieren.
Diese Haltung von Lehrern, Lehrerinnen und Eltern ist eine notwendige Vorbedingung, wenn ein Kind lernen soll, sich selbst als kleiner
Mensch (und nicht als «unfertiger Erwachsener») anzunehmen und
sich z. B. nicht zu schämen braucht, wenn es Fehler macht. In der
Vorstellung einer «Humanisierung der Schule» werden die damit verbundenen reformpädagogischen und bildungspolitischen Möglichkeiten und Grenzen heutiger Erziehung differenziert aufgewiesen – hier
soll nur das Problembewußtsein für die Rolle des Erwachsenen im
Zusammenhang «Offener Unterricht – Kinder erleben» geschärft
werden.

Die deutliche Hinwendung zum Kind, seine Wahrnehmung als
gleichberechtigtes Individuum im Erziehungsfeld ist in der Grundschule – als pädagogisch definierte Schulstufe für *alle* Kinder – in der

Regel am weitesten entwickelt. Wie Erwachsene angesichts komplizierter Bedingungen und Hintergründe der heutigen Schulsituation zwischen «Verschulung» und «Entschulung» ihr Bewußtsein und ihre pädagogische Haltung verstehen, wird auf konkrete Weise in der engagierten Aussage einer Lehrerin deutlich:

«Es ist kompliziert und einfach zugleich! Früher träumten wir von den disziplinierten Kindern, heute träumen wir von den vernünftigen Kindern – aber da muß man aufpassen, daß wir den Kindern über lauter Erwachsenenvernunft nicht ein Stückchen Lebenszeit für Unvernünftiges wegnehmen, das die Kinder für ihre Entwicklung unbedingt brauchen. Vier Jahre Schule als Lebensraum, ja, als Lebensglück mit ausreichend Zeit für Spiele, für Entdeckungen, für Begegnungen mit den aufregenden und unvernünftigen Dingen der Natur. Und diese Zeit will ich für die Kinder verteidigen, weil ich es gerade wieder erlebt habe: Ein Kind, das schon in bestimmter Weise festgeschrieben war, verändert sich in unserem Unterricht. Ein Kind blüht auf – nach zwei Jahren, wie ein Wunder für alle. Wo gibt es das noch? Ja, wir geben ihm die Zeit und es nimmt sich die Zeit, aber wir müssen diese Zeit gegen Eltern, Kollegen und Schulleitung durchsetzen...»

Auch in dieser Aussage ist die Funktion des Erwachsenen deutlich benannt: Er muß als Anreger, Berater, kritischer Begleiter und Erfahrener sich für die Fragen und Probleme der Kinder öffnen. Dabei sollte er zwischen der «Anbiederung» und der «Gängelei» einen sinnvollen Weg nach dem Prinzip «Soviel wie nötig, sowenig wie möglich» suchen.

Unterricht öffnen

Die These «Kinder erleben» steht in direktem Zusammenhang mit unserer zweiten These «Unterricht öffnen»: Wenn die Hinwendung zum Individuum ein entscheidender Bezugspunkt aller neueren Erziehungsvorstellungen ist, dann ist die Öffnung schon in dieser Bereitschaft im Ansatz vorhanden.

Die außerschulischen Erfahrungen der Kinder sind der wesentliche Teil ihres Weltverständnisses, sozusagen ihr «Anschauungsmaterial» für das menschliche Zusammenleben in überschaubaren Räumen, in der Straße, im Dorf, im Stadtteil. Diese Erfahrungen, man könnte auch sagen diese «Lebenswelten», werden mit den Kindern in die Schule gebracht und dort im Zusammenhang eines geplanten schulischen Lernens verarbeitet. Durch die Öffnung des Unterrichts nach außen zur Gemeinde, zum Stadtteil kann sich die Schule auch direkt auf diese Erfahrungen beziehen und den Kindern über ihre zufälligen, subjektiven Erfahrungen weitere alternative und bereichernde Einsichten anbieten. Damit versteht sich eine Offene Schule als Teil einer gesellschaftlich notwendigen Weitervermittlung einer gemeinsamen Kultur von Leben und Lernen.

Eine derart abstrakt klingende Formulierung läßt sich leicht praktisch wenden: Wenn die Schule sich nicht mehr als Schonraum versteht und sich öffnet, ist die ganze Umgebung ein praktischer Lernanlaß für die Kinder – der Supermarkt, die Tankstelle, der Bäcker, die Gärtnerei u. a. Solche außerschulischen Lernorte ermöglichen den Kindern, der Entfremdung schulischen Lernens von ihren unmittelbaren Erfahrungen zu begegnen und den häufig im Unterricht zu erlebenden Widerspruch zwischen der in Schulbüchern und Arbeitsbogen dargestellten Sach- und Erfahrungswelt und den konkreten außerschulischen Erfahrungen der Kinder aufzulösen. Dazu ist es notwendig, Öffnung als Wechselbeziehung zu verstehen, als vielfältigen Prozeß von innen nach außen und von außen nach innen.

Praktisch bedeutet dies, Lernanlässe aufzugreifen und Lernorte aufzusuchen in der Umwelt der Schule, Lernmöglichkeiten in den Gesprächen und Mitteilungen der Kinder im Unterricht wahrzunehmen und Schullernen und Schulleben so zu gestalten, daß diese wechselseitige Öffnung stattfinden kann. Konkret: Sowohl die Spinnen vom Schulgelände (vgl. S. 28), die Lernmöglichkeiten auf dem Wochenmarkt im Stadtteilzentrum als auch der Tischlervater, der in der Klasse mit den Kindern einen Tisch baut, sind als Öffnung des Unterrichts zu nutzen.

Einen hilfreichen gedanklichen Zugriff haben wir in den Begriffen «Öffnung nach innen – Öffnung nach außen» und «Öffnung in der inhaltlichen, methodischen und organisatorischen Dimension des Unterrichts» schon erläutert (S. 54), so daß hier vor allem Begründungen für die These angeführt werden.

Eine überzeugende Argumentation für eine Öffnung läßt sich aus der Praxis des Unterrichts selbst ableiten: Es wurde schon gezeigt, in welchem Maße sich die klassischen Voraussetzungen für einen gleichen (frontalen) Unterricht für alle Schüler aufgelöst haben. In der Vergangenheit konnten – bei nicht weit auseinanderliegenden Lernvoraussetzungen, Erziehungsmustern und sozialen Handlungsmodellen – die *Inhalte* wichtiger erscheinen als ihre *Vermittlung*. Heute stellt sich dieser Zusammenhang anders dar – auch schon in der Öffentlichkeit: In der öffentlichen Diskussion ist an der Wende zu den neunziger Jahren über die Entwicklung eines neuen Bewußtseins für den Zusammenhang «Kindheit – Bildung – Lernen – Schulreform» eine Veränderung zu verzeichnen. Das deutliche Nachlassen der bisherigen Akzeptanz der Regelschule mit problematischen Formen der Verschulung auf der einen Seite und ein erkennbares Verschwinden der überschaubaren Voraussetzungen bei den Kindern auf der anderen Seite, rücken zunehmend eine Auseinandersetzung um die Sinnfrage des Schulunterrichts überhaupt und eine zukünftige Orientierung in den Blick.

Dem komplexen Zusammenhang zwischen den am Unterricht Beteiligten, den Inhalten, den Vermittlungsformen und den Leistungsforderungen begegnen heute Lehrerinnen und Lehrer angesichts der unterschiedlichsten Lebensstile und Kindheitsmuster immer mehr über eine Individualisierung und Differenzierung als Formen einer Öffnung, immer weniger über einen Frontalunterricht. Sie haben erkannt, daß offenere Unterrichtsformen ihnen besser helfen, die aktuellen Probleme des Unterrichtens zu lösen: Lehrerinnen und Lehrer müssen heute in der Schule psychisch, kulturell und sozial in einem nie gekannten Ausmaß integrativ arbeiten, um gemeinsame Grunderfahrungen im Sinne gesellschaftlicher Verantwortung zu ermöglichen. Die heterogene Zusammensetzung der Schulklassen aufgrund kultureller und sozialer Vielfalt (z. B. Ausländer- und Aussiedlerkinder), aufgrund der großen Entwicklungsdifferenzen, der unterschiedlichen Kindheitsmuster und Erziehungsstile erfordert verstärkte Individualisierung und sinnvolle Differenzierungs- und Fördermaßnahmen.

Diese Überlegungen fassen wir in den wesentlichen Elementen zusammen: Öffnung heißt dann vor allem
- Lernen und Leben als ganzheitliche Erfahrung für Kinder in der Wechselbeziehung von Schule und Umgebung zu ermöglichen;
- Zugänge aus der Schule heraus zu den Gegenständen des Alltags, der Natur und zum Alltagsleben der Gemeinde und des Stadtteils zu eröffnen;

- Handlungsspielräume für Lehrerinnen, Lehrer und Kinder im Unterricht zu schaffen, die eigenständige Entscheidungen über Arbeitsformen und Arbeitsmöglichkeiten hervorrufen;
- flexible Organisationsformen des Lernens für vielfältige, wechselnde Aktivitäten bereitzustellen und
- den Verlust sinnlich-praktischer Erfahrungen durch den Aufbau von anregungsreichen Lernumwelten mit Werkstattprinzipien auszugleichen.

Vielleicht möchten Sie diese Argumentation noch einmal bedenken. Dann überprüfen Sie Ihr Verständnis der These «Unterricht öffnen» über die nachfolgende Alltagsgeschichte, die eine Mutter erzählt: «Also, ich verstehe mein Kind nicht mehr – was die heute in der ersten Klasse schon lernen müssen, z. B. das Wort ‹Verpuppung›. Also, das war so: Fabian kam von der Schule nach Hause. Wir wollten gerade alle zusammen essen, aber Fabian setzte sich nicht an den Küchentisch. Er fragte nur: ‹Was ist eine Verpuppung?› Wir schauten ihn ungläubig an. Darauf sagte er: ‹Na, dann muß ich eben im Lexikon nachgucken. Und damit ihr es ein für allemal wißt: Ich kann jetzt lesen, ich kann es selbst herausfinden.› Er nickte dazu entschieden mit dem Kopf und verschwand nach nebenan. Dort saß er dann auf dem Fußboden, das Lexikon zwischen den Beinen und murmelte etwas vor sich hin. Ich überlegte, ob ich ihn zum Essen holen sollte…»

Lernen lernen

Die These «Lernen lernen» setzt unsere eigene Auffassung vom Lernen und unsere lebensgeschichtlichen Erfahrungen mit dem Lernen in Bewegung. Häufig denken wir, daß Lernen nach dem gleichen Muster ablaufen muß, mit dem wir selbst gelernt haben. Wie problematisch eine solche Vorstellung sein kann, zeigt folgende Situation aus der Schule:

‹Hoher Besuch› ist in einer Klasse mit Offenem Unterricht angesagt. Der zuständige Schulaufsichtsbeamte möchte sich genauer über die Freie Arbeit informieren und äußert sich begeistert über die zahlreichen Lernmöglichkeiten und die selbstangefertigten Arbeitsmaterialien. Die Lehrerin zeigt dem Schulrat ein gerade neu angeschafftes Binokularmikroskop. In diesem Moment kommt der neunjährige Mike dazu und fragt: «Oh, was ist denn das? Kann ich da mal durchgucken?» Der Erwachsene beugt sich zum Kind herunter und sagt mit einem Lächeln: «Das verstehst du noch nicht, das ist etwas zum Essen!»

Diese Äußerung ist auf den ersten Blick vielleicht witzig (für Erwachsene), aber in bezug auf die Lernbegierde und die Lernmöglichkeiten des Kindes zumindest unbedacht. Zu fragen ist:
– Wie wollen Erwachsene selbst lernen, wenn sie die Kinder mit ihren Fragen nicht ernst nehmen?
– Wie soll ein Kind jemals problemlösend arbeiten können, wenn Erwachsene deutlich signalisieren, daß andere über die Zugänge zum Lernen entscheiden?

Das Beispiel zeigt auch – als heimliche Botschaft des Erwachsenen – eine problematische Einstellung zum Lernen des Lernens: Wissenserwerb erfolgt am besten unter Anleitung von Belehrenden über Reifestufen im Nachvollzug vorgedachter Erkenntnisse. Diese (bewußt zugespitzt formulierte) Auffassung berücksichtigt nicht die Ergebnisse neuer Lerntheorien und die zentrale Funktion des «Lernen lernen» im Offenen Unterricht und in der Offenen Schule. Über praktische Prozesse der Aneignung und selbstbestimmte Tätigkeiten wird die Haltung des Fragens, Forschens, Entdeckens, des Staunens, der Nachdenklichkeit und – wie in der ersten These formuliert – der Hunger auf wirkliche Erfahrungen – zu einer grundlegenden Haltung entwickelt. Dies ist eine Haltung, die nicht nur für die Ausbildung eines Lernbewußtseins notwendig ist, sondern weiterreichende, gesellschaftliche Bedeutung hat. Wir wollen diese hier (wenigstens zum Nachdenken) bereitstellen über eine Aussage von Horst Rumpf (1986, S. 24):
«Sind wir nicht dabei, die Haltung des Bescheidwissers zu vergötzen – und zu vergessen, daß Fertigwissen und Schnellinformationen meist nur flüchtige Reize bleiben, daß sie schnell verwehen – weil ihnen in den Menschen der Wurzelgrund fehlt. Was nützt alles Wissen, wenn die

Menschen nie die Beunruhigung, die Frage gespürt haben, auf die dieses Wissen eine Antwort sein will? Was bringt es Menschen, wenn man sie unablässig mit Nahrung vollstopft, ohne daß sie Hunger haben? Sie werden krank, sie werden der Nahrung überdrüssig; sie werden gleichgültig gegenüber dem, was sie doch sättigen sollte. Geht es uns nicht öfter so mit den Informationen, die uns umfluten, die wir aufnehmen oder weitergeben?»

Das vorgestellte Prinzip des *Lernens durch Selbstentdecken* ist im Gegensatz zum Prinzip des *Nachvollziehens von Vorgedachtem* immer an das Tun, an die Tätigkeit des Lernenden gebunden und kann insofern auch als *praktisches Lernen* bezeichnet werden. Die Beziehung des Ich zum Lerngegenstand wird durch das Handeln besonders eng; auf diese Weise stellt sich langfristig und vertiefend ein bleibender Lernzuwachs ein. Die sich hinter dieser Aussage verbergenden komplizierten Zusammenhänge können wir auch in einer weisen Aussage von Konfuzius (551–479 v. Chr.) entdecken; sie ist in ihrer Zuspitzung und Bedeutsamkeit für kindorientierte Lerntheorien und die Öffnung des Unterrichts von besonderer Prägnanz:
«Erzähle mir und ich vergesse.
Zeige mir und ich erinnere.
Laß es mich tun und ich verstehe.»

Selbstverständlich sollen mit solch vereinfachenden Aussagen zum Lernen des Lernens nicht andere wichtige Prinzipien und Erkenntnisse zum Lernen überhaupt abgewertet werden bzw. als nicht hilfreich für eine Lernvorstellung im Offenen Unterricht bezeichnet werden. Hier geht es nur darum, grundlegende, mit dem Ansatz der Öffnung in Wechselwirkung stehende Vorstellungen herauszuarbeiten. Dazu gehört auch die notwendige Unterscheidung von «Können» und «Machen», weil vordergründig geglaubt werden könnte, das Tun, das Machen allein würde schon zu entsprechendem Lernbewußtsein führen. Im Prinzip des Selbstentdeckens und des aneignenden Tätigseins ist das «Können» enthalten, weil es im Gegensatz zum eher gedankenlosen Machen hohe Anforderungen an das Lernen darstellt. Wenn das Kind arbeitet und entdeckt, in der Fragehaltung seinen Geist bemüht, bringt es im Aufbau seiner Erkenntnisstrukturen etwas hervor, erreicht es etwas für sich, gestaltet es etwas Neues in seinem Geist, das mit dem Wort «Können» gut zu erfassen ist: «Können» wollen wir deshalb auf

die *Methode des Wissenserwerbs* beziehen und auf das Einfügen in schon vorhandene Fähigkeiten.

Dieses Können stellt für eine Offene Schule die entscheidende *Schlüsselqualifikation* dar, wenn sie sich als Schule versteht, in der beim Lernen Selbständigkeit in der Aneignung, Problemlösungskompetenz, Entscheidungsfähigkeit, strukturelles und analytisches Denken wichtiger sind als die Wiedergabe «gesicherter Kenntnisse», die vielleicht schon morgen wieder veraltet sind.

Auch ein weitverbreitetes Mißverständnis des individuellen und entdeckenden Lernens kann über den Begriff des Könnens ausgeräumt werden: Selbstentdeckendes Lernen bedeutet nicht den Ausschluß der Mitwirkung von anderen Lernenden und Erklärenden. Auch dieses Lernen ist sozial vermittelt – schon in der Aneignung von Können ist eine direkte oder indirekte Mitwirkung von anderen Menschen gegeben.

Bei einem Indianerprojekt bauen wir mit den Kindern aus verschiedenen Materialien eine Indianersiedlung nach. Beim Umgang mit Holz, Lehm, Papier, Draht und anderen Materialien entsteht ein deutlicher Bezug zu dieser selbst erschaffenen Umwelt. Die Kinder erarbeiten sich über die Aneignung des Materials im sinnvollen Aufbau der Siedlung (am Fluß? im Kreis? am schutzenden Berghang?) Einblicke in die öko-

73

nomische und soziale Struktur einer solchen Umwelt und werden unversehens durch ihr gemeinsames Tun und Eindenken selbst zu Einwohnern dieses Indianerdorfes.

Im Kapitel «Offenes Lernen» (S. 110) werden einige der Argumente und Begründungen für bestimmte Lernprinzipien differenzierter erläutert und überprüft – hier werden abschließend die für unsere These «Lernen lernen» wichtigsten Grundannahmen zusammengefaßt.

Lernen im Offenen Unterricht bedeutet demgemäß vor allem, Methoden des Erwerbs von Wissen, den Aufbau des Könnens, das Entdecken, das Fragen und das Problemlösen durch vielfältige Tätigkeiten (herstellend, symbolisch, darstellend, sozial usw.) zu fördern. Das damit geforderte Bewußtsein der Kinder für das eigene Lernen hat folgenden Hintergrund:

- Als aktive Erzeugung von Sinnstrukturen und Aufbau eigener Denksysteme ist Lernen auf eine freie Tätigkeit des Kindes angewiesen – Lernen ist selbstbestimmt, aktiv und konstruktiv.
- Wahrnehmung, Vorstellen, Erkennen ist beim aktiven Aufbau von Können an individuelle Muster und Erfahrungen gebunden – Lernen ist fortlaufend und hat eine Geschichte.
- Wissen und Können entstehen in der Sinnstiftung durch die Gestaltung der Arbeit mit anderen Menschen – Lernen ist sozial bedingt und sozial bedeutsam.
- Beim Lernen des Kindes sind alle Sinne in unterschiedlicher Weise beteiligt – Lernen vollzieht sich ganzheitlich.
- Das Lernen des Kindes ist auf konkrete Gegenstände und Situationen bezogen – Lernen ist zweckgerichtet.

Achtung: Gedankenexperiment

Lesen Sie sich die Prinzipien noch einmal durch, und überprüfen Sie Ihr Verständnis an einer kleinen «Lernszene»! Welche Vorstellungen passen zu der Situation? Warum? Wie würden Sie sich verhalten?

Die Mutter von Michael beklagt sich bei der Lehrerin über die Konzentrationsschwäche ihres Sohnes. Sie stöhnt: «Ach, wissen Sie, bei diesem Kind muß ich soviel helfen. Ständig muß ich auf der Hut sein, damit er auch alles richtig macht.» Die Lehrerin zeigt Verständnis für die Belastung der Mutter, nimmt sich aber zugleich vor, doch auch herauszufinden, wie das Kind die Sache sieht. So fragt sie Michael beiläufig: «Wie ist das eigentlich mit den Schularbeiten bei dir zu Hause? Machst du das gerne?» Der Junge antwortet: «Das ist ganz doof. Sie kommt immer und stört mich. Dann geht das nicht so gut!»

Traditionen verändern

Traditionen in der Schule verändern sich durch die praktische Arbeit von Menschen – kaum durch Schulerlasse, neue Theoriekonzeptionen oder Schulprogrammatik. Dabei ist ein gewisses Maß an Bereitschaft zum Nachdenken, an Offenheit gegenüber ungewohnten Vorstellungen bei allen Beteiligten notwendig. In der folgenden Geschichte einer «Traditionsveränderung» soll diese Aussage unserer vierten These veranschaulicht werden:

Eine ältere Lehrerin hat sich nach zweijähriger Vorbereitung entschieden, in ihrem neuen ersten Schuljahr den Unterricht zu verändern und es mit offeneren Lernformen zu versuchen. Die Schule liegt im Vorort einer westdeutschen Großstadt, eine sogenannte «feine» Wohngegend mit einer eher konservativ eingestellten Elternschaft. Die erste Befürchtung im Prozeß der Veränderung entsteht bei der Lehrerin in bezug auf die Eltern: Werden sie bei der Ankündigung ihres Vorhabens nicht gleich das Schlagwort vom «linken Chaos in der Schmuseecke» gebrauchen? Die Lehrerin organisiert den ersten Elternabend schon vor dem Beginn ihrer Arbeit in der Klasse und erklärt den Eltern deutlich ihre Motive für einen veränderten Unterrichtsansatz. Sie vermeidet das Reizwort «Offener Unterricht», spricht darüber, warum die unterschiedlichen Lernerfahrungen der Kinder beim Schriftspracherwerb zu berücksichtigen seien und stellt eine daraus abgeleitete stärkere Individualisierung der Lernformen vor. Die Eltern sind skeptisch und fragen ganz direkt, warum denn ihre Kinder nicht genau wie die älteren Geschwister in bewährter Weise auch mit «Fu» lesen lernen könnten. In der Auseinandersetzung werden die heimlichen Ängste einzelner Eltern offenbar – einige Mütter und Väter befürchten, daß durch einen anderen Leseanfang die weitere Schullaufbahn (bis zu den von Eltern geplanten «Berufskarrieren») nicht glatt verlaufen würde.

Die Lehrerin signalisiert Verständnis für die Vorstellungen («die sollen es einmal besser haben als wir», «ohne mittlere Reife oder Abitur geht doch bei uns gar nichts mehr») und bittet die Eltern nachdrücklich um Vertrauen in ihre Fähigkeiten. In der relativ aufgeheizten Atmosphäre dieses Elternabends findet dann der vermittelnde Vorschlag einer berufstätigen Mutter breite Zustimmung: Frau B. führt das Beispiel ihres Berufslebens an. Sie ist überzeugt, daß wichtige Teile ihrer täglichen Arbeit dann besser gelingen, wenn sie diese nach eigener Einschätzung gestaltet. Frau B. schlägt vor, die Diskussion nach einem Vierteljahr wieder aufzunehmen, Vertrauen zu haben, um einmal zu sehen, was bei dem offenen Unterricht herauskommen würde.

Schon vor dem verabredeten zweiten Elternabend bekommt die Lehrerin einige positive Rückmeldungen zu ihrem Unterricht. Die Kinder erlesen bei dem alternativen Leselernkonzept «Lesen durch Schreiben» (Reichen 1986) relativ schnell über eine einfache «Buchstabentabelle»

und vielfältige Lernmaterialien selbständig Wörter. Auch durch einen aktiven Umgang mit ihren eigenen Wörtern entstehen «natürliche» Lernsituationen im Schriftspracherwerb. Die Ergebnisse solcher «echten» Lernprozesse werden von den Eltern aufmerksam registriert – beim zweiten Elternabend wird eine erste Bilanz gezogen. Da es im Vorfeld doch einige Unruhe über die Diskussion «Leistung im Offenen Unterricht» gegeben hatte, werde ich von dem Elternsprecher dazugebeten, um Auskunft über wissenschaftliche Untersuchungen zum Leistungsstand im Offenen Unterricht zu geben.

Es gibt eine sehr kontroverse Diskussion: Viele Eltern können z. B. nicht nachvollziehen, daß die Kinder nicht von Anfang an normgerecht «rechtschreiben» müssen und die Lehrerin Rechtschreibfehler als z. T. notwendige Umwege und folgerichtige Lernschritte der Kinder erklärt. Ich werde dann gebeten, übergreifende, pädagogische Ziele des sogenannten Offenen Unterrichts zu erläutern. Nach einer praktischen Erklärung an einem Beispiel aus der Freien Arbeit dieser Klasse fasse ich noch einmal die Vorstellungen in den üblichen (abstrakten) Begriffen zusammen: *Offenes Lernen mit entdeckendem und problemlösendem Verhalten, Lernbewußtsein, Kreativität, soziale Sensibilität, Kooperationsbereitschaft.*

Nun meldet sich ein junger Vater zu Wort: «Das ist ja hochinteressant! Ich komme gerade von einer Managerschulung in Bad Harzburg. Da hat man uns ganz genau diese Ziele veranschaulicht. Wenn das für uns gut ist, dann muß es doch für unsere Kinder erst recht gut sein!» – Der Vater bekommt viel Beifall, der Abend ist gerettet (und ein Kollege sagt später zu dieser Erfahrung: «Der Offene Unterricht wird von den Konservativen vereinnahmt...»).

Was wird deutlich? Die bekannte deutsche (Bildungs-)Mentalität macht Traditionsveränderung im Bereich einer staatlich und juristisch bestimmten und häufig mehr verwalteten als gestalteten Schule immer noch schwer. Wenn auch zu Beginn der neunziger Jahre gewaltige gesellschaftliche Umwälzungen (vom Binnenmarkt Europa 92 über Perestroika, die Reformen in Polen, Ungarn, Rumänien und die DDR-Entwicklung) zeigen, daß heute überall neue Vorstellungen entwickelt und Reformen versucht werden, daß die alten Pantoffeln vor allem im Bereich der Wissenschaft, der Wirtschaft und Politik gegen Siebenmeilen-Stiefel eingetauscht werden: In der Staatsschule müssen unkonventionelle Wege, offene, ermutigende Visionen immer noch auf der Ebene

allerkleinster Veränderungen mühsam erarbeitet und z. T. hart er-
kämpft werden.

Wie anders ist es sonst zu erklären, daß die weitreichenden Vorstellungen, Erfahrungen und z. T. jahrzehntelang bewährten konkreten
Schulkonzeptionen der Reformpädagogen z. B. in Holland, Dänemark
und England das Schulwesen dort deutlich verändert haben und z. B.
bei uns nicht zu einem wirklichen Neuanfang mit dem Mut zum Umlernen geführt haben? Sitzenbleiberelend, Notenkrampf, Konkurrenz-
denken, Leistungsdruck, Verrechtlichung, Lehrplanzwang, vorgefertigte Programme, Selektion, Aussonderung, Unüberschaubarkeit,
Zeitmangel, Hektik und vieles mehr kennzeichnen auch heute noch
viele Regelschulen. Das macht einerseits die «Wut auf die Staatsschule»
(Paulig 1990, S. 17) und die Sehnsüchte vieler Eltern nach alternativen,
humaneren Schulen verständlich, verweist aber andererseits auch auf
die ungebrochenen Vorstellungen einer bestimmten Art von Schule.
Offene Schule setzt eine Veränderung von Traditionen voraus, und das
ist für Erwachsene und Erziehende immer riskanter als für Kinder, weil
tiefverwurzelte Ängste, Lernmuster und biographische Erfahrungen
umgearbeitet werden müssen.

Unser Hinweis auf die gesellschaftlichen Veränderungen im Umfeld der
Schule, der Bezug auf die Entwicklungen in anderen europäischen Ländern und die Aspekte der Schulkritik bringen den entscheidenden Gedanken «Öffentlichkeit» bei der Wechselbeziehung von Gesellschaft
und Schule, von «innerer und äußerer Schulreform» (Furck 1989) ins
Spiel: Schulisches Lernen ist «öffentlich» – die Kinder bringen ihre
persönlichen und gesellschaftlichen Erfahrungen und Erwartungen mit
in das Klassenzimmer, die pädagogische Freiheit des Lehrers, damit
sinnvolle Lernprozesse in Gang zu setzen, ist an öffentliche Verantwortung (z. B. Lehrpläne) gebunden, auch an den Zwang zur Bewertung der
Leistungen (z. B. Ziffern- oder Berichtszeugnisse, vgl. S. 206).

Was nun allerdings im einzelnen an Schultraditionen verändert werden kann, muß immer auch aus einer kritischen Analyse der Situation
von Kindern heute, ihren Lernmöglichkeiten und -notwendigkeiten
und einer Auseinandersetzung mit den gesellschaftlich vereinbarten
Bildungszielen erwachsen. Konkret heißt dies nach den langjährigen
Erfahrungen mit der Öffnung der Schule, daß vor allem in folgenden
Bereichen Veränderungen von Schultraditionen erfolgt sind bzw. noch
zu entwickeln sind:

Adler steigen keine Treppen

Vom methodischen Treppensteigen

Der Pädagoge hatte seine Methoden aufs genaueste ausgearbeitet; er hatte – so sagte er – ganz wissenschaftlich die Treppe gebaut, die zu den verschiedenen Etagen des Wissens führt; mit vielen Versuchen hatte er die Höhe der Stufen ermittelt, um sie der normalen Leistungsfähigkeit kindlicher Beine anzupassen; da und dort hatte er einen Treppenabsatz zum Atemholen eingebaut und an einem bequemen Geländer konnten die Anfänger sich festhalten.

Und wie er fluchte, dieser Pädagoge! Nicht etwa auf die Treppe, die ja offensichtlich mit Klugheit ersonnen und erbaut worden war, sondern auf die Kinder, die kein Gefühl für seine Fürsorge zu haben schienen.

Er fluchte aus folgendem Grund: solange er dabei stand, um die methodische Nutzung dieser Treppe zu beobachten, wie Stufe um Stufe emporgeschritten wurde, an den Absätzen ausgeruht und sich an dem Geländer festgehalten wurde, da lief alles ganz normal ab. Aber kaum war er für einen Augenblick nicht da: sofort herrschten Chaos und Katastrophe! Nur diejenigen, die von der Schule schon genügend autoritär geprägt waren, stiegen methodisch Stufe für Stufe, sich am Geländer festhaltend, auf dem Absatz verschnaufend, weiter die Treppe hoch – wie Schäferhunde, die ihr Leben lang darauf dressiert wurden, passiv ihrem Herrn zu gehorchen, und die es aufgegeben haben, ihrem Hunderhythmus zu folgen, der durch Dickichte bricht und Pfade überschreitet.

Die Kinderhorde besann sich auf ihre Instinkte und fand ihre Bedürfnisse wieder: eines bezwang die Treppe genial auf allen Vieren; ein anderes nahm mit Schwung zwei Stufen auf einmal und ließ die Absätze aus; es gab sogar welche, die versuchten, rückwärts die Treppe hinaufzusteigen und die es darin wirklich zu einer gewissen Meisterschaft brachten. Die meisten aber fanden – und das ist ein nicht zu fassendes Paradoxon – daß die Treppe ihnen zu wenig Abenteuer und Reize bot. Sie rasten um das Haus, kletterten die Regenrinne hoch, stiegen über die Balustraden und erreichten das Dach in einer Rekordzeit, besser und schneller als über die sogenannte methodische Treppe; einmal oben angelangt, rutsch-

79

ten sie das Treppengeländer runter… um den abenteuerlichen Aufstieg noch einmal zu wagen. Der Pädagoge macht Jagd auf die Personen, die sich weigern, die von ihm für normal gehaltenen Wege zu benutzen. Hat er sich wohl einmal gefragt, ob nicht zufällig seine Wissenschaft von der Treppe eine falsche Wissenschaft sein könnte, und ob es nicht schnellere und zuträglichere Wege gäbe, auf denen auch gehüpft und gesprungen werden könnte; ob es nicht, nach dem Bild Victor Hugos, eine Pädagogik für Adler geben könnte, die keine Treppen steigen, um nach oben zu kommen?

(aus: Célestine Freinet, Pädagogische Texte. Reinbek 1980)

1. *Die Eigenständigkeit des Kindes:* Die Aneignung der Welt durch das Kind oder den Jugendlichen ist selbstbestimmt und an andere Erfahrungen als die der Erwachsenen gebunden (Autonomie).
2. *Die Rolle des Erwachsenen:* Die Selbstverständlichkeit seiner Rolle als alleiniger Wissensvermittler wird verwandelt (Autorität).
3. *Der Weg des Lernens:* Der Prozeß der Erarbeitung, die Wege und Umwege des Lernens und die Entwicklung eines eigenen Lernbewußtseins sind wichtiger als vorgefertigte Lerngebäude (Lernen des Lernens).
4. *Die Alltagsroutine pädagogischen Handelns:* Die eingefahrenen, z. T. bequemen Muster des Unterrichts werden kritisch überprüft, die Art und Weise der schulischen Zusammenarbeit, die Entwicklung gemeinsamer Sinnfindung in der Arbeit tritt vor den Nachvollzug von vorgedachten Sinngehalten (Methode).

Diese Veränderungen sind vor dem äußerst vielschichtigen Theoriehintergrund der «pädagogischen Freiheit» (Fauser 1989, S. 45 f.) zu bedenken. Einzelne Elemente dieses Hintergrundes haben wir schon entfaltet (z. B. These 1, S. 62) – erkennbare, übergreifende Vorstellungen ergeben sich aus der Abgrenzung gegen zu enge, technologische Lernvorstellungen und in der Veränderung des pädagogischen Bezuges zwischen Kind und Erwachsenem. Diese Merkmale sind in unserer Ausgangsdefinition von Offenem Unterricht enthalten: «… ein veränderter Umgang mit dem Kind auf der Grundlage eines veränderten Lernbegriffs.» Schwierigkeiten bei der Veränderung von Schultraditionen liegen vor allem im Bereich einer personalen, kommunikativen Öff nung des Erwachsenen. Die einfache Formel – den Bezug ändern, Kinder stärker annehmen, dadurch mehr Schülernähe; andere Lernmaterialien, dadurch andere Erfahrungen und Erfolge – ist nur theoretisch einfach nachzuvollziehen. In der Praxis heißt dies jedoch, pädagogische Reife dadurch zu entwickeln, daß der Erwachsene (ob Lehrer oder Elternteil) das Kind als eigenständig Fragenden anerkennt, verstehen lernt *und* die eigene Sicht, die eigene Erfahrung bereitstellt, um damit Lernmöglichkeiten anzubieten.

Dabei ist es teilweise notwendig, Muster und Methoden zu verändern, die man liebgewonnen hat – und das ist eine schwierige Aufgabe für jeden Menschen. An einem Beispiel ganz schlicht auf den Punkt gebracht: Auf die Wunschfrage des Erziehenden «Willst du mir etwas vorlesen?» muß das Kind auch mit «Nein» antworten dürfen, ohne daß der Erwachsene das Kind weniger achtet.

Achtung: Gedankenexperiment

Sie können das Gelesene vertiefend verarbeiten, wenn Sie abschließend die inhaltliche Aussage der These «Traditionen verändern» an einer stark vereinfachenden Grafik zur Veränderung der Schule überprüfen. Schauen Sie sich die Grafik in Ruhe an, versuchen Sie die Rolle des Erwachsenen – hier die des Lehrers im Unterricht – im Bezug zu seinen Schülern zu bestimmen. Wenn Sie die untenstehenden Erläuterungen den Grafikmodellen richtig zuordnen (Lösung mit Nr. auf dem Kopf), haben Sie die entscheidenden Traditionsveränderungen erfaßt.

Erklärungsmodell
Offener Unterricht und andere Unterrichtsformen

Die Grafik veranschaulicht zur Selbstvergewisserung (nicht als wissenschaftliches Modell) stark vereinfachend die heute vorkommenden Formen des Unterrichtens unter dem Gesichtspunkt Lehrer-Schüler-Beziehung.

Erläuterungen

● = Schüler   ✳ = Lehrer   ○ = Lernfeld   □ = Unterricht

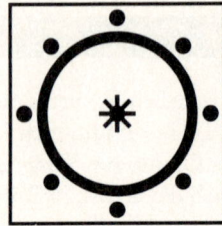
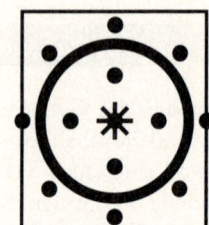

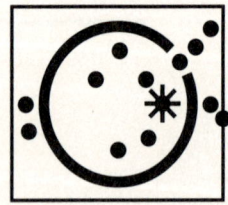
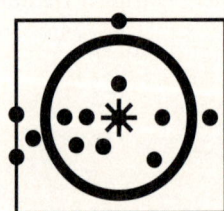

1 *Lehrerorientierter Unterricht*
Der Lehrer steht im Zentrum des Lernfeldes. Er plant und organisiert weitgehend allein für die Schüler.

2 *Schülerorientierter Unterricht*
Der Lehrer teilt die Verantwortung für das Lernfeld. Lehrer und Schüler planen und organisieren z. T. den Unterricht gemeinsam.

3 *Offener Unterricht*
Lehrer und Schüler entwickeln eine individuelle Aufteilung des Lernfeldes. Lehrerzentrierte Unterrichtsphasen wechseln mit Freier Arbeit.

4 *Freier Unterricht*
Der Lehrer steht nicht mehr im Mittelpunkt des Lernfeldes. Er unterstützt einzelne Schüler, die weitgehend ihren individuellen Lerninteressen folgen.

Lösung: oben rechts = 2, oben links = 1, unten rechts = 3, unten links = 4

Offener Unterricht in der Auseinandersetzung
– ein Gespräch

Sie haben sich mit dem Kapitel «Was ist Offener Unterricht?» eine grundlegende Einführung in das Thema erarbeitet – über eine Definition, über Aussagen von Kindern, über viele kleine Alltagsgeschichten und über vier Thesen zu den wesentlichen Merkmalen einer Offenen Schule und eines Offenen Unterrichts. Dies alles wird nun auf einer praktischen Ebene veranschaulicht: Wir erleben, wie sich zwei Lehrerinnen in einem (Streit-)Gespräch um die Sache (und sich selbst) bemühen, um zu einer Klärung der Probleme mit der Öffnung von Schule und Unterricht zu gelangen. Wenn Sie nicht nur lesen wollen, sondern auch eine Überprüfung Ihres Verständnisses vom Offenen Unterricht und Ihrer Leseergebnisse vornehmen wollen, markieren Sie mit einem Bleistiftstrich am Seitenrand Textstellen, die Ihnen besonders wichtig sind. Schreiben Sie dann die dazu passende Nummer der These dazu (1 = Kinder erleben, 2 = Unterricht öffnen, 3 = Lernen lernen, 4 = Traditionen verändern).

L.: «Gestern abend, dieser Elternabend – ich bin noch ganz erledigt. Erst ein Mißverständnis nach dem anderen, dann diese merkwürdigen Fragen. Ich hab förmlich das Mißtrauen der Eltern gespürt, obwohl ich den offenen Unterricht erklärt habe, z. B. Wochenplan und Freie Arbeit und die Materialien.»

K.: «Na, was kam dann?»

L.: «Das Übliche: die Zeit für die Freie Arbeit wäre vertane Zeit, dabei würden die Kinder nicht genug lernen, die Lehrer hätten keine Kontrolle mehr, die Guten wären unterfordert, kein Leistungsvergleich mehr usw. Ein Vater hat aus einer Broschüre des Elternbundes vorgelesen. Hier, ich hab mir das kopiert. Da steht: ‹Beim Grundschulkind kommt noch einiges hinzu. Im Grundschulalter lernt das Kind hauptsächlich für andere.›»

K.: «Wie hast du reagiert?»

L.: «Zuerst ganz ruhig, weil ich verstehen kann, warum die Eltern unsicher sind und fragen. Es ging mir vor drei Jahren auch so. Als dann aber nur noch Formeln wie ‹Mut zur Erziehung›, ‹Keine Experimente mit unseren Kindern› genannt wurden, habe ich die Nerven verloren und gesagt, daß mir diese Wahlkampfparolen nicht genügen würden, daß ich schließlich die Fachfrau für Erziehung wäre. Na ja, und da war der Konflikt da.»

K.: «Warum hast du denn so aggressiv reagiert? Man könnte es doch auch so machen: Du stellst die Merkmale des offenen und geschlossenen Unterrichts gegenüber, z. B. aktive Schülerrolle – passive Schülerrolle; der Lehrer als Erzieher – der Lehrer als Wissensverteiler; selbstbestimmtes, entdeckendes Lernen – Lernen nach vorgegebenem Muster; Gruppenarbeit und Kooperation – Einzelarbeit und Konkurrenz usw.»

L.: «Aber das ist ja gerade das Problem! Weil ich das so versucht habe, wurde mir vorgeworfen, Schwarz-Weiß-Malerei zu betreiben.

Außerdem gäbe es keine Erprobungen, und der Leistungsstand der Kinder würde durch das Chaos im Klassenzimmer rapide sinken. Gut, und wie steht es um den Leistungsstand deiner Kinder?»

K.: «Das ist so in Ordnung. Außerdem trete ich nicht mit dem Anspruch auf, eine neue Pädagogik unters Volk zu bringen.»

L.: «Warum so giftig?»

K.: «Weißt du, mich ärgert immer wieder, wenn erzählt wird, daß das etwas ganz Neues sei!»

L.: «Ist es doch auch!»

K.: «Nein, viele Elemente des offenen Unterrichts sind im Gesamtunterricht der fünfziger Jahre, im binnendifferenzierten Unterricht der einklassigen Landschulen, na ja, in der open education in den englischen Grundschulen, in den deutschen Reformschulen der zwanziger Jahre enthalten; alles schon mal dagewesen!»

L.: «Ja, und? Das sind doch keine Argumente gegen die Öffnung der Grundschule. Wenn du so gut Bescheid weißt: Wie war denn das mit den pädagogischen Reformen der zwanziger Jahre, haben die denn nicht das Kind mehr in den Mittelpunkt der Schule gerückt?»

K.: «Sicher.»

L.: «Alle reformpädagogischen Konzepte oder nur einige von ihnen?»

K.: «Eigentlich alle.»

L.: «Das ist gut, was du sagst. Dann haben solche Reformen auch einen überzeugenden Sinn gehabt?»

K.: «Durchaus.»

L.: «Und warum bist du jetzt gegen den offenen Unterricht, der doch auf diesen Reformen aufbaut?»

K.: «Na ja, mal ganz praktisch: Wenn man z. B. in deine Klasse kommt, hat man keinen freien Blick mehr, volle Gestelle stehen im Weg, überall die unordentlichen Nischen und Ecken. Ich hätte Angst, den Überblick zu verlieren.»

L.: «Ich verstehe die Klasse als Lernumwelt, für die Kinder ergibt sich durch die Nischen eine Gliederung. Sie können z. B. in der Naturecke unsere Klassenmäuse beobachten, etwas dazu aufschreiben, nachlesen und einen Text darüber setzen und drucken.»

K.: «Na ja, Mäuse in der Klasse, ich habe da einen anderen Geschmack: freundlich und kindorientiert, mit vielen schönen Bildern, eine überschaubare Ordnung.»

L.: «Ich glaube, du verstehst mich noch nicht. Bei mir sollen die Kinder durch diese Dinge Lust auf das Lernen bekommen.»

K.: «Da bin ich aber sehr skeptisch. Ich muß doch auf der Grundlage der Schulpflicht garantieren, daß die Kinder etwas lernen und die Richtlinien erfüllt werden. Bei deinem lustvollen Lernen habe ich immer den Eindruck, daß zwar in der Klasse sehr viel los ist, aber die Unterrichtszeit nicht effektiv genutzt wird.»

L.: «Ach, Quatsch! Du müßtest einfach einmal ein paar Tage bei mir in der Klasse dabeisein. In der täglichen Freien Arbeit können die Kinder aus einem Lernangebot wählen. Natürlich gibt es daneben auch Pflichtaufgaben, um die Grundfertigkeiten zu üben. Mit Hilfe eines Wochenplans teilen die Kinder sich die Arbeit selbst ein. Ich helfe und berate dabei und sehe die Aufgaben am Wochenende nach. Aber etwas anderes ist mir wichtiger. Die Kinder brauchen jedes für sich in der Schule auch Raum und Zeit, um eigenen Interessen nachgehen zu können, z.B. um rauszukriegen, warum eine Maus eine andere beißt. Deswegen ist die Lernumwelt so wichtig. Es geht in der Schule doch nicht nur um die Einführung in vorhandenes Wissen und um die Grundfertigkeiten, sondern auch um das Einüben von Gesprächen und Dialogen, um das Aufarbeiten von Erfahrungen, um praktisches Tun.»

Zwei Tage später:

L.: «Ich habe noch einmal über unser Gespräch nachgedacht. Wir sind ja ganz schön aneinandergeraten.»

K.: «Es ist doch besser, das auch mal auszusprechen. Merkwürdig: Bei Gesprächen über offenen Unterricht kommt man oft in eine Verteidigungshaltung. Ich will ja gar nicht rechtfertigen, was ich vielleicht in der Schule falsch mache. Aber bei deinem Anspruch Offenheit gegen Geschlossenheit treibst du mich dazu.»

L.: «Den Anspruch erhebst du selbst!»

K.: «Nein, das liegt an diesem verflixten Wort. Wer kann schon gegen Offenheit sein? Und vielleicht ist mein Unterricht auch offen?»

L.: «Schön! Aber dazu eine ganz einfache Frage: Lernen die Kinder vorwiegend von dir, oder lernen sie selbsttätig? Ist dir nie der Gedanke gekommen, daß du mit deinem ständigen Reden die Denkarbeit der Kinder erschwerst, statt sie zu fördern?»

K.: «Ist ja gar nicht so schlimm. Die Kinder arbeiten bei mir ruhig und selbständig mit vielen Arbeitsbögen und Matrizen.»

L.: «Und was machen sie da? Ankreuzen, ausmalen, eintragen, lauter Tätigkeiten, die das notwendige Wissen von der Umwelt zerstükkeln.»

K.: «Ich bin nicht so sicher, ob das bei dir besser ist. Wenn ich mir deinen Wochenplan ansehe, habe ich den Verdacht, daß du auch den Kindern sehr genau vorschreibst, was sie alles zu erledigen haben.»

L.: «Schon wieder ein Mißverständnis. Der Wochenplan mit Phasen der Freien Arbeit ist doch nicht nur eine methodische Möglichkeit für mehr Individualisierung, sondern eine Anregung für ein Lernen, in dem die Kinder sich selbst wenigstens einen Teil der Welt erschließen können. Es geht mir also grundsätzlich um eine Öffnung für die Erfahrungen der Kinder. Ich bemühe mich, sensibel für die Lernanstöße der Kinder zu werden, die in den Wochenplan einfließen. Und da ergeben sich täglich Ausgangspunkte, die wir in den Phasen der Freien Arbeit nutzen.»

K.: «Das klingt ja sehr schön, aber hast du dir schon einmal überlegt, daß ein solches Lernen in der Freien Arbeit völlig unsystematisch ist, die Kinder dabei nur von einer Neuigkeit zu einer anderen rennen und erst von der Lehrerin lernen müssen, ausdauernd bei einer Sache zu sein?»

L.: «Das kommt vielleicht vor, aber andererseits habe ich auch ganz andere Erfahrungen gemacht bei meiner Freundin im Kindergarten. Also, wenn kleine Kinder schon...»

K.: «Ja, das stimmt, wenn ich an meine beiden Kleinen denke, wenn sie nachmittags miteinander spielen und mit anderen Kindern – da sind sie ja auch ausdauernd bei einer Sache, allein und ohne meine Hilfe. Trotzdem: Mir scheint, der offene Unterricht ist nur noch auf den Prozeß des Lernens fixiert. Steht da nicht der Lernprozeß im Mittelpunkt und nicht mehr die Leistung, die der Lehrplan verlangt?»

L.: «Du stellst das wieder so gegenüber. Leistung ergibt sich auch in diesem Unterricht, aber anders als bei dir. Bei dir ist alles von oben nach unten organisiert, und die Erfahrungen sind zerstückelt. Ich möchte, daß Unterricht die Kinder aktiviert, daß forschendes Lernen und die Entdeckungsmethode miteinander und untereinander gelernt werden. Da steht z.B. auf dem Entdeckungstisch die Flasche mit der Gabel, dem Korken und der Aufforderung durch die Sache, das Gleichgewichtsproblem zu entdecken.»

K.: «Da lernen also alle nur so für sich!»

L.: «Halt, das ist nicht so. Der Lernprozeß benötigt auch den Dialog. Deshalb muß ich mit dem Kind direkt lernen und mit ihm an seinem Lernweg arbeiten und darüber auch reden – d. h. auch vom Kind etwas einzufordern. Das kann der Wochenplan nicht. Außerdem gehören diese Umwege, das Warten, ja auch das Herumwursteln zum Lernen dazu. Das ist bei dir doch auch so. Wir alle lernen auch aus Fehlern.»

K.: «Das hört sich so an, als sei der Erwerb von Einzelkenntnissen nicht mehr das Ziel deines Unterrichts?»

L.: «Ja, vielleicht kurzfristig. Dazu fällt mir das Beispiel vom Fieberthermometer ein. Da wurde in einer Klasse das Thermometer dazu benutzt, um eine Stunde lang Ableseübungen zu machen, obwohl die Kinder wichtige Fragen zur Temperatur, zu Krankheiten, zum Quecksilber stellten. Das zeigt doch auch: Lernen hat einen Zusammenhang. Für mich ist Lernen eine aktive Aneignung. Die Kinder bauen übergreifende Erkenntnisse auf, die ihnen helfen, ihre konkreten Erfahrungen zu ordnen. Ich denke, der offene Unterricht geht von den aktiven Möglichkeiten der Kinder aus und wendet sich gegen eine Lernvorstellung, die meint, Erkenntnisstrukturen könnten durch passiven Nachvollzug und die bloße Übernahme vom Lehrer übertragen werden. Dahinter stecken neuere Lerntheorien von Piaget, Aebli, Wygotski, Leontjew.»

K.: «Hör auf, das verstehe ich doch nicht, außerdem macht das Grundschulkind doch wohl nur Fortschritte, wenn andere ihm dabei helfen!»

L.: «Also, wenn du mal an dein Lernen denkst, wenn du dir z. B. ein Hobby aufbaust, so ähnlich ist das bei Kindern auch. Die Erkenntnisstrukturen, man könnte auch sagen die Systeme, bauen sich auf, die Erfahrungen fügen sich zusammen. Die kleinen Inseln des Lernens werden allmählich durch den aktiven Zugriff der Kinder zu einer großen übersichtlichen Landkarte. Wenn das nicht selbständig durch die Kinder geschieht, bleiben Einzelkenntnisse und Begriffe eben Einzelkenntnisse neben anderen, die Inseln bleiben Inseln.»

K.: «Das ist ja eine Theorie, aber praktisch?»

L.: «Ja klar, praktisch gewendet heißt das: Nicht das Auswendiglernen und Ankreuzen ist so wichtig, sondern Probleme wahrnehmen und Fragen stellen, das Herausfinden und Herumprobieren, Lösungen suchen und finden. Wenn du Kinder dabei beobachtest, wie sie von einer Sache gepackt werden und wie sie sich in die Sache hineinziehen lassen, wie sie dabei die Grenzen ihres Könnens erproben, wenn sie z. B. mit logischen Zuordnungsaufgaben für Fünftkläßler als Zweitkläßler schon etwas anfangen können, wie sie mit der Erfahrung des Nicht-Könnens auch weiterlernen wollen – also dann ist doch wohl deutlich, daß Lernen auch ein selbstbestimmter Prozeß ist, der Freiheit zum Handeln, zum Fehler machen und Fehler korrigieren braucht.»

K.: «Und was soll die Lehrerin dabei?»

L.: «Die Lehrerin kann das auf den Weg bringen und den Weg ebnen. Die Lehreraktivitäten werden bei offenem Unterricht in diesem nicht genau zu bestimmenden Raum der Lernprozesse verlagert – durch Beobachten, Begleiten, durch Helfen, Beraten, Anregen, Verstehen, Nachfragen, Mitentdecken, aber auch durch das Aufzeigen von Alternativen und das Gespräch über Verpflichtungen und Korrekturen. Dadurch gibt es weniger frontale Strukturen und Rituale, aber mehr Aufgliederung, mehr flexible Organisationsformen, mehr praktische Lernmöglichkeiten, mehr anregende Materialien, einfach mehr Offenheit.»

K.: «Du stellst das alles so positiv dar. Ich bin immer noch skeptisch. – Aber, wo fängt man an?»

L.: «Ganz einfach – mit der Stunde der Möglichkeiten…»

K.: «Was heißt denn das nun wieder?»

L.: «Es ist doch wohl klar, daß man bei der Öffnung des Unterrichts nicht alles auf einmal haben kann oder, wie es Hermann Schwarz einmal ausgedrückt hat, das Fenster nicht mit einem Ruck weit aufreißen sollte, sondern vorsichtig mit ersten, kleinen Formen der Öffnung beginnen sollte. Eine davon ist die Stunde der Möglichkeiten, also erst einmal eine Stunde in der Woche, in der die Kinder in freien Arbeitsformen sich selbst etwas aus vielen Lernmöglichkeiten aussuchen.»

K.: «Das leuchtet mir ein. Da könnte ich ja auch erst einmal in einer Stunde versuchen, wie uns das mit dieser anderen Arbeitsform ergeht. Sag mal, kannst du mir dafür einige von deinen Lernspielen für Mathe ausleihen? Dann könnte ich schon in 14 Tagen anfangen, denn für den Deutschbereich habe ich schon viel differenzierendes Material…»

Kapitel 4

Brennpunkte

Wer heute in den zahlreichen Offenen Schulen in der Bundesrepublik oder in anderen europäischen Ländern Besuche macht, wer hospitiert, den Unterricht begleitet oder als Eltern dort mitarbeitet, lernt eine kaum überschaubare Formenvielfalt des Lernens und der Zusammenarbeit von Kindern und Erwachsenen kennen. Im Vergleich zu den traditionell bekannten, wenigen Mustern lehrerzentrierten Unterrichts als Konzepte direkter Instruktion lassen sich in fast allen Offenen Schulen deutlich erkennbar mehrdimensionale Systeme der Öffnung mit eher nichtdirekten Formen beschreiben. Die folgenden pädagogischen, didaktischen und methodischen Elemente bestimmen in der Regel die Unterrichtswirklichkeit solcher Schulen und spiegeln zugleich die beschriebenen Dimensionen der Öffnung (vgl. S 54) wider:

1. Grundformen: Stuhlkreis (Morgenkreis, Abschlußkreis, Klassenrat), Freie Arbeit, Wochenplanarbeit, lehrerzentrierte Phasen, Projekte.
2. Eine Betonung der aktiven Rolle des Kindes im Lernprozeß (Selbsttätigkeit) mit Formen entdeckenden und handlungsorientierten Lernens.
3. Eine ausgeprägte Sprach- und Schriftkultur.
4. Eine individuell orientierte Förderung und gezielte Lernberatung.
5. Klare Erziehungsvorstellungen, Betonung der Gemeinschaft, Helfersysteme.
6. Zum praktischen Lernen auffordernde Materialien in einer Lernlandschaft mit verschiedenen Lernprozessen.
7. Öffnung der Schule zum Stadtteil, zum Dorf, erste Formen einer Nachbarschaftsschule.

Wenn man selbst Besucher durch solche Schulen führt, werden immer wieder Fragen nach den erkennbaren Brennpunkten der Öffnung gestellt: Welches sind die konkreten Schwerpunkte? Was ist notwendiger Bestandteil der Konzeption? Was ist methodisch erforderlich, um die Öffnungsprozesse nach innen und außen in Gang zu setzen?

Man kann heute folgende konzeptionelle Bestandteile des Offenen Unterrichts bestimmen, die als gesichert gelten:

● Der Stuhlkreis – Gemeinsamkeit
● Die Freie Arbeit – Eigene Entscheidungen
● Der Wochenplan – Organisation der Arbeit

- Die Projekte – Sinnzusammenhänge
- Der Klassenraum – Miteinander leben
- Die Arbeitsmittel – Praktisches Lernen
- Das Schulleben – Öffnung für ein eigenes Schulprofil

Diese Brennpunkte sollen nun in sieben Abschnitten als konkrete Elemente Offenen Unterrichts kurz dargestellt werden. Da alle Brennpunkte in diesem Buch für die Anschauung über Beschreibungen und Geschichten schon entfaltet wurden, genügt hier ein knapper Überblick zur schnellen Orientierung (vgl. z. B. Morgenkreis, Freie Arbeit in dem «Tagesbericht aus einer Offenen Schule»). Unsere Erschließungsfragen zu den Brennpunkten folgen den einfachen «W-Fragen»: 1. *Was* versteht man darunter (Inhalt)? 2. *Wie* und *Wann* (Formen)? 3. *Warum* (Begründung)?

Bei dieser eher informativen Darstellung darf jedoch nicht vergessen werden, daß die Brennpunkte Elemente in einem integrativen System des Offenen Unterrichts sind, also vielfach in Beziehung zueinander, zu den konzeptionellen Leitlinien und zu der Definition von Offenem Unterricht stehen. Selbstverständlich bereiten diese Elemente häufig auch Probleme in der Einführung und Entwicklung, weil sie von zu verändernden Kompetenzen der Lehrerinnen und Lehrer abhängig sind (Genaueres dazu S. 166).

Der Stuhlkreis – Gemeinsamkeit im Offenen Unterricht

Unter einem Stuhlkreis wird im Offenen Unterricht eine die Gemeinschaft und die Verständigung fördernde Unterrichtsform verstanden. Mit den Kindern zusammen entwickelt die Lehrerin oder der Lehrer einen Gesprächskreis, der als echte offene Lernsituation die Möglichkeit schafft, gemeinschaftliche und individuelle Erfahrungen aufeinander zu beziehen (vgl. Foto S. 22/23).

Als Morgenkreis, Abschlußkreis, Wochenrunde und Klassenrat erfüllt er im Offenen Unterricht unterschiedliche Funktionen:

- Kinder erzählen von schulischen und außerschulischen Erfahrungen, werden Erlebnisse los, finden einen Kreis zur Darstellung ihrer Probleme.
- Das einzelne Kind kann sich vor und in einer Gruppe sprachlich entfalten und muß doch die Bedürfnisse der Gemeinschaft berücksichtigen.
- Arbeitsergebnisse, Lerngegenstände und Fragen können Anlaß für sachbezogene Verständigungen und Impulse für neue Lernprozesse im Bereich Mensch, Tier, Sache und Umwelt werden.
- Das Besprechen von Konflikten, die Verarbeitung schmerzlicher sozialer Lernprozesse, das Eingliedern in die Gruppe, das Philosophieren über ethische und moralische Probleme, die Entwicklung von Verständnis und Rücksichtnahme sind in der Gesprächsrunde mit kultivierten Gesprächsregeln über das gemeinsame Beziehungsnetz möglich.
- Die Entwicklung von Regeln und Ritualen, die dem einzelnen Kind im Offenen Unterricht Schutz und Sicherheit geben, kann sinnvoll über einfachste Gesprächsregeln (Kinder leiten den Kreis, führen ein Protokollbuch, haben klare Zeichen für «etwas anderes erzählen» oder «dazu möchte ich etwas sagen» usw.) im Kreis begonnen werden.
- Die Planung und Auswertung der Arbeit, die gemeinsame Entwicklung eines Tages- oder Wochenplans, die Auswertung von Arbeitsergebnissen, die Koordination von Gruppenaktivitäten bei Projekten, die Vorstellung neuer Lernmaterialien u. a. sind auf die (demokratischen) Möglichkeiten des Kreises angewiesen.

Die Begründung für die zentrale Funktion des Gesprächskreises liegt im Verständnis des Offenen Unterrichts: Individualisierung und Offenheit erfordern sowohl Eigenverantwortung, Selbsttätigkeit als auch Mitbestimmung, soziale Verantwortung und den weiterführenden Dialog: Ob Morgenkreis, gemeinsame Planung, Abschlußgespräch oder Klassenrat – das notwendige gemeinsame Überlegen, das Äußern und Absprechen von Interessen, das Verständigen über das zu Lernende erfordern die Anstrengung des Begriffs. So erlebt das Kind sein eigenes Ich, sein Wissen, bedeutungsvoll in der Erfahrung, daß auch die Perspektive der anderen etwas gilt.

Die Freie Arbeit –
Eigene Entscheidungen im
Offenen Unterricht

Die Freie Arbeit, als klar definierter Raum für eigene Entscheidungen der Lerner, stellt das Zentrum Offenen Unterrichts mit einer offenen Arbeitssituation dar: Kinder wählen aus einem Angebot von Lernmöglichkeiten in einer Lernlandschaft freie Aktivitäten für sich aus, folgen ihren Lernbedürfnissen und beginnen im Rahmen ihrer Lernbiographie eigene Lernwege. Damit ist die Freie Arbeit zugleich ein Ort für den Öffnungsprozeß überhaupt: In der «Stunde der Möglichkeiten» können Kinder und Lehrer erste Schritte auf dem Weg zum Offenen Unterricht erproben (vgl. S. 89).

Sie haben allerdings in der «freien» Arbeitszeit in vielen Schulen auch Pflichtaufgaben (z. B. Übungen, Karteienarbeit, individualisierte Lehrgänge) zu bearbeiten, die sie nach eigener Einteilung, in eigenen Lernrhythmen, in einer vorgegebenen Zeitspanne häufig mit Hilfe eines Planes (Wochenplan, Tagesplan) erfüllen. Es gibt aber auch Konzeptionen, bei denen im «Wochenplanunterricht» die Pflichtaufgaben bearbeitet und in der «Freien Arbeit» nur freie Angebote aufgenommen werden.

In diesem Spannungsfeld von freien und verbindlichen Aufgaben, von selbst- und fremdgesteuertem Tun, von offenem und vorstrukturiertem Lernen entwickelt sich die für den Offenen Unterricht entscheidende persönliche Verantwortlichkeit des Lerners für seine Arbeit.

Im Umfang wechselt die Freie Arbeit, je nach Öffnungskonzept der Schule bzw. Klasse, zwischen ein bis zwei Stunden wöchentlich (erste Schritte) und ein bis zwei Stunden täglich (erprobte Formen). Die Freie Arbeit stellt in der Rhythmisierung des Lernens an einem Schulvormittag ein *Zeit gebendes* Strukturelement dar: Im Wechsel von Morgenkreis, Fachunterricht, Freier Arbeit, lehrgangsgebundenen und projektbezogenen Phasen erfahren die Kinder die Möglichkeiten individuellen, gemeinsamen und gelenkten Lernens. Die angebotenen Arbeitsmittel für die Freie Arbeit erlauben sowohl Einzel-, als auch Partner- und Gruppenarbeit und werden vom Lehrer für die spezifischen Lernbedürfnisse der einzelnen Kinder und der Lerngruppe ausgewählt, vorbereitet, eingeführt und z. T. modifiziert. Durch die Freistellung von der Lenkung des Unterrichtsgeschehens, kann der Lehrer in der Freien

Arbeit beobachten, anregen, fördern, helfen und beraten. Die Begründung für die Freie Arbeit ergibt sich aus dem Verständnis des Offenen Unterrichts für eine andere Praxis des Lernens in der Schule und des Umgangs mit dem Kind. So lernen Kinder in der Freien Arbeit auf natürliche Weise, sich im Helfersystem aufeinander einzustellen, aber auch verantwortlich das eigene Lernen zu gestalten, zu planen, durchzuhalten und die Ergebnisse zu vermitteln.

In dieser Praxis eines freien Umgangs mit Dingen und Menschen ist ein heilsamer Faktor stillschweigend inbegriffen: Während die traditionelle Schule Kinder und Erwachsene in einer Weise gegenüberstellt, die kein Ausweichen erlaubt (einem unsympathischen Lehrer ist das Kind ein ganzes Schuljahr ausgesetzt, ebenso der Lehrer den schwierigen Kindern in der Klasse), so ist in der aktiven Schule dieses unvermeidliche Vis-à-vis in ein Dreieck verwandelt: Kinder, Lehrer und die «vorbereitete Umgebung» oder das «Material» wirken miteinander und untereinander in einem dynamischen Feld. Je nach seiner Mentalität hat ein jeder Gelegenheit, den andern zu suchen oder zeitweise zu meiden. Stellen wir uns vor, daß wir uns mit einem fremden oder dem eigenen Kind in einem völlig leeren Raum befinden. Es gibt vielleicht nichts Peinlicheres, als wenn sich ein Erwachsener einem Kind direkt und ohne «Mitteldinge» nähern muß. Haben wir jedoch irgendein Ding zur Hand, das das Interesse des Kindes weckt, so dauert es nicht lange, bis das Kind uns Zutritt zu seinem persönlichen magischen Kreis erlaubt.

Täglich erleben wir, wie Kinder «all ihre Leiden vergessen» und sich «selbst heilen», wenn sie sich in selbstgewählter Beschäftigung mit Dingen, die ihr Interesse gefangenhalten, so verlieren, zu einem so hohen Grad von Konzentration gelangen, daß sie sich – wenn auch nur vorübergehend – einfühlen mit der Welt. Dieses Gefühl des Einsseins – von uns Erwachsenen meist längst vergessen und begraben – ist das Zaubermittel, das alle Gebrechen der Kindheit heilen kann.

(aus: Rebeca Wild: Erziehung zum Sein. Erfahrungsbericht einer aktiven Schule. Arbor Verlag, Heidelberg 1986, S. 245 f.)

Der Wochenplan –
Organisation der Arbeit im
Offenen Unterricht

Tages- oder Wochenpläne sind ein wichtiges Hilfsmittel für die Organisation, Planung und Überprüfung der Lernarbeit im Offenen Unterricht. Sie enthalten als Angebot eines Lernvertrages eindeutige Übersichten zu den verbindlichen und offenen Lernangeboten; jedes Kind hat einen schriftlichen Plan, auf dem zumeist in tabellarischer Form die Lernmöglichkeiten des Tages oder der Woche für die verschiedenen Lernbereiche und Fächer angegeben sind.

Die Funktion des Wochenplans als Hilfsmittel oder als zentrales Element wird heute so unterschiedlich eingeschätzt, daß wir in der Praxis sowohl die Vorstellung von Wochenplan-Unterricht (mit einer Fülle von Literatur, vgl. S. 305) als auch Entscheidungen gegen Wochenpläne im Offenen Unterricht antreffen. Deshalb muß hervorgehoben werden, daß ein Wochenplan-Unterricht nicht einfach mit Offenem Unterricht gleichgesetzt werden darf. Wochenpläne und Freie Arbeit sind keine reformpädagogisch bewährten Allheilmittel gegen die vom Schulkonzept bestimmten Planungsvorstellungen von Unterricht, sie sind nur organisatorische und methodische Instrumente einer Öffnung für neuere Lernformen und haben daher einen begrenzten didaktischen Stellenwert in einer pädagogischen Konzeption des Unterrichts. Sie sollten also in ihren Möglichkeiten für eine mit den Kindern gemeinsam entwickelte Unterrichtsveränderung weder isoliert noch überbewertet werden. Gleichwohl stellen sie spezifische Formen des Offenen Unterrichts dar, um für Kinder den Freiraum für ein entdeckendes, praktisches Lernen und Selbstverantwortung zu ermöglichen und Perspektiven und Transparenz des Lernens zu sichern. Wochenpläne sind daher unter dem Entwicklungsaspekt zu sehen: Kinder sollten allmählich lernen, aktiv an der Erstellung ihrer Pläne mitzuwirken.

Ein Wochenplan enthält in der Regel Pflichtaufgaben (verbindlich für alle Kinder), Hinweise auf frei wählbare Lernaktivitäten, Anregungen, neue Angebote, Materialien und Ideen für Tätigkeiten bei Klassenvorhaben und Projekten. Die Fähigkeiten, mit der Einteilung und Gestaltung der eigenen Arbeit umzugehen, werden wesentlich erwei-

tert, natürlich auch die Abhängigkeit von den Plänen. So ist jeweils unter dem Aspekt der Eigenbeteiligung des Lerners kritisch zu überprüfen,

– wie weit Wochenpläne freisetzen, wie also das Verhältnis von Pflichtaufgaben und Freiaufgaben organisiert wird – bis zu der Entscheidung, Wochenplanarbeit und wirkliche Freie Arbeit zu trennen;

– wie die Aufgaben in den Wochenplan hineinkommen, wie also die Planungsanteile von Lehrern und Kindern sich zueinander verhalten (Mitbeteiligung der Kinder);

– wie die erwünschten Lernaktivitäten und die Übungsaufgaben formuliert sind, wie weit sie individuelle Lernnotwendigkeiten auch aus der Perspektive des Kindes enthalten;

– wie weit die Aufgabenfindung selbst als Möglichkeit des Wochenplans angeboten wird u. a. m.

Wochenarbeit 25

① <u>Schreiben</u> : „Was ich über die Uhr weiß!" –
schreibe dein Uhrenblatt fertig.

② <u>Lesen</u>   : Übe deine Lesekarte.

③ <u>Rechnen</u> : Übe mit deinem Rechenlotto
(mit der Eieruhr stoppen !)

④ und was du noch tun kannst :

☀ Spiele zum Hören, Sehen, Fühlen, Riechen,
usw. mit den Studentinnen spielen

✎ eine Bildergeschichte schreiben; eine Puzzle-
Geschichte schreiben

◉ Uhren - Bingo spielen

☀ Versuche mit den Augen machen : ist dein
Auge zu langsam? Rollbilder, Farbkreisel,
Zwirbelkärtchen.... (→ Ideenkiste)

△ diese Woche zum Rechnen: LÜK Seite 18,
Hasenspiel, Raupenspiel

✄ Osterbasteleien (→ Ideenkiste)

Viel Spaß !

Sie setzte sich neben mir auf, bohrte ihre Zeigefinger in meine
Arme und forderte Widerspruch heraus.

«So komisch … wie zwei und fünf vielleicht vier ist.»

Das war's. Ich wußte genau, was sie meinte. So ruhig ich

konnte, gab ich mein eigenes Geheimnis preis. Ich sagte: «Oder wie zwei und fünf vielleicht zehn ist?»

Einen Moment lang rührte sie sich nicht. Dann wandte sie mir ihr Gesicht zu und sagte leise: «Du auch?»

«Hm. Ich auch. Wie bist denn du drauf gekommen?»

«Unten bei der Brücke, wo wir immer die Abkürzung nehmen. Die Zahlen auf den Booten. Und du?»

«Im Spiegelbild.»

«Im Spiegel?» Sie staunte.

«Ja, im Spiegel oder auch im Spiegelbild an der Wasseroberfläche.»

«Hast du das schon mal jemandem erzählt?»

«Ein paarmal.»

«Und was haben die anderen gesagt?»

«Sie haben gesagt, ich wäre dumm, und ich verplempere Zeit mit dem Unsinn. Hast du das Geheimnis schon mal erzählt?»

«Einmal. Meiner Lehrerin.»

«Und was hat die gesagt?»

«Sie hat gesagt, daß ich doof bin.»

Wir kicherten in vergnügtem Einverständnis. Wir gingen den gleichen Weg, lebten in der gleichen Welt, welche die anderen für unsinnig oder gar verrückt hielten. Wir waren beide auf der Suche nach dem Neuen, wir wollten Geheimnisse enträtseln.

Wir hatten beide gelernt, daß fünf gleich fünf ist und nichts sonst. Und schon wenn man eine geschriebene Fünf im Spiegel sah, war es keine Fünf mehr, sondern die Spiegelzahl ähnelte eher einer Zwei. Und aus dieser einfachen Sache ergaben sich die kuriosesten Rechenspielereien. Das faszinierte uns, obwohl keinerlei Nutzen darin zu sehen war. Fünf bedeutete fünf, weil das schon immer so gewesen war. Eine abgemachte Sache, an die sich jeder hielt. Aber diese Fünf war doch nicht fünf an sich. Beschloß man etwas ganz anderes und hielt sich auch daran, so bedeutete diese Fünf etwas anderes. Der Sinn wurde verändert durch einen bloßen Willensakt. Wir probierten es aus, es war das Abenteuer. Wir hatten erkannt, daß Mathematik nicht nur dafür da war, daß man mit einiger Kenntnis Rechenaufgaben lösen konnte. Mathematik war mehr, sie war die Pforte zu einer geheimnisvollen Gedankenwelt…

Ich wackelte bedeutsam mit dem Zeigefinger und sagte: «Fünf plus zwei ist zehn.»

«Manchmal bloß zwei», antwortete Anna.

«Oder ist fünf und zwei vielleicht sogar sieben?»

Wen ging das was an? Es gab Squillionen anderer Welten, die wir noch nicht kannten.

Ich sagte: «Fratz, steh auf, ich muß dir was zeigen.»

Ich langte mir den zweiteiligen Spiegel von Mutters Frisiertisch, und wir schlichen damit leise in die Küche. Es war noch kalt und dunkel. Wir fanden ein einigermaßen großes Stück weißen Karton, und ich malte einen waagerechten schwarzen Strich darauf. Ich stellte die beiden Spiegelteile aufrecht auf den Tisch – und zwar so im Winkel wie ein halbaufgeschlagenes Buch. Zwischen die beiden Spiegelteile klemmte ich die Pappe mit dem Strich darauf, rückte die Winkel zurecht.

«Jetzt guck mal», sagte ich und hielt den Atem an.

Sie schaute und sagte nichts. Ich hörte Annas Atem, ihre Erregung, während sie in die Spiegel starrte. Ich erinnerte mich gut, wie mir zumute war, als ich das Spiegelwunder entdeckte. Anna flog mir um den Hals. Ihre Arme waren Schraubstöcke, sie lachte und biß mir fast die Nase ab. Wir waren beide eine Squillion von Kilometern jenseits der Realität. Es war der Anfang des Wunders, wir waren auf Entdeckungsreise. Die Wunder würden nie aufhören. Es gab immer wieder neue, das wußten wir beide.

(aus: Fynn, «Hallo, Mister Gott, hier spricht Anna»
© deutsche Rechte by Scherz Verlag, Bern und München)

Die Projekte –
Sinnzusammenhänge im
Offenen Unterricht

Projekte oder Vorhaben stellen im Offenen Unterricht nicht nur praktisch die Öffnung nach außen her, sondern verstehen sich als notwendiges Gegenstück eines gemeinschaftsbezogenen, sinnstiftenden Lernens zum engeren, individualisierenden Lernen in der Freien Arbeit. Projektlernen sorgt dafür, daß nicht nur soziale und praktische Erfahrungen in der Umwelt und in der Schule gemacht werden, sondern über die gemeinsame Verarbeitung von Handlungserfahrungen eine «denkende Erfahrung» das aktive Lernen mitbestimmt (vgl. S. 110). Da die konkreten Aneignungsmöglichkeiten von Kultur, Sache und Lebenswelt heute für Kinder stark eingeschränkt sind und über die materialbestimmte (oft künstliche) Vermittlung in den Fächern (z. B. über Lehrgänge) stets schon vorgearbeitet sind, können Kinder ein qualitativ anderes Lernen erfahren: Öffnung für ein Lernen mit allen Sinnen in unmittelbarer Aneignung der Umwelt über einen kooperativen Arbeitszusammenhang. Die wesentlichen Bestimmungen des Projektlernens entsprechen den Prinzipien des offenen Lernens im Offenen Unterricht (vgl. Kapitel 5): Lebenswelt- und Problemorientierung des Lernens, sowie sozialer und gesellschaftlicher Bezug sind so wichtig wie die Produktorientierung. Die Spannweite der Themen, von elementaren wie «Zeit», «Sand», «die Farbe Blau» über die klassischen wie «Waldprojekt» oder «Das Buch» bis zu den sozialen, politischen, umweltbezogenen wie «Kinder in Lateinamerika», «Eskimos», «Das Altersheim», erfordern in hohem Maße einen Situationsbezug, Selbstorganisation in Gruppen und Verantwortung für die Entwicklung des Lernens.

Eine Begründung für Projekte im Offenen Unterricht muß solche Elemente hervorheben, weil sie den Prozeß einer Öffnung unterstützen und vorantreiben können.

o Projekte helfen, soziale Regeln des Miteinander-Lernens zwischen dem einzelnen und der Gruppe zu entwickeln.

o Sie erlauben Kindern durch die Fülle der praktischen Möglichkeiten, individuellen Neigungen und Interessen zu folgen.

o Sie führen zu neuen, häufig in Lehrplänen nicht enthaltenen Erkenntnissen und Wissenszusammenhängen.

o Sie fördern die Fähigkeit, auch andere als die eigenen Perspektiven, Erfahrungen und Meinungen zu einem Lerngegenstand zu akzeptieren.

o Sie fordern aktives Lernen heraus und ermutigen zur Selbstgestaltung der Arbeit.

Der Klassenraum – Miteinander leben im Offenen Unterricht

Klassenräume in Offenen Schulen vermitteln die wichtigen Botschaften Offenen Unterrichts auf anschauliche Weise (vgl. Foto S. 50). Zugleich *Lern- und Lebensräume*, zeigen sie durch die Fülle der Lernangebote in

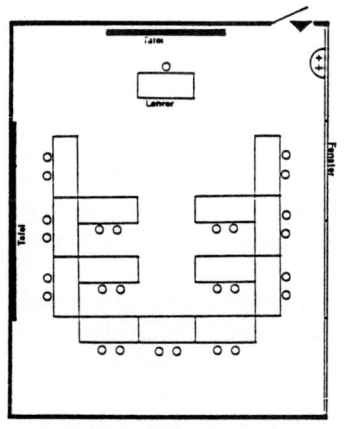 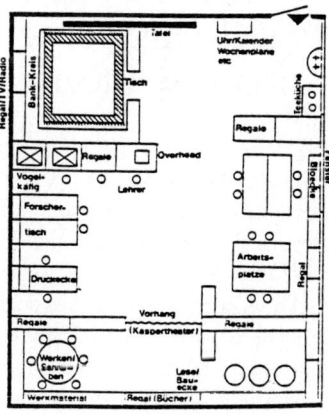

Vom Klassenraum zur Lernlandschaft

(aus: Maurer, F. 1985, S. 57)

Lernzonen die individuellen Möglichkeiten der Aneignung von Lerninhalten. Sie erlauben über die vielfältigen Spuren und Dokumentationen praktischer Arbeit von Kindern einen Einblick in die Lernatmosphäre und geben Aufschluß darüber, ob Kinder sich wohl fühlen. Als Lernumwelten (vgl. S. 61) und Lernlandschaften erfüllen sie über eine starke Unterteilung und Durchgliederung des Raumes in der Regel drei Hauptfunktionen:

– Durch die Aufgliederung in Lernzonen und Lernflächen sind den Lernern zahlreiche, individuelle Zugänge mit verschiedenen Lernaktivitäten möglich (Leseecke, Druckbereich, Experimentiertisch usw.).

– Durch die Aufteilung in Arbeitsplätze, Funktionszonen und Kreis können die für den Offenen Unterricht wichtigen individuellen und gemeinschaftlichen Aktionsformen in schnellem Wechsel organisiert werden (u. a. Morgenkreis, Freie Arbeit, Projektunterricht).

– Durch den Charakter einer Werkstatt vermittelt der Klassenraum den Kindern den Zusammenhang von Lernraum und Lernsituation und damit ein pädagogisches Konzept, das offen ist für eine ständige Weiterentwicklung und Veränderung durch die Kinder selbst.

Die Arbeitsmittel –
Praktisches Lernen im
Offenen Unterricht

Eine Lernlandschaft ist ein Ort, angefüllt mit Arbeitsmitteln, die zum Entdecken und Erforschen auffordern, die neugierig machen, die Lernen in Gang setzen und jederzeit für alle Lerner frei und zugänglich sind.

Die Anordnung und Auswahl der Arbeitsmittel ist abhängig von der «Lernbiographie» und Entwicklungsform Offenen Unterrichts in der jeweiligen Klasse: Die tatsächliche Nutzung, Bearbeitung und Veränderung der Arbeitsmaterialien durch die Kinder entscheidet über ihre Lernqualität, nicht die Perfektion, das Design, die sogenannte pädagogische Eignung. So ist bei der Auswahl und dem Angebot von Arbeitsmitteln der Lehrer in seinen didaktischen Fähigkeiten gefragt. Je besser er das Lernpotential der Arbeitsmittel für seine Lerngruppe einschätzen kann, desto eher kann das Material das Interesse für weitergehende Erforschungen durch die Lerner auslösen. Aber nicht nur der Lehrer stellt im Offenen Unterricht vielfältiges Material für die unterschiedlichsten Lernaktivitäten zusammen (vgl. S. 236), auch die Kinder bringen mit den Materialien ihre Fragestellung mit in die Klasse und bieten sie zur Bearbeitung an.

Die Fülle an möglichen Arbeitsmaterialien (vgl. die Empfehlung, S. 321) führt häufig zu einem relativ unkritisch zusammengestellten Angebot. Deshalb sind für den Offenen Unterricht unter dem Aspekt der Eigentätigkeit z. B. Karteien, die wachsen können, und selbsthergestellte Arbeitsmittel besonders funktional (vgl. Hagstedt 1987, S. 21). Sie lassen sich nicht nur genau auf die individuellen Lernbedürfnisse einzelner Kinder oder Lerngruppen zuschneiden, sondern ermöglichen z. B. den herstellenden Kindern auch einen besseren Einblick in die methodischen Zusammenhänge.

Karteien sind vielfach ein dominierendes Arbeitsmittel im Offenen Unterricht, weil sie jederzeit einen individuellen Zugriff auf einen Themenbereich erlauben und als offenes System leicht zu verändern sind. Fremd produzierte Arbeitskarteien lassen sich deshalb aus den Lernbedürfnissen relativ leicht zu Schülerkarteien verwandeln, die als Ideenkarteien, Übungskarteien und Themenkarteien jeweils andere Lernaktivitäten in Gang setzen (vgl. auch die Kriterienliste von Kleingeist u. a. 1989, S. 33).

Das Schulleben – Öffnung für ein eigenes Schulprofil

Offene Schulen leben vom Selbstverständnis eines eigenen pädagogischen Profils. Begriffe wie Schulleben, Schulkultur und Schulklima signalisieren schon den Anspruch eines veränderten Schulverständnisses: Wenn die Schule sich nach innen und außen öffnet, gewinnt sie eine unverwechselbare Eigenart, weil sie die Praxis des Miteinanderarbeitens und Miteinanderlebens über die Ausgestaltung von pädagogischen Handlungsspielräumen wichtiger nimmt als ihre klassischen Funktionen der Belehrung, der Auslese und der Leistungskontrolle. Das Schulleben von Offenen Schulen ist natürlich mehr als eine Addition der wesentlichen Elemente Offenen Unterrichts wie Freie Arbeit, Wochenplan, Projekte, Öffnung nach außen und Beteiligung der Eltern: Es ist gemeinsamer Ausdruck des in der jeweiligen Schule von Kindern, Lehrern und Eltern gestalteten Ganzen und hat deshalb unterschiedliche Gesichter.

Die wesentlichen Faktoren zur Entwicklung eines eigenen Schulprofils Offener Schulen sind in diesem Buch vielfach (z. B. S. 211) auch an konkreten Beispielen dargestellt worden, so daß hier nur auf das eigene Kapitel «Eine Schule macht Schule» zu verweisen ist (S. 232).

Der folgende «Pädagogische Konsens» des Kollegiums der Hamburger Grundschule Wegenkamp (1989) zeigt deutlich, wie ein über 10 Jahre gewachsenes Schulprofil verstanden wird und als grundlegende Erziehungsvorstellung die Arbeit der Lehrerinnen und Lehrer bestimmt.

Zielsetzung

1. Wir wollen die Neugier des Kindes erhalten, fördern und gegebenenfalls wecken.
2. Wir bieten dem Kind die Möglichkeit, für *sein* Lernen verantwortlich zu sein, diese Verantwortung zu tragen und sein Lernen in die Hand zu nehmen.
3. Wir wollen, daß sich Lernen ganzheitlich mit «Kopf, Herz und Hand» ereignet.
   Das Miteinander-Lernen ist uns dabei von besonderer Bedeutung, ebenso der Grundsatz der gegenseitigen Ermutigung, auch für uns Erwachsene.
4. Das Kind soll die Kulturtechniken erlernen, insbesondere die Fähigkeiten, sich auf verschiedene Weise zu artikulieren bzw. zu kommunizieren.
5. Von gleicher Bedeutsamkeit ist das soziale Lernen mit den Zielen:
   - gegenseitige Akzeptanz aller Beteiligten,
   - Fähigkeit zur Verhaltensänderung,
   - Wertschätzung der persönlichen Lernfortschritte.

Methodische Möglichkeiten

Methodische Möglichkeiten zur Umsetzung unserer Ziele:

1. Wir gehen davon aus, daß ein Kind optimal lernt, wenn es *seinen* Lernweg findet.
2. Darauf achten wir, wenn wir die im Lehrplan vorgegebenen Themen in einer unseren Schülern angemessenen Form und Reihenfolge behandeln.
3. Wir stellen den Kindern in den Klassenräumen eine Vielzahl von Arbeitsmitteln zur Verfügung und führen Techniken ein, die den Kindern in der Gruppe und individuell z. B. Untersuchungen, schöpferische und produktive Arbeit, Übungen zur Festigung des Gelernten und Selbstkontrolle ermöglichen.
4. Wir verschaffen der Kindern einen möglichst weitgehenden und vielseitigen Kontakt mit der Wirklichkeit (z. B. durch Projekte, Projektwochen, Arbeit im Schulgarten, Trocken- und Feuchtbiotop, Erkundungen, Fachleute in der Klasse).
5. Im Rahmen des Unterrichts schaffen wir Freiräume: z. B. freie Arbeit in der Klasse, freie Aktivitäten im Sport, geplantes und selbstbestimmtes Einteilen der Arbeit, offene Pause.
   Die Ausprägung des jeweiligen Freiraumes ist u. a. abhängig von: Lernverhalten, Größe, Zusammensetzung und «Reife» der Gruppe, Erfahrung, Können und Wollen des Pädagogen.

Lehrerrolle

1. Wir akzeptieren unsere Schüler und helfen ihnen bei der Entwicklung ihrer Persönlichkeit («Ich mag dich – und ich möchte, daß du trotzdem dein Verhalten in diesem Punkt änderst»).
2. Im Umgang miteinander versuchen wir eine Ebene zu schaffen, die von gegenseitiger Achtung und Partnerschaftlichkeit geprägt ist.
3. Wir möchten eine Atmosphäre schaffen, in der das ständige Lernen selbstverständlich ist.
4. Wir begleiten und unterstützen die Schüler bei der Übernahme der Verantwortung für sich selbst (z. B. Einzelgespräch, Klassenrat, Gesprächskreis, Berichtszeugnisse).
5. Wir wollen unseren Unterricht so organisieren, daß möglichst jeder Schüler mehr Erfolge als Mißerfolge hat.
6. Für uns bedeutet Lernen ein lebenslanger Prozeß. Deshalb möchten wir als Lehrer auch für die Kinder als Lernende erfahrbar sein.

Kapitel 5

Offenes Lernen

Lerngeschichten und Grundprinzipien offenen Lernens

Erwachsene, die zum erstenmal Offenen Unterricht erleben, sind häufig verunsichert: Sie betreten eine ‹Lernlandschaft›, die sie nie kennengelernt haben. Da wird mit kritischem Unterton gefragt: «Ist das hier etwa ein Museum?» oder «Wie soll man in dieser Unordnung noch die Übersicht behalten?» Aber es gibt auch zahlreiche Erwachsene, die zunächst fassungslos sind, sich aber dann begeistern können. «Ja, so sollte Schule sein!» oder «Kann ich hier gleich mitmachen und am Forschertisch mit dem Spiegel experimentieren?» Viele Erwachsene bemerken sehr schnell, daß es in solchen Klassen auch um ein anderes Lernen geht als das, was sie selbst in ihrer Schulzeit erfahren haben.

Die Art und Weise, wie hier gelernt wird, offenbart sich ihnen allerdings erst Schritt für Schritt – bei genauerem Hinsehen, beim Erleben von Freier Arbeit, bei dem Versuch, selbst wieder zu lernen. Das verlangt vom Besucher der Lernlandschaft oder von mitarbeitenden Eltern zunächst Geduld und die Bereitschaft, die eigenen Lernerfahrungen in der Schule zu relativieren. Lernen haben Erwachsene in der Regel eher in geschlossenen Systemen als *direktes* Lernen über die bekannten Muster erfahren: Es wurde gefragt und geantwortet, abgefragt und nachgefragt, Aufgesetztes abgeschrieben und wiederholt, Erkenntnisse direkt vermittelt, Sinngehalte und Sinnstrukturen eingegeben, Buchseiten (auswendig) gelernt, Antworten angekreuzt, rezitiert, klassifiziert und modifiziert, belehrt und erklärt usw.

Diese Lernformen, die ja für bestimmte Ziele und Situationen ihren Sinn haben können, wenn er den betroffenen Lernenden selbst einsichtig ist, gehen von der Vorstellung aus, daß der Lehrer für die Schüler die Aneignung der Erkenntnis in seiner Vorstellung so vorbereitet, daß alle gemeinsam direkt und ohne Umwege das Unterrichtsziel erreichen. Das führt häufig zu passivem Nachvollzug schon vorgedachter Sinnstrukturen im Gleichschritt.

In Klassen mit offenen Lernformen erleben Erwachsene, daß ein *indirektes* Lernen Kinder in anderer Weise betrifft: Sie sind *aktiv* an der Erarbeitung von Erkenntnisgewinnen beteiligt, sie erarbeiten sich also im individuellen Zugriff die Sinnbezüge zu den Lerngegenständen, die mit ihren Vorerfahrungen zu tun haben. Die Lernlandschaften dieser Klassen zeigen schon durch die Vielfalt ihrer Anregungen und Handlungsmöglichkeiten: Lernen ist ein aktiver Prozeß.

Die Öffnung für individuelles, aneignendes Lernen erfahren Lehrerinnen und Lehrer dann nachhaltig, wenn sie z. B. bei den ersten Schritten zum Offenen Unterricht in der «Stunde der Möglichkeiten» ganz bescheiden fünf verschiedene Lerngegenstände auf fünf verschiedenen Tischen aufbauen und den Kindern zur freien Entscheidung für ihr Lernen anbieten.

Selbstverständlich ist das indirekte und aktive Lernen in einer offenen Lernlandschaft nur ein Teil der möglichen und notwendigen Lernformen im Offenen Unterricht – aber ein zentraler. Diese Lernform setzt also auf das selbständige Handeln des Kindes, auf seine natürliche Neugier, seinen Wissensdrang, seine Fragehaltung, auf seine Aktivität bei der Aneignung der Umwelt. Die Fülle der möglichen und tatsächlichen Lernprozesse, die in einer solchen Lernlandschaft auflaufen können, wird uns erst bewußt, wenn wir konkretisieren:

Was haben die Kinder der Klasse 3 b an einem Montag im August 1990 in ihrer Lernlandschaft (vorwiegend in der einen Stunde Freie Arbeit) getan?

- Mit unterschiedlichen Partnern kniffelige Denkaufgaben gelöst.
- In einer Gruppe ein kleines Lied eingeübt.
- Auf dem Forschertisch mit Wasser experimentiert.
- Rennmäuse beobachtet und den Käfig gesäubert.
- Sich den Umgang mit dem Mikroskop erklärt.
- Sätze geschrieben und in der Klassendruckerei gesetzt.
- Das Wachsen der Bohnen auf der Fensterbank protokolliert.
- Amerika auf dem Globus entdeckt.
- Liebesbriefchen geschrieben und überbracht.
- Karteiblätter selbst hergestellt und beschriftet.
- Arbeitsblätter bearbeitet und anderen Kindern dabei geholfen.
- In der Leseecke gekuschelt und vorgelesen.

Ein weiterer Blick in das innere System einer solchen Lernlandschaft erschließt sich uns, wenn wir in den einzelnen Lernsituationen beobachten,

○ wie viele unterschiedliche *Zugangsweisen* Kinder zu den Lerngegenständen haben;

o welch unterschiedliche *Lernhandlungen* überhaupt sichtbar werden und

o welche *Fragen* von wem und wie gestellt werden.

Überlegen Sie einen Augenblick: Wer hat in Ihrer Schulzeit gefragt? In welchen Situationen wurde gefragt? Worauf bezogen sich die Fragen? In dieser Lernlandschaft stellen die Kinder Fragen. Sie setzen damit ein selbständiges Handeln in Gang, das zu widersprüchlichen Hypothesen führt und ein Entdecken und Erforschen herausfordert: Was ist alles im Gewölle der Eule enthalten? Haben alle Flüssigkeiten dasselbe Gewicht? Warum wachsen Bohnen im dunklen Schrank schneller als auf der Fensterbank? Können Schnecken tatsächlich über eine Rasierklinge kriechen, ohne sich zu verletzen? Wie kann man die Höhe eines Baumes messen, ohne in seine Spitze zu klettern? Solche und viele andere Fragen führen zu dem für offenes Lernen in einer Offenen Schule entscheidenden Ansatz: *Sowenig Belehrung wie nötig, soviel Erfahrung wie möglich.*

Diese Aussage stellt eine Herausforderung für jeden Erwachsenen dar, fordert sie doch zum Umdenken auf – nicht aber zur «Entfernung» des Erwachsenen aus den Entwicklungs-, Lern- und Bildungsprozessen: Lernende Kinder und Jugendliche brauchen auch beim Erfahrungslernen kompetente Helfer, Berater, Anreger und Widersprechende, die ihnen einen vertiefenden Zugang zu den Möglichkeiten des Wissens und Könnens erschließen. Dies muß hier (wie auch in anderen Kapiteln, z. B. 191) hervorgehoben werden, um die üblichen Mißverständnisse offenen Lernens im Offenen Unterricht («schwärmerische Verklärung des Kindes», «alles Lernen ist dort unverbindlich», «der Lehrer ist nur noch Medienbeschaffer» usw.) in aufklärerischer Absicht abzuwehren.

Was geschieht nun bei solchem Erfahrungslernen im Offenen Unterricht? Wie lernen Kinder das Lernen des Lernens? Was heißt offenes Lernen im einzelnen? Wie kann man sich diese Lernform praktisch vorstellen? Die notwendigen Antworten für derart schwierige Fragen sollen, wie grundsätzlich in diesem Buch, wieder aus der Anschauung, aus der Praxis, aus Lerngeschichten entwickelt werden. Das in These 4 vorgestellte konzeptionelle Element Offenen Unterrichts «Lernen lernen» (S. 70) wird deshalb nachfolgend über sechs Lerngeschichten vertieft und in Grundprinzipien offenen Lernens zusammengefaßt.

Lerngeschichte 1: **Die Nahrungskette**

▦ Zwei Kinder erzählen im Abschlußkreis von einem «Drama» am klasseneigenen Aquarium: Die Kaulquappen hätten sich zu kleinen Fröschen verwandelt, wären auf den großen Stein geklettert, aber nun wären schon vier davon tot. Was ist passiert? Am nächsten Tag wird von einer anderen Gruppe von Kindern genau beobachtet. Sind es die «Rückenschwimmer» oder andere Wasserwanzen? Warum stechen sie die «niedlichen» kleinen Frösche? Erste Hypothesen werden entworfen, eine weitere Beobachtung soll Klarheit bringen. Ergebnis: Die Rückenschwimmer stechen, töten und saugen aus, mit einem «Stechrüssel». Im Gespräch über das «Warum?» gebraucht Tom-Erik das Wort «Nahrungskette». Die Lehrerin sorgt dafür, daß die Kinder nachfragen, aber die Erklärungsversuche von Tom-Erik können viele nicht nachvollziehen. «Wie ist das bei einer Kette?» fragt die Lehrerin nun. Ines kommt auf die Idee, die Kette praktisch vorzumachen. So stehen einige Kinder plötzlich eingehakt nebeneinander im Kreis. «Also, du bist der kleine Frosch. Damit der Rückenschwimmer leben kann, saugt er dich aus. Aber der Rückenschwimmer hat auch Feinde. Jetzt kommst du in der Kette. Aber wo ist sie zu Ende...?» ▦

Vieles könnte noch berichtet und vieles an der Geschichte gezeigt werden... Für das offene Lernen fassen wir zusammen:

Lernen wird hier von den Kindern als eigenständige Konstruktion des Wissensaufbaus «gehandhabt» – aus dem Nachgehen einer Beobachtung und Erfahrung erwächst die aktive Erzeugung einer eigenen Vorstellung. Die «Nahrungskette» als abstrakter Begriff wird anschaulich: *Lernen lebt von der aktiven Teilnahme beim Aufbau neuer Sinnstrukturen* (Prinzip 1). Deutlich wird aber auch, daß die Kinder die Lernlandschaft der Klasse ganz verschieden nutzen, abhängig von unterschiedlichen Interessen, Fähigkeiten und Vorerfahrungen.

Lerngeschichte 2: **Der Wiederholungstäter**

Bei einem Praktikum erlebte ich eine Studentin, die relativ fassungslos war, als Marc, einer der sogenannten «besseren» Schüler, zum «Lesekino» griff. Sie fragte das Kind: «Weshalb machst du das? Das kannst du doch schon!» Marc fühlte sich wie ertappt. «Warum? Darf ich das nicht?» fragte er zurück. Offensichtlich fing er jetzt an, sich zu schämen...

Die kleine Szene zeigt deutlich, daß Lernen sich nicht nur vorwärts entwickelt, sondern auch Phasen des Rückgriffs, des Wiederholens, des Übens benötigt und der wirkliche Erkenntnisgewinn durch wiederholte Tätigkeiten aus eigenem Antrieb des Lerners erworben wird. Das innere Verhältnis des Kindes zum Lernen ist also entscheidend – das Kind ist selbst innerer «Arrangeur» seiner Entwicklung: *Lernen ist selbstbestimmt* und vom Willen abhängig (Prinzip 2).

Lerngeschichte 3: **Obdachlos**

Erinnern Sie sich noch an Nils? In dieser Lerngeschichte geht es wieder um ihn – inzwischen ist er im vierten Schuljahr. An diesem Tag sprechen die Kinder im Stuhlkreis über Pflichtaufgaben, die man übernommen hat. Nils provoziert wieder: «Ich brauche das nicht zu machen!» Die Kinder fangen an, darüber zu philosophieren. «Wenn man überhaupt nichts macht, lernt man auch nichts», sagt Annika, «und dann wird man arbeitslos und kann sich nichts kaufen.» Nils kommt unter seinem Anorak hervor. «Kann man dann auch obdachlos werden?» fragt er. Die Kinder möchten wissen, was das ist. Nils erklärt, was er dazu im Fernsehen gesehen hat, und die Kinder denken darüber nach, ob Nils eines Tages obdachlos werden könnte. Das Gespräch über Pflicht, Lernen, Arbeiten und Geldverdienen spitzt sich so sehr auf Nils zu, daß die Lehrerin eingreift. Da platzt Nils heraus: «Da hat man kein Dach mehr! Nee, das will ich nicht, ein Dach muß ich immer haben...»

Die Geschichte zeigt, daß Lernen sich nicht in einem unpersönlichen Rahmen vollzieht, sondern auch kommunikativ und sozial bedingt ist. Der Lernprozeß wird hier über Sprache entfaltet, Nils wird durch die

Äußerungen anderer in «Bewegung» gebracht und kommt zu einer Einsicht, zu einem Lernergebnis, das für ihn eine Verantwortungsübernahme für sich selbst bedeutet: *Lernen ist sprachlich vermittelt und sozial bedeutsam, ist an Personen gebunden* (Prinzip 3).

Einmal besuchten wir Rosemarie. Ihr kleiner Sohn Harald spielte in einer Ecke mit Bauklötzen. Er fing gerade zu sprechen an, sauber war er schon, und jetzt sollte er zeigen, was er bereits alles konnte.

Rosemarie: Harald, komm e mol her!

Harald: Hä ä.

Rosemarie: Aber schnell, i will's aber net noch e mol sage; (das Kind kommt) Du musch doch horche, wenn d' Mama ruft. (zu uns) Der pariert scho, wenn mern richtig opackt. Gib der Frau 's Händele un sag gute Tag, aber 's scheene Händele; 's annere. Un jetzt sagsch mol der Frau, wie du heisch.

Harald: Harri.

Rosemarie: Un wo isch der Baba, Harri? Sag mol der Frau, wo der Baba isch.

Harald: Im Schaffe.

Rosemarie: Un wo isch d' Oma?

Harald: Bim Gottele.

Rosemarie: Un wo isch's Gottele, Harri?

Harald: Im Himmel.

Rosemarie: Du, Harri, zeig mol der Frau, wie's Bubel bete tut, wie tut's Bubel bete?

Harald: So (das Kind faltet die Hände zusammen und drückt das Kinn gegen den Körper).

Rosemarie: Un jetzt zeigsch mol der Frau, wie groß du bisch, wie groß isch's Bubel?

Harald: So groß (das Kind streckt seine Ärmchen senkrecht hoch und hält die Hände wie ein kleines Dach über seinen Kopf).

Rosemarie: Un wie muß mer sei Harri? Des sagsch jetzt noch der Frau. Wie muß mer sei?

Harald: Lieb.

Rosemarie: Un wo gibt's no we'mer net lieb isch?

Harald: Uff de Bobo (er dreht ein Ärmchen nach hinten und klapst sich leicht auf sein Hinterteil).

Rosemarie: Oh, du bisch halt der Mama ihr Lausbu (sie nimmt ihn hoch) – was bisch du?

Harald: De Mama ihr Lausbu.

Sie setzte ihn wieder auf den Boden und er ging zu seinem Spielzeug.

(aus: Maria Wimmer: Die Kindheit auf dem Lande. Reinbek 1978)

Lerngeschichte 4: **Das Gewölle**

Ein Kind bringt Gewölle von einer Eule mit in die Klasse. Was kann man damit anfangen? Einige Kinder möchten es untersuchen, andere finden das schrecklich, weil sie Gewölle mit Kot verwechseln. Mit Hilfe der Lehrerin einigt man sich auf verschiedene Wege der Erkundung des Sachverhaltes: es wird in Sachbüchern nachgeschlagen, der Biologielehrer der Schule soll befragt werden, eine Gruppe will das Gewölle genau untersuchen. Ich beobachte diese Gruppe und staune über das kluge Vorgehen der Kinder: Pinzetten braucht man, dann muß alles sorgfältig geordnet werden, man will die einzelnen Bestandteile aufkleben, untersuchen und beschriften. Als die Kinder in dem einen Gewölle fünf winzig kleine, unterschiedliche Kieferknochen heraussortiert haben, sind sie zunächst ratlos: «Die können doch nicht alle von Mäusen sein; nein, die sind viel zu klein. Man müßte sie erst einmal genau nach der Größe ordnen...»

Die Szene zeigt die vielfältigen Anforderungen an das Denken, Verstehen und Handeln durch diese Form praktischen Lernens. Auf unterschiedliche Weise nähern sich die Kinder dem Erkenntnisziel – alle Sinne sind beteiligt und werden für die den Kindern wichtigen Fragen in Anspruch genommen. Kinder sind also nicht so begrenzt und so dumm, wie es manchmal in Schulbüchern erscheint, sie können selbständig Fragen entwickeln und den Zusammenhängen nachgehen. *Lernen vollzieht sich ganzheitlich* (Prinzip 4).

Lerngeschichte 5: **Die Geburtstagsrallye**

Bei einem Kindergeburtstag erlebe ich als Helfer folgende
Szene: Drei Erstkläßler stehen vor einem Baum. Sie sollen sich
als Rallyeaufgabe die Baumrinde ansehen und sie nachher beschreiben.
Da zieht ein Mädchen einen kleinen Notizblock heraus und schreibt
mühselig ein Wort auf. Die anderen beiden Mädchen staunen. «Wieso
schreibst du?» «Na, dann brauchen wir uns das nicht zu merken!» –
«Kannst du richtig schreiben?» – «Richtig?» – «Wieso richtig?» –
«Also so, eben mit echten Wörtern.» – «Na klar!» – «Komisch, ich
kann bis jetzt nur ‹Tom ruft› schreiben…»

Für Kinder ist der praktische Sinn des Lernens wichtig – zumindest
diese Erkenntnis kann man aus der Szene entnehmen. Lernen ist also
auch an konkrete Gegenstände, Situationen, Materialien gebunden:
Lernen ist zweckgerichtet (Prinzip 5).

Lerngeschichte 6: **Das Baumbuch**

Vor einigen Jahren hatte ich mich so gründlich mit neueren
Lerntheorien auseinandergesetzt, daß ich glaubte, die wesentlichen Erkenntnisse, Prinzipien und Handlungsmuster verstanden,
«gelernt» oder – wie man im Rahmen dieser Theorien auch sagt – «in-
ternalisiert» zu haben. Dann geschah folgendes: Beim Besuch der
«Lernwerkstatt» in Kassel entdecke ich beim Stöbern das «Baumbuch». Es enthält auf einer Seite jeweils zwei völlig identische Fotografien von Bäumen, die man durch zwei eingearbeitete Linsen dann
plastisch sehen soll. Ich lese aufmerksam die Anleitung, handele entsprechend und sehe zwei Fotografien und nicht das versprochene, drei-
dimensionale Bild.

In der Logik der neueren Lerntheorien hätte ich jetzt aktiv, entdek-
kend vorgehen müssen, z. B. den Abstand zwischen Linsen und Bildern
verändern, die Gebrauchsanleitung überprüfen usw. Was passiert mir?
Voll Verärgerung, daß ich nicht gleich das Erfolgsergebnis habe, wende
ich mich an den Leiter der Werkstatt (oder aus anderer Perspektive
interpretiert – an meinen Lehrer) und frage: «Herbert, was habe ich
verkehrt gemacht?» Der Kollege lächelt nur: «Versuch es doch noch
einmal!» Enttäuscht kehre ich in meine Ecke zurück. Wieder nichts. In

meiner Ungeduld frage ich ein zweites Mal: «Liegt es vielleicht daran, daß ich als Brillenträger benachteiligt bin?» – Die knappe Antwort: «Unsere Erfahrung ist, daß Brillenträger das in der Regel schneller schaffen.» – Nachdem ich am Schluß meines Besuches ein drittes Mal ergebnislos blieb, verabschiede ich mich mit der Bemerkung: «Jetzt, zur Abreise, könntest du mir eigentlich den Trick verraten!» Der Kollege sagt weise – aber auch etwas süffisant-lächelnd: «Ich glaube, du hast nicht die richtige, innere Einstellung dazu und nimmst dir nicht genug Zeit!»

Da endlich klingelt es bei mir im Kopf, denn das waren Aussagen, die ich mir bei den neuen Lerntheorien doch schon erarbeitet hatte. Und trotzdem…

Doch die Geschichte hatte noch eine Fortsetzung: Zurück in Hamburg, bestellte ich das Büchlein bei meiner Buchhandlung. Nach einer Woche konnte ich es abholen: Es sollte tatsächlich 54,– DM kosten (aufgrund der eingearbeiteten Linsen), und leider (zum Glück) mußte ich es nehmen, weil die Buchhandlung es nicht zurückgeben konnte. So fuhr ich zurück nach Hause, um diese Summe «abzuarbeiten». Ich schloß mich in mein Arbeitszimmer ein, hatte ja nun die richtige innere Einstellung zum Lerngegenstand und genügend Zeit. Ein Blick – wiederum geschah nichts. In diesem Augenblick klopfte es an der Tür: «Papa, was machst du da eigentlich? Du schließt dich doch sonst nicht ein…» Ich öffnete die Tür: «Ach, Tilo, ich habe hier so ein merkwürdiges Buch!» Der Sohn nahm es mir aus der Hand, schaute durch die Linsen: «Oh, geil!» Die Tochter kam hinzu, blickte auch durch und rief: «Oh, toll, da kann man ja die Blätter richtig anfassen.» Ich fragte: «Kinder, wie macht ihr das?» – «Ach, Papa, das ist doch ganz einfach: du brauchst doch nur durchzugucken!»

Das Buch verschwand zwischen anderen Büchern auf meinem Schreibtisch. Drei Wochen später fiel es mir beim Aufräumen wieder in die Hände. Ich blätterte es noch einmal durch und schaute (spielerisch) durch die Linsen: Da hatte ich meinen fruchtbaren Moment im Bildungsprozeß! – Heute bin ich Spezialist in dreidimensionalem Sehen, habe viele Bücher dazu gelesen und kann meinen Augen den Befehl geben, die zwei Bilder in wenigen Sekunden zu einem einzigen zu verschmelzen oder das allmähliche Wandern der Bilder langsam zu genießen…

Die «Selbsterfahrung» ist in dieser Lerngeschichte ausführlicher dargestellt, weil sich mehrere Dimensionen und Prinzipien des Lernens erschließen lassen. Zunächst einmal wird deutlich, daß Lernen an individuelle Erfahrungen und Muster gebunden ist: *Lernen hat Geschichte, Lernen ist fortlaufend* (Prinzip 6).

Trotz kognitiver Verarbeitung der Weisheiten neuer Lerntheorien fällt der Lerner dieser Geschichte in ein altes Muster zurück: «Wenn du nicht weiter weißt (sofort Erfolg hast), frage schnell deinen Lehrer.» In einer tieferen Bedeutung wird auch sichtbar, daß der erfolgsverwöhnte Lerner hier gewisse Widerstände braucht, um zu einem Lernergebnis zu kommen. Auch sein Handeln in den verschiedenen Situationen zeigt, daß Lernen über ganz unterschiedliche Zugänge zum Lerngegenstand erfolgt, daß die Wahrnehmung und das Verstehen aktive Konstruktionen im Rahmen des individuellen Konzeptes sind, daß Lernen nicht gleichmäßig voranschreitet, sondern sprunghaft sein kann, daß tatsächlich die innere Beziehung zum Lernobjekt wichtig ist, Lernen unterschiedliche Zeit braucht.

Wenn man die Lerngeschichten insgesamt überblickt, werden einerseits die vorgestellten Dimensionen der Öffnung des Unterrichts (als inhaltliche, methodische, organisatorische) wieder gegenwärtig, andererseits das eigentlich Pädagogische des Ansatzes nachvollziehbar. Die Einblicke zeigen, daß der Unterricht nicht als Vermittlung schon vorgeformter Inhalte verstanden wird, sondern sich selbst als Unterricht erst durch den gemeinsamen Prozeß der Arbeit, des Entdeckens des Lernens entwickelt: Die Unterrichtsinhalte entstehen also – überspitzt formuliert – erst in der Lernlandschaft durch die Tätigkeiten der Lerner.

An diesem zentralen Punkt offenen Lernens haben die meisten Erwachsenen erhebliche Schwierigkeiten, weil sie zwei Einstellungen korrigieren müssen:

- Lernen im Offenen Unterricht hat durch die Selbstbestimmung des Kindes eine andere Dimension als die üblichen Vorstellungen Unterricht = Belehrung.

- Die Lernleistung, die im Offenen Unterricht erbracht wird, ist eine andere Leistung als die aus dem alltäglichen Arbeitsprozeß bekannte meß- und klassifizierbare Arbeitsleistung.

Wenn Erwachsene, gleich ob Eltern oder Lehrer, bereit sind, diesen Zusammenhang selbstkritisch zu durchdenken, werden sie den qualitativen Sprung vom *Lern- und Leistungskult zur Lernkultur* erkennen und verstehen, daß Lernleistungen mit anderen Maßstäben beurteilt werden müssen (z. B. Berichtszeugnisse, vgl. S. 43, 306). Solche Maßstäbe und Kriterien sind in diesem Buch an verschiedenen Stellen (vgl. z. B. S. 169) vorgestellt worden – im Bereich der Lernleistung werden sie (auch in den Lerngeschichten) wie folgt sichtbar:

Lernleistung und Lernkultur im Offenen Unterricht sind abhängig von

- der *Art* und den *Inhalten* der individuellen und gemeinsamen Arbeit in der Klasse (welche Lernaktivitäten sind überhaupt möglich, wie sieht die Lernlandschaft aus, wie ist das Verhältnis von Lesen, Schreiben, Zahl, Sache usw.);
- der *Organisation der Arbeit* in der Klasse (sinnvolle Mischung gemeinsamer und individueller Lernsituationen, Wochenplan, Freie Arbeit, Projekte, klare Strukturen, Möglichkeiten für Kinder zu eindeutigen Orientierungen usw.);
- der *Aufteilung von Verantwortlichkeiten* für die Lernprozesse (Eigenverantwortung des Kindes, Entscheidungsmöglichkeiten der Kinder, Förderorientierung statt normativer Leistungsmessung, Hilfen bei Lernproblemen, Entscheidungsfindung, Lernüberprüfung, Lernrhythmus usw.).

Es sind vor allem vier einfache, aber folgenreiche Perspektiven, die diese Lernvorstellung bestimmen:

1. *Die fundamentale Annahme:* Das Lernen des Lernens ist die wichtigste Aufgabe des Offenen Unterrichts.
2. *Die Grundfrage des Offenen Unterrichts:* Wie können Kinder das Lernen des Lernens lernen?
3. *Das Grundprinzip offenen Lernens:* Lernen ist ein aktiver Prozeß.
4. *Die Grundlagen einer Umsetzung:* Ein freisetzender und erziehender Unterricht.

Die Perspektiven 1, 2 und 4 werden in diesem Buch weiter verfolgt, kritisch bedacht, praktisch gewendet und mit Erfahrung angereichert – die Perspektive 3 als Grundprinzip offenen Lernens präzisieren wir in diesem Kapitel.

Eine erste Folge für das Handeln des Lehrers aus dem Grundprinzip offenen Lernens können wir jetzt festhalten – die Verlagerung seiner Aufgaben in das Feld des Lernens, oder anders formuliert: Der Lehrer entwickelt neue Fähigkeiten, um Lernen als aktiven Prozeß im Unterricht zu ermöglichen. Diese abstrakte Formel kann nach Erfahrungen aus dem Offenen Unterricht in zwei Schritten konkretisiert werden.

1. Im Bereich einer «freisetzenden Erziehung» (vgl. Schwartz 1969, S. 21) und eines «erziehenden Unterrichts» (vgl. Benner 1989, S. 55) muß der Lehrer seine pädagogisch-didaktischen Kompetenzen öffnen und erweitern, um
   - den Kindern zu ermöglichen, sich beim Finden und Entwickeln ihrer spezifischen Erziehungs- und Lernziele zu beteiligen;
   - selbst bereit zu sein, entdeckendes Lernen zu praktizieren;
   - eine überzeugende Arbeitsatmosphäre in der Klasse zu entwickkeln;
   - Lernimpulse für die Lernnotwendigkeiten unterschiedlicher Kinder geben zu können;
   - sicherzustellen, daß die Kinder ihre Zeit sinnvoll und produktiv nutzen;
   - sensibel dafür zu werden, wann Kinder beim Lernen (nicht) unterbrochen werden dürfen;
   - lernbehindernde Einstellungen und Muster mit Kindern erfolgreich zu bearbeiten u. a.

2. Im Bereich der Bereitstellung von Möglichkeiten eines individuellen und aktiven Lernens des *einzelnen* Kindes muß der Lehrer seine lernpraktischen Kompetenzen öffnen und erweitern, um
   - den Lerntyp und spezifische Lernbedingungen einzelner Kinder zu erkennen;
   - spezifische, inhaltliche Angebote für die Bedürfnisse der einzelnen Kinder bereitzustellen und zu variieren;
   - Hilfestellungen bei der Zeiteinteilung und für den Lernrhythmus des einzelnen Kindes geben zu können;
   - rechtzeitig Lernblockaden und Lernprobleme beim einzelnen Kind zu erkennen und sinnvoll zu intervenieren;
   - dem einzelnen Kind bei der sozialen Einbindung individuellen Lernens (z. B. Partnerwahl) helfen zu können;
   - erfolgreiche Formen der Überprüfung des Lernerfolgs für das einzelne Kind bereitstellen zu können u. a. m.

Diese beiden Schritte sind hier als Klärungshilfe und Möglichkeiten eines Weges zur Entwicklung von Lernsensibilität zusammengestellt und nicht etwa als notwendige Voraussetzung für das Lehrerhandeln beim offenen Lernen zu normieren. Allerdings ist die skizzierte Verlagerung der Kompetenzen bei der Öffnung in den drei Dimensionen zwangsläufig. Sie gelingt um so mehr, als die Grundprinzipien begriffen, verarbeitet und praktisch umgesetzt werden.

Wie sind nun die einzelnen Grundprinzipien offenen Lernens zu verstehen?

Grundprinzipien offenen Lernens

1. Lernen lebt von der aktiven Teilnahme beim Aufbau neuer Sinnstrukturen.
2. Lernen ist selbstbestimmt.
3. Lernen ist sprachlich vermittelt und sozial bedeutsam.
4. Lernen vollzieht sich ganzheitlich.
5. Lernen ist an konkrete Gegenstände, Situationen gebunden und zweckgerichtet.
6. Lernen ist fortlaufend und hat Geschichte.

Die Lerngeschichten, die bemühten Theorieelemente, die Darstellung der grundlegenden Elemente eines Lernbegriffs für den Offenen Unterricht haben gezeigt, wie vielschichtig der Zusammenhang von «Kind – Lernen – Erziehung – Unterricht» ist. Gerade deshalb soll hier der Versuch gewagt werden, Komplexes zu vereinfachen, zu reduzieren, zu pointieren. Die schlicht formulierten Grundprinzipien in Form einfacher Merksätze erlauben sowohl Eltern als auch Lehrern einen schnellen Zugriff auf die handlungsleitenden Lernvorstellungen. Sie werden hier, nachdem sie veranschaulicht und in einen Strukturzusammenhang gestellt wurden, nun im einzelnen kurz erläutert und in einem letzten Schritt in Beziehung zu lerntheoretischen Hintergründen gesetzt.

Lernen lebt von der aktiven Teilnahme beim Aufbau neuer Sinnstrukturen

Wer selbst mit Kindern lebt oder beruflich mit Kindern und Jugendlichen arbeitet, hat eine Erfahrung mit Sicherheit gemacht: Kinder lernen durch Probieren, durch entdeckendes Verhalten, durch Versuch und Irrtum, durch kreatives Weiterentwickeln von Hypothesen und Entwürfen, über das Durchspielen verschiedener Problemlösungen. Diese Möglichkeiten müssen Kinder wenigstens zu einem Teil selbst entwickeln, «denn alles, was man dem Kind beibringt, kann es nicht mehr selber erfinden oder entdecken» – so sagte einmal zuspitzend der Lerntheoretiker Piaget in einem Gespräch (vgl. Kesselring 1988, S. 65).

Beim Lernen findet eine «Umorganisation» der bisherigen Erkenntnismuster so statt, daß zukünftiges Handeln und Denken anders wird. Dieses Lernen an der Erfahrung schreitet nun nicht gleichmäßig linear vorwärts, sondern kann sprunghaft über neue Einsichten, über Umwege, über passende oder unpassende innere Regeln zu einer Erweiterung von Kenntnissen und Fähigkeiten führen. Denken ist dabei so etwas wie ein *Probehandeln*, weil das Kind neue Erfahrungen durch die Umorganisation und Veränderung seines individuellen Konzeptes integriert. Dies steht im krassen Gegensatz zur Vorstellung eines passiven Nachvollzugs von Vorgedachtem, weil die strukturelle Veränderungsleistung dem Kind damit abgenommen wird und somit eine vertiefende, wirkliche Auseinandersetzung mit dem Lerngegenstand gar nicht erst erfolgt.

Im Bild: Ein solches Lernen kräuselt wie ein leichter Windzug die Wasseroberfläche und vermag nicht zu einer Veränderung und zu einem Austausch verschiedener, tieferer Wasserschichten zu führen – der See bleibt mehr oder weniger so wie er war.

Magnet-Steine im Eisenstaub

In einem schweizerischen Landerziehungsheim findet der neuneinhalbjährige Chris im Zimmer seiner Lehrerin eine Schachtel, in welcher zwei Natur-Magnetsteine liegen, in Eisenstaub gehüllt. «Magnetische Viecher!» ruft er. (Und wirklich sehen sie aus wie zwei aneinandergeschmiegte hellgraue Mäuse.)

Während er sie untersucht, spricht er zu einem dabeistehenden Zwölfjährigen, dessen beziehungslose Belehrungen über «Elektromagnetismus» er spielend überhört. Aus den Notizen der unauffällig mitschreibenden Lehrerin:

«Er staunt das Pulver an. ‹Was ist denn magnetisch dran? Haben Sie feine Klebe dazugeschmiert? Sonst würde es nicht zusammenkleben... Sobald man's von den andern wegnimmt, zerfällt's in den Händen!›

‹Wo findet man die?› – Ich erkläre ihnen, das seien richtige Magnete, wie man sie in der Erde findet. Beifälliges Nicken. ‹Ja, die werden nie leer.›»

Er wundert sich nicht darüber, daß der Stein das Pulver anzieht. So etwas kennt er schon. Er staunt, weil das Pulver *in sich* zusammenhält, also ein Korn für das andere magnetische Klebekraft entfaltet, und das nur so lange, wie die Strähnen am Stein festhängen. Streift er sie ab, so werden sie dem «Einfluß» des Magnetsteins entzogen, und «es zerfällt in den Händen». (Man meint, er spräche von einem dahinsiechenden Wesen.)

Warum nickt er so beifällig, so beruhigt, als er hört, der Stein werde, so wie er ist, in der Erde gefunden: «Die werden nie leer?» Er traut wohl der Mutter Erde zu, daß sie ihn versorgt, der aus ihrem Schoß genommen ist. Er weiß noch nicht, daß der einzelne Stein, wenn er lange Zeit und einsam, ohne seinen eisernen Anhang, daliegt, sehr wohl fast «leer» wird. Aber er hat insofern recht, als das magnetische Gestein, solange es beisammen in der Erde ruht, durch die Jahrtausende «sich hält». Er versteht es noch nicht physikalisch. Aber es wäre nicht schwer, ihn das Weitere suchen und finden zu lassen.

In den Gymnasien kommt der Magnetismus erst «an die Reihe», wenn die Kinder ein paar Jahre älter sind als Chris. Sehr selten gibt eine Schule jedem Schüler einen Magnetstein (er kostet weniger als zehn Mark) in die Hand zu unbeeinflußtem, selbständig forschendem Spiel. Es wird vielleicht einmal einer von weitem gezeigt. Eine antiquiert anmutende Reliquie im Vergleich zu den glänzenden rechteckigen Artefakten, wie sie, noch dazu immer mit verschieden bunt lackierten Enden, den Schulen leider fertig geliefert werden. – Manchmal wird der Magnetismus sogar erst später, als ein Anhängsel an die Lehre vom elektrischen Strom, geboten. Muß er dann nicht vielen Kindern ganz und gar wie Menschenwerk erscheinen?

(aus: Martin Wagenschein: Naturphänomene sehen und verstehen. Stuttgart 1980)

Lernen ist selbstbestimmt

Lernen ist von der inneren Einstellung des Kindes zum Lerngegenstand abhängig. Je intensiver ein Lerner eine Beziehung zu einem zu lösenden Problem entwickeln kann, desto mehr gerät er in die Rolle, sein Lernen selbst «arrangieren» zu können. Letztlich ist deshalb das Lernen vom wirklichen Willen des Kindes abhängig; wenn es (innerlich) nicht lernen will, kann es zwar äußerlich so tun, als ob es lernt, aber es geschieht nicht das, was Wagenschein sinngemäß so formuliert hat: Der Lerner wird ergriffen von dem, was ihm widerfährt.

Ein zunehmendes Bewußtsein des Lerners für seinen Lernvorgang kann also nur erreicht werden, wenn es bei Lernprozessen überhaupt möglich ist, Verantwortung für das eigene Tun zu übernehmen. Diese Forderung nach partieller (nicht totaler) Selbstverantwortung, nach einem definierten Rahmen für selbständiges Arbeiten ist angesichts einer weitgehend fremdgesteuerten Schule von größter Wichtigkeit, weil das Lernen des Lernens an die Selbststeuerung gebunden ist. Denken wir an die zentrale Fähigkeit, sich mit neuen Anforderungen auseinandersetzen zu können, wird die Zukunftsorientierung offenen Lernens klar: *Problemlösungskompetenz,* eine vielbemühte Formel für das Jahr 2000, läßt sich letztlich nur durch ein explorierendes (erprobendes) Verhalten unter den Lernbedingungen einer Selbststeuerung aufbauen. Aber auch hier gilt die überzeugende Volksweisheit, die Pädagogen immer wieder an die Grenzen ihrer «durchdidaktisierten» Vermittlungsvorgänge verweist: «Du kannst ein Pferd zur Tränke führen, du kannst es aber nicht trinken machen.» Im Rahmen der pädagogischen Psychologie wird immer häufiger gefordert, heute übliche, aber zweifelhafte «Lernverträge» zu ändern. Ich führe eine Argumentation mit einem nachdenklich stimmenden, praktischen Beispiel an: Der Vertrag «Wenn du meiner Planung folgst, wirst du erfolgreich lernen» sollte, so wird vorgeschlagen, als Verwöhnungsvertrag durch eine ehrliche Situationsdefinition ersetzt werden: «Lernen ist Arbeit. Versuche mit allen Kräften und Mitteln, es zu schaffen. Ich, der Lehrende, bin vielleicht ein Mittel.» (Weidenmann 1989, S. 12)

Lernen ist sprachlich vermittelt und sozial bedeutsam

Kinder können allein oder mit anderen zusammen lernen. Aber selbst, wenn sie ganz allein lernen und in Formen individualisierenden Arbeitens in der Schule sich auf ihren eigenen Lernweg begeben, kann die soziale Bedeutsamkeit des Lernens nicht ausgeblendet werden: Ich lerne für bestimmte Situationen (mit anderen Menschen); ich lerne an Materialien, die von bestimmten Menschen bearbeitet wurden; ich lerne mittels der Sprache, die von bestimmten Menschen für eine Verständigung und ein Verstehen als Lernsprache gebraucht wird; ich lerne über sozial angereicherte Begriffe und Vorstellungen; ich lerne in Verantwortung für mich und andere; ich lerne, weil ich bestimmten Erwartungen und Werten folge usw.

Ein wichtiger Gesichtspunkt für ein offenes Lernen im Offenen Unterricht ist dabei der soziale und politische Aspekt, nämlich dieses Lernen als ein *teilhabendes* Lernen zu verstehen. Das wird erkennbar an der Verknüpfung individuellens mit gesellschaftlichem Lernen in den Methoden des Miteinanderlernens: Partnerarbeit, Gruppenarbeit, Projekte, Morgenkreise leben von der Bereitschaft des Lerners, seine Probleme nicht nur in der Enge seiner subjektiven Lernspur zu lösen, sondern gerade in kooperativen Handlungsformen die Lerndimension zu erweitern. Auch das guten Offenen Unterricht kennzeichnende Lernen im *Helfersystem* setzt auf die Fähigkeit des Lerners, seine Lerneinsichten im (für Lernprozesse so entscheidenden) *Dialog* zu überprüfen, zu relativieren, zu bedenken – sein Lernen also sozial bedeutsam werden zu lassen.

Bei solchen Lernformen erleben die Kinder nachdrücklich (und viele Kinder leider zum erstenmal), was es heißt, Regeln des Zusammenlebens so einzuhalten, daß man gemeinsam mit den anderen etwas erarbeitet.

Lernen vollzieht sich ganzheitlich

Kinder verfügen über eigene Zugangsweisen zu den Lerngegenständen und beteiligen sich an der Erschließung ihrer Umwelt ganzheitlich – alle Sinne sind in unterschiedlicher Weise an den Lernprozessen beteiligt. Auch Erwachsene lernen nicht nur mit dem Kopf (wenn es häufig auch so aussieht), sondern wissen ganz genau, daß Denken und Fühlen, Handeln und Erleben untrennbar zusammengehören. So sind die beim offenen Lernen angebotenen Lernprozesse auf die Möglichkeiten zu überprüfen, wie weit sie das lernende Kind in seiner gesamten Persönlichkeit fördern. Die ungezählten «Schichten» einer Person enthalten ungezählte Lernmöglichkeiten – wenn Kinder erzählen, singen, malen, spielen, experimentieren, schreiben, rechnen, philosophieren, bauen, hüpfen, sind sie mit dem Kopf, mit dem Herzen, mit Augen und Ohren, mit den Händen, mit ihrem ganzen Körper beteiligt. Offenes Lernen muß die unterschiedlichen Schichten der Person ansprechen und sollte eher einer ganzheitlichen Vorstellung vom Kind als kreativem und erfinderischem Wesen folgen: durch unmittelbar bewegende Lernangebote, durch konkrete, «begreifbare» Lerngegenstände, durch intensives Erleben fördernde Erfahrungen, durch Fragen und Dialoge, durch Symbole und Zeichen, durch Wasser und Sand, durch Bücher und Tiere, durch das gesprochene Wort und die erfahrbare Stille...

Lernen ist auf konkrete Gegenstände, Situationen bezogen und zweckgerichtet

Kinder wollen etwas herausbekommen, sind neugierig auf das, was die Dinge zusammenhält, und möchten den praktischen Sinn ihres Lernens möglichst unmittelbar erfahren. Sie lernen deshalb besonders gut an den ihnen persönlich bedeutsamen Fragestellungen, sie lernen über die Anschauung, die Kraft und den Drang, etwas zu entdecken, etwas zu verstehen. Die Intensität des Arbeitens ergibt sich somit eher in einer Klasse mit einer Lernlandschaft, in einer «Lernwerkstatt» als in einem «Wissenslabor», der «Stoff», der gelernt werden soll, tritt hinter die vorhandenen Erfahrungen, Fähigkeiten und Anschauungen des Kindes, weil es über Elementares zunächst seinen Sinn in die komplizierte Welt bringt – eine Erkenntnis, die weit vor den neueren Theorien der Entwicklungspsychologie von Reformpädagogen in den zwanziger Jahren vielfach beschrieben wurde: «Der ‹Ernst, den keine Mühe bleichet›, steckt vielleicht mehr in den tausendmal wiederholten Sprungbewegungen eines übers Seil hüpfenden Kindes, als in der griesgrämigen und lähmenden Überprüfung eines ad verbum gelernten Textes oder der kalligraphisch korrekten Abschrift eines Musterstückes. Alles ‹Tunkönnen›, auch das ‹Denkenkönnen› lernt man nur durch Selbsttun und Selbstdenken, nicht dadurch, daß man vom Hörensagen weiß, wie man's macht, noch dadurch, daß man die fertigen Resultate des Tuns und Denkens anderer Menschen zur Kenntnis nimmt und auswendig lernt. Ich gehöre zu den letzten, die den Stoff gering schätzen und für irrelevant halten, aber er ist im Bildungsprozeß elementarer Natur: er ist der Ausgangspunkt der Problemstellungen, gewissermaßen der Gegner, mit dem die geistige Kraft sich ringend mißt, aber nicht die Substanz der Bildung.» (A. Fischer 1925, S. 214f.)

Lernen ist fortlaufend und hat Geschichte

Lernen beginnt schon vor der Geburt; wie ein Kind auf die Welt zugeht, ist eine Folge unzähliger Erfahrungen, die es im Laufe seiner Lerngeschichte mit sich selbst und seiner menschlichen und sachlichen Umwelt macht. Die vielen sozialen und emotionalen Prozesse, die ein Kind mit seinen Eltern, Partnern und Erziehern erlebt, produzieren individuelle Muster, Erfahrungen und Wahrnehmungsweisen.

Lernen entwickelt sich dabei nicht linear fortlaufend, kleinschrittig von Stufe zu Stufe im Sinne einer additiven Vorstellung (es kommt immer mehr dazu), sondern folgt, wie man heute weiß, anderen Gesetzmäßigkeiten: Es geht Umwege, es springt, es organisiert Erfahrenes um, es integriert Neues, es ist mehr ein platzender Knoten als eine gleichmäßig ansteigende Linie, es muß die Zone der nächsten Entwicklungsstufe erreichen usw.

Schon diese Veränderung unserer klassischen Lernvorstellungen zeigt die Notwendigkeit, in der Schule auf die einzelnen Lerngeschichten mehr Rücksicht zu nehmen und die Lernsituation zu öffnen für die unterschiedlichen Lernmöglichkeiten, für die unterschiedlichen Lernstrategien, für die unterschiedlichen Lernschwierigkeiten und für die unterschiedlichen Möglichkeiten von Kindern, solche Situationen überhaupt nutzen zu können.

Die mit diesen Grundprinzipien offenen Lernens angesprochenen lerntheoretischen Hintergründe müssen heute anders verstanden werden als noch vor 20 Jahren: Menschliches Lernen wird heute – wie veranschaulicht – als aktiver strukturierender Prozeß gegenüber den überholten Vorstellungen von spezifischen Reaktionen auf Lernimpulse und passiver Rezeption gefaßt. Durch die «Kognitive Revolution» in den Wissenschaften, durch die Erforschung des Denkens, durch die Entwürfe, Theorien und Beweise von Piaget und Bruner, durch neue Modelle der Entwicklungspsychologie und Kognitionswissenschaften sind die Vorstellungen vom kindlichen Denken, Handeln, Lernen und von der Aneignung und Entwicklung weitgehend verändert worden. Die alten Begriffe wie Reiz, Reaktion, linearer Aufbau und Rezeption wurden durch die in den Grundprinzipien erfaßten veränderten Vorstellungen ersetzt: konkrete Operationen, Lernstrategien, Metakognition, Entdecken, In-Beziehung-Setzen, kooperative Fähigkeit, Stufen und Zonen der Entwicklung, Hypothesenbildung, innere Regeln, Aufbau von Strukturen, spontane Selbständigkeit usw.

Wer sich über diese Zusammenhänge genauer informieren will, kann sich über zwei «Klassiker» neuer Lerntheorien einen Zugang verschaffen: Frederic Vester: Denken, Lernen, Vergessen (Stuttgart 1978) und Hans Aebli: Grundlagen des Lehrens (Stuttgart 1987). Ein weiterer Schritt ist eine Auseinandersetzung mit den Vertretern der beiden Hauptströmungen westlicher und östlicher neuerer Lerntheorien: Piaget (als Einführung Kesselring 1988), Leontjew und Galperin in der Grundlegung einer Handlungstheorie (im Überblick moderner Entwicklungspsychologie: Oerter/Montada 1982) und in der Ausformulierung eines handlungsorientierten Ansatzes für die Schule (u.a. Gudjons 1987). Auch die engeren Bereiche der Entwicklung des Denkens, der Vorstellungen von aktivem, entdeckendem Lernen in der Schule (u.a. Klewitz/Mitzkat 1977, Ernst 1990), neueren Sozialisationstheorien (u.a. Tillmann 1989) bis hin zu den Forderungen einer stärkeren Berücksichtigung beider Gehirnhälften bei der Arbeit in der Schule (u.a. Sieglin/Goll 1990, Dennison 1989) und den Einführungen in Lerntheorien über Alltagssituationen (Steiner 1988).

Hilfen bei Lernproblemen

Lernprobleme im Offenen Unterricht haben in erster Linie etwas mit den hier entwickelten Grundprinzipien des offenen Lernens zu tun und den daraus sich ergebenden förderlichen oder behindernden Verhaltensweisen von Erwachsenen (Eltern und Lehrern). Wenn man die Prinzipien durchdenkt und wirklich ernst nimmt, werden – auch bei den Kindern – einige Lernzusammenhänge mit Problemen offenbar. Diese finden sich auch im traditionellen Unterricht mit z. T. rezeptiven Lernformen, bleiben dort aber durch die dominierenden Handlungsmuster der Erwachsenen eher verdeckt. Erst wenn das Kind in die Eigenverantwortlichkeit des Lernens aus dem «Schlaraffenlernen», das der Erwachsene anbietet, wirklich hineinwächst, können einige tiefer sitzende Lernprobleme erkannt und damit auch sinnvoll bearbeitet werden.

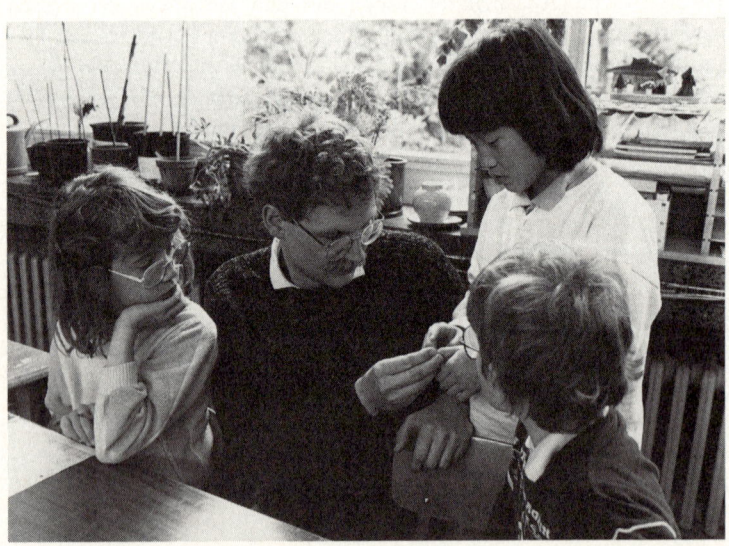

Ich wollte mit Ralfs Hilfe der Ursache seiner Rechenblockade auf den Grund gehen. Mir war bewußt, daß Ralf nicht nur in all den Jahren das Rechnen nicht gelernt hatte, sondern zwischen mir und ihm standen auch seine zwanzig Lebens-Jahre, in denen die Ursachen dafür entstanden waren, daß er das Rechnen nicht hatte lernen können. Insofern war es sinnlos, mit einem Rechenprogramm zu beginnen, sondern der Berg von zwanzig Jahren mußte abgetragen werden. Es mußte der Weg gefunden werden, der zu den traumatischen Ereignissen geführt hatte, an denen er schließlich zusammenzubrechen begann.

Ralf mußte sich an die Aufgaben erinnern, die Zeichnungen, die er in sein Heft gemalt hatte, die Handlungen nacherleben, das Material sehen können, mit dem er gerechnet hatte, die Lehrerin hören und sich seiner Fragen erinnern, die ihn im Rechenunterricht begleiteten. Er mußte die Ängste nacherleben, um sie allmählich abbauen zu können.

Doch bevor er mir seine Geschichte erzählen sollte, gingen wir zum Bäcker. Es war Kaffeezeit. Es standen schon einige Leute im Laden. Als wir an die Reihe kamen, hatte sich hinter uns auch schon eine Schlange gebildet.

Ralf sagte: «Ich hätte gern das süßeste Stück Kuchen.»

Die Verkäuferin sagte: «Wie bitte, welches?»

Ralf wiederholte: «Ich hätte gern das süßeste Stück von allen, ich weiß nicht, welches. Vielleicht können Sie es mir geben.»

Die Leute hinter uns wurden unruhig, und ich mußte mir alle Mühe geben, Ralf nicht zu bevormunden. Ich stellte mich ein wenig abseits an die Tür.

Die Verkäuferin zeigte auf ein Stück: «Das ist Nougat. Nougat ist süß.»

Ralf fragte: «Was ist mit dem Stück daneben?»

Die Verkäuferin antwortete: «Das ist Nuß.»

Ralf fragte: «Ist Nuß nicht so süß wie Nougat?»

Die Verkäuferin war am Ende: «Also welches bitte?»

Ich hielt den Druck nicht länger aus und beschwor ihn beinahe, das Nougatstück zu nehmen. Draußen sagte Ralf: «Ich glaube, daß sie nicht wirklich Bescheid wußte.»

Wie recht Ralf hatte. Natürlich ist es richtig zu fragen, wie ein Stück Kuchen schmeckt, und nicht danach zu gehen, wie ein

Stück Kuchen aussieht. Aber das Selbstverständlichste ist so un-
gewöhnlich, daß wir vor Peinlichkeit erschrecken können.

(aus: Ralf Fingerhut / Christel Manske: Ich war behindert an Hand
der Lehrer und Ärzte. Reinbek bei Hamburg 1984, erscheint
voraussichtlich neu im Beltz-Verlag.)

Die Beispiele aus den Lerngeschichten mit Nils (vgl. S. 38) haben die
grundsätzliche Bedeutung von Lernerfahrungen vor der Schule, zu
Hause und beim Beginn schulischer Lernprozesse aufgedeckt, aber
auch die soziale und emotionale Bindung an andere Kinder, an einen für
das Kind einschätzbaren, positiven Bezug zu den Erwachsenen. Diese
personalen Lernbedingungen können Erwachsene über Formen der
Reflexion, der Beobachtung, des Gesprächs, des Sichinformierens positiv verändern. Sie hängen in der Regel mit den klassischen Ritualen
und Handlungsmustern zusammen, die die Schule verlangt: beispielsweise die ständige Aufmerksamkeit in bezug auf den Lehrer, die ver-
langte permanente Beteiligung am Klassengeschehen, die Konzentration sechs Stunden hintereinander auf das, was vorne geschieht usw.
Das (unsinnige) Aufrechterhalten solcher personalen Zuwendung führt
zu Lernkonflikten, Störungen, Machtkämpfen und Teufelskreisen (vgl.
Betz / Breuninger 1987). Es ist unter den skizzierten Aspekten einer
veränderten, offeneren Haltung zu den vielfältigen Lernmöglichkeiten
von Kindern häufig lernbehindernd. Ein schönes Beispiel gibt die französische Psychoanalytikerin Françoise Dolto in ihrem Buch: «Alles ist
Sprache. Kindern mit Worten helfen» (Berlin 1989, S. 20):
    «Ein Kind denkt übrigens um so besser nach oder hört um so besser
zu, wenn es die Person, die spricht, nicht anschaut.
    In diesem Zusammenhang: Wenn ein Grundschullehrer oder eine
Grundschullehrerin beim Unterricht verlangt, daß die Kinder sie anschauen, verlieren sie die Hälfte der Aufmerksamkeit der Kinder. Bei
uns Erwachsenen ist es das Gegenteil: wir mögen die sprechende Person gerne anschauen. Das Kind dagegen hört unglaublich konzentriert
zu, wenn es mit seinen Händen mit etwas anderem beschäftigt ist, wenn
es in einem Buch, einer Zeitschrift oder in Comicheften herumblättert,
oder wenn es mit irgend etwas spielt – gerade dann bekommt es alles
mit, was um es herum geschieht, es hört erst dann ‹wirklich› zu und
behält es auch im Gedächtnis.

Ich habe vielen Grundschullehrern, die ich kennenlernen konnte, mit diesen Erklärungen helfen können. Sie sagten zu mir: ‹Es ist verrückt, warum hat man uns solche Dinge nicht beigebracht?›»

Grundlage jeder erfolgreichen Arbeit mit Lernproblemen im Offenen Unterricht sind zunächst Bemühungen um die unterschiedlichen Lernmuster und Zugangsweisen der Kinder zum Lernen überhaupt. Kinder bringen, je nach Sozialerfahrungen und Lebens- und Arbeitsstilen zu Hause, eben nicht nur kognitiv orientierte Muster des Erschließens von Lernzusammenhängen mit in die Schule, sondern auch praktisch-konstruktive, ästhetische und soziale Zugangsweisen zum Lernen. Zu fragen wäre also: Welchen Beitrag leistet gerade dieses Kind zur Lösung einer Aufgabe? Wie selbständig kann es arbeiten? Wie arbeitet es mit anderen Kindern zusammen? Wie weit kann es selbst Stellung zu Lernergebnissen nehmen? Kann es eine kritische Auswertung seiner Lernleistung ertragen?

«So selbstverständlich diese Fragen zum Lehrerberuf gehören, so selten scheinen sie gestellt zu werden. Wenn der Unterricht nicht richtig bei den Schülern ankommt, tröstet sich der routinierte Lehrer gern mit dieser Schuldzuweisung über seine Enttäuschung hinweg: ‹Perlen vor die Säue.›»

Wir haben in einer Arbeitsgruppe mit Lehrerinnen und Lehrern aus dem Offenen Unterricht Beobachtungshilfen für eine erste Bestandsaufnahme erarbeitet, um langfristig über Lernbegleitbögen die Lernprobleme konstruktiv bearbeiten zu können. Unsere Ausgangsfragen waren: Wie lernen Kinder in der Freien Arbeit? Wie gehen sie mit ihren eigenen Lernbedürfnissen um? Wie verhalten sie sich bei Pflichtaufgaben? Welche soziale Organisation der Freien Arbeit ist hilfreich? Diese und andere Fragen müssen notwendigerweise gestellt werden, wenn die Handlungsmöglichkeiten für ein gezieltes Beraten, Helfen und Ermutigen durch die Lehrerin bei der Freien Arbeit erweitert werden sollen.

Zur Motivation und Entscheidung
- Wie wählt das Kind eine Arbeit aus? (Sofort? Viel Zeit? Umschauen? Anregung durch den Lehrer?)
- Welche Aktivitäten wählt das Kind aus? (Schwerpunkt in einem Lernbereich? Ähnliche Tätigkeiten?)
- Welches Verhältnis hat es zu seinen Aktivitäten? (Wechselt es oft? Bricht es ab? Folgt es eigenen Ideen? Braucht es Bestätigung/Ermutigung? Beurteilt es seine Aktivitäten selbständig?)

Zur sozialen Organisation der Arbeit
- Welche Sozialform wählt das Kind häufiger? (allein, Partnerarbeit, kleine Gruppe, große Gruppe?)
- Mit wem arbeitet das Kind gern zusammen? (Typus des Partners? Grund für die Wahl?)

Zu den Inhalten
- Gibt es Vorlieben für ein bestimmtes Materialangebot? (Warum? Wie geht es mit dem Material um?)
- Gibt es deutliche Verbindungen zu bestimmten erlernten Fähigkeiten? (Setzt es einzelne Fähigkeiten selbständig ein – Schreiben, Rechnen, Lesen, Malen?)

Zu den Methoden
- Welchen Aufgabentypus wählt das Kind häufiger? (nachmachend, wiederholend, entdeckend, knifflig, kreativ, selbständig vorantreibend usw.?)
- Welchen Anforderungsgrad wählt das Kind häufiger? (leicht, mittel, schwer?)

Die Auswertung von zahlreichen Befragungen zu Lernschwierigkeiten im Offenen Unterricht ergab in den folgenden Feldern Probleme (sowohl bei Erwachsenen als auch bei Kindern), die wir hier in ihrer Bedeutung nur kurz anreißen können:

- *Antreiberverhalten:* Keine Zeit haben bzw. geben, um Lernprozesse individuell «reifen» zu lassen, keine Zeit für notwendige Wiederholungen und Umwege: Das führt langfristig zu Lernstörungen im Bereich der Konzentration, der Selbständigkeit, der Motivation.
- *Rivalisierendes Verhalten:* Nicht gut ertragen können, daß andere (Kinder/Erwachsene) auf ähnliche/gleiche Lösungen (möglicherweise sogar schneller) kommen. Nicht ertragen können, daß ganz andere als die vorher selbst zurechtgelegten Lösungen auch sinnvoll und funktional sein können: Das führt langfristig zu einer Ablösung

des Selbstbezuges zum Lerngegenstand, verflacht das Lernen, entmutigt Lerner und wertet problemlösendes Verhalten ab.

- *Belohnungsverhalten:* Lernen klappt nur, wenn vorher (äußerliche) Belohnungen ausgehandelt wurden bzw. die Erwartung auf die Belohnung und nicht auf die Lernleistung gerichtet ist: Das führt langfristig zu einer Entfremdung zwischen Lerner und Lerngegenstand und zu einer fremdgesteuerten Lernmotivation. Das Lernen wird nicht mehr als eine Bereicherung subjektiver Fähigkeiten, als Befriedigung durch eine Lerntätigkeit erfahren, sondern nur als Zweck, um eine fremdbestimmte Anerkennung bzw. Belohnung zu erhalten.

- *Einschärfungen:* Es gibt zahlreiche indirekte Einschärfungen, heimliche Botschaften, die lernbehindernd sind und sowohl von Eltern als auch von Lehrern übertragen werden: Fehler sind schlimm, die darf man nicht machen. – Halte dich zurück, bis andere vor dir die Aufgaben gelöst haben. – Laß dich nicht von anderen Kindern verwirren, höre nur auf das Wort des Lehrers. – Im Rechnen (Schreiben usw.) wirst du nie etwas erreichen, da bist du zu schwach. – Nimm dir ein Beispiel an deiner Schwester. – Probiere nicht so viel an der Sache herum...

Deutlich wird, daß Lernprobleme nur im jeweiligen Kontext der Lerngeschichte und Erziehungsbedingungen eines Kindes bearbeitet werden können, wie auch der Einblick in eine Lerngeschichte auf S. 44 zeigte. Trotzdem gibt es aus langjährigen Erfahrungen des Umgangs mit Schulproblemen übergreifende Einsichten und Hilfen (vgl. S. 306). Ein Beispiel solcher Hilfen (S. 93) ist ein Auszug aus einer Broschüre von H. Kleingeist u. a. (vgl. S. 304).

Hilfen zum Lernen bei Problemen in der Klasse

Möglichst wenige, sorgfältig überlegte Regeln aufstellen,
die für alle Mitglieder der Gruppe gelten. Z. B.: Wer sich in die Gemeinschaft nicht einpassen kann, verläßt die Klasse, bis er meint, er schafft es wieder. Dann kommt er leise herein... und setzt sich an seinen Platz.

Auf Einhaltung bestimmter Regeln bestehen

Überlegen Sie erst genau, was Sie nicht gestatten können, und räumen Sie dem Kind immer ein Mitspracherecht bei der Festlegung von Regeln ein. Sind Vereinbarungen einmal festgelegt, müssen sie auch Geltung haben. Inkonsequente Haltung wirkt sich negativ auf das Verhalten der Kinder aus.

Bei Regelüberschreitungen vorwarnen

Warnen Sie Kinder vor, wenn Sie erkennen können, daß diese im Begriff sind, eine Regel zu übertreten. Sie können damit Auseinandersetzungen und Sanktionen schon im Vorfeld vermeiden. Einmaliges Vorwarnen genügt.

Wutanfälle ignorieren, Publikum nehmen

Spektakuläre Wutanfälle aus nichtigen Anlässen enden in der Regel genauso schnell, wie sie aufgeflammt sind, wenn sie von den Personen im Umfeld möglichst ignoriert werden. Überfordern Sie aber die Mitschüler durch einen solchen Anspruch, sollten Sie dem betreffenden Kind durch wenig Aufwand und Aufsehen das Publikum entziehen, indem Sie es z. B. für einen Augenblick ruhig aus der Klasse führen. Lassen Sie das Kind selbst bestimmen, wann es wieder in die Gemeinschaft zurückkehrt.

Positives Verhalten verstärken, Erfolgserlebnisse vermitteln

Geben Sie Kindern, die Ihnen häufiger durch negative Verhaltensweisen auffallen, Gelegenheit, positiv in Erscheinung zu treten. Jede Befolgung einer Regel, jedes Durchhalten bei der Arbeit sollten Sie hervorheben und anerkennen.

Konsequent Leistung verlangen

Vermeiden Sie Überforderungen, aber verlangen Sie beständig wenigstens ein Mindestmaß an Leistung.

Dabei können kleine Hilfen und Verstärkungen konzentrationsschwache Kinder auch zu Eigenleistungen ermutigen.

Problembewältigung den Kindern zutrauen

Lassen Sie Kinder die Folgen ihres Verhaltens erleben (sofern keine Gefahr für Gesundheit und Leben besteht). Lernen durch Erfahrung ist eine wichtige Grundlage dafür, Problemlösungen zu suchen und zu erkennen. Ermutigen Sie die Kinder, für ihr Handeln selbst die Verantwortung zu übernehmen und eigene Problemlösungen zu realisieren.

Kommunikative Verhaltensweisen einüben

Verhaltensauffällige Kinder haben nur eingeschränkte kommunikative Möglichkeiten. Geben Sie ihnen Hilfen durch Einübung, ja durch regelrechtes Training kommunikativer Verhaltensweisen, z. B. im Rollenspiel.

Bewegungsdrang kanalisieren, beruhigende, entspannende Phasen einbauen

Kleine Entspannungs- und Lockerungsübungen während des Unterrichts, Spiellieder, eine Laufrunde auf dem Schulhof, Aufgaben des Klassendienstes wie Tafelputzen etc. können den Bewegungsdrang und das Handlungsbedürfnis der Kinder auffangen und die Leistungsfähigkeit und Lernfreude erhalten.

Ein gemeinsames Erziehungskonzept mit den Eltern erarbeiten

Die Erwachsenen, Eltern und Lehrer sollten sich auf ein gemeinsames Erziehungskonzept einigen.

Das gute Beispiel der Erwachsenen

Aggressives Verhalten der Erwachsenen verstärkt die Aggressionsbereitschaft bei den Kindern. Auch die Gewaltdarstellungen durch Video und Fernsehen steigern die Bereitschaft zur gewalttätigen Lösung von Konflikten. Wir Erwachsenen müssen uns bemühen, konsequent, sachlich und ruhig auf Provokationen verhaltensauffälliger Kinder zu reagieren.

Suchen Sie nicht nach Schuldigen

Interessant für Lehrer und Eltern sind die Möglichkeiten, Aggressionen von Kindern zu beeinflussen, zu mildern und zu verhindern. Die Suche nach Schuldigen – ob Eltern, Lehrer, Mitschüler – verhindert eine gemeinsame Lösung des Konflikts und verstellt zudem dem betreffenden Kind den Weg, selbst Problemlösungen zu entdecken. Fragen Sie sich: Was können wir gemeinsam tun, um diesem Kind zu helfen, seine Probleme selbst zu lösen?

Kapitel 6

Vom Spaß an der Sprache

Die Kinder gehen mit der Lehrerin in den Wald. Es ist ein warmer Tag im Mai, die Sonne scheint, und überall gibt es etwas zu entdecken, etwas zu zeigen, zu fragen, zu staunen. Einige Kinder notieren sich in ihre Hefte erste Ergebnisse der vorher verabredeten Beobachtungen (Aufgaben), andere tollen herum, bewerfen sich mit Bucheckern und Laub, quietschen und rufen: Der Wald wird zum Spielplatz.

Die Lehrerin holt die Kinder zusammen und bittet um Ruhe. Als alle aufmerksam sind und die Lehrerin die Augen schließt, merken die Kinder dieser dritten Klasse, was Stille bedeuten kann: Konzentration auf sich selbst, Förderung der Wahrnehmung, Bereitsein für ein anderes Erleben der Umwelt. Die Lehrerin verabredet mit der Klasse, daß sich jedes Kind eine kleine Stelle im Wald sucht, dort einige Minuten nur beobachtet, hört, riecht, den Waldboden fühlt und in Stichwörtern das Wichtigste aufschreibt.

Im Stuhlkreis werden am nächsten Tag die Beobachtungen vorgelesen. Die Kinder staunen über die Fülle der unterschiedlichen Wahrnehmungen und sprechen über den Duft der Walderde, die warme Luft, die Sonne, das Zwitschern der Vögel. Als die Lehrerin fragt, ob man das alles in einem Wort ausdrücken könnte, schlagen die Kinder «Sommer» vor, weil dieses Wort die vielen Beobachtungen und Notizen «zusammenhält». Christoph sagt zum Schluß der Gesprächsrunde: «Schade, daß nun die Wörter weg sind!» – «Was meinst du?» – «Ja, unsere Stichwörter, wir haben sie vorgelesen, und nun ist das zu Ende.» Mehrere Kinder melden sich: «Man kann sie gut nehmen für eine Sommergeschichte!» So entsteht die Idee, Geschichten und Gedichte über den Sommer zu schreiben und sie für alle in einem Heft zusammenzustellen.

Sommergeschichte
Die Vögel zwitschern, die Sonne scheint, die Mücken stechen, die Blumen blühen, und es riecht wunderschön nach Natur. Ja, das ist der Sommer. Ich liebe ihn mit all seinen Herrlichkeiten. Auch der Winter ist ganz schön (wenn es schneit), doch wenn er vorbei ist, freue ich mich schon lange auf heiße Tage im Sommer. Solche Tage, wo Bienen summen, die Marienkäfer krabbeln, wo die schönen Schmetterlinge herumfliegen und wo die Fliege nascht. Das ist der Sommer.

(Anne)

Sommergedicht

Wenn die Kinder fröhlich toben,
hat die Sonne sich erhoben.
Die Flüsse brausen durch die Wiesen,
Da hört man nicht des Jägers Schießen.
Die Blumen blüh'n in allen Farben,
und fröhlich krächzen alle Raben.
Die Käfer, diese frechen Dinger,
die haben ganz schmutzige Finger.
Die kleinen, bunten Vogeleier,
die fall'n auf den Kopf von Herrn Meier.
Ich rieche den tollen Duft
von herrlicher Sommerluft.

(Steffen)

Was zeigt dieser kurze Blick in den Sprachunterricht einer dritten Klasse in einer «offenen» Schule?

Die unmittelbare *Wechselwirkung* von Sprache und Offenem Unterricht ist herausragendes Kennzeichen – der Unterrichtsausschnitt und die beiden Texte lassen andeutungsweise erkennen, daß

– aus einem gemeinsamen und praktischen Umgang mit der Sprache auf natürliche Weise eine Legitimation für eine Öffnung der Schule erwächst;

– Sprache gekoppelt ist an eine sinnlich-konkrete Praxis des Lernens und eingebunden ist in bedeutsame Erfahrungen der Kinder mit sich selbst und der Umwelt;

– Sprache als Mittel der Verständigung über gemeinsames Handeln grundlegende Bedeutung hat für Freiräume, in denen sich die Kinder selbständig bewegen;

– Lernen mit, in und an der Sprache an Vertrauen, Mut, Freude und Freiheit in natürlichen Sprachlernsituationen gebunden ist.

In den folgenden Abschnitten soll verdeutlicht werden, daß bei der Öffnung der Schule Kinder auf erstaunliche Weise zeigen, wie phantasievoll und intelligent sie mit der Sprache umgehen. Der natürliche Spracherwerb im alltäglichen Sprachvollzug beim Sprechen, Schreiben, Drucken und Lesen ermöglicht den Kindern, Mitteilungsabsichten, Gestaltungsbedürfnisse und Leseinteressen ohne künstliche didaktische

Arrangements aufeinander zu beziehen. Der direkte, handelnde Umgang mit Schrift und Zeichen führt in vielen Klassen so zur Ausbildung einer «Schriftkultur», führt zu freien Texten, zu Gedichten, Wochenzeitungen, zu eigenen Büchern und Plakaten.

Sprache lernen statt lehren

Der besondere Zusammenhang von Sprache und Offenem Unterricht wird deutlich, wenn wir an die grundlegende Aufgabe der Schule denken, dem Lernen und der Persönlichkeitsbildung zu dienen: Wie wird dabei mit der Sprache umgegangen? Wie wird sie von den Kindern als Instrument des Lernens erfahren? Wie wird sie von den Lehrerinnen und Lehrern für die Verständigung über die gemeinsame Arbeit benutzt?

Die erste folgenreiche Erkenntnis liegt darin, daß die Schule als Ort des Zusammenlebens auch *Rollen* zuweist – sie werden in der Sprache erlebt, entwickelt und ausgelebt. Gerade die Schule als Institution produziert eine Fülle von Rollenmustern und Situationen, die das Miteinander im Unterricht, die Art und Weise der Lehrer-Schüler-Beziehung belasten oder fördern können. Das hat Konsequenzen für das Lernen bei einer Ausrichtung auf eher geschlossene oder eher offene Systeme.

Ein Unterricht, der durch die Situationsdefinition des Lehrers (als das, wie er eine Situation bestimmt) sprachlich bereits ausgefüllt, geschlossen und vernetzt ist, besitzt weniger Aufforderungscharakter zum aktiven und ‹konstruktiven› Sprachlernen als ein Unterricht, in dem auch die Kinder als Lernende Situationsdefinitionen vornehmen. Da in der Schule in der Regel Routine-Situationen vorherrschen, in denen aufgrund von Machtverhältnissen, Gewohnheiten, festen Planungen, Wissensbeständen usw. nicht die Notwendigkeit von Absprachen, Deutungen und Auslegungen gesehen wird, kommt eine wechselseitige Klärung mit produktiven Lernprozessen eher selten vor. Wenn sich jedoch ein Unterricht entwickelt, der auch offene Elemente zur Verarbeitung enthält, wird eine «Besinnung» des Lernenden notwendig, das heißt, daß er diese neuen Elemente mit seinen Erfahrungen und seinem Wissensvorrat in Einklang bringen muß, also eine Lernbewegung entsteht. In solchen «Situationen, im Gegensatz zu Routinesituationen, muß ich also neue Wissenselemente erwerben oder alte, aber für die gegenwärtige Situation nicht genügend geklärte Wissenselemente auf höhere Klarheitsstufen überführen» (Schütz/Luckmann 1975, S. 127).

Um diesen Zusammenhang zu veranschaulichen, genügt ein Blick auf die Tafel einer Klasse in einer Offenen Schule. Dort steht: «Indianermärchen – Indianerschrift, – 1 × 1, auch Roboterzettel, – WLT, – Sabefix, blau, – Pflanzen, – sägen, bohren, schleifen.»

Was der Außenstehende nur zum Teil verstehen kann, ist der *Tagesplan* eines zweiten Schuljahres, der in einem Planungsgespräch erarbeitet, überprüft und in seinen Konsequenzen für jedes Kind besprochen worden ist. Er zeigt in seiner Mischung der verschiedenen Aktivitäten, die fast alle Lernbereiche des Unterrichts auf der Grundlage von Sprache und Zahl erfassen, den entscheidenden Ansatzpunkt unserer Argumentation, weil er die Chance für offene Elemente praktisch herbeiführt: *Ein Unterricht, so offen wie möglich für die Entwicklung eigener Situationsdefinitionen, setzt Sprache frei – ein Unterricht, so gelenkt wie nötig für die differenzierte Grundlegung von Lernprozessen, ermöglicht eine individuelle Aneignung.*

In diesem Gespräch im Stuhlkreis berichten Vincent und Thomas von ihrer Arbeit bei dem gemeinsamen Indianerprojekt und begeistern andere Kinder für Entschlüsselungsversuche mit der Indianerschrift. Hanna fragt nach, ob sie noch weitere «Roboterzettel» bekommen könne, Sonko will das Wachstum der selbstgepflanzten Kastanie nachmessen, aufschreiben und die neuen Blätter zeichnen, andere Kinder möchten an den selbsthergestellten Indianerwerkzeugen Schmuckringe anbringen, eine Gruppe entscheidet sich dafür, ein Indianermärchen zu setzen und zu drucken, ein Kind ist nicht sicher, ob es sich einen Arbeitsbogen noch einmal vornehmen sollte.

Wer als Beobachter den Sprachlernprozessen und kommunikativen Handlungen nachspürt, die sich aus der Offenheit im Beziehungssystem zwischen Lehrern und Schülern ergeben, kommt sehr schnell auf die Vorstellung, daß diese Schüler Subjekte des eigenen Sprachlernens werden oder daß sich in solchen Klassen aus der üblichen Schulpraxis eine «Klassensprache» und eine «individuelle Lernsprache» entwickeln kann.

Freilich ist dies nicht nur an eine bloße Veränderung der Unterrichtsorganisation gebunden, denn wer sich für den Offenen Unterricht einsetzt, muß auch selbst Offenheit und damit ein verändertes Sprachverhalten praktizieren. Zu fragen ist deshalb nach den fördernden Bedingungen für die Entwicklung von verändertem Sprachlernen im Offenen Unterricht. Der damit verbundenen Komplexität können wir hier nur mit einer schlichten Auflistung begegnen, die auf die Vielfältigkeit der Voraussetzungen hinweist: Schülerinnen und Schüler brauchen für einen solchen «Sprachlernunterricht»

- viel Zeit als Arbeits-, Lern- und Spielzeit;
- die Orientierung an individuellen lebensgeschichtlichen Hintergründen;
- die Ermutigung des Lehrers und Selbstvertrauen;
- vielfältige Erfahrungen als selbsterlebte und unmittelbare;
- die Entwicklung einer gemeinsamen Praxis mit freien Aktivitäten und nicht zuletzt
- selbstentwickelte Regeln und selbstentwickelte Verantwortung.

In diesem Zusammenhang sollen die Überlegungen zum Sprachlernen weiter differenziert werden und in Form einer These unsere Auseinandersetzung vorantreiben:

Behauptet wird, daß der Offene Unterricht durch seine *Binnendifferenzierung* erreichen kann, daß sich die ritualisierte Schulsprache auflöst – zugunsten einer *Bewußtseinsbildung* bei schulischen Sprachhandlungen, die sich an den Lernenden orientiert.

Eine solche (sprachlich bedingte) Bewußtseinsbildung ist für ein langfristig erfolgreiches, ganzheitliches Lernen von Kindern (und Menschen überhaupt) von entscheidender Bedeutung, weil die lebensgeschichtlichen Erfahrungen und Hintergründe dabei nicht ausgeklammert werden und der Lernende somit ein *inneres Verhältnis* zum Lerngegenstand entwickelt. Wenn wir an das Sprachlernen von kleinen Kindern denken, wird uns schnell klar: Das Kind erschließt sich aktiv seine Umwelt – in einem wechselseitigen Auslegungsprozeß mit den Menschen seiner Umgebung. Es macht sich durch den «Spracherwerb» eben nicht nur Wörter, Begriffe, Äußerungen verfügbar, sondern auch Deutungsmuster, Definitionen und Einordnungen, kurz: ein Weltverständnis. Ein Kind lernt also Bedeutungen nicht als einmalig festgelegte Begriffe wie auswendig zu lernende Vokabeln, sondern in Handlungszusammenhängen, die sich aus dem Alltag ergeben (vgl. Tymister/Wallrabenstein 1982, S. 97 ff.).

Das Wort

Hör endlich auf!
  Womit.
Dir dauernd in der Nase zu bohren.
  Moment.
Was heißt ‹Moment›?
  Ich hab n noch nich.
Du hast ihn noch nicht?
  Nee.
Ja, wen denn, um Gottes willen!
  Den Popel.
Das ist ein Wort, das will ich nicht mehr hörn!
  Wie sagt *ihr* denn dazu?
Wir sagen überhaupt nichts dazu.
  Überhaupt nichts? Wieso.
Weil man darüber nicht redet.
  Nee?
Das heißt nein.
  Wieso redet man nich über Popel?
Weil das unanständig ist.
  Aber die Dinger sitzen doch nu mal drin inne Nase.
Trotzdem.
  Trotzdem was.
Trotzdem wird darüber geschwiegen.
  Der Pfarrer sagt, Verschweigen is Lüge.
Das bezieht sich auf ganz was andres.
  Nich auch aufs Verschweigen von Popeln?
Du sollst dieses Wort nicht mehr sagen!
  Mamm, wozu gibt's Wörter?
Wörter dienen der Sprache.
  Mir zu hoch.
Wörter sind da, um sich verständlich zu machen, um miteinander zu sprechen.
  Und warum spricht man dann nich über Popel?

(aus: Wolfdietrich Schnurre: Ich frag ja bloß. München 1973)

Wie wichtig nun der lebensgeschichtliche Bezugsrahmen für das Sprachlernen ist, müssen Sie selbst herausfinden.

Achtung: Gedankenexperiment

Halten Sie einen Augenblick inne, und besorgen Sie sich einen Zettel und einen Bleistift. Schließen Sie die Augen, konzentrieren Sie sich auf Ihre Empfindungen und Vorstellungen, die das folgende Wort bei Ihnen auslöst. Schreiben Sie dann das, was Ihnen dazu einfällt, spontan auf den Zettel:

«Sofakissen»

Wenn Sie sich Ihre Notizen anschauen, wird Ihnen bewußt, daß das Sprachsymbol «Sofakissen» eben nicht nur eine Beschreibung eines klar definierten Gegenstandes ist, sondern daß vielfältige (biographisch bedingte) Handlungserfahrungen und Gefühle damit verbunden sind. Bei vielen älteren Menschen erscheinen dabei z. B. Assoziationen wie «Knick» und «steif», bei jüngeren häufiger «kuschelig», «weich»...

Alfred Lorenzer (1972) hat den Ansatz ausgearbeitet, daß die Bedeutung der Wörter stets einen für das Lernen und die Entwicklung entscheidenden lebensgeschichtlichen Bezugsrahmen hat und daß das Sprachsymbol immer zugleich ein Zusammenhang von Beschreibungen und Handlungsanweisungen und emotionalen Gehalten ist.

Nehmen wir noch ein anderes, für Kinder in ihrem Lernprozeß im Alltag wichtiges Wort: «Küchenmesser».

Beschreibungsebene: scharfer, spitzer Gegenstand mit Griff...
Handlungsebene: Zum Schneiden von Brot...
Gefühlsebene: Vorsichtig, tut weh, man kann sich verletzen...

Der Zusammenhang zum Offenen Unterricht ist leicht hergestellt: Offenes Lernen mit und über die Sprache klammert gerade in der Schule die Ebenen der Handlungserfahrungen und die Gefühlsebene nicht aus, weil darin die Identität von Kindern und Schülern zum Vorschein kommt und der Lernende in diesem Bereich prägende Lernerfahrungen gemacht hat. Wenn wir die üblichen (unpersönlichen) Lernmöglichkeiten und Lerntraditionen der Schule kritisch betrachten, wird wohl deutlich, wie wenig in der Regel (z. B. beim traditionellen «Aufsatzunterricht») diese Bedingungen für ein tiefergreifendes Lernen berücksichtigt werden.

Die gefühlsmäßigen Anteile von Wörtern sind natürlich nicht nur für das Lernen in der Schule von Bedeutung, sondern auch im politischen Alltag, in der Verständigung miteinander, in der Eltern-Kind-Beziehung, bei allen Erziehungsprozessen (vgl. Schulz v. Thun 1981, S. 250), weil die Begriffe eben auch Wertungen und (versteckte) Appelle enthalten, man damit Menschen beeinflußt, an Einstellungen appelliert usw. (z. B. Arbeiter – Arbeitnehmer; Arbeitgeber – Ausbeuter; Seniorenwohnsitz – Altersheim; Gruppe = positiv, Bande = negativ; vgl. auch Wallrabenstein 1983, S. 29).

Wie können nun die hier (eher theoretisch) aufgezeigten komplexen Zusammenhänge für Lernen im Offenen Unterricht praktisch umgesetzt werden? «Sprache lernen statt lehren» bedeutet zunächst, vielfältige Erfahrungen mit der Sprache auf allen drei Ebenen durch die Öffnung des Unterrichts herbeizuführen. Für den Erwachsenen, für Lehrer und Eltern heißt dies, daß sowohl die Art und Weise des sprachlichen Umgangs mit den Produkten, mit den Arbeitsergebnissen von Kindern positiv zu gestalten sind (Anerkennen, Auswertung, Rückmeldung), als auch die Möglichkeit geschaffen werden muß, daß die Kinder langfristig Selbstwertgefühle in einem sicheren sozialen Raum entwickeln können.

Der *Weg* dahin ist für jeden Erwachsenen ein schwieriges Unterfangen, muß er doch selbst immer wieder umlernen, innehalten, nachdenken, seine (Sprach-)Handlungsmuster kontrollieren und seine Rolle zwischen sinnvollem Helfen, Unterstützen und auch notwendigem Widerstehen, Nein-Sagen, zwischen «Ziehen» und «Erziehen», zwischen «Führen» und «Wachsenlassen» täglich neu bedenken. Patentrezepte dafür können nicht verabreicht, aber vielfältige Hilfen (in zahlreichen Kapiteln in diesem Buch) angeboten und verdeutlicht werden.

Konkret soll an diesem Platz das *Ergebnis* einer solchen Arbeit vorgestellt werden – der folgende Text aus dem Offenen Unterricht einer vierten Klasse steht für die bisher erarbeiteten Zusammenhänge. Lesen Sie diesen «Verwandlungstext» von Daniela zweimal durch, und denken Sie einen Augenblick über die Botschaft der Geschichte von der Königskerze nach!

Ich bin eine ganz besondere Pflanze. Ich habe große, zackige Blätter und eine feurige Blüte: eine prächtige aufrechte, große Blüte. Die Blüte hat zwei Farben und zwar: rot und gelb. Gelb ist in der Mitte und rot außen. Die Blüte ist zackig. Mein Freud ist ein Ahorn. Das ist eine Baumsorte. Er steht im Garten mir schräg gegenüber. Wir reden oft miteinander. Manchmal streiten wir uns auch. Ich stehe im Garten vom Opa, und bin einen Meter groß. Opa nennt mich immer: „Königskerze". Ich heiße auch so. Jeden Morgen geht der Opa durch den Garten und bleibt vor mir immer stehen und freut sich, wie ich prächtig wachse. Dann ärgert sich Ahorn und stellt sich schön hin und raschelt mit den Blättern. Daniela

Der Text zeigt auf anschauliche Weise, wie ein Kind im Medium der Sprache seine sozialen Erfahrungen so auszudrücken vermag, daß der aufmerksame Leser die wichtigen Botschaften erkennt: Identität, Bezug zum Großvater, Alleinsein, Konkurrenzproblematik mit den Geschwistern und/oder der Freundin, Angenommensein, Geborgenheit, Ängste...

Der Text zeigt aber auch, welche Rolle beim Sprachlernen die skizzierten Ebenen spielen: vor allem Handlungserfahrungen und emotionale Gehalte werden so über die Sprache vermittelt, daß das Kind in seiner Lebensgeschichte zum Vorschein kommt, Sprache also für Daniela ein Element der direkten Erfahrung mit Mitmenschen darstellt.

Die Wirklichkeit, in die ein Kind schrittweise hineinwächst, wird über Sprache erfaßt, angeeignet, interpretiert und mit Hilfe der Sprache gestaltet. Da dies schon bei Kindern in den frühesten Wir-Beziehungen in typischen sozialen Erfahrungs- und Handlungszusammenhängen die Grundlage einer stabilen Persönlichkeitsentwicklung ist, sollte die Schule durch eine Öffnung für kreative Akte des Sprachlernens und eine Förderung des freisetzenden und individuellen Ausdrucks für die Lerner unmittelbar bedeutsam werden.

Ein Blick in den Unterricht, in dem solche Texte entstehen, zeigt grundlegende Bedingungen für eine solche Öffnung wie Förderung des Selbstvertrauens und Ermutigung zu eigener Zielsetzung: Die Lehrerin hatte mit den Kindern die Idee besprochen, «Verwandlungstexte» zu schreiben. Nachdem sich die Kinder für Gegenstände oder Personen entschieden hatten, aus deren Perspektive sie schreiben wollten, entstanden erste Textentwürfe, die in Gruppen gemeinsam bearbeitet wurden. («Schreibrunde» oder «Schreibkonferenz» nennen diese Klassen diese wichtige Form der Überprüfung der Wirkung von Texten.) Nach Überprüfung der Rechtschreibfehler (durch Mitschüler und Lehrerin) wurden die Entwürfe zu zweit oder allein gesetzt, gedruckt, in einem gemeinsamen Buch zusammengestellt, gelesen und besprochen.

An diesen hier nur kurz angedeuteten Unterrichtssituationen und dem Textbeispiel lassen sich drei Funktionen von Sprache im Offenen Unterricht aufzeigen, die hier abschließend die prinzipielle Bedeutung des Sprachlernens für den Offenen Unterricht umreißen:
1. Sprache als Inhalt und Lerngegenstand
   «Königskerze» – Sprachsymbolik als Bedeutungsträger, Wörter (Semantik): Denkschulung über Begriffsarbeit; gemeinsame Verarbeitung individueller Lernerfahrung...
2. Sprache als Instrument des Problemlösens
   Erschließung der Welt, Erfassen und Durchdringen eines Problems, Darstellen eines Problems (Daniela: Ich und mein Bruder?), «Schreibkonferenz» als gemeinsame Arbeit an Textproblemen...
3. Sprache als Verständigungsmittel
   Verabredung und Planung eines Buches mit Verwandlungstexten, Gespräche im Stuhlkreis, Organisation des Setzens, Druckens, Rückmeldungen zu den Texten...

Miteinander sprechen

Wenn wir im Alltag miteinander reden, erschaffen wir uns Vorstellungen und Verständnisse von der Umwelt und den Mitmenschen über die Sprache. Erwachsene haben dabei z. T. Probleme, weil ihr Sprachgebrauch angereichert ist mit Kommunikationserfahrungen aus ihrer Persönlichkeitsentwicklung, die den sozialen Umgang erschweren können: Wie persönlich darf ich z. B. bei einer Kontaktaufnahme werden? Wie definiere ich eine Beziehung? Welcher Kommunikationsstil hilft bei gemeinsamen Arbeitsvorhaben? Häufig müssen wir auch abgegriffene Wörter, Schablonen und Begriffe neu für uns auslegen, damit wir uns verstehen.

Bei Kindern ist dagegen der Aspekt der *Entwicklung* des Lernens, der *Ausbildung* von sprachlichen Fähigkeiten, der *gestalterisch-kreative Zugriff* auf die Lebenswelt ein entscheidendes Element ihrer gesamten Lerngeschichte und «Bildung». Dieser besondere Charakter der Sprache, wie ihn schon Wilhelm von Humboldt als die der «Sprache einwohnende Kraft, das allen gemeinschaftlich vorliegende Gebiet in das Eigentum des Geistes umzuschaffen» (1963, S. 64) bestimmt hat, wird bei offeneren Lernsituationen vielfältig genutzt: Kinder müssen z. B. bei entdeckendem Lernen in der Freien Arbeit Sprache aktiv erschaffen, neue Erkenntnisse auf den Begriff bringen, müssen sich über Planungen und Arbeitsvorhaben verständigen, Lernsituationen selbständig definieren, bei Projekten sich auf unterschiedliche Sprachteilnehmer einstellen, im Helfersystem des Offenen Unterrichts Gelerntes sprachlich adressatenbezogen weitervermitteln usw.

Eine zentrale Funktion für die Ausbildung der sprachlichen Fähigkeiten im Offenen Unterricht hat in diesem Zusammenhang das *Miteinandersprechen im Kreis* – vielfach in den Formen des Morgenkreises, Abschlußkreises, Stuhlkreises, des Klassenrates. Hier erzählen die Kinder, was sie wirklich beschäftigt, was sie erlebt haben, was sie arbeiten möchten. Sie lernen sich dabei persönlich besser kennen, sie erfahren Neues voneinander, arbeiten gemeinsam etwas auf, teilen sich ihre Beobachtungen, ihr Sachwissen mit, blicken z. B. im Klassenrat auf die vergangene Woche zurück, lernen kritisch und behutsam miteinander umzugehen, gemeinsam zu planen und die Arbeit anzuerkennen und auszuwerten. Die Lehrerin sitzt dabei im Kreis, hört zu, greift ein – aber das Gespräch ist eine gemeinschaftliche Sache, alle haben Augenkontakt und erleben, wie sich die Gesprächsrunde auch direkt über die Kinder entwickeln kann.

Freilich darf die Rolle der Lehrerin im Klassenrat nicht übersehen werden – sie akzentuiert, gibt Hilfen, dominiert auch (wenn man will), aber sie läßt zu, daß der Klassenrat sich aus sich selbst heraus entwickeln kann. Konkret: Für die mühsame Verfertigung der Gedanken, für irgendeine dunkle Vorstellung ist Zeit da, ungenaue Formulierungen werden nicht belächelt, das Lernen an der Sprache erfolgt in der Verständigung und inneren Tätigkeit, das ursprüngliche Denken des einzelnen Schülers ist wichtiger als ein dramaturgisch und sprachlich faszinierendes Unterrichtsgespräch in gerader Linie.

Texte lernen laufen

Vielleicht haben Sie etwas Ähnliches erlebt: Unser Lehrer kam gut erholt und gut gelaunt nach den Sommerferien in unsere Klasse: «Herrschaften, heute muß ein Aufsatz geschrieben werden. Diesmal dürft ihr das Thema selbst wählen, ihr habt ja in den Sommerferien genug erlebt!» Da saßen wir, schauten uns verzweifelt an: Was könnte man bloß schreiben? Eine große, leere Wolke im Kopf, überlegte man krampfhaft, was an Ungefährlichem und Mitteilsamem vielleicht den Lehrer interessieren könnte... Unsere Aufsätze waren dementsprechend, und vielleicht können Sie sich solche Texte vorstellen.

Einer solchen (zugespitzten) Erfahrung mit dem Schreiben in der Schule soll hier ein Kindertext aus dem Offenen Unterricht gegenübergestellt werden: Constanze schreibt ihrer Lehrerin einen Brief in den Ferien, nachdem sie im ersten Schuljahr Lesen und Schreiben so gelernt hatte, daß für sie der Weg zur Schriftsprache ein natürlicher Lernweg in dem Zusammenhang Umwelt – Sprache wurde. Wir geben den Brief ohne Korrektur wieder:

«Liebe Frau Mauerspazensand!
Wir sind hier ja in Büttjebüll, meine Freundin
und ich haben am Montag den 25. 7. In unserm Wald
Knochen gefunden. sie sind endweder von einem
Hasen oder sie sind von einem Kaninchen.
Frau . . . hat woll keinen Bleistift. Sonst hetten sie mir ja schon Geschriben Oder wissen sie
unsere Adresse nicht das ist natürlich was anderes. unsere Adresse geht so . . .
  Am Montag den 25. 7. Haben wir auch ein Feuer
gemacht wir haben Parfüm gekocht. und das parfüm ist immer umgekippt. und Heute ist der 26. 7.
und Heute waren wir in Flensburg Heute Abend
kann ich leider nicht weiter schreiben ich
schreibe Morgen witer. Heute ist Mittwoch Morgens ganz frü und meine Freundin schläft noch.
Aber Bitte nur bis Freitag schreiben.
  ach ja. am Dinstag den 26. 7. Waren wir ja in
Flensburg und da waren Wir im Natur Museum. und
da hatten wir ein Vogel Quiz gemacht. und jetzt
Schreibe ich ihnen die reinfollge auf

1	Habicht	7	Rotkelchen
2	Hecken Braunnelle	8	Neuntöter
3	Mönch Gras Mücke	9	Eis Vogel
4	Blau Meise	10	Stockente
5	Mehl Schwalbe	11	Bläßralle
6	Singdrossel	12	Sturmm möve

Aber wir Faren erst am Samstag wek,
fihle grüse Deine Constanze»

Was zeigt dieser Brief?
Die Vielfalt der kindlichen Lebenswelt findet unverfälschten, direkten
Ausdruck in der Sprache – das ursprüngliche Drängen des Kindes nach
praktischer Erfahrung, sein Lernen mit Kopf, Herz und Hand wird
jedem Leser und Betrachter des Originalbriefes deutlich. So oder ähn-

Liebe Frau Mauern spat/zen-
sand ▓ Wir sind hier Ja in
Büttjebüll meine Freumdin
und Ich haben am Montag den
25.7. In unserm Wald
gefunden. Sie sind endweknochen
der
Von einem Hase n oder. sie
sind von einem Kaninchen.
Frau wall Raben stein hat
Woll keinen Bleistift

Sonst hetten
Sie mir Ja schon
Geschriben.

lich haben viele Erwachsene auf dieses Dokument reagiert. Wie aber
geht es uns selbst, wenn wir den hier abgedruckten Text betrachten?

Zahlreiche Erwachsene haben beim Lesen des Textes die vielen «Fehler» als erstes wahrgenommen und darüber den Brief kritisch abgewertet... Schauen Sie sich den Anfang des Briefes hier in der Wiedergabe
des Originals an (oben).

Zu welcher Einschätzung gelangen Sie jetzt? Vielleicht hat sich Ihre
Einstellung zu dem Brief verändert... Dieser Vorgang, unsere Unsicherheit bei der Bewertung eines solchen Textes verweist überdeutlich
auf unsere (schulisch) erworbene Einstellung zur Schrift und zum
Schreiben: Wir möchten möglichst normgerecht in perfekter Rechtschreibung Texte lesen können und uns in der Sinnentnahme nicht von
«Fehlern» stören lassen; eine berechtigte Erwartung für die alltägliche
Kommunikation unter Erwachsenen. Hier liegt jedoch ein ganzheitlicher Ausdruck eines Kindes in Schriftform vor – ein Kind hat sich
sichtbar freigeschrieben, es hat frei geschrieben. Das Kind befindet sich

also auf einem *Lernweg* zur Normschreibung – es würde empfindlich in seiner Entwicklung und Ausdrucksfähigkeit gestört, wenn wir in diesem Stadium des Lernens die «äußere» Rechtschreibnorm höher einschätzen würden als den «inneren» Ausdruck. So wird hier der praktische und lebensgeschichtliche Hintergrund einer Öffnung der Schule als Öffnung zum Kind deutlich: Lange bevor das Lesen- und Schreibenlernen für uns Erwachsene sichtbar wird, hat sich das Kind mit der Sprache eigenständige Deutungsmuster über seine Umwelt erworben. Diese will es zum Ausdruck bringen und gebraucht dabei in einem natürlichen Mitteilungsprozeß Bilder, Zeichen, Schriftsymbole, z. B. bei seinen ersten «Kritzelbriefen». Schreiben und Lesen entsteht also zunächst im persönlichen Erfahrungsraum von Kindern und sollte deshalb als erfahrungsbezogener Lernweg von der Schule unterstützt, bereichert, strukturiert, aber nicht normativ «verschult» werden.

Dieser Zusammenhang erhält besonderes Gewicht dadurch, daß die Schule traditionellerweise nur einen schmalen Ausschnitt aus dem breiten Spektrum kindlicher Interessen und Fähigkeiten anspricht. Das Beispiel zeigt, daß es der Lehrerin gelungen ist, durch die Öffnung des Unterrichts das Kind mit der Reichhaltigkeit seiner Gefühle, Interessen und Erfahrungen für eine Deutung, Kommunikation und Dokumentation über das Instrument Schriftsprache zu gewinnen.

Achtung: Gedankenexperiment

Lesen Sie nach dieser Erläuterung den Brief noch einmal und versuchen Sie, sich auf die inhaltlichen Aussagen zu konzentrieren und die Rechtschreibnorm sozusagen auszublenden. Überprüfen Sie die folgenden, grundlegenden Aussagen zur Sprache im Offenen Unterricht an dem Brief. Welche Belege finden Sie?
- Die Sprache hat ihren Ursprung in der Alltagswelt, Kinder beziehen sich über die Sprache auf die Wirklichkeit, die sie erleben, in der sie sich erleben.
- Sprache ist vielfältig und geschmeidig, sie erlaubt dem Kind, die Fülle der Erfahrungen auszudrücken und sie über den sprachlichen Zugriff – über Begriffe, Kategorien – so zu verwenden, daß ein Sinn für seine Mitmenschen entsteht.
- Mit der Sprache kann das Kind die verschiedenen Bereiche seiner Umwelt verknüpfen, das «Hier und Jetzt» überspringen, Zeiten, Räume und andere Welten integrieren und dieses anderen mitteilen und vergegenwärtigen.

Dieser Überblick faßt die Bedeutung der Sprache für die Entwicklung des Kindes zusammen und verweist zugleich auf die Notwendigkeit, das Sprechen und Schreiben in der Schule als prägende Grunderfahrung eines Offenen Unterrichts zu verstehen: Mit der Schule betritt das Kind einen entscheidenden Ort institutionalisierten Lernens, der wesentlich durch Sprache, durch Schrift bestimmt ist. Schule ist in ihrem Ursprung, ihrer Geschichte und in ihrem aktuellen Auftrag im wesentlichen definiert worden durch das Hervorbringen einer Schreib- und Schriftkultur. Sprechen, Schrift und Schreiben werden als entscheidende Medien der Lehr- und Lernprozesse eingesetzt, Sprache ist Medium und zugleich Gegenstand des Unterrichts.

Der Lehrer ist somit immer ein Sprech- und Schreiblehrer. Diese Funktion kann der Lehrer nutzen, um *Schreiben in der Schule* als sinnvolle Tätigkeit erfahrbar zu machen; er kann diese Aufgabe aber auch durch eine überzogene Didaktisierung so wahrnehmen, daß Schüler immer mehr aus der kindlichen Lebens- und Schriftwelt in den Schonraum einer künstlichen *Schreibschule* versetzt werden.

Vor diesem Hintergrund sind seit vielen Jahren Entwicklungen zu beobachten, die über eine praxisorientierte Auseinandersetzung mit den elementaren Funktionen des Schreibens zu veränderten, offeneren Unterrichtskonzeptionen beim Schriftspracherwerb in der Schule unter dem bezeichnenden Stichwort «Spracherfahrungsansatz» geführt haben (vgl. u. a. Brügelmann 1986, Bergk/Meiers 1985, Spitta 1985, Reichen 1986).

In diesem Zusammenhang – vor allem aber durch die stille und beharrliche Arbeit der zahlreichen Freinet-Pädagoginnen und Pädagogen – hat sich in vielen Schulen mit offenen Lernformen eine deutliche *Schreib- und Druckkultur* entwickelt. Für den Offenen Unterricht und für eine Offene Schule hat dies eine spezifische Funktion: Das traditionelle Bild der Schule verändert sich für Eltern und Lehrer erkennbar – Schule ist nicht mehr nur Teil einer sog. rezeptiven Kultur (Vorgedachtes wird verarbeitet), sondern wird selbst aktiv. Bei der Öffnung der Schule produziert die Schule für die «Öffentlichkeit» Texte, Schule schaltet sich mit Texten ein – *Texte lernen laufen.*

In dieser (kleinen) Veränderung liegt eine (größere) Bedeutung, weil ein pädagogischer Hintergrund aus unserer Alltagswelt für Kindheit und Jugend sichtbar wird: Die Auslieferung an neue Medien erkennen wir auch als einen bedenklichen Abbau selbstbestimmten Handelns, der bei Kindern Alphabetisierung (Schriftspracherwerb) und Literarisierung (Umgang mit Texten) als Gegenstand schulischer Unterweisung zunehmend erschwert und sicherlich Formen des Analphabetismus mit erklärt.

Das geschriebene und gedruckte Wort beruht auf der Beherrschung traditioneller, in der Schule erlernter Fertigkeiten, ohne die Literarität nicht aufgebaut werden kann. Entwicklung und Komplexität des Denkens sind an die Schreib- und Druckkultur gebunden – die kulturelle Entwicklung von der mündlichen Überlieferung über die Erfindung des Buchdrucks bis zur Ausbreitung der elektronischen Medien ist nicht zwangsläufig ein Fortschritt, der die einzelnen Stufen der Entwicklung überflüssig macht.

Die Förderung der Schrift- und Schreibkultur bedeutet für die Schule einen Umgang mit Texten und eine Form des Lesens, die für Kinder zum Erlebnis werden können und nicht zur Disziplin gerinnen müssen: Wer einmal liest, liest immer.

Texte produzieren, Texte schreiben, Texte drucken und Textwelten entschlüsseln bedeutet schrittweises, diskursives Vorgehen, bedeutet bedachtsames Denken, bedeutet Geschichtlichkeit – Elektronik in den Medien bedeutet Beschleunigung, Reaktion, Bildhaftigkeit, Gegenwart: Logik, Wissenschaft und Erziehung brauchen narrative Formen, brauchen Zeit zur Entfaltung.

In der Schule können jederzeit lebensbezogene Lernformen entwikkelt werden, die Kinder zum autonomen Umgang mit geschriebenen und gedruckten Medien befähigen, wenn der Zusammenhang von Drucken und Schreiben für Kinder erfahrbar ist. Im Erlebnis neuer kommunikativer Handlungen beim Schreiben *und* Drucken liegt also der Ansatzpunkt; das Kind deutet *beim Schreiben* aktiv, was es erlebt, und entwickelt seine Fähigkeiten über die *Anteilnahme anderer* an seinen *gedruckten* Texten. Aus den vielen Offenen Schulen mit sichtbarer Schreib- und Druckkultur kommt immer wieder eine schlichte Botschaft: Die gemeinsame Arbeit der Textproduktion bereitet den Kindern dann am meisten Freude, wenn sie den Sinn und die Bedingungen ihres Tuns durchschauen und akzeptieren und wenn sie sich mit ihren Arbeitsergebnissen identifizieren können bzw. wenn sie ihnen gehören.

In der folgenden Gegenüberstellung von Erfahrungen solcher Schulen zum Schreiben und Drucken werden die vielfältigen Möglichkeiten für gründliche Lernprozesse im Offenen Unterricht sichtbar, zugleich zeigt sich die Notwendigkeit, diese beiden grundlegenden Tätigkeiten miteinander zu verknüpfen:

Schreiben

1. Schreiben als intellektuelle Tätigkeit bemüht das Denken im weitesten Sinn durch Akte der Abstraktion, Selektion, Projektion und Substitution – Schreiber entfalten Begriffe, überdenken Bedeutungen, präzisieren Zusammenhänge.

2. Beim Schreiben ist das Kind in einer direkten und umfassenden Weise engagiert. Es folgt seinem Willen zum dokumentierten Ausdruck auf kürzestem Wege.

3. Schreiben lebt von der Unmittelbarkeit des Schreibers, der Leser erlebt den Autor über die Handschrift im Ausdruck seiner Individualität.

4. Schreiben in der Schule kann direkt den elementaren Tätigkeiten des Kindes vor der Schule beim Malen und Kritzeln folgen. In diesem Sinne ist Schreiben keine Kunst.

5. Schreiben kann man immer und überall; es ist nicht auf bestimmte Techniken, bestimmte Schreibwerkzeuge und auf eine absolute Einhaltung von Normen angewiesen.

6. Schreiben ist nicht unbedingt an Öffentlichkeit und soziale Verwendungszusammenhänge gebunden. Ich kann für mich und andere schreiben.

Drucken

1. Drucken als praktische Tätigkeit bemüht motorische und organisatorische Fähigkeiten im weitesten Sinn durch Akte des «Begreifens», des «Setzens», der Arbeitsteilung und der Zusammenarbeit in der Gruppe.

2. Beim Drucken ist das Kind in umfassender Weise engagiert. Es folgt beim Setzen einer Geschichte seinem Willen zur Konzentration auf das Wesentliche.

3. Drucken lebt von der Erfahrung der Mühe um ein Ergebnis. Autor und Leser erleben in besonderer Weise die Freude über ein gelungenes Werk, die Anerkennung liegt gleichsam auch im Prozeß der Herstellung.

4. Der Drucker baut ein eigenes ästhetisches Gefüge aus den Lettern auf, das durch eine langsam zu erlernende Eigengesetzlichkeit gekennzeichnet ist. In diesem Sinne ist Drucken eine Kunst.

5. Drucken ist an Voraussetzungen, Zeit, Raum und Vorbereitungen gebunden und lebt von der Einhaltung bestimmter Normen.

6. Drucken ist an eine Öffentlichkeit gerichtet, stellt einen sozialen Verwendungszusammenhang her und entspricht damit den realen Formen gesellschaftlicher Verständigung. Die Druckpresse verleiht den Geschichten der Kinder für immer eine feste Gestalt und setzt damit das Individuum und die Individualität über die Zeit.

7. Spontan schreiben können heißt, die Wirkung des Geschriebenen unmittelbar überprüfen zu können.

7. Drucken bedeutet über das Setzen, Überprüfen, Vervielfältigen und Verteilen den Aufbau einer zeitlichen Distanz zwischen Autor und Leser.

8. Schreiben setzt nachhaltige, erste Lernprozesse in Gang, denn der Schreiber ist selbst immer erste Instanz der Bewertung und Korrektur.

8. Drucken ermöglicht Kindern, die Schrift aktiv zu rekonstruieren und vertieft durch eine aneignende Tätigkeit das Verständnis für den Sinn der Schrift.

Für den Offenen Unterricht ist die Auswertung von gedruckten Texten besonders wichtig; so gibt es vielfältige Formen der Anerkennung, der Korrespondenz, des Austauschs von Texten, Formen des nachvollziehenden Verstehens, des entwerfenden Verstehens, Zusammenstellen von gedruckten Geschichten, Entwicklung von Lesespuren, Rat holen bei Lesern, Nutzung des erarbeiteten Textverständnisses für eine handelnde Auseinandersetzung mit der Umwelt usw.

Ein solcher Umgang mit den von Kindern gedruckten Texten erweitert die Möglichkeiten des traditionellen Unterrichts um den für eine Offene Schule wesentlichen Bereich: Die in den Texten aufbewahrten Vorstellungen der Kinder, ihre Erfahrungen, Gefühle, Sehnsüchte, Träume und Bilder werden in selbstgedruckten Geschichten für alle Leser gleichzeitig zu überschaubaren Welten. Man kann sie wie mit einer Wünschelrute aufspüren und erleben, wie Gedrucktes Kinder verbindet und Gespräche in Gang setzt.

Kapitel 7 **Offenen Unterricht bedenken**

Öffnung als Prozeß

Der Prozeß einer inneren Schulreform mit den Notwendigkeiten und Möglichkeiten, die Schulen zu öffnen, ist vielfach nachgezeichnet worden. Auch die Zusammenhänge zwischen äußerer und innerer Schulreform, zwischen Differenzierung, Projektorientierung, Individualisierung können überall nachgelesen werden – die *psychologischen* Bedingungen der Reformprozesse dagegen sind bislang kaum dargestellt worden. Dies ist als Defizit zu beklagen, weil fast alle Untersuchungen, wissenschaftlichen Begleitungen und Dokumentationen zu Offenem Unterricht auf das zentrale Element der Veränderung von Schule hinweisen: die Einstellung zum eigenen Unterricht, die Bereitschaft zum Lernen an der eigenen Rolle, die Erziehung des Erziehers (vgl. Krone 1988).

Konkret: Was geschieht bei Erziehenden, bei Erwachsenen, bei Eltern, was geschieht bei Lehrerinnen und Lehrern, wenn sie ihren Unterricht öffnen wollen? Um die damit verbundenen Veränderungen des pädagogischen Selbstverständnisses besser verstehen zu können, werfen wir einen Blick auf zwei eher außergewöhnliche Situationen, die aber exemplarisch die Öffnung als Prozeß veranschaulichen:

Situation 1: Das darf nicht wahr sein!

Im Herbst 1989 hatten wir zahlreiche Besucher aus der DDR, die sich ein eigenes Bild über den Offenen Unterricht an unseren Schulen verschaffen wollten. Bei einer der ersten Hospitationen passierte folgendes:

Eine Lehrerin aus Magdeburg bittet mich bei einer Fortbildungsveranstaltung in der Lernwerkstatt einer Grundschule, doch an diesem Tage noch einen Blick in eine Klasse mit Offenem Unterricht werfen zu dürfen, da sie am Nachmittag wieder zurückreisen müsse. Auf ihr beharrliches Bitten hin bringe ich sie in eine dritte Klasse, in der ich jederzeit hospitieren kann. Um nicht zu stören, schleichen wir uns vorsichtig hinein.

Ein faszinierender Anblick: Mitten in der Klasse liegen die Kinder bäuchlings und sternförmig um ein Gebirge von Zeitungspapier herum; die Lehrerin und eine Mutter daneben auf dem Fußboden hören konzentriert – wie alle – auf ein Kind. Die DDR-Kollegin zupft mich am Ärmel: «Wann beginnt der Unterricht?» Ich flüstere zurück: «Das ist schon der Unterricht!» Der Mund bleibt offen stehen, dann platzt sie heraus: «Das darf nicht wahr sein!» Ich bitte sie leise, sich einmal auf die Situation einzulassen. – «Aber so kann man doch nicht lernen!» Daraufhin überlasse ich sie ihrem Schicksal und schleiche mich wieder hinaus.

Als die Kollegin am Mittag noch nicht in unsere Veranstaltung zurückgekehrt ist, weiß ich, was passiert ist – sie hat Feuer gefangen. Sie kommt dann doch noch kurz vor ihrer Abreise: «Also, ich bin gleich drei Stunden in der Klasse geblieben und habe mitgemacht. Ich kann es noch gar nicht fassen. Und wie die für sich gelernt haben. Bei uns läuft das auch heute noch nur über die Lehrerin. Ach, ich bin ganz durcheinander. Das muß ich erst einmal alles verdauen...»

Deutlich wird über diese Situation zunächst, daß Erwachsene in der Regel feste Vorstellungen und Programme von ihrem Berufsalltag haben, die durch die Praxis bestätigt werden sollten. Tritt dies nicht ein, wird das eigene «System» in Unruhe versetzt: Das darf nicht wahr sein! Warum eigentlich nicht?

Situation 2: Der Aufwand ist zu groß

Bei der Ausbildung von Studentinnen und Studenten versuchen wir, auch für den Offenen Unterricht zu qualifizieren. Im Sommer 1990 geschah folgendes:

Die studentischen Gruppen kommen von Erkundungen aus verschiedenen Offenen Schulen zurück. Wir sammeln, dokumentieren und werten die «Erstbegegnungen» mit Offenem Unterricht aus. Tendenz der Aussagen: Der Unterricht ist zu belastend, zu aufregend, Lehrerinnen haben die Kinder nicht genügend unter Kontrolle, zuviel verschiedene Lernangebote gleichzeitig, keine klare Führung, die Kinder dürfen zuviel, der Aufwand ist zu groß... Nur drei Studentinnen finden den Unterricht so faszinierend, daß sie ihn für sich in der Schule gewünscht hätten.

Deutlich wird auch hier, daß der Unterricht (unabhängig von der sicherlich unterschiedlichen Qualität) gemessen wird an der durch Zeitgeist, Lebensgefühl und Lebenswelt entwickelten «Schulsicht», an der (heimlichen) Vorstellung von «richtigem» Unterricht, die sich durch die Erfahrungen in unserem Schulsystem herausgebildet hat.

Beide Situationen und das Aufarbeiten von Rollenproblemen bei der «Umorientierung» in Supervisionsgruppen mit Lehrerinnen und Lehrern zeigen aber auch noch andere, tiefer liegende Ursachen, die häufig als Ängste formuliert werden:

Angst vor der unbekannten Situation, der Veränderung, der Offenheit, die als «Vakuum» gesehen wird; Angst davor,

- die «Übersicht» zu verlieren;
- mit der Erfüllung von Stoffplänen nicht zurechtzukommen;
- zuviel von sich selbst geben zu müssen;
- daß Leistung und Erfolge nicht sofort sichtbar werden;
- nicht mehr so wichtig zu sein und «Macht» zu verlieren u. a.

Die Verarbeitung solcher Einstellungen wird zusätzlich erschwert durch den hohen Erwartungsdruck, unter den sich Kolleginnen und Kollegen beim Prozeß der Öffnung stellen (bzw. stellen lassen), und ungeklärte oder naive Motivationen für eine Veränderung. Folgende Einstellungen, Zusammenhänge und Ursachen haben sich bei unserer Arbeit als problematisch für eine wirkliche Öffnung erwiesen:

- Offener Unterricht als neues Rezept und neuer Versuch, eigene pädagogische Unzulänglichkeiten zu verdecken;
- überhöhte Erwartungshaltung gegenüber den Möglichkeiten Offenen Unterrichts;
- Öffnung unter äußerem Druck und Zwang ohne eine wirkliche (innere) Bereitschaft;
- «missionarisches» und «sektiererisches» Verhalten bei der Umsetzung («das muß so sein», «die haben es noch nicht begriffen», «wir sind besser»);
- naive Bewunderung, Kindeuphorie, Verlust an Rollendistanz und Reflexivität (kritischer Umgang mit eigenem Lehrerverhalten) u. a.

Hier jetzt steht ein stetig steiler Hang, auf dem alle Kinder kraftvoll bergauf gehen; und obwohl die Abstände groß sind und ein unablässiges Rochieren stattfindet, weiß in der Regel einer vom anderen, wo er ist, und es wird niemand verlorengehen. Nirgends sonst

hat der Erwachsene eine lustigere, schönere und sanftere
Macht über Menschen gespürt. Die neugewonnene
Leichtherzigkeit des Mannes sprang auch auf das eigene
Kind über, und dieses konnte wieder sein, was-es-war;
und bewegte sich zugleich als Körpergelenk, Haarfarbe,
Stimmklang unter andern, deutlich frischer und
selbstbewußter als in der Zeit des Alleinseins. Der
Verantwortliche erkannte: Er mußte es (wie auch die
übrigen) nur «sein lassen» – was aber als die ideal
ordnende Energie, der sie alle sammelnde Elan, nur
wirksam wurde, wenn er für es (und die übrigen) dabei
doch «der rundum Anwesende» blieb: mit dem sie dann
gleichsam dahinfahren konnten wie im Bauch eines
Friedensschiffs. Zu solch zweifacher Kraft reichte es bei
ihm freilich nicht beständig. Das erst wäre die Kunst
gewesen; und so bekam er allmählich eine Idee von der
Bedeutung eines guten Lehrers.

(aus: Peter Handke, «Kindergeschichte». © Suhrkamp Verlag
Frankfurt am Main 1981, S. 70)

Es wird deutlich, daß die Möglichkeiten, einen eigenen Weg der Öffnung zu finden, immer an die Bedingungen der eigenen Person ge-
knüpft sind. Diese Bedingungen sind sehr unterschiedlich, eine tief ver-
ankerte Vorstellung taucht jedoch bei fast allen Erwachsenen auf:
Durch Erziehung wirken wir direkt auf die Kinder ein, der Erwachsene
als der (angeblich) Gebildete habe das (ungebildete) Kind zu belehren,
der Wissende habe sein Wissen dem Unwissenden über einfache Über-
tragungs- und Lernprozesse zu vermitteln.

Ein Umdenken im zentralen Bereich der Persönlichkeit stellt also
hohe Anforderungen an die erworbenen und zu verändernden Einstellungen, die nur *freiwillig* erfüllt werden können. Wenn Erziehung und
Lernen nicht nach dem einfachen Ursache-Wirkung-Prinzip gedacht
werden kann, müssen im Prozeß der Öffnung Tätigkeiten neu bedacht,
verändert und aufeinander bezogen werden, die wir für den Erziehungsalltag in einem Kurs zugespitzt so formuliert haben:
● Wir brauchen eine veränderte *Wahrnehmung* des Lernens! (Was
  sehe ich? Wo sind meine Scheuklappen? Was kann ich wahrnehmen?)

- Wir brauchen ein verändertes *Denken* über das Lernen! (Was weiß ich über das neue Lernen? Wo und wann habe ich mich informiert?)
- Wir brauchen ein verändertes *Handeln*, um das Lernen zu entfalten! (Wie setze ich veränderte Wahrnehmungen und verändertes Wissen in Handlungen um?)

Dieser Dreischritt verdeutlicht die Notwendigkeit bescheidener, vorsichtiger Schritte bei der Öffnung – bei Bertolt Brecht finden wir eine Aussage, die präzise den pädagogischen Anspruch an eine vorsichtige Öffnung trifft:

ICH RATE,
LIEBER MEHR ZU KÖNNEN,
ALS MAN MACHT,
ALS MEHR ZU MACHEN,
ALS MAN KANN,
BIS MAN SO VIEL MACHT,
WIE MAN KANN.

Wir verlassen jetzt den schwierigen Bereich der Öffnung der Person für ein verändertes Wahrnehmen, Denken und Handeln – er wird im nächsten Kapitel «Lehrer und Eltern lernen vor Ort» weiter erläutert. Die Begründung für eine solche Vertiefung wird in der Praxisbegleitung von Offenem Unterricht sichtbar: Wenn im Offenen Unterricht die «Beziehungsarbeit» zunimmt, weil das Netzwerk der Beziehungen zwischen den miteinander Arbeitenden dichter wird, müssen auch die Fähigkeiten dafür weiter ausgebildet werden.

Im Vorfeld dieser schwierigen Frage soll abschließend nach den *praktischen* Möglichkeiten gefragt werden: Welche Bereiche der Öffnung können erfolgreich in Arbeitsgruppen, in Klassenteams, auf pädagogischen Konferenzen, Kursen, aber auch im Austausch zwischen zwei Unterrichtenden erarbeitet werden?

1. Vorbereitungen im Prozeß der Öffnung
- Wahrnehmen der eigenen Rolle
- Handlungsmuster des Lehrers im Unterricht
- Veränderungsschwerpunkte der Lehrerrolle
- Entwicklung von Selbständigkeit von Schülerinnen und Schülern
- Bedenken der vorherrschenden Lernmuster u. a.

2. Unterrichtsstile und Unterrichtsformen
- Was ist Freie Arbeit und Wochenplanunterricht?
- Projektorientierung und epochales Arbeiten
- Binnendifferenzierung
- Lehrgangsarbeit und lehrerzentrierte Formen u. a.

3. Raumgestaltung und Arbeitsatmosphäre
- Sitzordnung
- Lernzonen
- Karteien, Druckerei usw.
- Regeln u. a.

4. Kooperation mit Fachlehrern bzw. Teamarbeit
- Erziehungsverständnis und pädagogischer Grundkonsens
- Soziale Vereinbarungen in der Klasse
- Absprachen zu Unterrichtsinhalten, Projekten usw.
- Koordination von Zeitplänen, Klassenbesetzung, Pausenordnung usw.

Dieser (grobe) Überblick kann als Anregung und als Strukturierungshilfe zu ersten Reflexionsprozessen führen und über die Diskussion praktischer Fragen den sensiblen Bereich der personalen Öffnung vorsichtig in den Blick rücken. Wer in vertrauensvoller Atmosphäre jedoch den eigenen Anteil an der Öffnung stärker bedenken möchte, sollte sich selbst fragen (und dann mit anderen, kundigen Menschen besprechen):

– An welchen Stellen halte ich eine Öffnung (z. B. Freie Arbeit) in meinem Unterricht für nur schwer umsetzbar? Warum?
– An welcher Stelle halte ich eine Öffnung (z. B. Freie Arbeit) in meinem Unterricht für verhältnismäßig einfach? Warum?

Achtung: Gedankenexperiment

Lesen Sie die folgenden faszinierenden Thesen aus einer Offenen Schule (Leineberg-Schule, Göttingen) aufmerksam durch, und beziehen Sie diese auf die Aussagen des Kapitels! Gehen Sie noch einen Schritt weiter, und überprüfen Sie die Thesen unter dem Gesichtspunkt «Öffnung»: Welche Forderung hat für Sie persönlich möglicherweise die größte Bedeutung? Warum?

Offenheit fängt bei uns selber an!

<u>Wenn</u> wir offene Unterrichtsarbeit anstreben, müssen wir auch unsere Zusammenarbeit auf Offenheit hin überprüfen.

<u>Wenn</u> wir selbstbestimmtes Lernen fordern, müssen wir uns fragen, wie denn unser selbstbestimmtes Arbeiten aussieht.

<u>Wenn</u> wir uns entdeckendes Lernen wünschen, müssen wir uns fragen, wo wir denn selber in unserem Alltag solches praktizieren.

<u>Wenn</u> wir schwachen Kindern helfen wollen, müssen wir uns mit unseren eigenen Schwächen auseinandergesetzt haben.

<u>Wenn</u> wir Kinder mit Lernstörungen beraten wollen, müssen wir über unsere eigenen Arbeitsstörungen nachgedacht haben.

<u>Wenn</u> wir von den Kindern Konfliktlösung, Gruppenfähigkeit, Einfühlungsvermögen erwarten, müssen wir uns fragen, wie es mit unserer Fähigkeit steht, die Situation einer Kollegin gefühlsmäßig wahrzunehmen, Konflikte anzugehen, selbst lehrergruppenfähig zu werden.

<u>Wenn</u> wir Ängste, Wut oder Ärger eines Kindes verstehen wollen, müssen wir etwas über unsere Angst, Wut und unseren Ärger wissen.

Kriterien zur Beurteilung Offenen Unterrichts

Gespräche, Erfahrungsaustausch, öffentliche Diskussionen und eigenes Nachdenken über Offenen Unterricht und eine Offene Schule leben in der aktuellen bildungspolitischen Situation vom Interesse für eine vielversprechende innere Schulreform und zeigen häufig ein verwirrendes Bild von verbalen «Spielen» zwischen Erwachsenen: Da (fast) jeder mitreden kann, weil es nicht *die* Theorie und *die* Praxis des Offenen Unterrichts gibt, sind viele Unklarheiten in der Verständigung darüber die Folge: auch für dieses Diskussionsfeld soll unser Buch Klärungshilfe sein und überprüfbare Zusammenhänge, Einsichten und eine Konzeption Offenen Unterrichts vorstellen.

Für eine Standortbestimmung unterrichtlichen Handelns und für faßbare Kriterien zur Verständigung über Offenen Unterricht haben wir im Rahmen der wissenschaftlichen Begleitung von Offenen Schulen «10 Qualitätskriterien Offenen Unterrichts» entwickelt. Sie werden als Arbeitsgrundlage in zahlreichen Fortbildungsveranstaltungen, Pädagogischen Konferenzen, auf Veranstaltungen mit Eltern und für ein (internes) Bedenken der Öffnung in der Klasse eingesetzt für die schlichten, aber entscheidenden Fragen:

– Woran erkennt man Offenen Unterricht?
– Wie kann man die Qualität Offenen Unterrichts beurteilen?

Zusätzlich zu ihrer Funktion, konkrete Arbeit über den Offenen Unterricht zu ermöglichen, kann der Leser dieses Buchs die (verkürzten) Aussagen als «Prüfsteine» benutzen, um sein Verständnis von Offenem Unterricht zu bedenken:

– Welche Kriterien verstehe ich nicht? Warum?
– Bei welchen Aussagen muß ich die einzelnen Kapitel des Buchs noch einmal zu Rate ziehen?

Die Zusammenstellung ist thesenartig verkürzt. Alle Kriterien und Fragen haben zugleich eine inhaltliche Dimension (Kann das Kriterium überhaupt nachgewiesen werden?) und eine quantitative (In welchem Umfang wird das Kriterium verwirklicht?).

10 Qualitätskriterien Offenen Unterrichts:

1. Methodenvielfalt:

Gibt es (in welchem Umfang?) mehrere unterschiedliche Methoden wie Freie Arbeit, Projekte, Kreisgespräche, Kleingruppenarbeit, Partner- und Gruppenarbeit, Berichte von Schülern? Wie weit werden diese Methoden zur Lehr-Lernorganisation von Kindern als hilfreich, vielfältig und transparent erfahren?

2. Freiräume:

Gibt die Klasse/Schule den Kindern definitiv in ihrem Organisationsrahmen Freiräume zum vertiefenden, spielerischen, selbständigen, entdeckenden Lernen? Wochenplanarbeit, Freie Arbeitszeit, Projekte, Projektwochen, -tage?

3. Umgangsformen:

Gibt es klare Regeln, die von beiden Seiten eingehalten werden? Wie weit sind Lehrerinnen und Lehrer bereit, Kinder in ihrer emotionalen Befindlichkeit anzunehmen? Werden Konflikte bearbeitet? Gibt es eindeutige Interpunktionen (Gewichtungen) im Sinne sozialen Lernens? Lob? Ermutigung? Humor?

4. Selbständigkeit und Inhalte:

Werden Kindern/Schülern aktive Rollen bei der Steuerung von Lernprozessen ermöglicht? Gibt es das Helfersystem? Gehen die Kinder wirklich ihren eigenen Fragen nach?

5. Lernberatung:

Gibt es Beratungssituationen im Unterricht? Ist der Unterricht förderungsorientiert? Werden Umwege, Irrwege, Fehler als notwendige Bestandteile des Lernprozesses akzeptiert, und wird entsprechend beraten? Beschäftigung mit leistungsschwachen Schülern? Diagnosekompetenz für Leistungsversagen?

6. Öffnung zur Umwelt:

Bietet der Unterricht/die Schule neue Erfahrungen in direkter Begegnung mit der Umwelt? Erkundungsgänge? Exkursionen? Experten in der Klasse?

7. Sprachkultur:

Bietet der Unterricht Möglichkeiten zur direkten Koppelung von Sprache an sinnlich-konkrete Erfahrungen? Gesprächskultur? Schriftkultur? Freier Ausdruck in Texten? Sprachspiele? Narrative Kultur? Kreisgespräche? Drucken? Zusammenhang von Sprache und Sache (Kulturtechniken – Sachunterricht)?

8. Lehrerrolle:

Wird der Beziehungsarbeit Raum gegeben? Geduld, Gelassenheit und Toleranz für langsame Schüler? Sind Lehrerfragen anspruchsvoll (problemlösungsorientiert und anwendungsorientiert)? Verfügbarkeit über Bearbeitungsinstrumente zur Klärung von Störungen und Konflikten? Umgang mit pädagogischen «Imperativen» (Bewußtsein über die eigene Rolle, Umgang mit den Zwängen, «guten» Unterricht zu machen)?

9. Akzeptanz des Unterrichts:

Wie weit wird der Unterricht als gemeinsame Arbeit verstanden? Wie gut wird die Unterrichtszeit genutzt? Stoffbewältigung im Unterricht und nicht über Hausarbeiten? Erfahrbarkeit von Person und Unterricht als positiven Zusammenhang?

10. Lernumgebung:

Gibt es handlungsorientierte Materialien? Offene Lernflächen? Karteien, Differenzierungsmaterial, Spiele, Druckerei, Experimentierecke, Leseecke usw.?

Offener Unterricht
in der Sekundarstufe

Der Offene Unterricht in der Sekundarstufe wird in diesem Buch noch einmal besonders hervorgehoben, weil die Bedingungen für eine Öffnung, für situatives und handlungsorientiertes Lernen in diesen Schulen eher ungünstiger sind als in den Grundschulen. Sekundarstufen sind in der Regel groß, unüberschaubar, anonym und durch eine Vielzahl von Fachlehrern, komplizierten Stundenplänen, von Stoffülle und konkurrierendem Leistungsanspruch der Fächer gekennzeichnet. Natürlich gelten grundsätzlich alle im Buch entwickelten Vorstellungen und konzeptionellen Elemente des Offenen Unterrichts auch für diese Schulen – sie sind z. T. auch dort erprobt und bearbeitet worden. Der Entwicklungsprozeß einer Öffnung ist jedoch – bis auf die bekannten Ausnahmeschulen der Sekundarstufe (z. B. die «Offene Schule Kassel-Waldau») – eindeutig aus dem Bereich der Grundschule her zu verstehen und wird von den Lehrerinnen und Lehrern auch so empfunden:

«Diesmal von unten nach oben» – so sagte kurz und treffend eine Kollegin in einer Fortbildungsveranstaltung zur Entwicklung der inneren Schulreform. Tatsächlich geschieht bildungspolitisch etwas Ungewöhnliches: Der Offene Unterricht der Grundstufe ist, ausgehend von zahlreichen Grundschulen, bemerkbar «nach oben in die Sekundarstufe I eingedrungen». Genauer: Schon seit vielen Jahren hat eine Öffnung des Unterrichts zu sinnvollem Lernen und Leben in zahlreichen Grundschulen (und einigen weiterführenden Schulen) geführt. In den meisten weiterführenden Schulen muß aber erst noch unter großen Mühen ein gemeinsamer Orientierungsrahmen für eine innere Schulreform erarbeitet werden.

Im notwendigen Prozeß einer Veränderung von Zielen, Inhalten und Unterrichtsmethoden sind die weiterführenden Schulen – ob Gymnasien, Gesamtschulen oder Haupt- und Realschulen – besonders an einer Veränderung des Lehrer-Schüler-Verhältnisses interessiert, weil die Probleme in diesem Bereich erheblich zugenommen haben. Vor allem in den Problemgebieten der Großstädte versuchen diese Schulen, durch eine Bildungsreform von innen und von unten den neuen pädagogischen Herausforderungen durch veränderte Kinder und Jugendliche (vgl. Kapitel 2; Stichworte Mediatisierung, Konsumorientierung usw.) zu begegnen. Die auch unter Schlagwörtern und Leerformeln wie «Pädagogisierung», «Humanisierung», «Demokratisierung», «Binnendifferenzierung», «Epochenunterricht», «Team-Kleingruppen-Modell» geführte Diskussion bezieht sich auf Veränderungen durch

- eine *Erweiterung der traditionellen Fächergrenzen* zu übergreifenden Problemfeldern;
- eine *Neudefinition des Lernens* mit stärkerer Handlungsorientierung und sozialer und praktischer Bedeutung;
- eine bewußte Entwicklung von Schulprofilen mit erkennbarem und für Jugendliche bedeutungsvollem *Schulleben*;
- eine stärkere *Projektorientierung* mit «echten» Lernprozessen und einer Öffnung für Schülerinteressen und -probleme;
- *Offenen Unterricht* mit Elementen wie «Freie Arbeitszeit» und «Wochenplanarbeit».

In diesem Prozeß kann die Konzeption «Öffnung der Schule – Offener Unterricht» hilfreich sein. Zugleich nimmt jedoch auf der Sekundarstufe die Tendenz zu, den Offenen Unterricht als Pauschalkonzept und Allheilmittel gegen Verschulung und Frontalunterricht zu bemühen. So entsteht ein neuer (alter) bildungspolitischer Diskussionszusammenhang zwischen «Öffnung» und Schulverständnis, eine Diskussion um die «richtige» Schulform, Offenen Unterricht und Schulunlust, um Bildungsprofile, Bildungsabschlüsse, Eliteschulen, Nachbarschaftsschulen usw. Das sich abzeichnende Dilemma für die Kolleginnen und Kollegen in einer sich stark verändernden Schullandschaft nimmt zu: Der bedrängende und z. T. vordergründige, verantwortungslose Umgang mit dem alles verbindenden Zauberwort Offener Unterricht und dem pädagogischen ‹Imperativ› – «Offener Unterricht ist besser» – kann nicht die Lösung der Probleme sein.

Auch auf der Sekundarstufe ist nach den reichhaltigen Erfahrungen mit Offenem Unterricht in Grundschulen, in Reformschulen und in Schulen anderer Länder Aufklärung, Differenzierung, Selbstvergewisserung und Besinnung auf die spezifischen Bedingungen, Perspektiven der Bildung und Innovationsmöglichkeiten notwendig. Gerade die zweite Hälfte der achtziger Jahre zeigt: Der öffentliche Druck für eine innere Schulreform wächst, denn auch das Bundesministerium für Bildung und Wissenschaft setzt sich in neueren Verlautbarungen angesichts zunehmenden Schulversagens, Schulmüdigkeit, zunehmender Schulkritik an der Sekundarstufe für weiterreichende, neue Modelle zur Veränderung der Schulen ein:

«Dieses Projekt zeigt Ansätze größer angelegter Konzepte, die u. a. unter dem Stichwort ‹Öffnung der Schule› inzwischen in mehreren Ländern der Bundesrepublik Deutschland diskutiert werden...

- Lehrpläne und Unterrichtsmethoden sollten in allen Schulformen theoretischen Ballast abwerfen, um Platz für anwendungs- und handlungsorientierten Unterricht zu schaffen, der die Schüler das Gelernte in der Wirklichkeit erproben läßt.

- Bei den Lehr- und Lernmethoden sollte stärker darauf geachtet werden, daß jeder Schüler seine Begabungen und Neigungen möglichst optimal entfalten kann.

- Schülerinnen und Schüler bringen nur Höchstleistungen, wenn sie merken, daß sie nicht nur selbst gefordert werden, sondern ihre Forderungen nach einer Schule für das Leben bestätigt werden. Dies bedeutet, daß Lernen von ihnen auch als produktives Handeln verstanden werden können muß.

- Über offene Angebote hinaus sollte die sog. ‹Freizeit› der Kinder und Jugendlichen in die Schule einbezogen werden.

- Wir müssen von der Vorstellung Abschied nehmen, daß Kinder immer von selbst motiviert wären, in einer Schule zu lernen.

- Schule sollte sich für die Zusammenarbeit mit außerschulischen Institutionen und Personen öffnen.

- Eine wichtige Aufgabe kommt in diesem Zusammenhang der Lehrerbildung zu. Daher ist die Intensivierung der Lehrerbildung, in Aus- und in Fortbildung, ggf. durch dezentrale Maßnahmen in den einzelnen Schulen, eine der wichtigsten Voraussetzungen für das Gelingen der genannten Ziele.

- Ebenso können Eltern dazu beitragen, Kindern auch in schwierigen Situationen beizustehen und ihnen den Mut zu geben, Schule als etwas Schönes, Positives und Zukunftsweisendes zu erleben.»

(Information Bildung und Wissenschaft, Bonn, 2/89, S. 22)

Viele Lehrerinnen und Lehrer aus dem Sekundarstufenbereich befinden sich in einem Prozeß der Auseinandersetzung und Vergewisserung und beklagen dabei die Komplexität der pädagogischen Denkfigur «Offener Unterricht», z. B. mit der Aussage: «Beim Offenen Unterricht ist alles mit allem verknüpft.» Sie fühlen sich beunruhigt durch eine mögliche Veränderung ihrer professionellen Rolle (Sicherheit in der traditionellen Fachorientierung), fragen sich kritisch, was wirklich neu und innovativ ist und denken vor allem an die fast unlösbaren Organisationsprobleme für eine wirkliche Öffnung, denken an Stunden- und Stoffpläne, Leistungskontrolle und Kooperationsprobleme.

Somit werden im Gegensatz zu den größeren Spielräumen der Grundschulen die *Grenzen* Offenen Unterrichts und der Öffnung auf der Sekundarstufe deutlich – allerdings werden diese Grenzen auch häufig als Abwehr einer gründlichen Auseinandersetzung mit den Ansprüchen Offenen Unterrichts an die Sekundarstufe vorschnell und z. T. willkürlich gezogen. Der tiefere Grund dafür liegt nach Aussage vieler Kolleginnen und Kollegen (neben den «Verschleißerscheinungen», dem «Burn-outsyndrom», den «Verkrustungen» über die Altersstruktur) vor allem in der «Expertisierung» der Sekundarstufe: Für jedes Problem ist häufig ein anderer «Experte» verantwortlich, so daß die Notwendigkeit einer Öffnung

– für die Probleme von Kindern und Jugendlichen einer bestimmten Lerngruppe,
– für eine Intensivierung des pädagogischen Bezugs,
– für eine eindeutige Verantwortlichkeit

immer wieder verschoben werden kann. Das klappt in vielen Fällen in anonymen Massenschulen vorzüglich: vom Fachlehrer zum Tutor oder Klassenlehrer, vom Klassenlehrer zum Spezialisten für soziale oder psychologische Beratung, Betreuung, Kompensation. Die sogenannte wissenschaftliche Kompetenz eines Fachlehrers (mit der entprechenden Ausbildung eher für das Fach und nicht mindestens ebenso für das Lernen des Kindes) zählt in vielen Schulen der Sekundarstufe in der Regel mehr als pädagogische Kompetenzen für einen sinnvollen, *erziehenden* Unterricht in den Fächern. So ist die Unruhe verständlich, die offenerer Unterricht mit dem in unserer Definition enthaltenen pädagogischen Anspruch für diese Schulstufe erzeugt: *Ein veränderter Umgang mit dem Kind auf der Grundlage eines veränderten Lernbegriffs.*

Die kritischen Elemente der (etwas) zugespitzten Argumentation über die Grenzen der Öffnung werden von vielen engagierten Pädagoginnen und Pädagogen aus dem Sekundarstufenbereich geteilt – über alle Schulformen hinweg. So geraten auch viele sich eher vom Fach und seinem «Bildungsauftrag» verstehende Gymnasien zunehmend in diese Unruhe. Sie entwickeln heute Modelle einer sich öffnenden Schule mit praktizierten Reformelementen, die traditionellerweise eher dem Gesamtschulbereich zugeordnet wurden: Binnendifferenzierung, Projektwochen, Projektorientierung auch im Fach, Freie Arbeit...

Die Überschrift eines Briefes des «Landeselternbeirates Gymnasien» in Schleswig-Holstein an die Eltern lautet z. B.: «Offener Unterricht – auch am Gymnasium?» Wir zitieren aus diesem Brief eine längere Passage, weil sich darin das Selbstverständnis und die Probleme einer Öffnung einer bestimmten Schulreform der Sekundarstufe in erstaunlicher Weise offenbaren:

«Bald stehen sie vor den Türen der weiterführenden Schulen, die 10jährigen, die in zunehmendem Maße in ihrer Grundschulzeit eine Art von Unterricht erfahren haben, wie er bisher an den weiterführenden Schulen kaum geboten wird. Wie werden sie reagieren, die selbstbewußten, kreativen, teamfähigen Kinder, die gelernt haben, ihr Lerntempo zum Teil selbst zu bestimmen, die an fächerübergreifenden, projektorientierten oder Epochenunterricht gewöhnt sind, die unabhängig von einem durch nichts gerechtfertigten 45-Minuten-Rhythmus selbständig experimentieren, während andere in der Leseecke zusammensitzen? Werden sich die weiterführenden Schulen auf diese Kinder und auf ihre Wünsche (und auf die ihrer Eltern) einstellen müssen?

Überlegungen von zwei Seiten
Von zwei Seiten aus wird man sich also überlegen müssen, ob auch weiterführende Schulen ihr Unterrichtsangebot methodisch und inhaltlich weiterentwickeln müssen in Richtung auf eine Öffnung und Erweiterung. Zum einen der Kinder wegen, die in den Grundschulen schon einen anderen Weg eingeschlagen haben, zum anderen, um auf veränderte Bedingungen und Anforderungen des (Berufs-)Lebens zu reagieren.

In aller Munde
Das Stichwort ‹offener Unterricht› ist in aller Munde, es war auch Thema des Elterntages im März in Sankelmark. Immer wieder stellt

sich die Frage: Ist ‹offener Unterricht› nur eine Methode für die Grundschule, für die ganz Jungen also, oder kann er auch den Ansprüchen, z. B. des Gymnasiums, gerecht werden, vielleicht sogar wichtige Verbesserungen bringen?

Bei dieser Frage darf eines nicht übersehen werden. Elemente des ‹offenen Unterrichts› werden schon lange mit Erfolg auch am Gymnasium angewandt. Viele Lehrerinnen und Lehrer nutzen z. B. die guten Bedingungen von Partner- und Gruppenunterricht. Auch die Möglichkeit, den Lehrplan in zeitlicher und thematischer Abfolge zu variieren, besteht und wird in Grenzen genutzt.

‹Offener Unterricht› am Gymnasium kann auch sicher nicht eine einfache Fortschreibung des Grundschulunterrichtes sein. Mit steigenden Anforderungen wird das spielerische Lernen in den Hintergrund treten, die Notwendigkeit, einen hohen Wissensstand zu erreichen, wird mehr gemeinsame Instruktion nötig machen.

Neue Unterrichtsformen?

Aber wenn wir uns vor Augen halten, wie die Zukunft, schon jetzt absehbar, für unsere Kinder aussehen wird, muß die Frage immer wieder gestellt werden, ob sich nicht gerade auch das Gymnasium neuen Unterrichtsformen öffnen muß.

Geforderte Fähigkeiten

Wirtschaft und Universitäten, aber auch das selbstgestaltete Erwachsenenleben, fordern immer mehr Fähigkeiten wie Kreativität, Teamfähigkeit, Flexibilität, Verantwortungsbereitschaft (H. Schlitzberger, Siemens-Vorstandsmitglied). Ist das Gymnasium genügend darauf eingestellt, solche Fähigkeiten zu entwickeln, zu fördern und auszubilden?

Man könnte sich vorstellen, daß es Unterrichtsformen und -methoden gibt (von den Inhalten soll hier einmal abgesehen werden), die leichter zu diesen Zielen führen können als der herkömmliche Unterricht:

- Fächerübergreifender und Projekt-Unterricht, auch in Form von Epochenunterricht, unabhängig von einem 45-Minuten-Rhythmus, könnten einen ersten Schritt darstellen.

- Das Gymnasium könnte sich mehr als bisher der Umgebung öffnen, Erfahrungen von außen mit einbeziehen und Erfahrungen nach außen tragen.

177

- Wenn Schülerinnen und Schüler selbst aktiv an Unterrichtsplanung und -durchführung beteiligt werden, übernehmen sie Verantwortung für den eigenen Bildungsgang.
- Auch Gymnasiastinnen und Gymnasiasten, die auf hohem Abstraktionsniveau arbeiten sollen, brauchen den Praxisbezug, müssen Kontakt zu Wirtschaft, Politik und Arbeitswelt haben.
- Der Schulverdrossenheit, die der geforderten Kreativität entgegensteht, kann nur mit Methoden begegnet werden, die Passivität vermeiden und Sinnzusammenhänge deutlich machen.
- Die wichtige Lernkomponente, das Handeln, muß am Gymnasium stärker als bisher beachtet werden. Allzu rezeptives Lernen hat sich schon immer als wenig hilfreich erwiesen.

Aktiv mitgestalten

Ist dies alles ‹offener Unterricht›? Vielleicht kommt es gar nicht so sehr darauf an, ob man diesen Begriff verwendet, ihn von der Grundschule übernimmt. Wichtig ist nur, daß unsere Kinder in die Lage versetzt werden, sich einer sich schnell wie nie zuvor ändernden Lebenswirklichkeit aktiv mitgestaltend gewachsen zu erweisen…»

Deutlich wird u. a., daß die im Offenen Unterricht liegenden Reformkonsequenzen für den Schulalltag in den weiterführenden Schulen in einzelnen Bereichen schon umgesetzt wurden – zumindest in Selbstverständnis und in offiziellen Verlautbarungen. Das gilt in besonderer Weise für den «Projektunterricht» – im Bereich des nicht in der Ausbildung vermittelten «Individualisierenden Lernens in der Freien Arbeit» ist eine Umsetzung häufig noch zu entwickeln.

Wiederum zeigt sich: Das entscheidende Problem einer Öffnung der Sekundarstufe ist – wie in der Grundschule – das erzieherische Selbstverständnis und die eigene Rollendefinition im Handlungszusammenhang «Aktives Lernen – Lehren – Belehren». Selbstverständlich kann man auf dieser Schulstufe sich «öffnen» für ein verändertes Rollenverständnis, man kann z. B. lernen, die Unterrichtsstruktur schrittweise dort zu verändern, wo ein entdeckendes und praktisches Lernen für Schülerinnen und Schüler notwendig ist. Man kann auch lernen, eine Allgemeinbildung zu vermitteln, die ein vernetzendes, verknüpfendes Denken in den Zusammenhang individuell unterschiedlicher Lernbiographien stellt. Aber man sollte nicht vergessen: Diese «natürliche» Möglichkeit des Lernens ist vor allem ein Umlernprozeß, der direkt die Persönlichkeit des Lehrers betrifft. Die Öffnung des Unterrichts für die

Kinder mit den neuen (alten) handlungsleitenden Prinzipien wie individuelles Lernen, praktisches Lernen, entdeckendes Lernen und soziales Lernen bedeutet konsequenterweise auch eine Öffnung für die Erweiterung und den Erwerb von Eigenschaften und Fähigkeiten im Bereich der (eher ungewöhnlichen) Persönlichkeitsstrukturen von Lehrerinnen und Lehrern: Neugier, Entdeckerverhalten, Lernbereitschaft, Engagement, Ausdauer, Ich-Stärke, Gesprächs- und Beratungskompetenz, Einfühlsamkeit, Geduld und die Selbstverständlichkeit, Kinder zu mögen.

Bei der «Öffnung der Sekundarstufe» muß – wie sich aus vielen Texten zur inneren Schulreform entnehmen läßt – neben der entschiedenen Arbeit an der Lehrerpersönlichkeit jedoch auch folgendes geleistet und gelernt werden:

- Eine Auseinandersetzung mit den bekannten *Problemen der Sekundarstufe I*, die einer Öffnung entgegenstehen (Schulstruktur, Fächerprinzip, Leistungsdifferenzierung, überfüllte Stoffpläne, Materialarmut, Motivationsverlust u. a.).

- Eine Auswertung von *Erfahrungen aus der Grundschule* kann helfen, Anfangsfehler der Öffnung zu vermeiden (Differenzierung vorwiegend über eine Zettelflut, Wochenplantechnologie, Freie Arbeit als «Circuit-Training», Individualisierung ohne gemeinschaftsfördernde Strukturen, Pädagogisierung aller Aktivitäten u. a.).

- Die Beschäftigung mit den in zahlreichen Schulen entwickelten *Modellen* der Öffnung in der Sekundarstufe I (Freie Arbeit im Rahmen eines Faches, Wochenplanarbeit über vier Fächer, Intensivtag, Freie Arbeit u. a.) und die positiven Ergebnisse der inneren Reform in der Sekundarstufe I, z. B. Projektansatz, Gestaltung der Eingangsphase im Haupt-/Realschul-Bereich, Praktisches Lernen, Öffnung zum Stadtteil, ermöglichen eine Entwicklung der Schulen zu erkennbaren, pädagogisch bestimmten Lern- und Lebenswelten.

Weitere Hilfen für diese Öffnung finden sich in zahlreichen Publikationen (vgl. Literaturempfehlungen), praxisbezogen, authentisch und aktuell vor allem in der Zeitschrift «Pädagogik» (früher «Pädagogische Beiträge», «Pädagogik heute»), z. B. in den Heften 1/2 «Offene Schule» 1987, H. 10 «Öffnen wir den Unterricht» 1987, H. 5 «Reformpädagogik» 1989, H. 7/8 «Über die Projektwoche hinaus» 1989 u. a.

Welche Möglichkeiten ergeben sich? Ein fachdidaktisch fundierter pädagogischer Bezugsrahmen gibt in der Sekundarstufe I bei einem

Einstieg in den Offenen Unterricht zunächst die notwendige Sicherheit. Hilfreich ist die Vergewisserung der positiven Elemente der bisherigen Arbeit (Was ist gelungen? Was soll erhalten bleiben?). Ein schriftlich fixiertes «Memo» unter dem Aspekt «Wie habe ich den Vormittag erlebt?» kann beispielsweise ein erster Schritt sein, um sich über nervenzehrende Machtkämpfe klarzuwerden und den möglichen Ort einer Öffnung des Unterrichts genauer zu bedenken. Eine Öffnung über das Fach (eine Stunde «Freie Arbeit» in der Woche mit Angeboten praktischen Lernens) ist ein verantwortbarer Schritt und erlaubt zugleich, den so entstehenden Freiraum für eine selbstbestimmte Entwicklung von «Beziehungs- und Beratungskompetenzen» zu nutzen.

Abschließend sollen über zwei aufschlußreiche Texte aus dem Schulalltag weiterführender Schulen die benannten Probleme der Öffnung konkret belegt werden. Im ersten Auszug aus einem Protokoll einer Fachkonferenz «Deutsch» an einem Gymnasium wird der komplexe Zusammenhang «Fachorientierung – Offener Unterricht» als Herausforderung für die Unterrichtsgestaltung sichtbar:

«1. ‹Offener› Unterricht erscheint uns als eine für das Gymnasium noch nicht näher begründete Methode. Der Anspruch, sich hierin kompetent zu zeigen, erwächst aus

- der Erwartungshaltung von Eltern der Grundschule, die eine selbständige Motivation ihrer Kinder erhalten wollen;
- unserem ‹Gewohnheitsunterricht›, insofern wir als Kollegium nur noch geringfügig verunsicherbar sind;
- unserer Unzufriedenheit mit dem eigenen Unterrichtserfolg;
- der Notwendigkeit, mit verändertem schulischen Verhalten von Kindern zurechtzukommen.

2. Daraus folgt für die Beobachtungsstufe,
- daß wir den Eltern kurzfristig nachweisen können sollten, daß Kinder aus ‹offenem› Grundschulunterricht in unserer Lernform zurechtkommen;
- daß individualisierte wie gemeinsame Lernformen soweit sinnvoll ergänzend genutzt werden sollten, da der menschlich-pädagogische Aspekt im Verhältnis Lehrer-Schüler ohnehin nicht durch eine Lehr-/Lernmethode allein abgedeckt werden kann.

3. Für den Deutsch-Unterricht heißt dies:

    3.1. Wir können uns im Bereich der formalen Fertigkeiten des Deutsch-Unterrichtes – Rechtschreibung und Grammatik – ein stärker differenzierendes und individualisierendes Lernen vorstellen. Denkbar ist der Einsatz von Karteiprogrammen.

    3.2. Im Text- und Literaturunterricht ist, dem neuen Lehrplanentwurf folgend, ohnehin eine verstärkte Gewichtung auf das Schreiben zu legen, dessen kreative und produktive Formen stärker berücksichtigt werden sollen. Hier ist Deutsch-Unterricht, dem Lehrplan entsprechend, tendenziell individualisiert.

    3.3. Auf das gemeinsame Unterrichtsgespräch als Basis und Ziel der Verständigung über einen Sachverhalt nicht nur zwischen Lehrer und Schüler, sondern auch zwischen Schüler und Schüler, darf nicht verzichtet werden...»

Der zweite Text ist ein Auszug aus einem Erfahrungsbericht «Offener Unterricht in den Jahrgängen 5–7» einer großen Gesamtschule. Wir geben hier eine längere Passage dieses (für diese Schule überholten) internen Arbeitspapieres wieder, weil es nicht nur die aufgezeigten Probleme veranschaulicht, sondern zugleich für die Erarbeitung der *ersten Schritte* Offenen Unterrichts auf der Sekundarstufe eine in Pädagogischen Jahreskonferenzen überprüfte Hilfe darstellt. Mein Dank gilt den engagierten Lehrerinnen und Lehrern der Jahnschule in Hamburg:

... «Offener Unterricht ist eine Form, die jede(r) Lehrer(in) an Gesamtschulen kennt und auch schon praktiziert hat, z. B. in Projektzeiten oder bei der inneren Differenzierung. Neu ist eigentlich nur, die vorhandenen Ansätze in den Alltag einzubinden, sie auszuweiten und zu systematisieren, damit sie fester Bestandteil der Unterrichtsarbeit werden. In der Rückschau scheint es, daß in unserem Entschluß, das Experiment zu wagen, nicht nur der erste, sondern auch der entscheidendste Schritt lag; denn vom Augenblick der ersten zaghaften Versuche an entwickelte das Prinzip des offenen Unterrichts eine Eigendynamik, die uns nicht mehr losließ und die seinen Anteil in der täglichen Arbeit ständig größer werden ließ.

Der Beginn war sehr bescheiden, und geöffnet wurde allenfalls ein Spalt. Im Jahrgang 5 gab es zunächst für die Schüler nur die Möglichkeit, die ohnehin vorhandenen Arbeitsanforderungen verschiedener Fächer hinsichtlich ihres Zeitablaufs selbst zu gestalten. Konkret gesprochen: Es gab Arbeitsaufgaben aus verschiedenen Unterrichtsfächern, meist in Form von Arbeitsblättern, und die Offenheit für die Schüler(innen) beschränkte sich darauf, zu entscheiden, in welcher Reihenfolge die vorgegebenen Arbeiten durchgeführt werden sollten. In der Regel war zunächst eine Pflichtaufgabe zu erfüllen. Bereits diese geringfügige Veränderung des normalen Unterrichtsverlaufs bedeutet für uns Lehrer(innen) Neuland, denn nun war der Unterrichtsverlauf nicht mehr in jeder Einzelheit zu übersehen, war weniger planbar und erforderte neue organisatorische Vorbereitungen. Dazu tauchte auch die Unsicherheit auf, ob die einzelnen Schüler(innen) wirklich arbeiten würden und ob sie genügend schaffen würden. Eine Frage, die sich merkwürdigerweise beim normalen Unterricht weniger dringend stellt – vielleicht, weil uns hier das subjektive Gefühl bestimmt, daß wir zumindest alle Schüler mit dem Lehrstoff und der jeweiligen Aufgabe konfrontiert haben und wir somit, wenigstens formal, unserer Dienstpflicht genügt haben.

Neben diesen Unsicherheiten aber brachten diese geringfügigen Veränderungen auch sofort eine spürbare Veränderung des Unterrichts in Richtung auf Entspannung des Arbeitsklimas mit sich, die Mut zu weiteren Veränderungen machte...

Es erfordert von den Schüler(innen) letztlich schon eine neue Form des Umgangs miteinander und mit der Unterrichtssituation, sich den Arbeitsablauf selbst zu organisieren, selbst den Gegenstand der Arbeit zu wählen, plötzlich nicht mehr auf dem auch Sicherheit gebenden Gleis ‹alle machen dasselbe zur selben Zeit› zu laufen. Für die Lehrer(innen) bedeutet es, ¼ Stunde (und manchmal länger) quirligen Durcheinanders auszuhalten und darauf zu vertrauen, daß schließlich alle oder doch wenigstens fast alle arbeiten, wobei hier viel stärker als sonst ins Auge fällt, wenn ein Schüler nichts tut; sonst hat ja jeder wenigstens sein Arbeitsblatt vor sich und versteht meist zumindest bei Ermahnung den Eindruck zu erwecken, daß er daran arbeitet...

Das Prinzip des offenen Unterrichts
als fester Bestandteil des Stundenplans

In dem Ausmaß, wie Schüler(innen) und Lehrer(innen) lernten, die neuen Anforderungen zu bewältigen, institutionalisierten sich bestimmte Abläufe und wurde das Angebot offener.

Im jetzigen Jahrgang 7 gibt es jeden Mittwoch einen 4-stündigen Block, in dem nach dem Prinzip des offenen Unterrichts gearbeitet wird und zwar wechselnd nach einer der folgenden Gestaltungsvarianten:

(1) Projekttag, Schüler bearbeiten projektmäßig Themen aus den Fächern Politik oder Deutsch, aber auch Englisch, Biologie oder Mathematik fächerübergreifend, sind an der Planung mitbeteiligt, finden ihr eigenes Unterthema.

(2) Freier Arbeitstag, Schüler entscheiden sich individuell, welche Arbeiten sie aus einem Angebot der verschiedenen Fächer behandeln wollen, bestimmen ihren Lernrhythmus.

(3) Fachintensivtag, an einem Fachintensivtag besteht die Chance, ein Fachthema zusammenhängend und kompakt zu unterrichten, ohne an den 45-Minuten-Rhythmus gebunden zu sein. Dies eröffnet Möglichkeiten des methodischen Vorgehens einschließlich Binnendifferenzierung und selbständigen Einübens und Weiterentwickelns, die in 45-Minuten-Stunden nicht so wahrgenommen werden können.

(4) Exkursionstag, bes. für das Fach Biologie als auch für andere Fächer bietet sich der Mittwoch für den Jahrgang an, ‹Lehrgänge› zu unternehmen, die oft aufgrund unseres differenzierten Systems in unserem pädagogischen Alltag vernachlässigt werden. Diese können wiederum projektorientiert vorbereitet werden (vgl. 1).

Bei der Organisation und der Gestaltung der Arbeit sind wir zur Zeit auf folgendem Stand:

(1) Arbeitsbesprechung, zu Beginn der Arbeit, wenn möglich am Vortag, Vorstellung und Diskussion der schriftlich (Tafel / Overhead) präsentierten Arbeitsangebote, Ergänzung durch Schüler.

(2) Beratungsliste, Schüler(innen) mit Fragen und Problemen zu den Aufgaben tragen sich in dieser Liste ein. Nur nach dieser Liste wird beraten.

(3) Pflichtaufgaben werden nur noch dann gegeben, wenn sie aus dem Unterrichtszusammenhang wirklich wichtig und notwendig sind, weil sie nach Eingewöhnung auf die neue Arbeitsweise für die Förderung der Arbeitsmoral eher hinderlich als förderlich sind.

(4) Kontrolle, Wochenpläne oder Listen, in die die erfüllten Aufgaben einzutragen waren, haben sich für uns als wenig fruchtbar erwiesen und waren auch für Schüler(innen) und Lehrer(innen) zu zeitaufwendig. Gut hat sich in einigen Klassen die Führung eines Arbeitsheftes erwiesen, in das am Ende der offenen Arbeit der Schüler einzutragen hat, was er gearbeitet hat, zum Teil erfolgt dazu eine Eigenbewertung des Arbeitsverhaltens. Die Arbeitshefte lassen sich schnell und einfach nachsehen, sie ermöglichen eine Auswahl der Arbeiten, die von den Lehrer(innen) nachgesehen werden sollen. Hier muß, wie bei allem anderen auch, jeder Lehrer, jede Klasse ihren eigenen Stil finden.

Beste und angenehmste Kontrolle der Arbeitsergebnisse sind letztlich mündliche Vorstellung und Aushang der Arbeitsergebnisse. Hier bietet der offene

Unterricht viel mehr und interessanteres Material, da ja viele an verschiedenen Aufgaben gearbeitet haben.

(5) Handarbeit und Aufgaben außerhalb der Schule (Interviews und Erkundungen) haben im Laufe der Zeit erheblich zugenommen und treffen auf besonders hohe Konzentration der Schüler, was sich auch in den Arbeitsergebnissen niederschlägt.

(6) Projektthemen, wie Familie, Mittelalter, Südafrika sind fester, allerdings aus Gründen der arbeitsaufwendigen Vorbereitung nicht kontinuierlicher Bestandteil des offenen Unterrichts geworden. Auf diesem Feld ist auch die fächerübergreifende Arbeit am ehesten realisiert worden.

(7) Beim Arbeitsmaterial (das systematische Vorbereitung erfordert) gibt es eine Entwicklung hin zu einer Gestaltung, die arbeitsgerechter ist. Wünschenswert wäre: übersichtliche Ausweisung von Fachzugehörigkeit, Thema, Unterthema, Kennzeichnung des Schwierigkeitsgrades der Aufgaben, Angebot von Lösungsblättern usw.

Plus und minus – einige subjektive Schlaglichter

Plus
– Veränderung der Lehrer(innen)rolle in Richtung Berater, Arbeitspartner, mit den Schüler(innen) Lernender
– Motivation der Schüler(innen)
– Selbständigkeit der Schüler(innen)
– Erfolgserlebnisse der Schüler(innen) durch Zunahme von individuellen Arbeitsergebnissen, Einbringen von Neuigkeiten, die nicht alle und die Lehrer(innen) sowieso schon wissen.
– weniger Disziplinprobleme
– Zunahme von Lernerfahrungen in der Lebenspraxis außerhalb der Schule
– insgesamt streßfreiere Stunden für Schüler(innen) und Lehrer(innen).

Minus
– evtl. Vernachlässigung von Vorgaben des Lehrplans, zumindest von Einzelinhalten;
– Unsicherheiten hinsichtlich der Kontrolle einzelner Lernschritte;
– nicht ausreichende Arbeitsdisziplin einzelner Schüler(innen), zwar nicht anders als im normalen Unterricht, aber auffälliger und damit schwerer zu ertragen (Verantwortungsdruck);
– Zunahme des Arbeitsaufwandes für Vorbereitung des Unterrichts wird nicht völlig durch weniger anstrengende Stunden ausgeglichen;
– arbeitsaufwendige und aufgrund der Gegebenheiten des Schulalltags manchmal schwierige und gelegentlich auch turbulente Koordination…»

Überprüfen Sie die Aussagen, Erfahrungen und Argumentationen dieses Kapitels «Offener Unterricht in der Sekundarstufe» an folgendem Text. Versuchen Sie, Antworten und Gegenargumente zu finden für die hier wiedergegebenen «Kritischen Anfragen zum Offenen Unterricht» aus dem Gymnasium einer Großstadt:

«... Die Sekundarstufe I ist unter entwicklungspsychologischem Aspekt gekennzeichnet durch veränderte innerpsychische Konfliktlagen, die einen Transfer des Offenen Unterrichts von der Primarstufe in die Sekundarstufe I zumindest ‹frag-würdig› machen.

– Ist es nicht ein Grundirrtum, die (positiven) Erfahrungen aus der Latenzphase uneingeschränkt in die Sekundarstufe verlängern zu wollen bzw. zu können?

– Ist nicht ein vielleicht ‹starr› wirkender, ein äußerlich ‹rigider› Lernplan gerade für Pubertierende ein auch als hilfreich anzusehendes Korsett, mit dessen Unterstützung sie psychisch besser über die Runden kommen?

– Zugespitzt: Führt der Offene Unterricht nicht tendenziell zur Verplanung, ja zur Bürokratisierung des Unterrichts? Ist der Trend zur ‹Verzettelung› nicht unübersehbar?

– Der ‹Begriff› scheint weder methodisch noch inhaltlich faßbar: Ist es lediglich ein ‹Arbeitstitel›? Ein Schlupfloch für divergierende bzw. konkurrierende methodische Konzepte? Ein Appell an die defizitäre Flexibilität im Anwendungsbereich pädagogischer Methoden? Ein ‹neues Kleid› für alte pädagogische ‹Kaiser›?»

Kapitel 8

Lehrer und Eltern

lernen vor Ort

Voneinander lernen: Lehrer und Eltern

Perspektive Lehrer: Beraten und Widerstehen

Wenn die Schule sich öffnet, werden vielfältige Lernprozesse aller Beteiligten in Gang gesetzt. Diese Lernprozesse können allerdings das Bild einer «friedlichen» Koexistenz oder gar langfristigen Zusammenarbeit von Lehrern und Eltern empfindlich stören. Öffnung bedeutet immer auch Bewegung, Veränderung, Verschiebung von z.T. unbefragten Normen, Erziehungsstilen und Werten. Die Erfahrung zeigt, daß dabei in der Schule und im Unterricht vieles offenbar wird, was vorher verdeckt vorhanden war und das erstrebenswerte Ziel einer Abstimmung von Erziehungsvorstellungen zwischen Eltern und Lehrern behindert oder verhindert.

Es hört sich zwar gut an, daß eine «Öffnung Lernprozesse aller Beteiligten in Gang setzt», aber die Probleme vor Ort lassen sich nicht über Postulate lösen: Werfen wir also einen Blick unter der Perspektive

von Lehrern und Lehrerinnen in den Schulalltag der «Öffnung» mit drei beispielhaften Problemen und Konflikten – alle drei übrigens aus einem Schulvormittag in einer ‹normalen› Klasse.

Situation 1: Die Beach-Party

Mitten im Winter – also eher nicht Beach-Party-Time – erzählt Svenja im Morgenkreis dieser vierten Klasse von ihrer geplanten Geburtstagsfeier: «Es wird diesmal eine Beach-Party!» Die Kinder fragen nach: «Was ist das?» – Svenja: «Das macht man jetzt so. Wir wollen doch Lambada tanzen. Mutti räumt die Küche aus, dann wird auf die Fliesen Sand gestreut, zwei Sonnenschirme werden aufgestellt, es gibt Eis, und als Überraschung kommt Papa mit einem Tanzlehrer, der uns den neuen Tanz Lambada beibringt...»

Wie würden Sie als Erwachsener in einer solchen Situation reagieren? Die Äußerungen von Svenja als Zeitgeist und eher lustige Variante kindlicher Lebenswelt akzeptieren? Für die enttäuschte Mehrheit der Klasse, die nicht zur («Schicki-Micki») Feier eingeladen wurde, Pädagogentrost spenden? Das Gespräch ohne Kommentar weiterlaufen lassen? Den Hintergrund einer solchen Situation (hier: Vater fast nie da, Kind überverwöhnt) versuchen zu erschließen, um das Kind besser zu verstehen? Beraten und Widerstehen?

Schon diese kleine Situation und unsere Fragen zeigen, wie unser Alltagsempfinden für ein Zusammenleben mit Kindern deutlich von Werten, Normen und Stilen bestimmt ist und beim Nachdenken in Bewegung gerät – gleich ob wir die Wiedergabe dieser Situation als Eltern oder als Lehrer lesen. Wir könnten jetzt darüber philosophieren – die Lehrerin in der Situation des Morgenkreises muß reagieren, sie muß sich «verhalten», sie kann nicht nicht-handeln, denn auch ein Lächeln oder ein schnelles Übergehen dieser Aussage von Svenja ist eine Reaktion mit einer Botschaft in einem durch erzieherisches Handeln bestimmten Raum. Braucht Svenja vielleicht gerade jetzt diese «Darstellung» für ihr Selbstwertgefühl, für eine (oberflächliche) Anerkennung in einer problematischen Umwelt?

Deutlich wird also, daß im Prozeß einer Öffnung, den wir in einer Offenen Schule häufig in Dialogen, Kreisgesprächen, in den Formen des Klassenrates und Stuhlkreises erleben, die wirklichen Wünsche,

Interessen, Vorstellungen und Erfahrungen der Kinder und Jugendlichen hervorkommen. Natürlich müssen sie dann auch in irgendeiner Weise wahrgenommen und pädagogisch sinnvoll verarbeitet werden. Das ist für Lehrerinnen und Lehrer eine zusätzliche Belastung, aber auch eine Bereicherung, weil in jedem Fall das Wissen um die Probleme des einzelnen Kindes zunimmt – eine heute angesichts veränderter Kinder notwendige Grundlage für ein gezieltes pädagogisches Handeln.

Situation 2: Die Zwangsvorstellung

In der großen Pause ist ein Gespräch zwischen der Lehrerin und einem alleinerziehenden Vater angesetzt. Ich erlebe einen jüngeren, sehr intellektuell wirkenden Vater, der die Lehrerin deutlich mit Worten bedrängt: «Mein Kind soll zu nichts gezwungen werden, das schadet seiner psychischen Entwicklung!» Die Lehrerin beteuert, daß gerade in diesem Unterricht und in dieser Klasse die Kinder viele Freiheitsspielräume hätten und das Verhältnis zu diesem Kind ausgesprochen gut sei. – «Aber sie darf zu nichts gezwungen werden!» Das Gespräch wird zum Streit – so mische ich mich ein und schlage vor, das Kind lieber selbst zu fragen. Maike wird geholt: «Maike, wozu wirst du in der Klasse gezwungen?» – «Ach, Papi, das hab ich dir doch schon erklärt: In der Freien Arbeit suche ich mir was aus, und dann gibt es noch die Pflichtaufgaben, die mache ich auch gern...» – «Aber die zwingen dich doch!» – «Nein, Papi, Frau S. zwingt mich nicht...»

Hier stoßen offensichtlich gegensätzliche Schulvorstellungen aufeinander: Der Vater möchte – aus welchen Gründen auch immer – für seine Tochter eine zwangsfreie (oder wie er sich später ausdrückte «repressionsfreie») Erziehung, die er mit den «Pflicht»-Aufgaben im Offenen Unterricht nicht gegeben sieht. Dieser Aspekt von Erziehung ist für den Vater so wichtig, daß daraus fast eine Zwangsvorstellung wird; seine Vorstellung (seine «Theorie») ist ihm wichtiger als die offensichtliche Akzeptanz des Unterrichts durch das Kind. Die Lehrerin dagegen ist verpflichtet, die gesellschaftlich vereinbarten Rahmenbedingungen von Schule umzusetzen – hier z. B. über die Vermittlung der Inhalte der Lehrpläne, u. a. in Form von «Pflichtaufgaben».

Auch diese Lehrerin muß Verständnis für den Vater aufbringen, das

Gespräch weiterentwickeln, den Vater beraten – bis an die Grenze des pädagogischen Selbstverständnisses, um für das Kind einen möglichst störungsfreien Lernhintergrund zu erreichen. Vielleicht muß sie aber auch – zum Schutz des Kindes – dem Vater deutlich Widerstand leisten, je nach weiterer Entwicklung des Konfliktfeldes.

Wie würden Sie – in der Perspektive Lehrerin – hier handeln?

Situation 3: Das schreckliche Kind

Im Abschlußkreis dieser vierten Klasse stellte eine Gruppe in der letzten Schulstunde ihre Arbeitsergebnisse aus einem «Buchprojekt» vor. Nach einer anschließenden Besprechung sagt der Lehrer: «Friderike, du warst heute den ganzen Vormittag so still. Geht es dir nicht gut?» – «Ich habe mich heute morgen wieder mit Mami gezankt. Sie hat gesagt: Du bist ein schreckliches Kind! Und dann habe ich gesagt: Ich konnte dich ja auch nicht aussuchen, du bist eben nicht die richtige Mutter für mich.» – Stille, Betroffenheit bei den Kindern, bei dem Lehrer. Wie reagieren?

Auch in diesem Beispiel, das uns die Luft anhalten läßt, wird deutlich, wie die Herausforderungen an die Lehrer und Lehrerinnen wachsen, wie durch Öffnung und wachsendes Vertrauen in offeneren Unterrichtsformen die «Beziehungsarbeit» einen erhöhten Stellenwert bekommt. So gibt es zahlreiche Kolleginnen und Kollegen, die diesen erhöhten Anforderungen nicht entsprechen wollen oder können. Ihre Argumente (hier verkürzt und überspitzt wiedergegeben):

– Wir sind nicht der Reparaturbetrieb für Probleme der Gesellschaft, die wir nicht zu verantworten haben.

– Wir sind überfordert durch Therapiearbeit an einzelnen Kindern, weil wir keine entsprechende Ausbildung haben und der zu kurze Schulvormittag dafür keine Zeit läßt.

– Das Einlassen auf die psychischen Probleme der Kinder und entsprechendes pädagogisches Handeln ist letztlich vergeblich, weil eigentlich auch mit den Eltern gearbeitet werden müßte.

– Die starke Zunahme verhaltensauffälliger Kinder kann nicht mehr mit den üblichen Mitteln aufgefangen werden, eine gezielte sozialpädagogische Zusatzbetreuung muß in den ersten beiden Schuljahren gewährleistet sein.

– Offener Unterricht läßt die sozialen und psychischen Probleme vieler Kinder noch transparenter werden – da ist ein lehrerzentrierter Unterricht einfacher zu gestalten und psychisch weniger belastend für die (endliche) Kraft, Regenerationsfähigkeit und den seelischen Haushalt, der auch noch für viele andere Kinder reichen soll.

Wir sind in Arbeitsgruppen diesen Einstellungen und Argumenten genauer nachgegangen. Lehrerinnen und Lehrer, die ihre Probleme beschreiben, nennen vor allem folgende Erscheinungen:

● Eltern übertragen unbedacht ihre (traditionellen) Vorstellungen von (ihrer) Schule in die Köpfe der Kinder. Bei einer Veränderung sind Konflikte dann unvermeidbar.

● Vielen Eltern ist auch im Offenen Unterricht eine vordergründige «Leistung» ihrer Kinder wichtiger als deren Recht auf eine individuelle Entwicklung.

● Eltern stellen überhöhte Anforderungen in bezug auf eine schnelle und gelungene Verwirklichung des Offenen Unterrichts.

● Eltern kommen mit den veränderten Lernformen («zuwenig Bücher, zuwenig Hefte») des Offenen Unterrichts nicht zurecht, sie fordern mehr «Kontrolle».

● Eltern spielen bei der Durchsetzung ihrer Vorstellungen und Ansprüche häufig Schüler und Lehrer gegeneinander aus.

● Eltern lassen sich ohne Skrupel auf fragwürdige (oder falsche) Formeln zur Erziehung ein: «Kinder brauchen Druck!» – «Im Offenen Unterricht wird nur gespielt und nicht gelernt!» – «Lernen bedeutet Pauken.» – «Offener Unterricht ist etwas für schwache Schüler, lernstarke Schüler sind unterfordert.» – «Die Schule ist da zur Auslese!» usw.

Solche Erfahrungen der Lehrer mit Eltern enthalten viele Einstellungen und Argumente, die zu Gegenargumenten herausfordern. Einige dieser Positionen sind schon erklärt und widerlegt worden (vgl. z. B. «Vorweg: Typische Fragen – Offene Antworten» oder S. 83 f.), so daß Sie sich jetzt Entgegnungen überlegen könnten. Vielleicht ist es aber nach dieser Lehrerperspektive besser, zunächst die Eltern wahrzunehmen.

Perspektive Eltern: Sich einmischen

Eine Mutter von drei Schulkindern, Elternvertreterin in einer Gesamt-schule, ruft mich an: «Können Sie uns helfen? Die Schule hat uns für den neuen Jahrgang Offenen Unterricht in allen vier Klassen verspro-chen. Nun läuft das schon ein halbes Jahr, und nur in einer Klasse gibt es eine Stunde Freiarbeit...» Ich unterbreche und erfrage die Entste-hungsgeschichte der Zusage für Offenen Unterricht. Deutlich wird mir, daß die Mutter mit einer größeren Elterngruppe die positiven Er-fahrungen aus einem offenen Grundschulunterricht in dieser weiter-führenden Schule fortsetzen möchte. «Können wir als Eltern nicht einen Informationsabend zur Frage ‹Was ist Offener Unterricht?› in der Schule veranstalten?» – Ich bemerke den darin angelegten Konflikt und frage weiter. Nun ist die Mutter empört: «Ist das nicht eine schlimme Taktik? Nur um ausreichende Anmeldezahlen zu bekom-men, hat uns der Schulleiter den Offenen Unterricht versprochen – ohne daß er dafür Lehrer hat. Das kann man doch nicht billigen!» – Zunächst vereinbaren wir ein Vorgespräch mit weiteren Elternvertre-tern und der einen Lehrerin, die in ihrer Klasse Freie Arbeit durch-führt...

Die Situation veranschaulicht einen bildungspolitischen Aspekt von Offenem Unterricht: Nur um nicht ins vermeintliche pädagogische «Abseits» mit einem evtl. Rückgang von Schülerzahlen zu geraten, wird ein falsches Versprechen gegeben. Dies ist ein (relativ seltener) Vorgang, der aber in ähnlichen Formen auch aus Gymnasien, Grund-, Haupt- und Realschulen bekannt ist und die Basis einer vertrauensvol-len Zusammenarbeit von Eltern und Schule in Frage stellt. Die Eltern sind verständlicherweise verärgert – sie können heute bei zunehmen-dem Interesse der Öffentlichkeit für Bildung erwarten, daß Schulen ihnen ehrliche Auskünfte über ihr Schulprofil, ihr pädagogisches Kon-zept und vorgesehene Entwicklungen geben.

Auf einer bildungspolitischen Veranstaltung zur inneren Schulreform werde ich zum Schluß von einem Vater gefragt: «Was können wir noch tun, um unsere Schule aus dem Dornröschenschlaf zu erwecken?» – «Was haben Sie schon getan?» lautet meine Gegenfrage. Der Vater berichtet mit offensichtlicher Verbitterung von vielen Versuchen, diese Grundschule über sanfte «Anstöße» in «Bewegung» zu bringen. Eine praktische, alltägliche Elternmitarbeit sei unerwünscht, Eltern seien nur als Begleitung für Ausflüge und beim alljährlichen Schulfest willkommen, Nachfragen für Hospitationen würden direkt abgelehnt, und eine jüngere Kollegin, die offenere Lernformen einführen wollte, habe nach einem halben Jahr als frustrierte Einzelkämpferin die Schule verlassen. Im übrigen sei das Durchschnittsalter dieses Kollegiums 52 Jahre. Weitere Fragen ergeben, daß die Schulleiterin dieser Grundschule offensichtlich alle Angebote der Eltern im Vorfeld sondiert und von Veränderungen des Unterrichts nichts hält. Der Vater: «Sie hat mir wörtlich gesagt: Offener Unterricht? Das brauchen wir hier nicht. Unsere Kolleginnen haben die Kinder fest im Griff!»

«Sprache kann entlarven und das Bewußtsein aufdecken» – denke ich, schlage dem Vater ein Dreiergespräch mit der Schulleiterin vor und rufe vorher die Schule an, ob das sinnvoll sei. Nein, das sei nicht erwünscht...

Dieses Beispiel deckt die systembedingte Problematik der Staatsschule auf und stellt sich aus Elternperspektive häufig so dar: Alltagsroutine, Beamtenmentalität, hierarchisches Denken, fehlender Zwang zur Fortbildung, Sicherheitsvorstellungen, Bezahlung nach Stunden und nicht nach ‹Leistung›, Verkrustungen über die ungünstige Altersstruktur, Arbeitsprobleme der Teilzeitkolleginnen u. a. fördern ein bestimmtes Denken: Man ist gemeinsam älter geworden, man hat es immer so gemacht, nach der Mengenlehre werden wir auch noch den Offenen Unterricht als Modewelle überstehen...

Hoffentlich sind solche Schulen Einzelfälle – ein Prinz, der die undurchdringlichen Dornenhecken beiseite räumt, wird von den Schulbehörden nicht geliefert. So müssen Eltern durch Beharrlichkeit, Überzeugungskraft, Verständigungsbereitschaft, Toleranz und sanften Druck die Arbeit einer Öffnung ihrer Schulen immer wieder neu versuchen.

In einer Gruppe aus einer Elternschule erzählt eine Mutter von ihren Erfahrungen bei der Elternmitarbeit im Offenen Unterricht in einer fünften Klasse eines Gymnasiums. Schnell wird uns deutlich, daß diese Mutter, selbst Pädagogin, sehr sensibel die Lernprozesse während der Freien Arbeit beobachtet hat. Sie möchte die Klassenlehrerin ihrer Tochter nicht kritisieren – gerade weil sie selbst als Lehrerin weiß, wie viele Fehler an einem Schulvormittag unterlaufen können. Sie fragt: «Wieviel Erfahrung ist für den Offenen Unterricht notwendig? Muß ich als Elternteil bei pädagogischem Fehlverhalten mich immer zurückhalten? Was ist mit dem Schaden für die Kinder? Darf ich mich überhaupt einmischen?» Wir besprechen die vorgetragenen Handlungsweisen – soweit das möglich ist und mit aller Vorsicht. Es sind vor allem drei Verhaltensmuster, die für die Lernprozesse der Schülerinnen und Schüler offenbar wenig fördernd sind:

Die Kollegin scheint sehr hektisch zu sein, treibt ihre Kinder immer wieder zur Eile an, weiß aber offenbar, daß auch Geduld zu erfolgreichem Lernen gehört. Eine (entlarvende) Äußerung: «Nun habt doch endlich mehr Geduld!» – Sie drängt ihre Hilfe auf, auch wenn sie von den Kindern in der Freien Arbeit nicht erwünscht ist. – Die Kollegin gibt deutliche Signale, welche Kinder (nur Mädchen) zu «ihren Lieblingen» in der Klasse gehören.

Unsere Auswertung zeigt, daß eine Umorientierung in der Lehrerrolle bei der Öffnung des Unterrichts einen langen Weg bedeutet, daß Unterrichtsstile etwas mit spezifischen Verständnissen eines Schultyps zu tun haben (führt vielleicht die Orientierung an einer Stoffülle im Gymnasium zu sog. «Antreiberverhalten», die starke Lehrerzentrierung zu Einteilung und Zuordnung von Kindern?). Das eigentliche Problem aber, die Mitwirkung von Eltern am Unterricht auch in der Form von Fragen und Kritik, kann nur über die für Offene Schulen und Offenen Unterricht grundlegenden Prinzipien der Offenheit, des Verstehens und der Verständigung gelöst werden: Durch vertrauensvolle Gespräche, durch den respektvollen Dialog müssen sich in diesem Fall Mutter und Lehrerin über ihre gegenseitigen Wahrnehmungen austauschen – im Interesse der Kinder. Für unsere Situation bedeutet dies eine hohe Anforderung an den Elternteil: besserwisserisches Meckern wird kaum erfolgreich sein. – Die Mutter hat sich – unserem Rat folgend – zunächst um eine Überprüfung ihrer Beobachtungen durch eine weitere, mitarbeitende Elternvertreterin bemüht und hat dann erst in einem sehr vorsichtigen, glücklicherweise positiv verlaufenen Gespräch ihre Probleme der Lehrerin offenbart. Sie hat sich, so kann man heute sagen, mit Erfolg für die Kinder eingemischt.

Konsequenz: Voneinander lernen

Der Hintergrund für die hier schlaglichtartig aufgehellten Probleme ist viel komplizierter, als uns die Beispiele aus Lehrer- und Elternperspektive zeigen: Gesellschaftlich vermittelte Muster des Handelns in einer Demokratie spielen auch im Verhältnis Lehrer – Eltern bei der Öffnung der Schule eine besondere Rolle. So ist es nicht verwunderlich, wenn wir in diesem Bereich Vorstellungen und Verhaltensweisen antreffen, die sich kurz so umschreiben lassen:
– Eltern stören nur.
– Demokratie in der Schule ist zu anstrengend.
– Die Probleme unserer Kinder können nur von Experten bearbeitet werden.
– Vertrauen ist gut, aber Kontrolle der Schule ist besser.
Am Beispiel des erfreulicherweise zunehmenden Interesses von Eltern für grundlegende Erziehungsfragen und Bildungs- und Lernprozesse wird die Vielschichtigkeit noch deutlicher: Viele Lehrer beklagen heute die Unterschiede in den Erziehungsstilen der Eltern ihrer Schüler und Schülerinnen, weil sie mit einer wesentlich größeren Bandbreite von Verhaltensmustern im Unterricht zurechtkommen müssen (z. B. vom stillen, introvertierten Kind über das rebellische bis hin zum hyperaktiven Kind). Die Erwartungsmentalität der Eltern steige zusehends, Kindern über Unterricht und Erziehung (und hier gerade im Offenen Unterricht) eine psychische und soziale Stabilität zu geben, die von den Eltern durch eine emotionale Überbeanspruchung der Kinder (Hineinziehen in Beziehungskonflikte) selbst nicht mehr geleistet würde. Wenn dann die gleichen Eltern in Elternseminaren der Erwachsenenbildung so vorbereitet und weitergebildet würden, daß sie ihre Ansprüche den Lehrern gegenüber selbstbewußt einklagen könnten, träten sie als Konkurrenten des Erziehungsexperten Lehrer auf und wüßten alles besser…

Abends in meinem Arbeitszimmer

Natasha *(kommt herein, bietet mir ein Stück Bubble Gum an)* ich kann mit diesem Bubble Gum eine Blase machen *(Pause) (widerstrebend)* ich hab's heut nachmittag zum erstenmal gemacht *(sie kommt im Augenblick nicht sehr gut zurecht damit)* Kannst du Bubble Gum aufblasen?

Daddy *(versucht sein Glück, ohne Erfolg)* nein

Natasha klar kannst du das. Adam macht ganz *große* Blasen.

Daddy na siehst du, jetzt hast du etwas, was er kann und ich nicht

Natasha du kannst keinen Bubble Gum aufblasen! *(ungläubig)*

Daddy als ich in deinem Alter war, bekam ich keinen Bubble Gum, deshalb fehlt mir die Übung *(offensichtlich ist das noch keine ausreichende Entschuldigung)* und als ich erwachsen wurde, war ich nie in der richtigen Stimmung

Natasha und du bist der älteste, und du kannst keinen Bubble Gum aufblasen!

Daddy na ja, vielleicht *könnte* ich's, wenn ich mich anstrengen würde, aber ich hab's nie richtig versucht

Natasha *(entfernt sich kopfschüttelnd)* und du bist der älteste, und du kannst keinen Bubble Gum aufblasen

(aus: Ronald D. Laing: Gespräche mit meinen Kindern. Köln 1980)

Der Ausstieg aus den geschilderten pädagogischen Teufelskreisen, die eine Zusammenarbeit nachhaltig erschweren, gelingt dann, wenn die Betroffenen nüchtern die Bedingungen und Interessen ihrer Kooperation mit der Zielsetzung «Voneinander lernen» bedenken: Eltern sind zunächst Bündnispartner ihrer Kinder. Sie müssen es sein, wenn sie nicht ihr Selbstverständnis als Eltern aufgeben wollen. Damit sind sie nur bedingt geeignet, die Weiterentwicklung und Öffnung von Schulen langfristig voranzutreiben. In der Regel muß das eigene Kind den Gewinn und Nutzen – mittelbar und unmittelbar – vom eigenen Engagement haben. Dies schließt nicht aus, durch eine Öffnung der Schule für Eltern und zur Gemeinde hin (vgl. S. 246), auch andere Erwachsene an die Schule zu binden. Eine Offene Schule sollte sich also dem Anspruch von Offenheit entsprechend auch verantwortlich für die Erwachsenen der Schule fühlen.

Die Art und Weise eines solchen Umgangs miteinander muß in Analogie zu der grundlegenden Lernauffassung im Offenen Unterricht gesehen werden: Voneinander lernen – von Lehrern und Eltern praktiziert – gelingt eher in gegenseitiger Akzeptanz unterschiedlicher Interessen, benötigt einen alltäglichen Vertrauensvorschuß (grundsätzlich ein offeneres Verhältnis zwischen Schule und Eltern herzustellen) und folgt der Einsicht, daß jeder Mensch selbst Agent seiner Lernprozesse ist, Eltern wie Lehrer also das Lernen voneinander in die eigene Verantwortung und das eigene Können übernehmen sollten.

Was bedeutet diese Formel für *Eltern* konkret, was können Eltern tun?

- Umsetzung der neuen drei K's für die Schule in bezug auf die eigene Person: Kind, Kommunikation, Kooperation.
- Über das pädagogische Konzept der Schule Auskünfte erbitten.
- Schule als öffentliche Einrichtung verstehen, sich vorsichtig einmischen und für Transparenz sorgen (Elternabende, Informationsabende, Schulzeitungen).
- Schulleben mitgestalten und die übliche Diskrepanz zwischen Elternanspruch und Elternengagement verringern.
- Bündnispartner für die eigenen Vorstellungen und Interessen suchen und Elternarbeit in Gang setzen.
- Pauschalisierende Regelschulkritik durch Gespräche, Hospitationen und Elternmitarbeit praktisch überwinden.
- Lehrerinnen und Lehrern deutliche, positive Rückmeldungen geben und Leistungen anerkennen, weil diese im Offenen Unterricht in der Regel eine (freiwillige) Zusatzleistung sind.
- Bei allen sog. «Schulproblemen» der Kinder den eigenen Elternanteil nicht übersehen und ein gemeinsames Erziehungskonzept mit der Schule abstimmen.
- Kooperativ und kritisch auftreten – z.B. Nachfragen stellen, wenn es heißt «Wir arbeiten kindorientiert».

Was bedeuten diese Überlegungen für *Lehrer und Lehrerinnen* konkret, was können sie tun?

- Klarheit über sich selbst und sein Konzept gewinnen, damit man den Kindern und Eltern Klarheit vermitteln kann.

- Sich selbst als Lerner auf die Spur kommen, um das Lernen der Kinder besser zu verstehen und auch von Eltern lernen zu können.

- Die Öffnung der Schule wörtlich nehmen und den Unterricht für Eltern, Kolleginnen und Kollegen öffnen.

- Aufklärungsarbeit über den Offenen Unterricht vor allem im Bereich Leistungen, Hausaufgaben, Freie Arbeit entwickeln.

- Unterrichtssituationen auf Elternabenden erläutern, simulieren, veranschaulichen, Diskussionen mit Fachleuten veranstalten und die Arbeitsergebnisse der Kinder vorstellen und erläutern.

- Grundlegende Fragen des Offenen Unterrichts, wie z. B. das Kind als Agent seines eigenen Lernprozesses, über Selbsterfahrungssituationen (naturwissenschaftliche Experimente, Entziffern fremder Schriftzeichen usw.), Videos oder Lernprotokolle den Eltern veranschaulichen.

- Erziehungsprobleme (Überverwöhnung, Freiheitsspielräume, Pflichtaufgaben, Toleranz, Arbeitshaltungen, emotionale Unterversorgung, Nervosität, Konzentrationsschwächen usw.) in ihrer Bedingtheit durch elterliche Ansprüche an Kinder und familiäre Bedingungen verstehen lernen und mit Eltern besprechen.

- Alltagsberatung von Eltern in bezug auf das Erziehungsverhalten als Folge eines offeneren Verhältnisses zu den Kindern akzeptieren und praktizieren lernen.

- Die Unruhe einiger Eltern («Was tut mein Kind in der Schule?») als produktiven Gesprächsanlaß nehmen und auf die Wirkung der Rückmeldungen der Kinder aus dem Unterricht an ihre Eltern vertrauen – auch über die zahlreichen «echten» Arbeitsprodukte.

Diese Hinweise, Überlegungen und Ratschläge, aus der Praxis erwachsen, können natürlich unterschiedlich aufgefaßt und beurteilt werden. Kontroversen darüber sorgen aber in jedem Fall für Öffnung – deshalb soll die Argumentation in diesem Abschnitt auch kontrovers beendet werden:

So sagt Lehrerin A in einem Interview zu dieser Problematik:
Intensive Elternarbeit ist sehr, sehr wichtig. Kinder können nur in einer Situation lernen, die von ihren Eltern akzeptiert und unterstützt

wird. Ein ständiger Kontakt zu den Eltern ist notwendig, wobei Vorstellungen vom Unterricht und vom Lernen besprochen werden. Die Ängste der Eltern müssen ernst genommen werden, und kritische Punkte müssen schnell angesprochen werden. Eine aktive Mitarbeit der Eltern ist sehr hilfreich. So arbeiten bei mir Eltern im Unterricht mit. Im letzten wie auch in diesem Jahr kommen zwei Elternteile einmal die Woche in den Unterricht. Bis auf wenige Ausnahmen haben die Eltern meine Art zu unterrichten immer akzeptieren können, da es ihnen wichtig war, daß die Kinder mit Spaß und Freude lernen.

Und eine andere Kollegin:

Meine Einstellung der Elternarbeit gegenüber hat sich stark verändert. Anfangs hielt ich sie für sehr wichtig. Mittlerweile messe ich ihr aus mehreren Gründen immer weniger Bedeutung zu. Erstens: Ich habe die Eltern fast alle auf meiner Seite. Zweitens: Ich bin nicht mehr der Ansicht, daß alle Eltern genau wissen müssen, was ich mache. Drittens: Ich habe mich anfangs sehr mit den familiären Problemen der Kinder beschäftigt. Die Folge war, daß ich häufig auch noch endlose Eheberatungsgespräche geführt habe. Mittlerweile verweise ich die Eltern sofort an andere Stellen. Denn es ist besser, meine ganze Kraft den Kindern zukommen zu lassen. An der Situation der Eltern kann ich sowieso nichts ändern. Was diesen Punkt betrifft, habe ich resigniert. Ich nehme die Eltern aber durchaus ernst. Sie kennen ihre Kinder besser – oder zumindest länger – als ich. Ich höre mir gerne an, was sie mir über ihre Kinder erzählen. Aber ich versuche nicht mehr, Familienverhältnisse zu ändern.

Achtung: Gedankenexperiment

Halten Sie einen Augenblick inne, und überprüfen Sie in dem Textauszug «Denkschrift von deinem Kind» die Aussagen für Eltern unter folgendem Gesichtspunkt: Welche Aussagen haben sowohl für Eltern als auch für Lehrer besondere Bedeutung im Offenen Unterricht?

- Sei nicht inkonsequent. Dies verwirrt mich, so daß ich um so mehr versuche, wo ich kann, meinen Willen durchzusetzen.
- Falle nicht auf meine Herausforderungen herein, wenn ich Dinge sage und tue, nur um dich aufzuregen. Denn sonst werde ich versuchen, noch mehr solche «Siege» zu erringen.
- Tue nichts für mich, was ich selber tun kann. Denn sonst bekomme ich das Gefühl, ein Baby zu sein, und ich könnte dich auch weiterhin in meine Dienste stellen.
- Versuche nicht, mein Benehmen noch während der Aufregung mit mir zu besprechen. Aus irgendwelchen Gründen ist mein Gehör zu dieser Zeit nicht sehr gut, und meine Mitarbeit ist sogar noch schlechter. Es ist in Ordnung, das Erforderliche zu unternehmen, aber laß uns erst später darüber sprechen.
- Gib mir nicht das Gefühl, daß meine Fehler Sünden seien. Ich muß lernen, Fehler zu machen ohne das Gefühl, daß ich nicht gut bin.
- Nörgle nicht. Wenn du es tust, muß ich mich davor schützen, indem ich taub erscheine.
- Vergiß nicht, daß ich gern Dinge ausprobiere. Ich lerne davon; bitte gewöhne mich daran.
- Schütze mich nicht vor unangenehmen Folgen. Es ist nötig, daß ich aus Erfahrung lerne.
- Beachte meine kleinen Wehwehchen möglichst wenig. Wenn ich zuviel Aufmerksamkeit für sie bekomme, kann ich lernen, Vorteile in der Krankheit zu sehen.
- Glaube nicht, daß es unter deiner Würde ist, dich bei mir zu entschuldigen. Eine ehrliche Entschuldigung gibt mir ein überraschend warmes Gefühl für dich.
- Mach dir keine Sorgen, wenn du nicht allzuviel Zeit für mich hast. Es kommt darauf an, wie wir die Zeit, die du hast, miteinander verbringen.
- Denke daran, daß ich vom Beispiel mehr lerne als von der Kritik.

(International Study Group Newsletter, übersetzt von Erik Blumenthal, Braunschweig 1985)

Lernen in der Klasse

Erkenntnisse aus neueren Lerntheorien und pädagogischen Konzeptionen, die wir mit den Kindern im Alltag praktisch umsetzen, werden als Innovationen auch für das Lernen von Erwachsenen bedeutsam – natürlich nicht in direkter Analogie, sondern mit Einschränkungen und in spezifischen Formen. Konkret: Offene und handlungsorientierte Lernsituationen, der Bezug zu Lernmustern, problemlösendes und entdeckendes Vorgehen verlangen nicht nur Neuorientierungen in der Klasse, sondern auch Umorientierungen beim Weiterlernen von Erwachsenen. Der fundamentale Zusammenhang zwischen den Lernsituationen in der Schule, den Erfahrungen der Kinder und den eigenen Handlungsmustern und Lernmöglichkeiten wird bei allen Veränderungs- und Öffnungsprozessen von den Kolleginnen und Kollegen in Offenen Schulen nachhaltig erlebt.

Wenn wir uns einen Augenblick an den «Einblick in eine Lernbiographie» (Kapitel 2) eines Kindes im Offenen Unterricht erinnern (Geschichte von Nils), wird dieser Zusammenhang wieder praktisch vorstellbar. Wie schwierig (aber auch hoffnungsvoll) solches Lernen in der Klasse ist, soll hier weiter am Beispiel vertieft werden.

Die vielen Gespräche, die Unterrichtsbeobachtungen und meine Beratungen der Klassenlehrerin von Nils zeigen eines immer wieder deutlich: Die Kollegin bemüht sich sehr intensiv, die Lern- und Verhaltensprobleme von Nils und anderen Kindern in der Klasse können wir beschreiben und auf mögliche Ursachen beziehen, die Interventionsmöglichkeiten bedenken (vgl. dazu die Übersicht auf S. 135), den Unterricht mit seinen offenen Strukturen als Chance für Nils und andere schwierige Kinder in der Klasse verstehen – und trotzdem: Wir erkennen, daß die Botschaft des Offenen Unterrichts, wie wir sie landauf, landab hören, nicht ausreicht. Individualisierung, Differenzierung, kleine Gruppen, Ermutigung, eine anregungsreiche Lernumwelt, Freie Arbeit und Wochenpläne können für solche Probleme nur begrenzte Hilfen bieten. Offensichtlich muß sich die Lehrerin langfristig auf eine gezielte, pädagogische Beziehungs- und Beratungsarbeit einlassen, offensichtlich reicht auch ihre bemerkenswerte Ruhe und Klarheit als modellhaftes Lernverhalten nicht für alle Kinder aus.

Was also tun? Wir einigen uns im Gespräch auf einen eher schlichten Ansatz: den kleinen Schritt, das genaue Hinsehen, Wahrnehmen, was wirklich mit Nils, den Kindern und der Lehrerin im Unterricht passiert. Wir stellen, in bezug auf Nils, die einfache und doch so komplexe Frage: Treffe ich mit den Interventionen tatsächlich seine (ganz persönlich bedingten) Lernbedürfnisse?

Hilfreich für den Kontext einer solchen Arbeit ist zunächst ein Gespräch zur Selbsteinschätzung der Lehrerin, zu ihrer «Sachkompetenz» und zum «Ich», ein Gespräch über das Verhältnis von «Heimspielen» (Felder mit sicheren Kompetenzen) und «Auswärtsspielen» (Felder, auf denen man sich nicht auskennt), wie es als Bild von Schulz von Thun (1981, S. 133 f. und 1989) entwickelt wurde. Konkrete Hilfen zur Dokumentation des Lernverhaltens einzelner Kinder (z. B. während der Freien Arbeit) werten wir gemeinsam aus über «Beobachtungshilfen» und über die vielfältigen Anregungen der «Arbeitshilfen für den Förderunterricht» im Kapitel «Kinder beobachten» (Kleingeist 1989, S. 14 f.).

Nach einiger Zeit berichtet die Kollegin von einer «Entdeckung», auf die sie jetzt gekommen sei, weil sie mit mehr Gelassenheit auch anderes bei Nils gesehen hätte…

Der Einblick zeigt, daß sich die verschiedenen Kompetenzbereiche von Lehrerinnen und Lehrern heute immer stärker erweitern und durchdringen: Sachkompetenzen, die persönliche Praxis im Umgang mit Kindern, Kollegen und Eltern, Kompetenzen für die Lerndiagnose und Lernberatung, für eine sozialpädagogische Betreuung und vor allem die grundlegende Fähigkeit, eine wirkliche Lernkultur (vgl. S. 74) in der Klasse zu entwickeln, die zur Verantwortlichkeit des Lernenden für seinen Lernprozeß führt. Was heißt das konkret?

Zunächst wird deutlich, daß die klassischen Lernvoraussetzungen für die Schule deutlich schwinden, daß sich veränderte Vorstellungen von der «Identität» von Kindern, aber auch von Lehrerinnen herausbilden. Zu Beginn der neunziger Jahre sind weitreichende Orientierungen, kontroverse Einschätzungen und nüchterne Bestandsaufnahmen notwendig (vgl. Sienknecht/Ramseger 1990, Benner 1989), um das Weiterlernen neu zu vermessen. So müssen verunsichernde Fragen nach den notwendigen Kompetenzen für den Berufsalltag von Lehrerinnen und Lehrern gestellt werden:

● Welche Fähigkeiten sind schon erworben bzw. sind noch für ein Umlernen zu erwerben, um eine pädagogisch sinnvolle Haltung zu Kindern aufzubauen, die durch gesamtgesellschaftliche Veränderungen und Umbrüche mit z. T. problematischen Verhaltensmustern reagieren?

- Wie kann in der Lehrerrolle der stufenweise Abbau früherer Qualifikationen wie Kritikfähigkeit und Reflexivität zu reinem Routinehandeln aufgefangen werden?
- Wie kann dem sog. Individualisierungsschub mit den Folgen überhöhter Selbstansprüche von Kindern (Beck 1986), dem Verlust an Sozialfähigkeit (Rauschenberg 1989), den erhöhten Ansprüchen an Autonomie und Freiheit bei veränderten Kindern (Krappmann / Oswald 1989) begegnet werden?
- Ist eine Qualifizierung im Bereich von Offenem Unterricht, Lernberatung, Entdeckendem und Praktischem Lernen (vgl. Schulz 1989) an ein Weiterlernen über die eigenen Lernmuster zu binden?
- Wie sollen zusätzliche Anforderungen an die Weiterbildung umgesetzt werden, die sich heute im Rahmen der inneren Schulreform abzeichnen – Integration, Öffnung der Schule zum Stadtteil, Ganztagsschule, Teamarbeit, multikulturelles Lernen, sozialpädagogische Betreuung…?

Fragen über Fragen, die wir nach Erfahrungen aus Schulbegleitungen und Supervisionsgruppen zugespitzt nur so beantworten können:

Ein Umlernen und eine Erneuerung der beruflichen Kompetenz angesichts dieser Probleme erfordern zwingend veränderte Konzepte der Lehrerfortbildung – die üblichen Kurse und Informationsveranstaltungen sind unzureichend, da Denken und Handeln in der Regel nicht in strukturerweiterndem Lernzusammenhang erfahren wird (Aebli 1987). Daraus folgt – vereinfacht ausgedrückt – die notwendige Argumentation für den Ansatz «Lernen vor Ort – voneinander lernen»:

- Eine grundlegende Einsicht für Fortbildung liegt in dem schlichten Gedanken, daß es sich hier um Lernprozesse handelt, die sich auf Kategorien wie «Umlernen», «Neustrukturierung von Wissen», «Funktionalisierung von Erfahrung» beziehen lassen.
- Da es sich um lerntheoretische Konzeptionen für Erwachsene handelt – hier für das Handlungsfeld Schule –, müssen die angestrebten Lernprozesse an der Veränderung der Handlungskompetenzen ansetzen. (Lehrer sind rollenbestimmt eher handelnde, weniger schreibende Menschen.)
- Lernen als Veränderung von Handlungskompetenz ist logischerweise auf Handlungskontexte angewiesen, d. h., es müssen in der Fortbildung Situationen geschaffen werden, in denen Handeln im

Mittelpunkt steht (z. B. kooperative Formen der Erarbeitung, Gruppenberatung, Übungen, Workshops usw.).

- Alle Konzepte, die ein handelndes und entdeckendes Lernen fördern, sind demgemäß funktional für ein selbstbestimmtes Arbeiten an der eigenen Lehrerrolle.

- Die Strukturen eines solchen inhaltlichen Konzepts lassen sich im übrigen ohne Schwierigkeiten aus den Richtlinien ableiten, da die handlungsleitenden Prinzipien sinnvoll in Analogie gesetzt werden können. (Beispiele: Schülerorientierung – Teilnehmerorientierung, Lernen in Projekten – Workshopkonzepte, fächerübergreifendes Lernen – interdisziplinärer Ansatz usw.)

Ein solcher handlungsorientierter Ansatz dient bewußt der Erweiterung des pädagogischen Bezugsfeldes und kann die (z. T. verlorengegangene) Attraktivität des Berufes täglich neu in den Blick rücken mit den Lernfeldern vor Ort. Erst der Zusammenhang von personenbezogenen Lernmöglichkeiten und ständiger Praxisrückbindung ergibt eine häufig als positiv erfahrene kreative Professionalität.

Diese Fortbildung in eigener Regie arbeitet nach dem Modell der kleinen, zu bewältigenden Schritte:

Sie setzt eindeutige Schwerpunkte für ein Weiterlernen nach eigener Kraft; sie problematisiert das eigene Verhalten im Hinblick auf gesellschaftliche Erwartungen und im Umgang mit der Dimension «Zeit» (vgl. Anders 1987, S. 346); sie befragt den Unterricht kritisch auf die transportierten Konzeptionen, Stile und Lernmuster; sie sucht klassen- und schulbezogene Zusammenarbeit, Partnerinnen und Partner für die gemeinsame Entwicklung von veränderter und reflektierter Schulpraxis; sie kümmert sich um die Gestaltung von pädagogischen Jahreskonferenzen; sie organisiert Workshops, in denen eigene Lernprozesse für Lernprozesse der Kinder sensibilisieren; sie bereitet pädagogische Exkursionen vor; sie entwickelt Angebote für die Fortbildung im Schulkreis; sie erarbeitet in kleinen Teams Konzeptionen und Materialien für besondere Schulbedürfnisse; sie organisiert Treffen mit Kolleginnen und Kollegen in der Region...

Hilfen und Erfahrungen dazu sind vor allem aus langjährigen Entwicklungen in folgenden Feldern zu gewinnen:

- Lernen vor Ort (u. a. Priebe 1989)
- Veränderung der Lehrerfortbildung (u. a. Edelhoff 1988)
- Erwachsenenbildung (u. a. Tietgens 1989)
- Lernwerkstättenbewegung (u. a. Ernst 1988)

- Entwicklung von Schulprogrammen (u. a. Kleingeist/Schuldt 1988)
- Psychologische Konzepte mit pädagogischer Relevanz (u. a. Rogers und TZI – vgl. Wagner 1987; Individualpsychologie – vgl. Tymister 1989; Transaktions-Analyse – vgl. Schmid 1988; Persönlichkeitsentwicklung – vgl. Schulz von Thun 1989)

Die praktischen Bedingungen, die Möglichkeiten und Grenzen des Lernens vor Ort, die Notwendigkeit, Kompetenzen aufzubauen, Erfahrungen durch Theorie auszulegen und Theorie an Praxis zu vermessen, bleiben letztlich von der Bereitschaft abhängig, das eigene «System» in Bewegung zu bringen.

«Die Lehrerinnen sind wie die Priester und die Huren. Sie verlieben sich schnell in die Geschöpfe», schreiben hier die Schüler. Ein Satz, der jedem Lehrer zu denken geben muß, denn andrerseits mißt auch der Lehrer seinen Erfolg ausschließlich an der Größe der Liebe und Anhänglichkeit seiner Schüler zu ihm. Ich selbst habe es in meiner Schule nicht anders getan. Die Schüler waren auf meiner Seite, auch auf der Seite meiner Unzulänglichkeiten.

Das kam so weit, daß ein Schüler, der mich kritisierte oder angriff, höchstens mit *meiner* Einsicht und Unterstützung rechnen konnte, mit der seiner Mitschüler nie. Die selbstverständliche Folge war, daß Kritik eines Schülers selten vorkam und als entsprechend ungebührlich empfunden wurde. Ich war Staatsanwalt, Verteidiger und Richter in einer Person, und da mir diese Ämterhäufung nicht auffallen konnte, hatte ich auch keinen Grund, diesen Ämtern gegenüber kritisch zu sein. Die Schulpflicht hatte zur Folge, daß jede menschliche Geste von mir sozusagen eine freiwillige Leistung war.

Man hat vergessen, daß die Einführung der Schulpflicht nicht als Bildungszwang gedacht war, sondern als eine Garantie für das Bildungsrecht. Man wollte mit der Schulpflicht die Kinder vor uneinsichtigen Eltern und Behörden in Schutz nehmen. Die Schule muß sich bewußt werden, daß sie ein Recht (das Recht auf Bildung) zu vertreten hat und nicht einen Zwang. Der Durchgefallene verliert sein Recht durch mangelnde Leistung. Die Leistung des Lehrers wird kaum eine Rolle spielen, weil die Mehrheit der Schüler in der Klasse verbleibt. Die Verbleibenden sind sein Alibi.

Ihnen zuliebe, sagt der Lehrer, habe er die andern durchfallen lassen, sie wären sonst durch den schwachen Schüler allzusehr belastet worden. Ihnen zuliebe, sagt er auch zu den Durchgefallenen, habe er sie durchfallen lassen, denn von einer Wiederholung würden sie nur profitieren.

Der Maßstab jedenfalls ist die Schule, nicht der Schüler. Deshalb kann der Schüler an der Schule scheitern, die Schule am Schüler nicht.

(aus: Peter Bichsel: Schulmeistereien.
Luchterhand Literaturverlag, Frankfurt/Main 1985)

Wie weit es gelingt, das eigene «System» in Bewegung zu bringen, hängt davon ab, den Lernort Klasse überhaupt in seinen vielfältigen Möglichkeiten wahrzunehmen und zu nutzen. Die Möglichkeit für ein Lernen in der Klasse fasse ich wie folgt zusammen: Die Klasse ist ein Lernort, an dem man von sich, über sich und mit den Kindern lernen kann – im Prozeß von Wahrnehmen – Nachdenken – Verändern – Überprüfen.

Die vorhandenen, vielfältigen Anregungen lösen Lernentwicklungen für ein pädagogisch sinnvolles Handeln mit Kindern aus, wenn man sie erkennen will und kann. In der Schärfung der Selbstwahrnehmung, im Aufspüren des Zusammenhangs von Lernmustern der Kinder und eigenen, biographisch bedingten Lernvorstellungen liegen Chancen und Probleme eines immer frei zu entscheidenden Mit- und Umlernens in der eigenen Klasse.

Eingeschliffene Verhaltensweisen, routiniertes Alltagshandeln, Rituale und psychisch entlastende Unterrichtsstile sind auf ihren Nutzen für die Kinder und die eigene Person zu überprüfen. Dieses gelingt eher, wenn der wechselseitige Zusammenhang informellen Lernens in kleinen Schritten praktisch erfaßt wird: Selbst-Beobachtungen im Stuhlkreis, im Klassenrat, bei der Freien Arbeit, ein Tagebucheintrag, ein Gespräch, das Aufarbeiten eines Konfliktes…

Solche kleinen «Dokumentationen» helfen, sich zunächst einmal zu vergewissern, was man selbst überhaupt bemerkt (– sehen will). Zum Nachdenken führen schlichte Fragen wie «Habe ich heute auch dem stillen Kind genügend Aufmerksamkeit gewidmet?» – «Habe ich die

Kinder gefragt, wenn...?» Aber auch die personenbezogenen Fragen sind zu stellen: «Warum reagiere ich gerade bei diesem Kind in seinem Verlangen nach Aufmerksamkeit so gereizt?» – «Welches Spiel wird bei diesem kleinen Machtkampf vom Kind mit mir gespielt – warum spiele ich mit?»

Die persönliche Offenheit zum Kind beginnt bei uns selbst, in der Bereitschaft, die Fragehaltung des Kindes und seine Suche nach dem gelingenden Lernen mindestens so ernst zu nehmen wie den in uns aus- und fortgebildeten Drang zur «Vermittlung» oder gar zur «Belehrung».

Die Kollegin

Die Möglichkeiten, Lernerfahrungen bei der Öffnung des Unterrichts mit einem Partner, einer Kollegin oder einem Kollegen zu besprechen, sollen wieder an unserer «Nils»-Geschichte veranschaulicht werden: Die Lehrerin von Nils spricht häufiger über die alltäglichen Probleme mit ihrer Kollegin, die Mathematik in der Klasse gibt. Sie vereinbaren, weiter auf die Lernfähigkeit von Nils zu vertrauen und ihm seine persönliche Lernzeit zu lassen. Die Kollegin schlägt vor, bei Konflikten mit Nils die Klasse stärker in die Mitverantwortung zu nehmen, die Kinder um Hilfen und praktische Vorschläge zur Vermeidung von Streitereien zu bitten. So kommt es zur «Schutzengelsituation». Nach einer der üblichen Pausenraufereien mit Nils (er wird verbal so lange gereizt, bis er zuschlägt) bittet die Lehrerin im Stuhlkreis die Kinder um Hilfe. Die Kleinste aus der Klasse, die durch eine Krankheit behindert ist, hat eine Idee: «Ich gehe in der Pause vor Nils und Nele hinter ihm. Dann sind wir seine Schutzengel und passen auf, daß er nicht geärgert wird.»

Nach anfänglichem Zögern kriecht Nils, dem das Gespräch peinlich ist, doch unter seinem Anorak hervor und erklärt sich zu dem Versuch bereit. Eine Woche funktioniert dieser Schutzschild – Nils genießt sichtlich die erhöhte Aufmerksamkeit und liebevolle Begleitung...

Solche kleinen Erfolge, entstanden aus gemeinsamen Überlegungen, führen zu einer konstruktiven Zusammenarbeit der beiden Kolleginnen; sie ist sowohl durch Akzeptanz und Anteilnahme als auch durch gegenseitiges «in Frage stellen» gekennzeichnet.

In vielen Gesprächen wird dadurch auch die Wahrnehmung, die «Einordnung» von «Nils» verändert – durch alternative Einschätzungen und Hinterfragen der «Wirklichkeitsgewohnheiten». Als eine Hilfe zur Lösung des Problems, bei Nils zu stark auf Störungen zu achten, schlägt die Lehrerin ein Plakat vor, auf dem man in der Klasse aufschreiben kann, was Nils gut gemacht hat. Nils wird gefragt und ist nach anfänglichem Zögern einverstanden, auch die Kinder finden die Idee gut – aber eine Woche hängt das Plakat in der Klasse, unbeschrieben!

Nils gibt sich wirklich Mühe, er kümmert sich z. B. um den stillen Robert, einen neuen Mitschüler aus der DDR. Am Freitag beschwert Nils sich bei der Lehrerin: «Da steht doch nichts, und ich habe mir doch solche Mühe gegeben. Die haben noch gar nicht gemerkt, daß ich in der letzten Woche keinen Streit gemacht habe.»

«Hast du den Mut, die Kinder nachher im Klassenrat zu fragen, warum sie nichts aufgeschrieben haben?»

Nils nickt und fragt. Die Kinder reagieren erstaunt: «Ja, das stimmt, eigentlich war das viel besser als sonst.» Und Lisa meint: «Klar, er hat mir geholfen, das habe ich ja gar nicht angeschrieben.» Plötzlich schreiben mehrere Kinder etwas auf das Plakat, es wird ganz voll, und Nils ist stolz. Er besucht am Sonntag die Lehrerin und sagt: «Es ist nicht so schlimm, daß ich am Wochenende nicht nach Hause darf…»

Auf dem Plakat steht u. a.:

«Mir gefällt, daß Du Dich um Robert kümmerst. Und uns gefällt das du für Adrian Schuhe mitgebracht hast.

Ich finde gut daß du Daniel und mich beim Turnen getröstet hast.

Ich finde es gut daß du Isi nicht mehr so viel ärgerst.

Ich finde es schön, daß wir heute in der Pause zwei riesengroße Schneebälle gebaut haben!!!

20. 12. Constanze

Heut ist Nils genau mit dem Klingeln gekommen…»

Auch hier sollen die Lernmöglichkeiten unter dem Stichwort «Kollegin» wie folgt zusammengefaßt werden: Die Kollegin oder der Kollege hilft als Partner vor Ort unmittelbar und praktisch, die Lernprozesse in den natürlichen Grenzen der eigenen Person zu erkennen und zu bedenken. Die Kollegin kann auf der einen Seite die eigenen Nöte, Ängste und Zweifel, die Stärken und Vorzüge zumindest kompetent hinsichtlich des Lernortes nachvollziehen und auf der anderen Seite ein sinnvolles Korrektiv des eigenen pädagogischen Handelns darstellen: mit unterrichtsbezogenen Alternativen, in kritisch-reflexiver Haltung im Gespräch, in der Ermutigung und praktischen Unterstützung bei der Veränderung des Unterrichts. In der «Verfügbarkeit» vor Ort, in der Alltäglichkeit, im persönlichen Bezug, im Vertrautsein des Miteinander liegen die Chancen und Probleme dieser direkten Form des Lernens voneinander.

Ein solches Lernen gelingt eher in der wechselseitigen Akzeptanz als Person, im Bewußtsein und der Bekräftigung eines festen «Arbeitsbündnisses» mit konkreten Abmachungen, die über gelegentliche Pausengespräche hinausgehen müssen. Mit der Fachlehrerin aus der eigenen Klasse, der Klassenlehrerin aus der Parallelklasse oder einer anderen Kollegin aus der Schule werden gegenseitige Hospitationen mit Auswertungen und feste Gesprächstermine verabredet. Ein solcher «Vertrag» hilft, den Prozeß des Voneinander-Lernens zu einer erst wichtigen und dann selbstverständlichen Arbeitserfahrung im Berufsfeld zu verwandeln.

Die gegenseitige Beratung und Begleitung erfordert allerdings, berufsbedingte, tief verwurzelte Verhaltensmuster (Mittelpunkt sein, Aufmerksamkeit auf sich ziehen, Übersicht behalten wollen, Dominanzverhalten, Überempfindlichkeit gegen Kritik) zu relativieren, um eine wirkliche Kooperation schrittweise zu entwickeln.

Damit wird ein Weg zur Teamfähigkeit für aktuelle Schulreformen (Öffnung, Integration, Prävention, multikulturelle Erziehung, Profilbildung an Schulen) aufgezeigt.

Hilfreich in einer solchen Arbeit ist zunächst die Konzentration auf wenige, frei vereinbarte Probleme, die praktisch – durch Veränderungen des unterrichtlichen Handelns – gelöst werden können: Erfahrungsaustausch über Differenzierungsprobleme, über die Freie Arbeit, über Lernmaterialien, über Fachkenntnisse, Wochenplanarbeit, Lernüberprüfung usw. In einem weiteren Schritt werden anspruchsvollere Themen besprochen, die jedoch von der Entwicklung gegenseitigen Vertrauens abhängig sind: die Beurteilung von Handlungsmustern in offenen Unterrichtsphasen, das Aufarbeiten von Konflikten mit Kindern, die Entwicklung von Lernbeobachtungen und Beurteilungsverfahren für Kinder.

In einer solchen Stufung kann man sich gegenseitig Mut machen,

Enttäuschungen abladen und verarbeiten, die manchmal notwendigen Veränderungen zusammen gegen den Widerstand von Kolleginnen, Kollegen und Eltern wagen, die «Einzelkämpferproblematik» in der Erfahrung auffangen, wie gut es ist, jemanden zu haben, mit dem man ohne Probleme die Freude über eine gelungene Arbeit mit den Kindern teilen kann...

Der pädagogische Tag

Zahlreiche Schulen haben im Prozeß der Öffnung und der Entwicklung eines eigenen Konzeptes einer Offenen Schule in den letzten fünf Jahren vor allem über eine «Pädagogische Jahreskonferenz» oder einen «Pädagogischen Tag» entscheidende Schritte vorwärts getan. Der pädagogische Tag ist, bei guter Vorbereitung, eine Lernform, in der ein ganzes Kollegium über sich und mit sich in thematischer Zuspitzung lernt – Beispiel: «Umgang mit schwierigen Schülern unserer Schule». Das gemeinsame Arbeiten und Nachdenken über pädagogische Probleme in ihrer Verbindung zur eigenen Schule – auch als «Pädagogische Konferenz» – läßt sich in vielfältigen Formen organisieren.

Diese schulinterne Fortbildung wird zunehmend in Anspruch genommen, weil die Vorzüge auf der Hand liegen: Die Interessen der Kolleginnen und Kollegen können über sinnvolle Vorbereitungen zu aktuellen Fragen direkt berücksichtigt werden; der alltägliche Arbeitszusammenhang, die hauseigenen Probleme, die materiellen und sozialen Bedingungen der Arbeit sind gegenwärtig: Erarbeitete Problemlösungen müssen sich immer dem kritischen Anspruch einer für alle erfahrenen praktischen Plausibilität stellen.

Chancen und Schwierigkeiten liegen in der Unmittelbarkeit, im Problemdruck, in der persönlichen Einbindung, aber auch in eingefahrenen Beziehungsstrukturen, in Hierarchien, Zuschreibungen und der schulbedingten «Betriebsblindheit» (die allerdings veränderbar ist). Da inzwischen zahlreiche Beiträge über die Umgestaltung von Konferenzen, über Kollegiumsberatungen, über die gemeinsame Arbeit eines Kollegiums, über die Organisation von pädagogischen Tagen, über die

Entwicklung von Schulprofilen veröffentlicht wurden, kann die Kollegiums-Fortbildung heute auf gesicherte Erfahrungen zurückgreifen (vgl. S. 305).

Ein pädagogischer Tag gelingt danach eher, wenn die Vorbereitung von einer kleinen Gruppe (Moderatoren-Team) übernommen wird, wenn die Erwartungen und Interessen der Kolleginnen und Kollegen vorher gründlich erforscht werden, wenn in der pädagogischen Konferenz kräftige Impulse (durch Medien, Experten, Statements) auch von außen gegeben werden, wenn Visualisierungen die Arbeitsprozesse, Standpunkte, Ergebnisse (Wandzeitungen, Karten, Synopsen) nachvollziehbar machen, wenn in Kleingruppen jeder einzelne die Chance zu echter Arbeit und Identifikation erhält, wenn das «Drumherum» (gemeinsames Mittagsbuffet, Pausen, Räume) eine Atmosphäre der Zusammenarbeit fördert.

Hilfreiche Fragen sind: Welches sind die spezifischen Probleme und Bedingungen unserer Schule? Wo liegen die Problemursachen? Gibt es einen (stillschweigenden) Konsens zu den Zielen unserer pädagogischen Arbeit? Wie wird der Konsens praktiziert? An welcher Stelle müssen wir über den «Rand» unserer Schule schauen? Wer kann uns Anregungen und Beratung geben von der staatlichen Lehrerfortbildung, von der Universität, aus anderen Bereichen? Wie offen können wir in diesem Kollegium über unterschiedliche Auffassungen und Engagements diskutieren? Brauchen wir nicht Vereinbarungen und klare Absprachen für unsere pädagogische Arbeit, die von allen getragen werden können und Kindern eine Orientierung ermöglichen...?

Um die Möglichkeiten der praktischen Durchführung eines pädagogischen Tages zu veranschaulichen, wird hier (in Auszügen) die Einladung einer Vorbereitungsgruppe aus einem norddeutschen Gymnasium wiedergegeben; die Gruppe hatte damit einen ersten Impuls zur Öffnung dieser Schule gegeben.

Liebe Kolleginnen und Kollegen!

Verstehen Sie bitte die oben genannte Dienstveranstaltung als willkommene Unterbrechung des Schulalltags, die uns die Gelegenheit gibt, über unseren eigenen pädagogischen Standpunkt zu reflektieren, unser Unterrichtsverständnis zu formulieren und es mit dem anderer Kollegen zu vergleichen. Der Dienstag gibt uns aber auch die Chance, neue pädagogische Modelle kennenzulernen, und uns gerade in der Auseinandersetzung mit diesen Modellen die eigene Lehrersituation schärfer ins Bewußtsein treten zu lassen.

Der äußere Ablauf ist so geplant:
9.00–10.30 (Raum 308) Referat «Offener Unterricht» von Prof. Wallrabenstein und anschließend Aussprache
10.30–11.00 (Lehrerzimmer) Kaffeepause
11.00–12.30 (Räume im 3. und 2. Stock) Arbeit in den Fachgruppen (Fachgruppenzuordnung laut Aushang)
12.30–14.00 (Lehrerzimmer) gemeinsames Mittagessen
14.00–15.30 (Raum 308) Auswertung der Gruppenarbeit im Plenum
ab 15.30 (Lehrerzimmer) Ausklang bei Kaffee und Kuchen

Für die Arbeit in den Fachgruppen bietet sich folgende Gliederung an, damit sich die Auswertung im Plenum hinterher leichter strukturieren läßt:

1. Theoretische Grundlagen des «Offenen Unterrichts»

   Die Gruppenmitglieder geben sich (kurz) gegenseitig Rückmeldungen darüber, wie sie das Konzept des «Offenen Unterrichts» verstehen (dies ist für eine einheitliche Sprachregelung in der Gruppe unerläßlich) und darüber, was für sie an diesem Konzept unklar geblieben ist.

   (Herr R. hält ein 8-seitiges, von Dietrich Benner verfaßtes Theorie-Papier für Interessenten bereit).

2. Eigener pädagogischer Standort und Erfahrungen aus der Praxis

   Die Gruppenmitglieder stellen kurz dar, was nach ihrer Ansicht die Schule leisten muß, was nach ihrer Meinung «guter Unterricht» ist, welches pädagogische Verhältnis sie zu Schülern wünschen, wo sie in ihrer Lehrerrolle und in ihrem eigenen Unterricht Defizite vermuten.

   Es ist verständlich, wenn einige Kolleginnen und Kollegen sich zu manchen Punkten nicht äußern möchten. Es gilt hier natürlich, wie überhaupt auf der ganzen Tagung, das «Prinzip der Freiwilligkeit» bei der aktiven Mitarbeit.

3. Bilanzierung des Reformkonzepts «Offener Unterricht»
   - Wie wird das Reformkonzept begründet? Überzeugen mich diese Begründungen?
   - Welche Vorteile (Nachteile) hätte ich als Lehrer bei der Durchführung?
   - Welche Vorteile (Nachteile) hätten die Schüler bei der Durchführung?
   - Welche Veränderung des Lehrerverhaltens verlangt «Offener U.» von mir?

- Welche didaktischen und methodischen Veränderungen würden sich für mein Fach ergeben?
- Welche räumlichen und sachlichen Voraussetzungen müßten erst geschaffen werden?
- Welche Zusammenarbeit mit anderen Fächern ergäbe sich?

Ein Mitglied jeder Gruppe stellt die Ergebnisse der Gruppendiskussion dem Plenum kurz vor.

Mit der Schule in Projekten lernen

Das Projekt im Rahmen eines Projekttages oder einer Projektwoche der ganzen Schule ist eine die Kinder und Lehrer gleichermaßen herausfordernde, handlungsorientierte Lernform. Alle Kolleginnen und Kollegen einer Schule können hier in freier Form die Fähigkeit erproben und erweitern, mit der Öffnung des Unterrichts und veränderten Lehr- und Lernrollen umzugehen.

Das Projekt fördert die Öffnung der Schule nach außen durch den Bezug zu alltäglichen Lernmöglichkeiten und Lebenszusammenhängen in Stadtteil und Dorf – es fördert die Öffnung der Schule nach innen durch die Entwicklung alternativer Lernformen mit erweitertem Praxisbezug und Erfahrungsspielräumen. Es stellt damit Fortbildung in einen ganzheitlichen Lernzusammenhang für unterrichts- und schulüberschreitende Erfahrungen.

Als besondere Form sozialen, problembezogenen und praktischen Lernens stiftet das Projekt einen für Kinder und Lehrerinnen unmittelbar einsichtigen Sinn von Schule durch den Gegenwartsbezug. Die (z. T. «ungeahnten») Möglichkeiten der eigenen Schule, aber auch die schuleigenen Grenzen der Lernbedingungen für Kinder können über Freiwilligkeit und Situationsbezug mit Kolleginnen, Kollegen und Kindern entdeckt, positiv erfahren, aber auch problematisiert und verändert werden.

Welche Chancen für ein Weiterlernen im Beruf können zur Erweiterung der eigenen Fähigkeiten und zu Veränderungen von Einstellungen führen?

- Die vermeintlichen Sicherheiten in bezug auf die Lernmöglichkeiten von einzelnen Kindern der Klasse werden häufig in Bewegung gesetzt – die Unwägbarkeiten des Lernens direkt erfahren.
- Die veränderte Wahrnehmung (bis zum Abbau von Vorurteilen) von Kolleginnen, Kollegen und Kindern wird durch neue Handlungsmuster gefördert – ein notwendiger Prozeß angesichts der Altersstruktur der meisten Kollegien (Verkrustungen).
- Die Bereitschaft, sich wirklich auf Probleme einzulassen, sie hartnäckig und gründlich zu bearbeiten, wird in der eigenen Person und bei den Kindern als Bereicherung erfahren.
- Das Aufbrechen der schulischen Routineabläufe und Kommunikationsgewohnheiten führt durch die Notwendigkeit der Zusammenarbeit zur Sensibilisierung für Teamprobleme, zum Aufbau von Organisations-, Planungs- und Koordinationskompetenzen.
- Bei der Erprobung neuer Lernformen werden die Grenzen von Lernbereichen und Fächern durch den direkten Lebensbezug als veränderbar erfahren – die berufsüblichen, vernetzendes Denken eher behindernden Einstellungen können so abgebaut werden.
- Die Veränderung der Zeiterfahrungen durch andere Handlungsabläufe bei Projekten bewirkt in der Regel ein Nachdenken über die zwanghafte Rhythmisierung und Gleichschaltung schulischen Lernens.

Der Workshop
und die Lernwerkstatt

Der Workshop ist eine neuere Form einer kompakten und handlungsorientierten Lehrerfortbildung, in der praktisches und entdeckendes Lernen zur Erschließung unterrichtsbezogener Phänomene aus sozialer, politischer, ästhetischer und naturbezogener Perspektive erfolgt.

Workshoplernen findet zunehmend Verbreitung bei Klausurtagungen, Blockseminaren, Kompaktkursen und Wochenendseminaren – organisiert über die staatliche Lehrerfortbildung, in freien Gruppen und anderen Erwachsenenbildungsinstitutionen.

Besonders die Freinet-Bewegung hat im Rahmen einer freien und selbstbestimmten Lehrerfortbildung die Vorzüge eines ganzheitlichen und entdeckenden Lernens für Pädagoginnen und Pädagogen herausgearbeitet: Durch aneignende, auf alle Sinne bezogene Lernerfahrungen mit einem Phänomen werden Erkenntnisstrukturen aufgebaut, die sich sowohl auf die subjektiven Lernvoraussetzungen und Lernstrategien als auch auf biographische Hintergründe des eigenen Lernens beziehen (Lernmuster).

Der Erkenntnisgewinn durch dieses vertiefende, die eigenen «Schullernmuster» aufbrechende Verfahren fördert in der Regel nachhaltig die Sensibilisierung und Handlungskompetenz für die Lernvorgänge bei einzelnen Kindern in der eigenen Klasse, für gemeinsame Arbeitsvorhaben (Projekte) und für die Freie Arbeit.

Chancen und Probleme liegen auch hier auf der Hand: Da Workshoplernen direkt und praktisch auf das Problemlösen, auf das Gestalten, das Tun, das Produkt bezogen ist, können Lehrerinnen und Lehrer hier (z. T. längst verlorengegangene) Primärtugenden von Arbeit, Entdecken, Forschen erfahren – wenn sie sich wirklich auf neue Lernformen einlassen. Die Verflechtung von Denken und Handeln (Aebli), die Entwicklung einer Beziehung zum Lerngegenstand, Beharrlichkeit, Geduld, Ungewißheiten, «Durststrecken» im Lernprozeß und die soziale Einbettung jeglichen Lernens sind dabei grundlegende Erfahrungen.

Weitreichende Erfolge beim Workshoplernen stellen sich dann ein, wenn die schuleigene Verformung des Wissens, die Aufbereitung in einzelne «Häppchen» und die Verselbständigung des Wissens hier als künstliche Effekte erlebt werden. Der Zusammenhang von Problemen und die Funktion des erarbeiteten Wissens für die eigene Lebenswelt machen nachdenklich.

Schwierigkeiten entstehen bei der Verarbeitung solcher Lernerfahrungen: Kaum eine Erfahrung kann sofort definiert, reflektiert und in verändertes Handeln umgesetzt werden. Gleichwohl führen Dokumentationen der Arbeitsergebnisse, das Auswerten der Erfahrungen und die Rekonstruktion von Arbeits- und Lernprozessen mit Hilfe von Karten, Wandzeitungen und Gesprächen dazu, das pädagogische Selbstverständnis und das Lehrerverhalten bei Lernsituationen mit

Kindern (z. B. im Hinblick auf die «erlaubte» Zeit) zu bedenken, zu relativieren oder Schritte zur Umorientierung zu erwägen.

Besonders im Rahmen der Fortbildungsarbeit der Lernwerkstätten – mit dem Anspruch «Lernwerkstätten als Zentren innerer Schulreform» – sind dazu vielfältige Erfahrungen gesammelt worden, weil diese praxisnahen Einrichtungen über ihren pädagogischen Anspruch gezielt Workshopsituationen und Workshoplernen entwickeln.

Eine *Lernwerkstatt* bietet also als Selbsthilfeeinrichtung von Lehrerinnen und Lehrern, als Einrichtung der Lehrerfortbildungsinstitute, der Universitäten und Hochschulen die Formen alternativer Fortbildung an, die für den Offenen Unterricht relevant sind (Entdeckendes Lernen, Drucken, Kreatives Schreiben, Projektlernen, Freie Arbeit usw.). Sie gibt gezielte Hilfe und Beratung (bis zur Supervision) bei der Neudefinition der Lehrerrolle. Lernwerkstätten verstehen sich in der Regel als «Stützpunkte» und «Motoren» der Öffnung und des Offenen Unterrichts in den Regionen. Die ca. 25 Lernwerkstätten in der BRD sind deshalb für Eltern und Lehrer erste Anlaufstelle für Kontakte und Informationen (Adressen siehe S. 315). Wie eine Lernwerkstatt sich selbst sieht, wird auf anschauliche Weise mit folgendem Text aus einem Faltblatt deutlich:

Die Hamburger Lernwerkstatt, eingerichtet in der Grundschule Wegenkamp 9, ist als ein Raum der Lehrerfortbildung gedacht, in dem Hamburger Kollegen/innen neue Erfahrungen mit dem Lernen machen können.

Wenn die Schule versuchen soll und will, neue Wege zu gehen, das heißt, mehr auf die Bedürfnisse des Kindes einzugehen, Selbständigkeit, Kreativität und Eigeninteressen zu fördern und zu erhalten, bzw. sich entwickeln zu helfen, müssen wir Lehrer/innen zunächst selbst wieder erfahren, wie diese selbstgesteuerten Prozesse ablaufen.

Lehrerfortbildung bedeutet für uns, nicht einfach nur etwas dazu zu lernen, was man in der nächsten Woche an die Kinder weitergeben kann. Gemeint ist vielmehr, sich in einen Lernprozeß hineinzubegeben – einen Weg mit oft unbekanntem Ziel – sich ihm mit allen Sinnen auszusetzen und sich dabei zuzusehen.

Es geht also darum, immer wieder selbst zu erfahren: Warum will ich etwas machen? Was fördert bzw. behindert mein Bemühen? Wie gehe ich mit Frust um? Was erlebe ich als wirkliche Lernhilfe? Wie lange dauert mein Engagement? Arbeite ich lieber allein oder in der Gruppe? Habe ich Lust, etwas darüber mitzuteilen, aufzuschreiben oder ist mein Interesse auf etwas ganz anderes gerichtet? Was passiert mit mir, wenn ich scheinbar nichts tue?

Durch diese Erfahrungen werden wir aufmerksam für die Lernwege, die die Kinder in unseren Klassen gehen, können wir ihren Forschungs- und Bewegungsdrang, ihre kreative Beharrlichkeit, aber auch ihre Ängste und Nöte besser verstehen.

Am Tag der Pädagogischen Jahreskonferenzen oder bei Workshops und Seminaren können wir hier in der Lernwerkstatt solche Erfahrungen miteinander machen. Unser Angebot richtet sich nicht nur an Grundschullehrer, da zunehmend auch die Sek. I Interesse an Offenem Unterricht zeigt.

Die Lernwerkstatt ist aber auch ein Raum, in dem man sich einfach nur umsehen darf. Wir haben eine Fülle von Material zusammengetragen, das Kollegen und Kolleginnen helfen soll, ihre Klassen für offenere Unterrichtsformen auszustatten. Darunter sind Materialien, die von Hamburger Kollegen/innen in den letzten Jahren selbst entwickelt wurden (und hier kopiert werden können), aber auch Verlagsprodukte, die sich bewährt haben.

Wir versuchen daneben, die Fülle von Dingen, die neu auf den Markt kommen, zu sichten und die guten in der Lernwerkstatt auszustellen. Wir leihen das Material nicht aus, bemühen uns aber um vollständige Adressenlisten der Bezugsquellen.

Wer Lust hat, kann bei uns auch das Drucken lernen und viele verschiedene Blei- und Plakatschriften ausprobieren.

(Lotte Busch, Bernd Kessel)

Lernen in der Gruppe
und im Kurs

<u>Die Gruppe</u> ist ein informeller Zusammenschluß von Kolleginnen und Kollegen, die mit einer gemeinsamen Zielsetzung und Arbeitsvorstellung die Fortbildung in eigener Regie gestaltet. Die vielfältigen Formen reichen von Klassenteams vor Ort über private Treffen an einem «jour fixe» bis zu Zusammenkünften einer größeren Gruppe von Kolleginnen und Kollegen in einer Stadt oder Region.

Unabhängigkeit, Freiwilligkeit und Selbstorganisation verhelfen als grundlegende Prinzipien solchen Gruppen zu einer hohen Akzeptanz und deutlichem Engagement.

Beispiel: Die drei Klassenteams der ersten Integrationsklassen in einem Schulaufsichtsbezirk schließen sich zu einer Arbeitsgruppe zusammen. Sie wollen über die Probleme ihres Unterrichts und ihres Berufs in privater Atmosphäre sprechen. Es entwickelt sich ein selbständiger Arbeitskreis mit dem verabredeten Ziel, unterrichtsbegleitend voneinander zu lernen.

Nach einiger Zeit haben sich zwei der Teams so stabilisiert, daß sie in ihrem Kollegium als «Motor» der inneren Schulreform bezeichnet werden – durchaus in positivem Sinne.

Zur Unterstützung und Organisation werden bei solchen Gruppen häufig auch die Möglichkeiten (Räume, Infrastruktur) von Institutionen und Verbänden genutzt (z. B. GEW, Pädagogik-Kooperative).

Chancen und Probleme liegen in den hohen Erwartungen für den Erfolg der kooperativen Arbeit, in der Verflechtung von privaten, persönlichen Erfahrungen, Einstellungen und Stilen mit berufsbezogenen Handlungsnotwendigkeiten (Teamprobleme), in den Hoffnungen auf geglückte, gruppendynamische Entwicklungen. Die Vorteile, sich ergänzen zu können, Erfahrungen auszutauschen, Schwächen zeigen zu dürfen, werden häufig durch die Nachteile zu großer Rücksichtnahme, gegenseitiger Verwöhnung und zwanghafter Konsensbildung in Frage gestellt. Da der «Selbstschutz» eine starke Motivation für diese freiwillige Fortbildung darstellt, sind solche Gruppen in hohem Maße von der zufälligen Zusammensetzung abhängig.

Bei der inneren Schulreform ist dabei die Gefahr der Distanzlosigkeit und eines vorschnellen Gemeinschaftsgefühls (Solidarität bei Kritik) häufig größer als die Gefahr einer überzogenen selbstkritischen Haltung. Eine sinnvolle Praxis entsteht eher, wenn die gemeinsame Arbeit mit ihren natürlichen Höhen und Tiefen in ihrem Ablauf (Gruppenentwicklungsmodelle) bedacht wird, als Lernprozeß und als Vorbereitung für kollegiale Zusammenarbeit im Berufsfeld verstanden wird und ein Austausch mit anderen Gruppen stattfindet.

Der Kurs stellt als langfristig angelegtes und institutionell verankertes Fortbildungsangebot eine Möglichkeit dar, praxisnah die «Fehlpassungen» zwischen pädagogischen Forderungen bei Schulreformen und realen Unterrichtsbedingungen in einer festen Gruppe gemeinsam zu bearbeiten.

In der Form einer regionalen Lehrerfortbildung mit Unterrichtsbefreiung und als Jahreskurs mit Stundenentlastung versuchen Kolleginnen und Kollegen, mit Beratung und Anleitung von Fortbildnern, über Hospitationen in Schulen und über regelmäßige Seminarsitzungen ihr pädagogisches Selbstverständnis und ihre Praxisprobleme miteinander zu besprechen.

Auch hier liegen die Chancen und Probleme in der Gruppenentwicklung, in der Verläßlichkeit auf Beratung und Hilfe, im Erfahren der Prozeßhaftigkeit eigenen Lernens, in der praktischen Hilfe mit Tips, Materialien, Unterrichtsprojekten, Literatur usw. Im Gegensatz zu der frei organisierten Gruppe kann hier eine kompetente Kursleitung (Supervision, Beratung vor Ort) eine professionelle Klärungshilfe darstellen.

Die Möglichkeiten einer veränderten Wahrnehmung der eigenen Schulsituation und die Relativierung des pädagogischen Handlungsrepertoires ergeben sich nachhaltig bei einer Organisation mit wechselnden Hospitationen, verständnisvollen Auswertungsgesprächen und praktischen und offenen Arbeitssituationen. Es darf jedoch nicht verkannt werden, daß bei einer gegenseitigen Hilfe und Stärkung auch die Erwartungen an die Gemeinsamkeit so weit wachsen können, daß individuelle Entscheidungen, die Betonung der Unabhängigkeit und ein Ausscheren aus dem Konsens eher negativ bewertet werden.

Hilfreich für die Entwicklung eines Kurses ist der Versuch, die Prinzipien pädagogisch sinnvollen Arbeitens im Unterricht (z. B. Selbsttätigkeit, ganzheitliches Lernen) auch bei der Kursarbeit zu verwirklichen und sich kritisch mit folgenden Fragen auseinanderzusetzen:

- Wie können die «Brüche» zwischen den als wünschenswert erarbeiteten pädagogischen Haltungen auf der Gesprächsebene im Kurs und den tatsächlich beobachteten Haltungen bei Hospitationen in den Klassen erklärt werden?
- Dient der Kurs letztlich der Verbesserung der Lernsituation der Kinder oder eher der gegenseitigen psychischen Unterstützung – und wie hängt das zusammen?
- Welche Möglichkeiten der Wahrnehmung und Lernbeobachtung haben wir bei langfristigen Lernprozessen in den Klassen?
- Wie weit werden im Kurs die Entwicklung von Selbständigkeit, Individualität und die Befreiung von Abhängigkeiten in den einzelnen Schulen gefördert?
- Ermöglicht der Kurs auch die Überprüfung von sog. «bewährten Konzepten», die Entwicklung und Reflexion von «neuen Methoden»?
- Wie geht der Kurs mit den einzelnen Phasen seiner eigenen Entwicklung, mit den Konflikten, den Krisen und den notwendigen Klärungen um?

Die pädagogische Exkursion

<u>Die Exkursion</u> als gemeinsamer Besuch einer anderen Schule mit einer Arbeitsgruppe oder einem Kollegium ist im Augenblick eine sehr beliebte, ertragreiche, aber auch aufwendige Form des Lernens voneinander im Berufsfeld.

«Reisen bildet» nachhaltig gerade im pädagogischen Kontext, weil drei Vorteile einleuchten: Erstens kommt man auf direkte und natürliche Weise über die neuen Eindrücke und Anregungen zu praktischen Ideen für Veränderungen in der eigenen Schule und im eigenen Unterricht. Zweitens wird beim «Blick über den Zaun» die Bereitschaft gefördert, die eigenen Schulbedingungen, das Schulprofil und die Unterrichtspraxis mit Abstand zu bedenken und zu relativieren. Drittens gewinnt man durch den unmittelbaren Erfahrungsaustausch – der Lernort ist vor Augen – Kriterien für einen gemeinsamen Neuanfang im Kollegium und einen beachtlichen Schwung, den Schulalltag über praktische Vorschläge und gemeinsames Tun zu verändern.

Lernerfolge stellen sich ein, wenn ein Besuch (häufig auch mit Gegenbesuch) so vorbereitet wird, daß nicht nur das Erleben einer anderen Lernwirklichkeit möglich ist, sondern eine gezielte Aufnahme, Auseinandersetzung und Auswertung einer alternativen «Schulkultur». Beispiel: Eine Gruppe von zwölf Kolleginnen und Kollegen aus Hamburg besucht eine Dorfschule in Hessen, die Jahre vorher viele Anregungen für das Schulleben aus einer Jenaplanschule in Holland für ein eigenes Schulprofil umgesetzt hat. Die Hamburger erleben u. a. eine gelungene Verbindung von Freier Arbeit, Projektorientierung und kindbezogener Vermittlung der Lernergebnisse vor der Schulgemeinde (Berichte). Eine Hamburger Grundschule entwickelt daraufhin ein Konzept zur Umgestaltung ihres Sammlungs- und Medienraumes zur Lernwerkstatt für alle Kinder der Schule…

Folgen für die Einschätzung und Veränderung der Arbeit an der eigenen Schule ergeben sich, wenn neben den praktischen Anregungen auch die übergreifenden Ziele, Hintergründe und Realisierungen in der Besuchsschule bedacht werden:

- Welche Gestaltungsformen der Lernbedingungen in der Besuchsschule überzeugen?
- Wie wird die innerschulische Lernorganisation mit den außerschulischen Erfahrungen der Kinder in Zusammenhang gebracht?
- Auf welche Weise werden offene und ganzheitliche Arbeitsweisen mit lehrerzentrierten Phasen verknüpft?
- Wie geht die Schule mit Schwerpunkten wie Integration, Prävention, Chancengleichheit um?
- Wie verhält sich die Schule im Problemfeld Differenzierung, Leistung, Beurteilung, Übergang?

Kontroverse Erfahrungen von Eltern: Eine Mutter und ein Vater berichten

Nachdem in den hier dargestellten «Lernorten» vor allem die Weiterlernmöglichkeiten für Lehrer dargestellt wurden, soll im letzten Abschnitt wieder die Elternperspektive aufgenommen werden. Zwei ganz persönliche Erfahrungsberichte zur Offenen Schule und Offenen Unterricht spiegeln die einleitend aufgezeigten unterschiedlichen Möglichkeiten, Kontroversen, positiven und negativen Erfahrungen wider. Zunächst die Erfahrungen einer Mutter, Gisela Krahl, die ihren Bericht unter das Motto stellt: «Die Kinder nehmen sich und ihre Arbeit ernst.»

«Die stärkste Erinnerung an meine eigene Schulzeit ist das Gefühl, ständig auf der Hut sein zu müssen, damit mein mangelndes Wissen nicht entdeckt würde. Und ich fand alle Lehrer anmaßend, weil sie mich beurteilten, ohne mich richtig zu kennen. Noch heute bin ich Lehrern gegenüber sehr skeptisch. Selbstbewußtsein, die Überzeugung, etwas leisten zu können, habe ich erst nach der Schule entwickelt. Zwar habe ich dort einiges Wissen erworben, aber viel zu wenig von dem gelernt, was mir heute wichtig ist: Toleranz zum Beispiel und Respekt vor Meinungen und Menschen, mich eingeschlossen.

Barbara Sichtermann schreibt in ihrem Buch über das Leben mit einem Kleinkind, daß schon der ganz junge Mensch ein ernstzunehmender Forscher sei, der nicht gelenkt und nicht belehrt zu werden braucht, der in seinem kreativen Prozeß nicht gestört werden darf, dessen Handlungsbögen nicht unterbrochen werden sollen. Diesem ernsten und fleißigen Forscher gebühre allergrößter Respekt und jede Aufmerksamkeit. Was er brauche, sei ein hilfsbereiter Laborassistent, der hinter ihm herräumt und säubert, ihn beschützt, ohne ihn zu beeinträchtigen, und ihm durch kleine Dienstleistungen den Kopf freihält für seine Forschungen.

Mir ist es nie gelungen, diesen Anspruch zu erfüllen. Denn da waren auch noch meine eigenen, ständig unterbrochenen Handlungsbögen und der Beruf. Trotzdem glaube ich, daß Barbara Sichtermann recht hat. Deshalb habe ich mir für mein Kind eine Schule und Lehrer gewünscht, die meinen Respekt und meine Zuneigung diesen kleinen Forschern gegenüber teilen.

Um offenen Unterricht zu machen, müssen die Lehrer, wie ich meine, fleißiger und flexibler sein als bei herkömmlichen Unterrichtsformen, denn der Unterricht kann nicht genau geplant werden. Das Interesse der Kinder, ob an aktuellen Ereignissen oder Sozialverhalten, bestimmt zu einem Gutteil den Ablauf der Stunde. Das Niveau der Unterhaltung richtet sich am Wissensstand der Kinder aus, die, zumal in der Großstadt, mit Informationen gut versorgt sind. Wenn Lehrer ein «kindgerechtes» Niveau im Kopf haben, irren sie zu häufig, als daß die Schüler Vertrauen haben könnten. Nimmt sich der Lehrer aber Zeit, auf die Kinder einzugehen, kann der Unterricht immer offener werden. So habe ich es in den zwei Jahren erlebt, in denen ich einmal in der Woche am Unterricht teilgenommen habe. Die Kinder brauchen um so weniger Vorschriften, je mehr sie darin bestärkt werden, daß alles, was sie machen, richtig und wichtig ist und nicht etwa unnütze Spielerei. Im offenen Unterricht wird ein Kind, das gerne lesen oder malen möchte, während andere rechnen, nicht davon abgehalten. Wichtig ist nur, daß es etwas Sinnvolles tut, und das tut es meistens. Oft beachten Kinder die Pausen nicht, weil sie voll beschäftigt sind mit dem, was sie sich aus den vielen Angeboten im Schreiben, Lesen, Rechnen oder Forschen, Theaterstücke-Üben, Basteln oder Malen gerade ausgesucht haben.

Kinder, die es nicht gewohnt sind, eigene Entscheidungen zu treffen, oder Kinder, denen im Moment der Antrieb fehlt, brauchen ab und zu die alleinige Zuwendung der Lehrerin, und die bekommen sie auch. Alle Kinder haben das Gefühl, daß die Lehrerin nur für sie da ist, wenn sie sie brauchen. Das erfordert vollen Einsatz und möglichst auch Mithilfe von anderen Erwachsenen. Da will ein Kind wissen, wie man mit dem Lexikon umgeht, ein anderes hat frühzeitig das Rechenbuch durchgerechnet und will eine Einweisung in das neue, ein Kind braucht ein Pflaster, und ein anderes will mal eben eine Runde kuscheln. Das alles ist sehr anstrengend, erleichtert aber auch wieder den Umgang mit den Kindern.

Auf Elternabenden fiel mir oft auf, daß die Lehrerin eine viel bessere Meinung von einem Kind hatte als die Eltern, die ihrer Brut nicht viel Gutes zutrauten und meinten, sie würde generell nicht hart genug angefaßt. Sie wissen zu wenig vom Einsatz ihres Kindes in der Schule. Sie sehen nur, daß es keine Schularbeiten bekommt oder, daß es immer noch kein Buch durchlesen mag. Sie möchten, daß die Schule die Kinder mehr zu sichtbarem Fleiß und meßbarer Leistung – als den vermeintlich einzigen Garanten für eine gesicherte Zukunft – antreibt. Sie fürchten, daß die Schule ihre Sorgen um die Chancen ihres Kindes nicht ernst genug nimmt. Verstehen kann ich diese Ängste, aber ich teile sie nicht, nachdem ich sozusagen am Unterricht teilgenommen habe. Mein Kind rechnet nach zwei Jahren gut, kann sehr gut lesen und liest auch viel, kann schreiben, schreibt aber äußerst ungern, hat in Biologie und Erdkunde ein Wissen erworben, das beeindruckend ist. Bei fast allen Kindern in der Klasse lassen sich schon ausgeprägte Neigungen erkennen, denen sie nach eigenem Antrieb nachgehen.

Den Lehrerinnen und Lehrern wird viel abverlangt. Sie müssen sich ständig fortbilden und bemühen sich sehr um die Eltern. Besonders auffallend finde ich, daß sie ihrer Sache sicher sind und keine Verantwortung scheuen. Da sie den Kindern Lust beim Lernen verschaffen wollen (das muß man sich mal vorstellen), haben sie selber mehr Lust bei der Arbeit. Sie werden auch sehr geliebt. Jedes Kind, das ein Problem hat, kann damit ins Lehrerzimmer kommen. Allerdings machen die Kinder davon nicht sehr häufig Gebrauch. Sie haben wenig Probleme, die sie nicht allein lösen könnten, und sie respektieren, daß die Lehrerinnen und Lehrer auch mal unter sich sein wollen.

Auch der offene Unterricht hat Vorgaben zu beachten, nämlich den an staatlichen Schulen gültigen Lehrplan, dessen Stoff innerhalb des Schuljahres zu vermitteln ist. Alle müssen diesen Stoff bewältigen, doch in Schritten, deren Maß sie soweit wie möglich selbst bestimmen. In der Klasse meines Sohnes habe ich kein Kind erlebt, das sich leistungsmäßig abgehängt hat oder abgehängt wurde. Lerngelegenheiten werden da ergriffen, wo sie sich bieten. Bringt einer einen toten Frosch mit zur Schule, wird er von allen seziert, und die Lehrerin sorgt nur dafür, daß jeder Werkzeug und Material hat, daß Nachschlagewerke bereit liegen und daß zum Schluß etwas in die Forschungshefte geschrieben wird. Das Eingehen auf Gelegenheiten heißt aber auch, daß die Kinder bei ordentlichem Schneefall zwei Tage lang nur Iglus bauen – ein Intensivkurs in Sozialkunde und Sport.

Aus meiner Sicht ist dieser lustbetonte, von den Kindern stark mitgestaltete Unterricht in den ersten beiden Jahren erfolgreich gewesen. Kein Kind blieb auf der Strecke, einige haben Leistungen erbracht, die über dem Soll liegen. In der dritten Klasse muß das Wochenpensum auf jeden Fall eingehalten werden. Die Anforderungen an Fleiß und Leistung werden größer. Wer seinen Plan nicht erfüllt, muß die Arbeiten zu Hause erledigen. Diese Regelung wird immerhin akzeptiert, sie scheint gerecht und vernünftig. Die Kinder nehmen sich und ihre Arbeit ernst, sie können ihre Leistungen selbst ziemlich gut einschätzen. Komplexe wegen irgendwelcher Handicaps oder Mißerfolge, Angst und Lerndruck habe ich bislang nicht bemerkt...»

Die Erfahrungen des Vaters Ewald Fabry sind da ganz anders. Sein Bericht hat die Überschrift «Dafür haben wir jetzt keine Zeit»: «Die Klassenlehrerin ist krank. Vertretungsunterricht. Ein Kind schlägt vor, der Lehrerin einen Brief zu schreiben. Reaktion der Lehrerin: ‹Dafür haben wir jetzt keine Zeit!› Es sollte gerade geschrieben werden – an der Tafel. Der Schulleiter greift den Wunsch des Kindes auf: Es könne, wenn es (unbedingt?) wolle, die Adresse im Schulbüro erfragen. ‹Aber Umschlag und Briefmarke nicht vergessen!›

Ist das die offene Schule, an die wir gedacht hatten? Am Anfang, viele Monate vor der Einschulung der Kinder, waren wir hoffnungsfroh: An vielen Stellen werden Schritte in Richtung auf den ‹offenen Unterricht› gemacht. Also wieso nicht auch bei uns. Es folgen Selbstinformation, Diskussion, Kontakte zur Schule. Die Schule zeigt sich reserviert. ‹Wir sind bereits eine offene Schule!› Wir planen eine Veranstaltung, wollen informieren und uns informieren lassen, möglichst gemeinsam mit der Schule. Doch die Schule hält sich zurück, und der Elternrat, dessen Unterstützung wir uns gewiß waren, zieht zurück. Der Schulfriede scheint durch uns gestört. Wir werden als Eindringlinge empfunden, die schon etwas wollen, ohne in der Schule zu sein.

Die Veranstaltung findet statt: Über hundert Teilnehmer, z. T. hitzige Wortgefechte. Lehrer der Schule fühlen sich durch die gezeigten Beispiele anderen Lernens angegriffen, stellen in Frage und verwerfen. Liegt hier vielleicht schon der Grund für das Scheitern unserer Bemühungen?

Zunächst aber Diskussionen zwischen Elternrat, Schulleitung und Elterninitiative. Aber das Ergebnis mehrerer Sitzungen bewegt sich zwischen ‹Was Sie da wollen, geht doch nicht›, ‹Nun sagen Sie uns doch mal, wie Ihr Unterricht aussehen soll!› und ‹Das machen wir schon längst›.

Nun greifen wir zum ‹Äußersten›: Wir schreiben auf, was wir uns für die Arbeit in der Grundschule wünschen, sammeln in wenigen Tagen 18 Unterschriften im Kreise der beteiligten Eltern und bitten die Schulleitung, sich dafür einzusetzen, daß in einer der vier einzurichtenden Grundschulklassen ein Einstieg in den ‹offenen Unterricht› vorgenommen wird. Warten auf die Antwort der Schule zwischen Hoffen und Bangen. Dann ist sie da: Jetzt haben wir es schriftlich, daß ‹aus personellen und organisatorischen Gründen nicht mit der Einrichtung einer 1. Klasse mit ‚offenem Unterricht' in (unserem) Sinne zu rechnen› ist. Drei neue Lehrer/innen kommen an die Schule; und da soll es nicht möglich sein, nur einen/eine zu finden? Der Schulleiter möchte in erster Linie ‹eine tüchtige Lehrkraft›. Geht vielleicht auch beides: offener Unterricht und tüchtig? Doch die Entscheidung ist gefallen, die Ferien stehen unmittelbar bevor. Unsere Kinder werden auf alle Klassen verteilt. ‹Nehmen Sie sich nicht die Chance, auch andere Eltern zu überzeugen› (ein Oberschulrat). Der Schulalltag beginnt, nun heißt es, das Beste draus zu machen. Kann man das? Die Formen des Unterrichts sind vorgegeben, der Spielraum für Eigenhandeln der Kinder sehr begrenzt. Schreibenlernen vollzieht sich im ‹Fu-Ghetto›. Hausaufgaben werden gemacht, weil sie aufgegeben sind, sie rufen kein Interesse hervor. ‹Fu ruft Uta! Uta ruft Fu!› Wen interessiert es, ob Fu Uta oder Uta Fu ruft? Hingegen, was Winnetou, Old Shatterhand oder Adlerauge treiben, wie Schnecken und Würmer wohl leben, warum so viele Abgase in die Luft verpufft werden, obwohl sie doch schädlich sind... – ja, das hält Kinder in Atem! Darüber können sie stundenlang fabulieren und brauchen nicht mit ‹leichter Kost› beschäftigt zu werden, weil die Konzentration nachläßt.

Warum sollen die Kinder nicht das Schreiben lernen können, was sie bewegt, was im Sachunterricht, beim Spielen und Basteln in ihnen entsteht. Statt dessen lernen sie häppchenweise: Ist die Episode Schnecken und Würmer abgeschlossen, trifft sich wieder Fu mit Uta! ‹Vorarbeiten› ist verboten. Nur nichts machen, was noch nicht ‹dran› ist. Die Kinder lernen sehr schnell, daß die Schule ‹Dienst nach Vorschrift› von ihnen fordert. Und Solidarität unter Eltern?

Schlüsselerlebnis Elternabend: Eine Diskussion über offenen Unterricht wird im Keim erstickt. Totale Abschottung. ‹Soll denn hier jedes Kind machen, was ihm paßt? Da muß doch eine Linie rein!› Und wo stehen wir Eltern jetzt? Irgendwo zwischen Abwarten und Resignation. Immer häufiger kommt uns der Satz über die Lippen: ‹Das wichtigste ist, daß unsere Kinder sich wohl fühlen.› Ja, es stimmt, unsere Kinder ‹fühlen sich wohl›. Aber was beweist das? Ist deshalb der Unterricht in Ordnung, weil unsere Kinder nicht klagen? Permanenter Zwiespalt: Ich möchte meinen Sohn ermutigen, auch in der Schule das zu tun, woran ihm liegt. Aber ich habe Angst, ihn zu verunsichern. Wird er sich zwischen meine und die schulischen Erwartungen gedrängt sehen? Oder scheidet er wie eine Schulkameradin fein säuberlich zwischen ‹Schule› und ‹Nicht-Schule›: In der ‹Schule› wird gemacht, was verlangt ist; in der ‹Nicht-Schule› das, was man selbst will. Manchmal spiele ich mit dem Gedanken, unseren Sohn von der Schule zu nehmen. Flucht ins Idyll des ‹offenen Unterrichts› an irgendeiner Nachbarschule! Aber dafür finde ich keine Rechtfertigung: Er klagt nicht, er hat seine Freunde an der Schule, wäre aus seinem sozialen Umfeld herausgerissen und büßte womöglich ein Stück Selbständigkeit ein, weil die Schule ohne unsere Hilfe nicht erreichbar ist.

Meine Lernprozesse:
- Die Institution Schule begreift Vorschläge von Eltern, besonders wenn sie von ‹außen› kommen, nicht als Chance, die gewohnten Gleise zu verlassen, sondern als grundlegende Infragestellung ihrer Arbeit. Ohne Lehrer, die sich innerhalb der Schule der Sache des offenen Unterrichts annehmen, sind Veränderungen schwer möglich.
- Häufig sind die behördlichen/ministeriellen Verantwortlichen aufnahmebereiter als die Einzelschule. Elterninitiativen dürfen die Behörde nicht aus der Verantwortung entlassen, Lehrer zu ermutigen, versuchsfreudiger zu sein und – sofern nötig – organisatorische Rahmenbedingungen zu schaffen.
- Wandlungen innerhalb einer zufällig zusammengesetzten Eltern- und Schülerschaft zu erreichen, sind langwierig. Ohne Geduld versperrt man u. U. auf Dauer jegliche Bewegung. Wichtig ist es, an der Schule unter Eltern und Lehrern ein Klima zu schaffen, in dem vorher nicht Übliches ‹denkbar› und schließlich auch praktizierbar wird. Eine Möglichkeit zur Veränderung sehe ich in der Durchführung regelmäßiger Gesprächsabende über pädagogische Fragen.
- Im Umgang mit meinem Sohn werde ich versuchen, unvoreingenommen seinen schulischen Lernprozeß zu unterstützen, aber ihn auch darin bestärken, eigene Lernbedürfnisse in der Schule geltend zu machen...»

Kapitel 9

Eine Schule macht Schule

Wie fängt man an?

Die Antwort auf diese Frage ist schwer und leicht zugleich: Die Öffnung beginnt bei den Erwachsenen selbst – jeder findet einen eigenen, unverwechselbaren Weg für die Öffnung des Unterrichts, der Schule, für die Öffnung zum Kind. Dabei kann man sich mutig aus dem Fenster hinauslehnen und mit Selbstbewußtsein und Sicherheit die neugewonnene Offenheit genießen. Man kann aber auch vorsichtig so weit öffnen, wie das Selbstvertrauen und die Verantwortung für andere ausreicht – um auch dann die neugewonnene Offenheit zu genießen.

Der Prozeß der Veränderung, die Bewegung des eigenen Systems, das Suchen eines Weges, das Umlernen des Lernens, die Bewußtseins-Bildung für Entdeckungen, das Umdenken der jahrzehntelangen Muster, die ersten und die nächsten Schritte, aber auch die Rückschritte und gemeinsamen Fortschritte – all das ist als Erfahrung aus dem Einstieg in den Offenen Unterricht den sich öffnenden Lehrern und Eltern wichtiger als das (bloße) Etikett «Offener Unterricht», als die (bedenk-

liche) Übernahme allzu glatter Öffnungsmodelle. Deshalb kann es hier keine detaillierten Fahrpläne mit Sicherheitsgarantie für ein schnelles Ankommen geben, sowenig wie Einstiegsrezepte, die für viele gelten mit genauen Gebrauchsanweisungen für die ersten Schritte – aber es gibt vielfältige, individuelle Erfahrungen, aus denen man für den eigenen Anfang lernen kann:

▪ «Bei mir war es sehr kompliziert. Ich brauchte ungefähr drei Jahre, bis ich meine Widerstände überwunden hatte. Ich habe viel gelesen, aber es hat mich nicht überzeugt. Bis ich eines Tages den Offenen Unterricht selbst erlebt habe – da platzte der Knoten, und ich habe mit meiner dritten Klasse über zwei Projekte angefangen, den Kindern stärker individuelles, selbständiges Arbeiten zu ermöglichen. Heute bin ich viel weiter...»

▪ «Es klingt etwas merkwürdig, aber bei mir war es eine Altersfrage. Mich reizte nach dreißig Jahren Unterrichtsroutine das Ungewisse, das Aufregende. Ich habe mit einer Stunde Freie Arbeit im Deutschbereich angefangen; es war für mich eine Herausforderung und beunruhigende Erfahrung, daß es im Unterricht zeitweise auch ohne mich geht. Inzwischen haben wir jeden Tag mindestens eine Stunde Freie Arbeit...»

▪ «Wir haben mit der ganzen Jahrgangsstufe 5 angefangen, den Unterricht zu öffnen. Das war in der Absprache mit sechs Klassen zu Beginn ziemlich chaotisch. Aber mit unserem Team-Modell und den vier Wochenstunden Freie Arbeitszeit als Ergänzung des Fachunterrichts haben wir klare Strukturen geschaffen. Die Schüler erhalten bei uns Wochenpläne für die individuelle Arbeit mit Pflichtaufgaben und freiwilligen Aufgaben.»

▪ «Mein Anfang war eher ein Zufall. Wir hatten an der Schule eine Freinet-Kollegin, die schon seit 10 Jahren anderen Unterricht machte und als etwas merkwürdig galt. Wohl so eine typische Einzelkämpferin. Als ich neu in das Kollegium kam, habe ich mich nicht beeinflussen lassen und bin einfach in ihre Klasse gegangen. Ich war total weg, es war dort eher wie eine Werkstatt, und ich habe noch nie Kinder so selbstverständlich an ihren Sachen arbeiten gesehen. Ich habe mich mit ihr angefreundet und bin mit in die Freinet-Gruppe gegangen. Naja, und dann fing ich mit dem Drucken in meiner vierten Klasse an, und bei meiner nächsten ersten Klasse habe ich von Beginn an geöffnet: ohne Fibel, nach dem Reichenkonzept.»

■ «Bei mir ging's ganz klassisch zu. Ich war auf einer Fortbildungs-veranstaltung und habe mich über die Ansprüche und Aussagen zum Offenen Unterricht richtig geärgert. Weil ich davon überzeugt war, gu-ten Unterricht zu machen, fand ich die ganze Sache ziemlich übertrie-ben. Aber es hat mich irgendwie doch gewurmt, so daß ich dann in die Lernwerkstatt gefahren bin. Ich merkte dort, daß ein Bereich in meinem Unterricht absolut zu kurz kam: Selbständiges Forschen der Kinder, Entdecken, Experimentieren. So habe ich für den Sachkunde-bereich eine Forscherecke gebaut, den guten alten Sandtisch vom Schulboden wieder runtergeholt und ganz viele Kisten mit Materialien zusammengestellt. Das schlug ein wie eine Bombe, die Kinder brachten immer mehr mit, und ich mußte einfach eine Freie Arbeitszeit einrich-ten, damit die Kinder auch gründlich etwas untersuchen konnten. Ja, so fing es an…»

Schon diese fünf konkreten Aussagen, die für zahlreiche Erfahrungen stehen, veranschaulichen die Vielfalt der Einstiegsmöglichkeiten, die persönlichen Anteile in der Anfangsphase der Öffnung, die Lernchan-cen für alle, die sich verändern wollen – sie sind vor allem deshalb ermu-tigend. Bei der Auswertung derartiger Berichte über die ersten Schritte auf dem Weg zum Offenen Unterricht haben wir in Arbeitsgruppen von Lehrern und Eltern einige schlichte Fragen zur Praxis zusammen-gestellt. Sie können dabei helfen, das Bewußtsein für die ersten Verän-derungen in der Schule und im Unterricht zu schulen, die Wahrneh-mung für die eigenen Gewohnheiten und einen individuellen Anfang zu sensibilisieren und helfen, den spezifischen Ort für eine Öffnung in der Klasse zu finden. Für eine weitere Differenzierung, Vertiefung und Entwicklung eines eigenen Konzeptes sollten die im Kapitel 7, S. 170 vorgestellten 10 Qualitätskriterien zur Beurteilung Offenen Unter-richts hinzugezogen werden.

Wie geht man am besten vor? Wir haben uns beim Umgang mit den folgenden «Einstiegsfragen» für die eigene Klasse vorgestellt, daß wir als «Forscher» in einer «anderen» Landschaft mit einer «anderen» Ge-sellschaft herausbekommen wollen, wie das Miteinanderleben und Miteinanderarbeiten dort funktioniert. Dieser fremde Blick auf die eigene Lernlandschaft führt schon bei den ersten (ehrlichen) Antworten und Notizen zu Fragen, zu überraschenden Einblicken. Sie haben in der Auswertung, beim Gespräch oder in der «Stillarbeit» geholfen, solche Bereiche der Arbeit in der Klasse zu bestimmen, in denen eine Öffnung wünschenswert erscheint.

10 Einstiegsfragen für den Offenen Unterricht

- Haben die Kinder im Unterricht Gelegenheit, über ihre Wünsche, Erlebnisse und Ängste zu sprechen?
- Wie häufig kommt es vor, daß alle Kinder zur gleichen Zeit am gleichen Lerngegenstand arbeiten?
- Was tue ich, wenn Kinder eigene Ideen und Vorschläge einbringen?
- Wie gehe ich mit der Zeit um; haben die Kinder soviel Zeit, daß sie auch ohne Druck arbeiten können?
- Wieviel Raum gibt der Unterricht für das Entwickeln, Einüben und Verändern von Regeln?
- Haben die Kinder im Unterricht die Möglichkeit, selbständig mit anderen Kindern zusammenzuarbeiten und sich zu helfen?
- Werde ich (einigermaßen) den Ansprüchen der sog. «guten» Schüler wie auch denen der sog. «schwächeren» Schüler gerecht?
- Habe ich Arbeitsmaterialien, die Selbständigkeit und individuelles Arbeiten ermöglichen?
- Wo finde ich Gesprächspartner und Verbündete bei einer Öffnung?
- Wovor habe ich bei einer Öffnung des Unterrichts am meisten Angst?

Die in der Arbeit mit diesen Fragen liegenden Hilfen für den Anfang werden in diesem Buch ergänzt durch die Aussagen, Erfahrungen und Argumentationen aus dem Abschnitt «Öffnung als Prozeß» (S. 162) und die Texte über den Einstieg in den «Offenen Unterricht in der Sekundarstufe» (S. 172). Unter den ungezählten Artikeln, Handreichungen, Dokumentationen, Erfahrungsberichten und Modellen zum Einstieg in den Offenen Unterricht, in die Freie Arbeit, in den Wochenplanunterricht möchte ich drei Texte hervorheben, die als Weiterführung und Vertiefung der hier entwickelten Position empfohlen werden können:

Schwarz, H.: Einstieg in Offenen Unterricht, in: Die Grundschulzeitschrift, Sonderheft «Öffnung der Grundschule», Velber 1989 (Friedrich Verlag), S. 12 ff. Die «klassische», pädagogisch bedachte Einführung in den Einstieg.

Böddener, M.: Ich kann mir nicht vorstellen, wieder anders zu arbeiten…, in: Kasper, H. u. a.: Laßt die Kinder lernen, Offene Lernsituationen, Braunschweig 1989 (Westermann Verlag), S. 91 ff. Eine Lehrerin berichtet sensibel und konkret über ihren Weg zur Öffnung des Unterrichts.

Kleingeist, H. u. a. (Landesinstitut für Schule und Weiterbildung, Soest): Kinder lernen selbständig, Soest 1989 (Soester Verlagskontor). – Eine gelungene Arbeitshilfe für den Einstieg in Freie Arbeit und Wochenplanunterricht.

Die praktischen Möglichkeiten für die ersten Schritte sind unbegrenzt, sie haben vor allem mit der eigenen Phantasie, der Lust auf konkrete Veränderungen und der Freude zu tun, mit Kindern gemeinsam etwas zu gestalten. So kann es zu folgenden Situationen kommen:

Tea for two: Eine Kollegin spricht mit einer engagierten Mutter bei einer Tasse Tee über ihren Unterricht. Es stellt sich heraus, daß die Mutter selbst als Lehrerin Erfahrungen mit Offenem Unterricht hat. Sie bringt der Kollegin vielfältiges Material für den Erstleseunterricht mit. Aus der ersten Tasse Tee wird ein jour fixe zum Austausch von Erfahrungen…

Leseeckenfieber: Die Kollegin beginnt, mit den Kindern gemeinsam eine Leseecke einzurichten. Wer kann einen alten Teppich besorgen, was brauchen wir noch? Die Kinder überstürzen sich mit Vorschlägen. Bald gibt es zu viele Bücher. Wie kann man sie ordnen? Eltern stiften einige schöne Sachbücher. Das Leseeckenfieber beginnt, alles wird kurz und klein gelesen. Die ersten Berichte über die Bücher werden in einem Leseeckenkreis vorgestellt; der Kreis wird nun eine beliebte Form in dieser Klasse...

Eine Räumaktion: Eine Lehrerin bereitet sich auf die Übernahme einer neuen Klasse vor. In den Ferien wird umgeräumt, damit für den Offenen Unterricht verschiedene Lernzonen entstehen können. Der Hausmeister und der Schulleiter kommen hinzu. Die Begeisterung springt (ein wenig) über. «Ja, wenn Sie das wollen. Da haben wir auf dem Schulboden doch noch das Regal mit den vielen Postfächern. Und dann ist da auch noch die alte Fossiliensammlung. Ja, und eine alte Hängekartei kann ich aus dem Geschäft von...»

Flohmarktphantasien: Zwei Gesamtschullehrerinnen schlendern über einen Flohmarkt. Eigentlich wollten sie nur Ausschau nach Schellackplatten und Parfumflakons halten. Plötzlich entdeckt eine Kollegin ein ausrangiertes Tellergestell aus einer Geschirrspülmaschine. Natürlich, so könnten die Drucke der Kinder aus der Klassendruckerei trocknen. Gekauft, am Montag wird ausprobiert. Und dann dort, die kleinen, billigen Taschenspiegel, wenn die geschickt zusammengestellt werden, kann es losgehen mit den ersten Spiegelexperimenten. Und dort...

Der Minischritt: Der Kollege möchte nicht zuviel wagen. Im Deutschunterricht fühlt er sich sicher. Eine Rechtschreibkartei und drei Rechtschreibspiele stellt er für ein erstes Angebot zusammen. Zusätzlich bekommen die Kinder für die ersten zwanzig Minuten einer «Freien Arbeit» in dieser Klasse zwei Arbeitsbögen zur Auswahl. Der kleine Anfang gelingt...

Karteienkarussell: Zwei Lehrerinnen arbeiten seit längerer Zeit zusammen und tauschen in der Pause ihre Arbeitsmaterialien aus. Eine neue Kollegin erlebt dabei, mit welchem Sachverstand über das Wachsen von Karteien gesprochen wird, wie z. B. Kinder selbst eine Indianerkartei angelegt haben. Sie bittet, am Austausch teilnehmen zu dürfen und beginnt, dafür mit ihrer Klasse selbst eine «Partnerlese-Kartei» zu entwickeln. Sie erfährt von den Kolleginnen, wie man sinnvolle Lernsituationen über Karteien in Gang setzt...

Der runde Tisch: Auf einem Elternabend schlägt ein Vater vor, aus gesundheitserzieherischen Gründen ein gemeinsames Frühstück der Kinder in der Klasse zu organisieren. Viele Ideen und Möglichkeiten werden diskutiert. Da meldet sich ein Tischler und erklärt sich bereit, mit den Kindern auf alten Schultischgestellen einen runden Tisch zum Frühstück zu bauen. Der runde Tisch, der durch eine geschickte Aufteilung auch für Gruppenarbeiten genutzt werden kann, wird in dieser Klasse bald so beliebt, daß dort nicht nur gefrühstückt wird...

Eine Dorfschule
und eine Großstadtschule

In zahlreichen Schulen gibt es seit mehr als zehn Jahren viel Bewegung, reformpädagogische Modelle und Ansätze wurden (wieder) entdeckt, verändert und weiterentwickelt: Freie Schulen, Jenaplan-Schulen, Montessori-Schulen, Waldorf-Schulen, Kinder-Schulen, Schüler-Schulen, Offene Schulen u. a. sind das Ergebnis einer inneren und äußeren Schulreform, die nachhaltig auch den Unterricht und das Schulleben der Regelschulen verändert hat.

In den Staatsschulen waren die Bemühungen um einen kindorientierten und differenzierten Schulalltag häufig gebunden an die Freinet-Bewegung, an eine Öffnung des Unterrichts auf der Grundlage bewährter reformpädagogischer Elemente wie Freie Arbeit und Wochenplanunterricht und an die Erfahrungen aus skandinavischen Ländern und aus der «open education» in England und den USA. Diese Veränderungen, von unten und von innen, haben dazu geführt, daß einzelne Reformansätze vielfach zu den in diesem Buch entfalteten Vorstellungen einer Offenen Schule und eines Offenen Unterrichts miteinander verschmolzen.

Die Bewegung hält an und dehnt sich aus, so daß es 1988 schon wieder zu Erscheinungen und Entwicklungen einer Öffnung von oben kam, die «Gestaltung des Schullebens und Öffnung von Schulen» als «Rahmenkonzept» eines Kultusministeriums (NRW) das Handeln von

Lehrerinnen und Lehrern (erfreulicherweise) mitbestimmt. Die Regelschule überläßt also das schulpädagogische Feld der Öffnung nicht mehr den alternativen Schulen, sondern hat längst selbst vielfältige Formen alternativen pädagogischen Handelns und Wege zur Veränderung der Schule entwickelt.

Mit Schule läßt sich heute also wieder Schule machen – die Entwicklung von Dorfschulen und Großstadtschulen zu Systemen mit besonderen pädagogischen Profilen ist überall zu verzeichnen. Die Fülle der Ansätze und Modelle ist kaum überschaubar: der individuelle Weg einer Schule, innerschulisches Lernen und außerschulische Erfahrungen (Öffnung in der inhaltlichen Dimension, vgl. S. 67) so miteinander zu verbinden, daß kind- und handlungsorientierte Lernsituationen entstehen, führt in der Regel zu ganz unterschiedlichen Schwerpunkten. Einige davon kommen aber in (fast) allen Offenen Schulen vor, sie entsprechen den im Kapitel «Was ist Offener Unterricht?» (S. 52) entfalteten Elementen und Dimensionen von Öffnung. So finden wir in Schulen, die Schule machen, vor allem

- eine hohe Akzeptanz und deutliches Engagement durch die Kinder und Eltern;
- eine entschieden veränderte Gestaltung der Lernbedingungen durch Lernwelten auch in der Schule;
- ein erleb- und erfahrbares Schulklima und Schulleben;
- ein sichtbares Übertragen von Lehrfunktionen an die Schüler;
- eine klare Strukturierung von Arbeitsabläufen mit Regeln und Ritualisierungen;
- eine Vielfalt an unterschiedlichsten, vor allem handlungsbezogenen Lernformen, individuellen Arbeitsphasen, wechselnden sozialen Gruppierungen und Veröffentlichungen und Anerkennung der Lernergebnisse.

Wie all das konkret für eine Schule aussehen kann, ist in zahlreichen Publikationen festgehalten worden – vom genauen Nachzeichnen der Entwicklung einer Offenen Schule, über die Veränderung eines Gymnasiums zu einer offenen Gesamtschule bis hin zur Beschreibung des Alltags einer offenen Dorfschule. Aus den Veröffentlichungen seien hier zum Nachlesen und zur Erarbeitung von bildungspolitischen Strategien und Argumentationen drei Schriften als ausgesprochen hilfreich empfohlen:

Kleingeist, H./Schuldt, W. (Landesinstitut für Schule und Weiterbildung NRW): Gemeinsam Schule machen. Arbeitshilfen zur Entwicklung des Schulprogramms, Soest 1988 (über Soester Verlagskontor).

Eine solide Handreichung, die inzwischen vielen Schulen in ihrem Öffnungsprozeß praktisch geholfen hat.

Arbeitskreis Qualität von Schule/Hessisches Institut für Bildungsplanung und Schulentwicklung: Heft 2, Fallstudien zur Qualität von Schule, Wiesbaden 1988 (über HIBS, Wiesbaden)

Die im Augenblick qualifiziertesten wissenschaftlichen Studien zur Entwicklung und Öffnung von Schulen.

Wagner, R.: «Offene Schule» – Von der Idee zur Realisierung. Über die politische Langwierigkeit der Schulreform, in: Die Deutsche Schule, H. 2, Weinheim 1989 (Juventa Verlag).

Eine Politikerin erläutert kenntnisreich und gründlich den mühsamen Weg der Offenen Schule Kassel-Waldau.

Aus dem letztgenannten Text geben wir hier die (aus einer Zwischenbilanz resultierenden) Bestimmungsmerkmale (S. 158) des hessischen Modells einer «Offenen Schule» wieder, weil sie unter den Gesichtspunkten einer Schule in der Schule und neuen Formen des Lernens ein klares pädagogisches Konzept für die großen, eher anonymen Schulen zur Anregung und Weiterentwicklung darstellen:

«1. Die Offene Schule macht ein Ganztagsangebot für alle Schüler. Verpflichtender Unterricht soll im Rahmen der Stundentafel am Nachmittag nur an zwei Wochentagen erfolgen. Das Nachmittagsangebot an den sonstigen Tagen ist für die Schüler freiwillig. Mit dieser Regelung soll gewährleistet werden, daß die Jugendlichen und Heranwachsenden andere Freizeitangebote in Vereinen, Kirchen und im Privatbereich wahrnehmen können.

2. Unabdingbare Voraussetzung der Offenen Schule ist das Angebot eines Mittagessens in einem Aufenthaltsraum, der nicht zu Unterrichtszwecken benutzt wird. Neben einer solchen Mensa müssen Räume für Erholungsmöglichkeiten und musische Aktivitäten in den Pausen vorhanden sein, die die Schüler selbst gestalten können.

3. Die Öffnung der Schule für die Realität des schulischen Umfeldes bedeutet, daß auf praktische Bildung, die Polytechnik-Arbeitslehre, betriebspraktische Erkundungen und die Verstärkung der musischen sowie sportlichen Bildung großer Wert gelegt wird.

4. Die Offene Schule wird durch personelle Öffnung charakterisiert: In den Fächern Polytechnik-Arbeitslehre, Kunst und Musik arbeiten Werkmeister, Techniker, Künstler und Schulassistenten zusammen mit den Lehrern; an der Gestaltung der Freizeitangebote beteiligen sich Eltern und Sozialpädagogen. Die schulpsychologische Beratung und die Zusammenarbeit mit anderen Beratungsstellen sowie die Berufsberatung sind unabdingbar.

5. Weitere Schwerpunkte bestehen einerseits in der schulischen Nutzung von Stadtteilbibliotheken und Mediotheken, um das Bildungs- und Kulturangebot der außerschulischen Umwelt in die pädagogische Arbeit der Schule einzubeziehen, und andererseits darin, den Bewohnern eines Stadtteils die kulturellen und Freizeitangebote der Schule zu öffnen.

6. Die Unterrichtsorganisation der Offenen Schule nimmt die Erfahrung der Gesamtschule der letzten Jahre auf, indem sie die Wahrung einer festen Bezugsgruppe, die nach Schulleistung und Sozialerfahrungen der Schüler gemischt zusammengestellt ist, in der gesamten Mittelstufe garantiert.

Die Jahrgänge sind in aufeinander bezogene Großgruppen von maximal 150 Schülern gegliedert. Jeder Großgruppe wird ein Lehrerteam zugeordnet, das das gesamte Unterrichtsangebot abdecken soll...»

Mit diesen Überlegungen sind strukturelle, bildungspolitische und allgemeinpädagogische Aspekte der Öffnung von Schulen in den Blick gerückt – zu bedenken bleibt, welche Prozesse sich bei der Veränderung auf der Ebene der menschlichen Zusammenarbeit abspielen. Gibt es dabei Erfahrungen, aus denen Eltern, Lehrer und Schulleitungen lernen können? Um diese Frage zu klären und die Herausforderungen einer kindgerechten Schule für das Kollegium besser zu verstehen, haben wir mit den Schulleitern einer Großstadtschule (Jürgen Dudas, Hamburg) und einer Dorfschule (Ernst Purmann, Vollmarshausen) ein Gespräch geführt:

Wallrabenstein (W): Besucher Ihrer Schule entdecken, daß offener Unterricht tatsächlich machbar ist. Wie an vielen anderen Grundschulen in der Bundesrepublik hat sich diese Reform bei Ihnen über einen längeren Zeitraum hin entwickelt. Wie sah denn – ganz konkret – der erste Schritt an Ihrer Schule aus?

Dudas (D): Ausgangspunkt an unserer Schule waren die behutsamen Versuche einer Kollegin, ihren Unterricht zu verändern. Zunächst unbemerkte Aktivitäten wurden dann im Rahmen einer Wochenendkonferenz ausführlich erläutert und diskutiert mit dem Ergebnis, Geldmittel verstärkt für eine angemessene Materialausstattung bereitzustellen.

Purmann (P): Bei uns gab es eine ganze Reihe verschiedener Ansatzpunkte. Ein sehr wichtiger und entscheidender war eine dreitägige, selbstorganisierte Studienfahrt des ganzen Kollegiums zu Reformschulen in Holland. Nach Hospitationen in einer Freinet- und einer Jenaplanschule waren alle voller Ideen für die Umgestaltung der Klassenräume und die Organisation des Unterrichts. Ja, es ging sogar soweit, daß bauliche Veränderungen folgten.

W.: Wie beurteilen Sie denn diesen Schritt aus heutiger Sicht, und welche Empfehlung für einen sanften Einstieg in den offenen Unterricht können Sie einem Kollegium geben?

D.: Nun, dieser zunächst «heimliche» Alleingang einer Kollegin machte neugierig und regte weitere Kolleginnen und Kollegen zu eigenen Versuchen an. Dies war unser Weg, denn es gibt nicht *den* Weg.

P.: Das sehe ich genauso. Gelingt es, wie in unserem Fall, mit dem ganzen Kollegium neue Erfahrungen zu sammeln, wie etwa durch eine Studienfahrt oder eine gemeinsame Projektwoche, dann sind damit gleichsam ideale Voraussetzungen für einen Diskussions- und Veränderungsprozeß gegeben. Nicht immer wird sich gleich ein ganzes Kollegium auf solche Unternehmungen einlassen, da scheint es mir genauso wichtig, die Vorhaben von «Einzelkämpfern» zu unterstützen.

W.: Wie sieht denn Ihr Konzept der Ermutigung einzelner Lehrerinnen für eine Öffnung ihres Unterrichts aus?

P.: Für mich ist Ermutigung eine Frage des Klimas im Kollegium. Toleranz, Offenheit und gegenseitige Unterstützung sind die wichtigsten Voraussetzungen für jeden Veränderungsprozeß. Jeder muß wissen, daß er ernst genommen und nicht abgestempelt wird. Es dürfen auch keine Noten für progressive oder weniger progressive Kolleginnen und Kollegen erteilt werden. Ich glaube, daß diese Voraussetzungen ganz wesentlich sind dafür, daß einzelne etwas wagen, etwas Neues ausprobieren.

D.: Dies möchte ich nachdrücklich unterstreichen. Außerdem kann Ermutigung aus persönlichen Gesprächen erwachsen und – formal –

aus der Bereitstellung personeller, materieller und organisatorischer Voraussetzungen.

W.: Die Veränderung der Lehrerrolle bedeutet bei offenem Unterricht auch eine Veränderung der Person. Kommt ein Schulleiter bei einer Unterstützung nicht an die Grenzen der Verantwortbarkeit – etwa bei vorauszusehenden Mißerfolgen?

P.: Diese Grenzen kann man nicht wegdiskutieren. Stets muß man mit seismographischer Sensibilität zu erspüren versuchen, welche Veränderungen tatsächlich eintreten und welche Auswirkungen sie zeitigen. Das Risiko ist geringer, wenn in kleinen Schritten vorangegangen wird und wenn Chancen eröffnet werden, die Erfahrungen mit anderen auszutauschen.

D.: Ich denke, wenn die Lehrerin oder der Lehrer Veränderungen des Unterrichts aus sich heraus wollten, dann liegt auch die Verantwortung bei ihr oder ihm selbst – es sei denn, ich nehme eine individuelle Befindlichkeit wahr, die für eine begrenzte Veränderung spricht bzw. sie ausschließt.

W.: Bei der notwendigen Unterstützung einer Gruppe von veränderungsbereiten Kolleginnen und Kollegen geraten die anderen u. U. in eine problematische Abseitsstellung – was tun?

D.: Dieses Spannungsfeld existiert fraglos. Es kommt darauf an, eine Wertung bzw. Etikettierung nicht zuzulassen – Herr Purmann hat vorhin bereits darauf hingewiesen –, sondern im pädagogischen Gespräch insbesondere Beobachtungen, Erfahrungen und Empfindungen auszutauschen.

P.: Darüber hinaus gibt es integrierende Momente durch gemeinsame Aktivitäten, z. B. durch die gemeinsame Herstellung von Arbeitsmitteln, durch eine kollegiumsinterne Erkundung, durch gemeinsames Musizieren, durch das Ausprobieren einer Schuldruckerei oder durch die Durchführung von jahrgangsübergreifenden Projektwochen.

W.: Der Weg zur Öffnung des Unterrichts ist durch die Veränderung von Lernstrukturen, Zeitstrukturen, Beurteilungsstrukturen und anderem gekennzeichnet. Das bedeutet erhebliche Mehrarbeit und viel Phantasie auch für den Schulleiter. So versperrt häufig der Stundenplan mit seinem 45-Minuten-Takt den Weg zum offenen Unterricht. Welche Lösung haben Sie?

D.: Grundlage für die Diskussion einer Neustrukturierung ist eine Bestandsaufnahme dessen, wie in den Klassen einer Schule gelernt wird, welche Fördermaßnahmen / Fachstunden und Teilzeitverträge existieren. Daraus könnte sich ein Konsens über ein Lern- und Pausenraster entwickeln, das u. a. auch dem Wunsch nach – so wichtigen – gemeinsamen Pausen gerecht wird.

P.: Wir haben die Klingel umgestellt, d. h. sie ertönt jeweils nach einem 2-Stunden-Block. Das bedeutet zugleich, daß sich die einzelnen Jahrgangsstufen innerhalb dieses Rahmens einen eigenen Zeitrhythmus geben, bedeutet aber auch, daß die gemeinsamen Pausen für die Lehrkräfte erhalten bleiben. Wir versuchen, eine gewisse Rhythmisierung des Unterrichts zu erreichen, in der sowohl die gemeinsame Wocheneröffnung / der Wochenabschluß als auch der klasseninterne Morgenkreis / Tagesschluß ihren Platz haben.

W.: Herr Dudas und Herr Purmann, wie sehen Sie denn jetzt Ihre Rolle als Schulleiter – sind Sie eher Helfer, Berater, Beschützer oder eher Initiator und Koordinator?

D.: Eigentlich von jedem ein bißchen. Ich sehe meine Rolle als Schulleiter zum einen darin, daß ich bestimmte Freiräume, die für Veränderungen notwendig sind, im Rahmen der Gesamtverantwortung für die Schule schaffe bzw. absichere. Außerdem bin ich bemüht, durch Themenvorschläge für die pädagogischen Konferenzen den offenen Unterricht weiterzuentwickeln. Gleichzeitig ist eine vielfältige Öffentlichkeitsarbeit hinsichtlich Behörde, Politik, Lehrer- und Elternschaft in einem erheblichen Ausmaß zu leisten.

P.: Als Schulleiter muß ich versuchen, das positive soziale Klima des Kollegiums ständig aufrecht zu erhalten. Und genauer gesagt gilt für die Weiterentwicklung des pädagogischen Konzepts, daß das Kollegium seine Arbeit strukturieren können muß, so wie das Kinder in einem offenen Unterricht tun. D. h. Kooperation und Kommunikation und vor allem die Selbstverantwortlichkeit müssen auch im Leben eines Kollegiums einen wichtigen Platz einnehmen.

W.: Mit der Profilierung eines Schulkonzeptes, z. B. dem des offenen Unterrichts, profiliert sich auch der Schulleiter. Da ist ein Kollegium manchmal sehr sensibel und produziert Denkmuster wie «Wir die Arbeit, er den Lohn» etc.

P.: Nun, die Außendarstellung der Arbeit einer Schule ist nicht nur Sache des Schulleiters, sondern vor allem auch der Lehrkräfte, in deren Klassen z. B. hospitiert wird. Gleichwohl kann es hier immer wieder zu Mißverständnissen kommen, gerade dann, wenn sich der Schulleiter mit der Arbeit an seiner eigenen Schule sehr stark identifiziert.

D.: Mißverständnisse / Fehleinschätzungen u. ä. auch deswegen, weil es nach meiner Erfahrung schwierig ist, die Arbeit eines Schulleiters transparent zu machen. Außerdem: Warum sollte ein engagierter Schulleiter nicht auch an der Wertschätzung teilhaben, zumal er andererseits von oft unerfreulichen Merkmalen negativer Kritik der Öffentlichkeit betroffen ist?

W.: Herr Purmann, Sie deuteten eben schon die gemeinsame Arbeit im Kollegium an. Welcher Form der gemeinsamen Arbeit geben Sie denn den Vorzug – der pädagogischen Konferenz, der Hospitation, dem Wochenendseminar oder der Werkstattarbeit?

P.: Nun, wir führen wöchentlich Konferenzen durch, in denen wir gelegentlich auch werkstattmäßig arbeiten. Wir haben auch begonnen mit gegenseitigen Hospitationen und versuchen vor allem auch immer wieder, in andere Schulen hineinzusehen, um dazuzulernen. Weiter kommt noch die Kooperation mit den Nachbarschulen hinzu – so haben wir z. B. vor einiger Zeit eine Medienbörse arrangiert, bei der ausschließlich selbsthergestellte Arbeitsmittel vorgestellt wurden.

D.: Ob pädagogische Konferenz, Hospitation, Seminar oder Werkstattarbeit, alle genannten Formen können erfolgreich sein. Wichtig bleibt die gründliche Vorbereitung bzw. Nachbereitung. Engagierter Einsatz für die Klasse und im Unterricht kostet viel Zeit und Energie, so daß die Möglichkeiten für o. a. Vorhaben deutlich eingeschränkt sind.

W.: Konferenzen sind ein wichtiger Bestandteil der schulischen Arbeit. Können pädagogische Konferenzen ein Kollegium in Gang setzen?

D.: Ja, wobei es sehr von der Ausgangslage des Kollegiums und des Schulleiters abhängt: der Informationsstand, die eigene Erfahrung und die Grundhaltung spielen dabei eine wichtige Rolle.

P.: Ich beobachte, daß Konferenzen sehr häufig überfrachtet sind von organisatorischen Fragestellungen und freue mich immer wieder, wenn es uns gelingt, wirklich Zeit zu finden, um pädagogisch weiterzukommen. Wenn die Themen der Konferenzen eingebettet sind in die lebendige Weiterentwicklung des schulischen Konzepts, dann haben sie ihren Stellenwert.

W.: Zum Schluß noch eine Frage zu den Eltern: Wie ist das Verhältnis zwischen Schule und Eltern bzw. welche Probleme stehen dabei im Vordergrund und wie werden diese Probleme gelöst?

D.: Nun, wir versuchen den oft unzureichenden Informationsstand zu verändern, z. B. durch Berichte in Elternversammlungen, Elternabenden und Elternmitarbeit. Wir bedenken mit den Eltern deren Erwartungs- und z. T. Anspruchshaltung.

P.: Eltern sehen die Schule immer vor dem Hintergrund ihrer eigenen Schulerfahrung – und die unterscheidet sich in der Regel sehr stark von der ihrer Kinder. Dies bedeutet, daß wir den Eltern ganz offensiv unsere Arbeit transparent machen müssen, z. B. durch Hospitationen und Gespräche.

Ein weiteres Element ist die Beteiligung der Eltern am Unterrichtsgeschehen, z. B. durch die Herstellung von Arbeitsmitteln, die Mitarbeit bei Projektwochen oder die Betreuung der Schülerbücherei.

Öffnung zur Gemeinde

von Otto Herz

Eine besondere Position im Bereich der Öffnung von Schule nimmt die Bewegung «Community Education» ein, also das Konzept der Nachbarschaftsschule, der Öffnung der Schule zur Gemeinde. Stadtteil- oder Nachbarschaftsschulen akzentuieren die in unseren Vorstellungen entfaltete Dimension einer inhaltlichen Öffnung der Schule und einer «Öffnung der Schule nach außen» (vgl. S. 105 f.) und wollen damit der Entfremdung zwischen schulischer und außerschulischer Lebenswelt begegnen. Da gerade in diesem Bereich der Schulreform zahlreiche Alternativen im Regelschulsystem mit Phantasie und Beharrlichkeit (auch über den Verein zur Förderung von Community Education, Kontakt siehe S. 316) entwickelt wurden, soll im nächsten Kapitel dieses Konzept durch einen engagierten Reformer selbst vorgestellt werden: Otto Herz gibt uns einen Einblick in die «Stadtteilarbeit» einer Offenen Schule, stellt als theoretischen, konzeptionellen Hintergrund «Maßstäbe» für die Qualität des Lernens in der «Community Education» vor und schließt mit 13 praktischen Fragen für die Veränderung zur Nachbarschaftsschule.

Stadtteilarbeit

Es ist ein frühlingshafter Nachmittag. In der großen Pausenhalle der Gesamtschule Hagen-Haspe quirlen die Kinder des 5. und 6. Jahrgangs. Hagen-Haspe ist eine Gesamtschule im Aufbau. Zum nächsten Schuljahr wird ein neuer Jahrgang die vierzügige Schule besuchen. Und der erste Jahrgang wird dann zwei volle Schuljahre hinter sich haben. Die Gesamtschule Hagen-Haspe ist Ganztagsschule. Üblicherweise verlassen die Kinder erst etwa um 16.00 Uhr die Schule.

Wenn an diesem Dienstagmittag – wie an drei Dienstagnachmittagen im Monat – dennoch die meisten Schülerinnen und Schüler und die Lehrerinnen und Lehrer die Schule verlassen, dann liegt das nicht daran, daß sie nach Hause gehen. Sie haben nicht schulfrei. Sie haben auch heute mittag Schule. Nur findet die Schule dienstagsnachmittags in der Regel außerhalb der Schule statt, draußen, dort, wo manche sagen, daß «das Leben» sei.

«Wir haben Stadtteil», sagen die Kinder – und eilen eifrig davon. Sie steigen in einen VW-Bus z. B., mit dem der Brandoberinspektor «seine» Gruppe abholt.

Mich nimmt – in ihrem Privatwagen – Evelyn Grösch mit, die mit Elke Hagen zusammen den Projektunterricht organisiert. Evelyn und Elke sind AB-Kräfte. Es klingt so gräßlich wie falsch es ist. Aber Innovationen im pädagogischen Feld scheinen derzeit ja fast überall auf dem Rücken derer in ungesicherten Berufsverhältnissen aufzubauen. – Das sind meine Gedanken. Elke und Evelyn beschweren sich nicht. Sie sind – auf ihre Weise – mit dem gleichen Feuereifer dabei, der von den Kindern ausstrahlt. Aber sie wissen natürlich, daß ihre Zeit nach einem Jahr abgelaufen sein wird, wenn nicht – sollen wir es so nennen? – ein «Wunder» geschieht. Und die Schule, das Kollegium und der Schulleiter, sie wissen, was ihnen fehlt, wenn ihnen diese Kräfte verlorengingen...

In der Stadtgärtnerei

Wir sind in der Stadtgärtnerei angekommen. Die feuchtwarme Luft im Gewächshaus beschlägt meine Brille. Nachdem ich mir wieder klaren Blick verschafft habe, sehe ich etwa 13 Kinder, die Norbert Stucken, den Leiter der Stadtgärtnerei, umringen. Fast am Rande steht die Person, die sonst vermutlich meist der Mittelpunkt ist: Annette Micklisch, die Klassenlehrerin der 5 c.

Die Kinder müssen hoch zu Herrn Stucken aufschauen, er ist sicher 1,90 m groß. «Sollen wir es wagen, die Pflanzen, die bisher im Gewächshaus waren, ins Freiland zu setzen?» fragt Herr Stucken. Die Kinder sind spontan dafür. «Aber die ‹Eisheiligen› kommen erst noch», wendet Herr Stucken kritisch ein. «Was sind ‹Eisheilige›?» fragen einige Kinder. «Wer gibt die Antwort?» fragt er zurück. «Dann wird es nochmals ganz kalt, manchmal», rufen einige der Kinder. Ein wenig Rhetorik ist im Spiel. Denn auch für den Meister ist entschieden, daß die heutige Frühlingssonne Anlaß ist, die Gewächshauspflanzen ins Freie umzutopfen.

Es gibt kein Murren bei den Kindern, als jedes eine Holzpalette nehmen und etwa 150 m weit tragen soll. Dort, am Frühlingsfreibeet, warten eine Gehilfin und eine Auszubildende und zeigen den Kindern, wie die Pflanzen einzupflanzen sind. Es gibt eher erst ein Gedränge, wer am schnellsten seine Palette hat. Beim dritten Gang sagt dann schon einmal ein Mädchen: «Das ist aber doch ganz schön weit, das Schleppen.» Herr Stucken hat Verständnis.

Zwei Jungs kabbeln sich, wer die beladene Schubkarre schieben darf. Schließlich ziehen zwei Kinder vorne und einer lenkt die Karre. Nur knapp können sie vermeiden, daß sie umfällt…

Nach einer Stunde etwa sind alle flächendeckenden Bodendecker draußen. Drei Mädchen hatten sich an einen Sandkasten abgesetzt: «Spielkind zu sein ist viel besser», sagt ein Mädchen. Während die Lehrerin pädagogisch ermahnt, sie könnten sich doch nicht einfach von der Arbeit drücken, fragt der Meister: «Macht euch das Spielen Spaß?» «Das ist, als wie wir klein waren», heißt eine Antwort. Bereitwillig tragen auch diese Kinder die Paletten zum Freibeet, als ihnen Herr Stucken «die letzten drei» anbietet.

Mir fällt noch das Mädchen auf, das immer nicht richtig weiß, wie sie es anpacken soll. Während viele Kinder zünftig mit Gummistiefeln aus der Plastiktüte bekleidet sind, ist sie besonders herausgeputzt. Sie will nach dem Stadtteilunterricht zum Kindergeburtstag. Die Kleiderordnungen sind auf dieses Nacheinander nicht abgestimmt…

Wie er das Mitmachen der Kinder fände, frage ich Herrn Stucken: «Zum Gucken kommen schon immer mal wieder Schulklassen; aber daß die Kinder richtig mitarbeiten, das geschieht hier zum ersten Mal.» Anerkennung und noch immer etwas Verwunderung liegen in seiner Stimme. Werden hier Kinder zur Fremdarbeit mißbraucht? Ja, es ist Kinderarbeit. Arbeit für und Arbeit mit Kindern. Aber Mißbrauch kann ich keinen erkennen. Die Kinder werden gebraucht. Und dies tut ihnen sichtlich gut.

Arbeit macht durstig. Nachdem die Bodendecker draußen und die Kinder wieder im Gewächshaus sind, gibt es – wie selbstverständlich – Sprudel. Herr Stucken hat vorgesorgt. Wenn Kinder bei einer späteren Befragung, was ihnen am Stadtteilunterricht gefalle, sagen: «Da kriegt man auch mal was zum Trinken» – dann ist dies die Quelle des Urteils. Und dahinter verbirgt sich mehr: die Achtung und Anerkennung für die erbrachte Leistung, eine Anerkennung in «Realien», und nicht nur in Noten.

Die Gewächshauspflanzen ins Freie zu verpflanzen, das war erst der erste Arbeitsgang. Drei Stunden dauert der Stadtteilunterricht. In der zweiten Phase, ohne unterbrechende Klingel, nehmen sich immer zwei Kinder zwei Blumentöpfe vor. Sie säen Blumen ein. Sie arbeiten im Team. Die Gärtnereigehilfin und die Auszubildende sind wiederum Helfer. Sie finden es gut, mit den Kindern zu arbeiten. Für sie ist es Abwechslung, und die Lernenden dürfen Lehrende sein. Rollentausch bringt fast immer einen Zugewinn in fachlich-sachlicher und in sozialer Hinsicht.

Die Samenkörner dürfen nicht zu dicht gelegt werden. Auch den Schusseligen wird Sorgfalt abverlangt. Was es zu begreifen gilt, gibt es hier zu begreifen. In jeden Topf kommen zwei Schilder, die zu beschriften sind: zum einen der Name der eingesäten Blumen, zum anderen die Namen der einsäenden Kinder. Sind die Blumen ausgekeimt und aufgeblüht, dann dürfen die Kinder ihre Blumen mit nach Hause oder mit in die Klasse nehmen. – Lohn der Arbeit.

Beim Abschied sagt mir Herr Stucken, heute sei vor allem praktische Arbeit gefragt gewesen. Die müsse halt sein und könne sich nicht durch Diskutieren ersetzen lassen. Aber selbstverständlich würde er auch sehr genau darauf achten, daß alles Tun seine Erklärung und Begründung fände.

In einer Hinsicht kann ich das bestätigen. Einige Kinder entdeckten eine hochschwangere Katze im Gewächshaus. Ein Fachgespräch über das Kinderkriegen war die Folge...

Das Konzept

Während diese 13 Kinder mit Herrn Stucken als dem außerschulischen Experten und mit Frau Micklisch als der einen Klassenlehrerin der 5 c in der Stadtgärtnerei sind, ist der zweite Klassenlehrer der 5 c mit der zweiten Klassenhälfte bei der Feuerwehr. Denn das Ganze hat System.

1. Projekte im Stadtteil, die z. T. auch immer Projekte für den Stadtteil sind, sind fest im Stundenplan verankert. An drei Dienstagnachmittagen im Monat sind drei Stunden eingeplant. Am vierten Dienstag findet die monatliche Konferenz statt. Die 7. Jahrgänge werden ihre Stadtteilprojekte zukünftig viermal im Monat mittwochs durchführen.

2. Die Stunden für die Stadtteilprojekte bringen die verschiedenen Fächer und Fachbereiche auf. Sie werden den Fächern nicht geraubt, sie gehen den Fächern nicht verloren. Sie werden in die Stadtteilprojekte eingebracht, und der Fachunterricht gewinnt dadurch in doppelter Weise: Das systematische Wissen muß sich in der komplexeren Praxis bewähren; und diese komplexe Praxis wirft Fragen auf, die Ansporn für den Wissenserwerb sind.

3. Die Stadtteilprojekte sprengen nicht den Klassenverband, sie stärken ihn. Allerdings wird die Gesamtgruppe von um die 30 Schülerinnen und Schüler in zwei Gruppen aufgeteilt, weil Gruppen über 15 Personen schlecht ins Praxisfeld zu integrieren sind. Diese Halb-Klassen bleiben ein halbes Jahr zusammen in einem Projekt. Nach einem halben Jahr wechseln die Halbgruppen die Projekte. Die, die jetzt mit der Stadtgärtnerei kooperierten, wechseln danach zur Feuerwehr und umgekehrt.

4. Jede Klasse hat nach Möglichkeit eine Klassenlehrerin und einen Klassenlehrer. So hat jede Projektgruppe einen Betreuer. Auch dies stärkt den Klassenverband und vor allem auch die persönlichen Beziehungen zwischen den Kindern und der Lehrperson.

5. Im ersten Halbjahr, in 5.1, wenn die Kinder neu von den verschiedensten Grundschulen in die Gesamtschule kommen, finden keine Stadtteilprojekte statt. Nur wer sich im eigenen Haus sicher weiß und sich zuhause fühlt, den drängt es aufgeschlossen und angstfrei nach draußen. Also wird die

Projektzeit im ersten halben Jahr genutzt, um zu sich zu finden, um zueinander zu finden, um die Schule als «ein zweites Zuhause» in-Besitz-zu-nehmen.

6. Die Stadtteilprojekte lassen sich vier großen Bereichen zuordnen: Arbeit, Kultur, Umwelt, Soziales. Natürlich sind die Grenzen nicht trennscharf, sollen, können es nicht sein. Nach dieser Orientierung in der Breite kann der Wahlbereich ab dem 8. Jahrgang beginnen.

7. Alle Stadtteilprojekte haben feste, außerschulische Kooperationspartner. Sie bringen spezifisches Wissen ein, sie öffnen Handlungsfelder, sie muten aber auch dies und jenes zu, sie helfen und sie fordern. Sie tun es als ihre Arbeit, so, wie sie zur Mit-Arbeit von Lehrern und Schülern wird.

8. Die Stadtteilprojekte werden nicht benotet. Aber sie lassen sich insgesamt in der Wirkung auf die Gruppe beschreiben: Die Ergebnisse des Handelns sind meist offen-sichtlich, beschreiben läßt sich auch das Verhalten der einzelnen, wo sie ihre Stärken einbrachten, wo sie mit Schwächen zu kämpfen hatten, wie die Bereitschaften wechselten und wuchsen. – Erlebnisse dürfen auch mal Erlebnisse bleiben.

Erlebnisse wurzeln oft tiefer in Personen als angelerntes Oberflächenwissen. Insistierende Nacharbeit tötet oft mehr ab als sie erhält und erhellt. Die Wechselbeziehung von Erlebnis und Erkenntnis bleibt – und ist wohl – dennoch Ziel.

Die Erfahrungen

Wie erleben die Schülerinnen und Schüler, die Lehrerinnen und Lehrer, die Eltern und die Kooperationspartner die Stadtteilprojekte? Zusammengefaßt läßt sich sagen:

Die Kinder sind nicht nur bei der Feuerwehr mit Feuereifer dabei; sie erleben freilich auch Frust: wenn das Museum mit den alten Handwerkstechniken z. B. lange Zeit erst besprochen wird, bevor es «begriffen» werden darf; sie sind dankbar und stolz, daß sie im Ernstfall anerkannt und geachtet werden, daß ihnen etwas zuge-Mut-et wird; sie wenden das Gelernte an, indem sie die Einhaltung der Feuerschutzbestimmungen in der Schule und zu Hause prüfen und dabei von brennendem Erschrecken erfaßt werden; sie gehen mit Souveränität mit den Fachsprachen um, weil sie sie begriffen haben; sie stöhnen, wenn sie schreiben sollen. Sie kämpfen mit Widerständen, wenn sie z. B. mit einem Fäkaliengemisch auf einem ökologischen Bauernhof Bäume bestreichen sollen; aber sie sagen: «Hier sehe ich, was ich lerne...»

Die Lehrerinnen und Lehrer sind meist ängstlich am Anfang, denn «Aller Anfang ist schwer»; sie sind ängstlich, weil sie oft Scheu haben, Kooperationspartner anzusprechen; und sie sind überrascht, wie bereitwillig diese dann mitmachen; sie sind ängstlich, weil sie meinen, mit «diesen» Kindern könnten sie sich nur blamieren; und sie sind erleichtert, wenn sie erleben, wie diszipliniert diese ihre Schülerinnen und Schüler sein können, wenn es die Sache erfordert; oder wie gelassen viele Partner gegenüber den quirligen Kindern sind; sie sind ängstlich, weil sie meinen, daß die hin- und herrennenden Kinder nichts lernen würden; und sie sind verblüfft, was die Kinder alles auffassen und wiedergeben können, ohne daß Sachverhalte eingedrillt wurden; sie erleben Kinder ganz anders als im Klassenzimmer und geben gerne zu, daß sie ihre Bilder über Kinder in vielen Fällen korrigieren, zumindest aber differenzieren müssen; sie rechnen die Mehrarbeit gegen die erhöhte Zufriedenheit auf; sie sind zuversichtlich, weil die Ängstlichkeit den überwiegend guten Erfahrungen weicht. Sie sagen: «Ich versuche, immer mehr Elemente aus den Stadtteilprojekten in den sonstigen Unterricht einzubeziehen...»

Die Eltern glauben noch nicht so recht, daß Schule fürs Lernen so nützlich sein kann, und sind auf der Stelle zur Stelle, wenn sie dazu beitragen können; sie müssen sich gegenüber den Großeltern und manchen Nachbarn behaupten, wenn diese die Skepsis äußern, die sie selbst längst überwunden haben, sie sind verblüfft und manchmal auch leicht irritiert, wenn ihre Kinder mit Selbstbewußtsein als Experten auftreten. Sie sagen: «In dieser Schule würde ich auch nochmals gerne Schülerin oder Schüler sein; aber wenigstens als Eltern bin ich hier ja gefragt und willkommen.»

Die Kooperationspartner reden gut über die Kinder; sie leugnen ihre Eigeninteressen nicht; die Feuerwehr sieht ihren Nachwuchs schwinden; sie geht davon aus, daß erheblich mehr Gefahrenschutz von der einzelnen Bürgerin und vom einzelnen Bürger wahrgenommen werden müssen; sie sehen ihre Arbeit als Zukunftsinvestition an; sie schätzen die Arbeit als Lehrerinnen und Lehrer neu und positiver ein; sie sind nachdenklich über die Welt, in der diese Kinder aufwachsen; sie wollen keine Halbheiten: Wenn das Brot morgens um 4.00 Uhr gebacken wird, dann erwarten sie, daß wenigstens einmal die Gruppe auch um 4.00 Uhr da ist – gleichgültig wie. Sie sagen: «Wir müssen wohl noch alle viel lernen, um uns gegenseitig besser zu verstehen...»

Ja, denke ich: lernen wir durch dieses Handeln; und handeln wir, damit wir dieses lernen. Sich verstehen ist ein Schritt dazu, Verständnis für andere zu entwickeln. Und andere zu verstehen hilft, sich über sich selbst besser klar zu werden.

(aus: Zeitschrift «gemeinsam». Ausländer und Deutsche in Schule, Nachbarschaft und Arbeitswelt. Essen 1989, S. 55 ff.)

Maßstäbe

Das ist ein kühnes Unterfangen, auf knappen Seiten Gütekriterien für eine gute Schule zu formulieren, Maßstäbe vorzuschlagen für die Qualität des Lernens. Das Wagnis soll gewagt werden...! Die Reihenfolge ist keine Rangfolge. Natürlich wird man nicht von jedem Handeln die Einlösung aller Kriterien erwarten dürfen. Aber je mehr Kriterien erfüllt sind, desto anspruchsvoller dürfte das Handeln sein. Die produktive Einseitigkeit kann auch einmal hervorragend sein. Die Maßstäbe gelten für alle Schulstufen und Schulformen. Die Art ihrer Einlösung wird freilich abgestimmt sein müssen auf das Alter, auf den Entwicklungsstand, auf den Erfahrungshintergrund der Kinder, Jugendlichen, jungen Erwachsenen.

Eigentätigkeit fördern

Kinder müssen von klein auf eigenen Fragen nachspüren, eigene Interessen entwickeln, eigene Handlungsmöglichkeiten erproben können. Gerade auch in und durch die Schule. Wer daran gehindert wird, dem verkrüppelt das Selbst. Die Entwicklung der Eigentätigkeit fördert das notwendige, das lebenslange Lernen. Nur das eigentätige Subjekt ist eines.

Als Aufgabe stellt sich: Was sind bewährte, was zu entwickelnde Formen der Förderung von Eigentätigkeit in der Schule und durch die Schule?

Schlüsselprobleme aufspüren und aufgreifen

Lernen kann sich nie auf «alles» beziehen und es darf nicht beliebig sein. Im Mittelpunkt des Lernens müssen die Fragen stehen, die die jeweiligen Menschen einerseits und die die Menschheit als Ganzes vordringlich bewegen. Was Schlüsselprobleme sind, wie die Schlüsselfragen als Lernaufgaben heißen, das erfordert den Diskurs aller Beteiligten. Feststehende Curriculumvorgaben erfüllen diese Bedingungen häufig nicht. Bevormundungen anderer Art auch nicht. Die Entwicklung von Methoden zum rechtzeitigen Aufspüren vielleicht noch verdeckter Schlüsselfragen ist selbst ein Schlüsselproblem.

Als Aufgabe stellt sich: Wo sind Orte, was sind die Verfahren, was sind die Prüfkriterien zur Ermittlung der Schlüsselprobleme und welche Handlungsformen sind nötig, um sie verantwortungsvoll aufzugreifen?

Die Umwelt als Mitwelt begreifen und gestalten

Nur wer in der Lernwelt erfährt, daß diese zu gestalten ist, wird sich gewiß werden, daß Sie und Er nicht nur Objekt ist, sondern auch Subjekt der Geschichte werden kann. Die unveräußerliche Überzeugung der prinzipiellen Gleichwertigkeit der Menschen ist die Grundlage der Demokratie. Ausgrenzungen und Aussonderungen verbieten sich. Das gilt auch für die Umwelt, die kein fremdes Gegenüber ist, sondern deren Teil wir selbst sind. Die Umwelt ist unsere Mitwelt. Wer versucht, die Umwelt als Mitwelt zu gestalten, wird häufig auf Widerstände stoßen. Das läßt sich kaum vermeiden. Ihre Ursachen zu erkennen, schafft Bewußtsein. Die Widerstände zu überwinden, fordert die ganze Person und viele Personengruppen.

Als Aufgabe stellt sich: Wodurch kann auch die Schule zur Verwurzelung der Erfahrung verhelfen, daß die Lern- und Lebenswelt als integrierende Mitwelt zu gestalten ist?

Die Vielfalt fremder Kulturen entdecken, achten und verstehen
Der Friede im kleinen wie im großen wird nur zu erreichen und zu sichern sein,
wenn wir die Vielfalt der Kulturen und ihre Entwicklungsdynamik erkennen
und achten. Verständnis hilft der Achtung. Verstehen und achten werden wir
die Kulturen nur können, wenn wir ihnen offen begegnen. Die Vielfalt der Kulturen ist eine Bereicherung und nicht primär eine Belastung und Bedrohung.
Lernen können alle von allen. Majoritäten neigen dazu, ihre Sicht der Welt der
der Minoritäten prinzipiell als überlegen zu betrachten. Das ist ein gefährliches
Denken. Die Herrschsucht der Herrenrasse lauert überall. Was wirklicher Fortschritt ist, bedarf der achtungsvollen, der sicher anstrengenden Aufarbeitung
unterschiedlicher Traditionen.

Als Aufgabe stellt sich: Wie kann die Schule Inter-Kulturelles Lernen fördern
und Inter-Kulturelles Leben pflegen?

Die Vielfalt in der eigenen Kultur beleben
Eine Vielfalt der Kulturen gibt es nicht nur zwischen Völkern. Vielfalt in einer
Kultur ist ein Maß für deren Lebendigkeit. Deshalb gilt es, auch die Vielfalt in
der eigenen Kultur zu entdecken, zu achten und ihre Ursachen zu verstehen.
Wer dieser Vielfalt nachgeht, wird differenzierter denken und sich vor vereinfa-
chenden Klischees schützen. Beiträge zur Belebung der Vielfalt in der eigenen
Kultur ist das Gegenteil einer Fixierung auf beschränkte und beschränkende
Rollen. Belebung dient der Befreiung. Befreiung stiftet Frieden und Zufrieden-
heit bei Anerkennung von Unterschieden. Das gilt zum Beispiel für die
Frauenfrage, die ja immer auch eine Männerfrage ist. Es gilt für alle sozialen
Gruppen, die dann nicht zu Randgruppen verdrängt werden.

Als Aufgabe stellt sich: Wie kann in der Schule und im außerschulischen
Umfeld die Vielfalt der Kulturen erlebt und – im Interesse der Emanzipation –
belebt werden?

Maßstäbe für Qualität entwickeln
Ohne Qualität sind die Herausforderungen der Moderne nicht zu bewältigen.
Leistung ist gefragt und wird nicht diskreditiert. Als Leistung zählt, was dem
Gemeinwesen als Solidargemeinschaft in seiner Gesamtheit dient. Was in diesem Sinne Leistungen sind und wie sie erworben werden, dafür sind Maßstäbe
zu entwickeln und umzusetzen. Die Schule ist daran zu messen, was sie dazu
beiträgt. Selektionen sind Mißstände, keine Maßstäbe.

Als Aufgabe stellt sich: Welche Mittel helfen Schülerinnen und Schülern, aber
auch allen anderen Lernbereiten, in diesem Sinne Gutes zu leisten?

Verantwortung übernehmen

Der «Ohne-mich-Michel» bringt auf die Dauer weder sich, noch anderen Glück. Kinder und Jugendliche haben in der Regel eine hohe Bereitschaft, Verantwortung zu übernehmen, wenn das, worum es geht, ihnen selbst und auch objektiv wirklich wichtig ist. Weniger Bevormundung und mehr Chancen zur Übernahme von Verantwortung sind gefragt. Das Andienen lästiger Aufgaben ist ein Mißbrauch kindlicher Verantwortungsbereitschaft.

Als Aufgabe stellt sich: Was sind geeignete und gefragte Aufgaben, wo finden sie sich, wie lassen sie sich von Lerngruppen ernsthaft übernehmen?

Muße erfahren

«Die Bildung wird täglich geringer, weil die Hast größer wird.» (F. Nietzsche) – Hast und Hektik sind Verhinderer von Lernen. Wer immer mehr in immer weniger Zeit durchnehmen will, der schadet dem Lernauftrag der Schule. Er verzieht und erzieht nicht. Muße ist keine Leere, sondern ein Moment der Kraft.

Als Aufgabe stellt sich: Wie kann mehr kraftspendende Ruhe, Stille, Sammlung, Entspannung und Meditation in die Schule einziehen?

Solidarität praktizieren

Jede Person und auch jede Institution ist immerzu auf Anregung, Hilfe, Unterstützung durch andere angewiesen. Solidarität fördert Leistungen und verhindert sie nicht. Solidarität meint: die entwickelten Eigenfähigkeiten in gemeinsame Problemlösungsprozesse einzubringen. Solidarität ist also das Gegenteil von anspruchsloser Kumpanei. Eine Schule ist nicht solidarisch, die *die* anderen zuweist, die einem *selbst* Schwierigkeiten bereiten. Integratives Lernen heißt die Richtung für praktizierte Solidarität.

Als Aufgabe stellt sich: Wie kann in einer Integrierten Schule Solidarität gelebt werden, wie kann die Schule ein solidarischer Partner in ihrem Umfeld und für dieses sein und werden?

Humor und Heiterkeit pflegen

Humor ist eine Quelle auch für ernsthafte Einsichten. Heiterkeit gibt Kraft in einer Welt der Bedrückungen und Bedrohungen. Die Pflege von Humor und Heiterkeit ist die bessere Alternative zu billigem Amüsement. Fröhliches Lachen und intensives Lernen ergänzen sich gut. Humor und Heiterkeit sind Qualitäten des Herzens.

Als Aufgabe stellt sich: Wie wächst in der Schule eine Aura, die zu freudvollem Lernen einlädt?

Den Geist der Aufklärung ernst nehmen

Der Ausgang aus der selbst verschuldeten Unmündigkeit bleibt das Kerncurriculum aller Lernprozesse. Das meint Emanzipation als Daueraufgabe. Kritikfähigkeit ist eine Dimension. Und weil sie sich auch gegen sich selbst richtet, ist sie keine Besserwisserei. Konfliktfähigkeit ist eine Notwendigkeit, wenn man nicht zum schuldigen Mitläufer und Mittäter werden will. Bereitschaft zur Verständigung und zur Versöhnung ist ein wichtiger Aspekt der Konfliktfähigkeit. Konflikte lohnen, wenn sie voll Wert, wenn sie wert-voll sind.

Als Aufgabe stellt sich: Wie lehren und lernen wir, damit möglichst viele Scheu-Klappen von uns abfallen?

Dem Geist der Utopie Räume eröffnen
Diese Welt ist nicht die beste aller Welten. Der Stoff, aus dem die Träume sind, ist ein Roh-Stoff, den Kinder und Jugendliche immer wieder neu für sich schöpfen und mischen und formen wollen. Wer diesen Rohstoff geringschätzt, schadet dem Lernen. «Think-Tanks» gibt es viele. «Dream-Fields» brauchen wir auch: wenn wir Kreativität wirklich schätzen! Nur mit Phantasie und Kreativität lassen sich not-wendende Traum-Landschaften entwerfen, entdecken, entfalten. «Wer keinen Mut zum Träumen hat, hat keine Kraft zum Kämpfen.»

Als Aufgabe stellt sich: Wie sehen Kreativ-Räume aus, woraus und wie können sie gestaltet werden, damit nicht immer mehr um uns herum und in uns versteinert?

...

Das 13. Gütekriterium ist nicht das der «bösen Fee». Es ist unbenannt, weil – dem Vorausgehenden folgend – Platz sein muß für das, was jeder / m einzelnen – als dem für sie / ihn Wichtigen – fehlen möge. Offenheit muß sein im Prozeß der Öffnung...

(aus: COMED-Material 1 / 90)

Der Schulweg zur Nachbarschaftsschule ist ein Suchweg
13 Fragen als einladende Entwicklungsschritte

1. Welche Erfahrungen, welche Erlebnisse, welche Erkenntnisse bringen die Kinder, die Jugendlichen mit in die Schule? Was können sie gut und worin liegt ihre Stärke?
2. An welchen Erfahrungen, an welchen Erlebnissen, an welchen Erkenntnissen fehlt es unseren Kindern und Jugendlichen?
3. Welche Interessen haben wir als Lehrer, welche Erfahrungen bringen wir mit, welche Hobbys pflegen wir, welche Leidenschaften bewegen uns, welche Kenntnisse haben wir über die Fachunterrichtskenntnisse hinaus?

4. Was können wir schlecht? Wovon haben wir keine Ahnung? Was fällt uns schwer? Welchen Herausforderungen weichen wir aus?
5. Was fehlt mir an meiner Schule? Was müßte sein, damit ich voller Zustimmung sagen kann: das ist *meine* Schule, hier bin ich gern?
6. Welche Menschen leben in meiner Nachbarschaft? Was sind ihre Interessen? Was sind ihre Berufe? Was sind ihre Hobbys? Wie sehen sie ihre Geschichte? Was sind ihre Hoffnungen? Was sind ihre Nöte? Was sind ihre Kompetenzen?
7. Wer kümmert sich in unserem Umfeld worum? Welche Personen tun das? Welche Professionen tun das? Welche Vereine und Verbände setzen sich wofür ein? Welche Ämter haben welchen Auftrag? Wem dienen die Kirchen? Wozu bilden sich inoffizielle Gruppen? Wofür kämpfen neue Bewegungen?
8. Welche alltäglichen Herausforderungen, welche ungelösten Aufgaben, welche dringenden Probleme, welche spannenden Ereignisse, welche fröhlichen Anlässe gibt es bei uns im Gemeinwesen?
9. Wo sind die Orte der Anschauung, Orte des Erinnerns, Orte, die zum Anpacken herausfordern, Orte der Gestaltung, Orte, die einladen, Entwürfe für die Zukunft zu entwickeln?
10. Wo sind die Orte der Darstellung des Gelernten? Wo Orte der Präsentation des Erarbeiteten? Wo Orte ernsthafter Bewährung – vor sich selbst, vor dem Nächsten, vor den Nächsten ingesamt: dem Gemeinwesen?
11. Wie können wir merken, welche Fortschritte wir als Schule tun? Auch: wie können wir merken, wo wir schlechter werden? – Wo sind Kinder und Jugendliche freudiger beim Lernen? Verbissener bei der Arbeit? Wo vergessen wir die Zeit? Sehen die Not und das Glück eines einzelnen Kindes? Wann sagen wir: die Ergebnisse unseres Lehrens sind gut? Wovon hängt es ab, ob uns unsere Umwelt akzeptiert? Wann widerspricht uns die uns umgebende Öffentlichkeit? – Welche Folgerungen ziehen wir aus allen diesen wahr-Nehmungen?
12. Damit ich den Fortschritt, den Rückschritt, den Stillstand, die Veränderungen merken kann, muß ich wissen: was tun wir denn schon immerzu? Was besagt unsere Bestandsaufnahme jetzt für die Perspektiven, mit denen wir uns identifizieren können?
13. Und wie organisieren wir das alles...?

(aus: Auf dem Weg zu einem erweiterten Schulverständnis. In: Arbeit und Kultur. COMED-Schriftenreihe 1/90)

Ein Blick über den Zaun:
Jenaplanschulen

Die Öffnung der Schulen war und ist nicht denkbar ohne die Fülle der Anregungen für ein sinnerfülltes Lernen aus den zahlreichen Offenen Schulen in Europa. So ist in der Bundesrepublik in den letzten Jahren eine Weiterentwicklung der Schulen durch Impulse aus dem europäischen Ausland, aus England (open education), den Niederlanden (basis-school), Italien (Reggio-Pädagogik), Frankreich (Freinet) und Skandinavien (Tvind) zu beobachten. Pädagogische Exkursionen stehen hoch im Kurs, denn «Reisen bildet» – für die Entwicklung einer eigenen Schulkonzeption. Nach unseren Einschätzungen finden vor allem Besucher der holländischen Jenaplanschulen großes Interesse, weil die Orientierung an Peter Petersen der Reformentwicklung in der Bundesrepublik mit Freier Arbeit, Wochenplanunterricht, Projektorientierung und Gestaltung des Schullebens sehr nahe kommt.

Wir haben mit verschiedenen Arbeitsgruppen, Kollegien und studentischen Seminaren in den letzten Jahren Schulen in Frankreich, England, Dänemark und den Niederlanden besucht – der Vergleich der Erfahrungen, natürlich sehr subjektiv gesehen, spricht für einen deutlich erkennbaren Zusammenhang der in diesem Buch vorgestellten Elemente Offenen Unterrichts mit zentralen pädagogischen Prinzipien der Jenaplanschulen. Aber auch diese Zuschreibung ist fragwürdig und widerspricht dem Prinzip der Offenheit – so lag z.B. der besondere Reiz eines Gegenbesuchs einer Jenaplanschule aus den Niederlanden in Hamburger Freinet-Klassen in der Begeisterung der holländischen Kolleginnen und Kollegen für die reichhaltige Lernumwelt, für Materialien, für das Drucken und die Selbständigkeit der Kinder… Das Motto kann auch hier deshalb nur heißen «Voneinander lernen».

Werfen wir also einen Blick in eine niederländische «basis-school»! Was habe ich mir damals am ersten Besuchstag in der Schule «De Keg» in Venray notiert?
– Die offene Anfangssituation – eine zwanglose Atmosphäre der natürlichen Begegnung und Bewegung…

- Offene Räume, eine offene Halle in der Mitte mit faszinierender Funktion für die Gemeinschaft...
- Emotionales spielt eine große Rolle: Kinder werden nicht ausgelacht, Kinder werden getröstet, Gefühle werden im Unterricht nicht ausgespart...
- Die Selbstverständlichkeit und Ernsthaftigkeit, mit der gelernt wird: im Wechsel von Stammgruppen und Niveaugruppen, im Helfersystem...
- Eine hohe Übereinstimmung zwischen dem Verhalten als Mensch, als Erzieher und den vereinbarten Grundprinzipien...
- Eine freundschaftliche und konstruktive Teamarbeit mit Nähe und Verständnis für persönliche Probleme...
- Herausragende Bedeutung des Übens, (mir) zuviel Abschreiben, zu wenig selbstbestimmtes Lernen...
- Viel Spielmaterial, wenig «Sachmaterial» (im Vergleich zu Freinet-Klassen), praktische, aber auch einige «geschlossene» Schulbücher, trotzdem kindorientierter, guter Unterricht...
- Die Lehrerinnen und Lehrer: freundlich aber bestimmt, ohne die Kinder anzutreiben...
- Die Kinder: offen, mit einer natürlichen Sicherheit im Auftreten und großen Fragebedürfnissen: weniger kleine Erwachsene als wirkliche Kinder...

Doch was heute geplant, vorbereitet und festgelegt wird, wird Euer Leben bestimmen. Wenn Ihr nicht unerhört wachsam bleibt, Euch nicht Wissen aneignet, lernt, wenn Ihr nicht Eure Phantasie trainiert, Eure Vorstellungskraft erweitert, seid Ihr am Ende nur die Opfer der Planer von heute, deren Mittelmaß sich in ihrer ökonomischen Abhängigkeit, ihrer bübischen Kraftprotzerei und ihrer mangelnden Fähigkeit zu Entwürfen, zu Visionen offenbart. Ihr müßt lernen, einzugreifen, die Chancen dazu werden Euch geboten.

Peter Härtling

(aus: Michael Albus / Peter Härtling, Kinder einer Erde. Düsseldorf 1990)

Diese ersten Beobachtungen wurden bei der praktischen Mitarbeit im Unterricht, bei weiteren Besuchen vertieft, differenziert, auch relativiert. Natürlich kann man einen großen Teil der uns beeindruckenden Erscheinungen mit den Rahmenbedingungen der niederländischen Jenaplanschulen erklären, z. B. mit der ganztägigen pädagogischen Betreuung, mit dem Verzicht auf Ziffernzensuren, mit den großen Handlungsspielräumen der Schulen, mit der Einbeziehung von Eltern in das Schulleben, mit der Mischung von Altersgruppen, der Verpflichtung für die Schule, ein Arbeitsprogramm zu veröffentlichen usw.

Nicht ganz sind durch diese Konzeption der pädagogische Bezug und die souveräne Kindorientierung in den Schulen zu erklären – das (kleine) Geheimnis liegt m. E. wohl darin, daß hier ein Grundkonzept – die Prinzipien des Jenaplans – nicht (wie vielfach bei uns) in irgendwelchen Präambeln der Richtlinien das Dasein von Leerformeln führen, sondern in diesen Schulen offensichtlich *gelebt* werden. Diese Prinzipien sind aus der praktischen Arbeit der Jenaplanschulen, der kritischen Auseinandersetzung mit der Pädagogik Peter Petersens (Diskussion um faschistische Bezüge in seinem Werk) und der langen Entwicklung einer kindgerechten, humanen Schule entstanden. Weil sie wesentliche Elemente des hier entwickelten Verständnisses einer Offenen Schule und Offenen Unterrichts enthalten und vielen Schulen bei der Orientierung an einem verbindenden, pädagogischen Grundkonsens geholfen haben, geben wir die Prinzipien in Auszügen wieder:

Prinzipien des Jenaplans

Der Mensch

1. Jeder Mensch ist einzigartig. Er hat seinen eigenen Wert und seine eigene Würde.
   Beides ist unersetzbar.

2. Jeder Mensch hat, ungeachtet von Rasse, Nationalität, Geschlecht, sozialer Herkunft, Religion oder Lebensanschauung das Recht, eine eigene Identität zu entwickeln, die durch Selbständigkeit, kritisches Bewußtsein, Kreativität und soziale Gerechtigkeit gekennzeichnet ist.

3. Für die Entwicklung einer eigenen Identität braucht jeder Mensch Beziehungen zu der sinnlich wahrnehmbaren und nicht sinnlich erfahrbaren Welt.

4. Jeder Mensch wird immer als Gesamtperson anerkannt und nach Möglichkeit auch so behandelt.

5. Jeder Mensch wird nicht nur als Kulturträger, sondern als Kulturveränderer anerkannt und nach Möglichkeit auch so behandelt.

Die Gesellschaft

6. Die Menschen müssen an einer Gesellschaft arbeiten, die den unersetzbaren Wert und die unersetzbare Würde jedes einzelnen Menschen achtet.

7. Die Menschen müssen an einer Gesellschaft arbeiten, die Gelegenheit und Anreiz für die Identitätsentwicklung eines jeden bietet.

8. Die Menschen müssen an einer Gesellschaft arbeiten, in der gerecht, friedlich und konstruktiv mit Unterschieden und Veränderungen umgegangen wird.

9. Die Menschen müssen an einer Gesellschaft arbeiten, die voller Respekt und Sorgfalt mit der Erde und dem Weltall umgeht.

10. Die Menschen müssen an einer Gesellschaft arbeiten, die die natürlichen und kulturellen Quellen voller Verantwortung den zukünftigen Generationen gegenüber verwaltet.

Die Schule

11. Die Schule ist eine relativ autonome, kooperative Organisation aller Beteiligten.

12. In der Schule haben die Erwachsenen die Aufgabe, die oben gemachten Aussagen über den Menschen und die Gesellschaft zum pädagogischen Ausgangspunkt ihres Handelns zu machen.

13. In der Schule wird der Stoff sowohl der Lebens- und Erfahrungswelt der Kinder entnommen, als auch den Kulturgütern, die in der Gesellschaft als wichtig für die hier beschriebene persönliche und gesellschaftliche Entwicklung betrachtet werden.

14. In der Schule wird der Unterricht in pädagogischen Situationen und mit Hilfe von pädagogischen Unterrichtsmitteln organisiert.

15. In der Schule wird der Unterricht von einer rhythmischen Abwechslung der Grundformen des Gesprächs, des Spiels, der Arbeit und der Feier gestaltet.

16. In der Schule findet eine heterogene Gruppierung der Kinder statt.

17. In der Schule wechseln sich entwickelnder Unterricht, selbständiges Arbeiten und spielerische Lernformen gegenseitig ab.

18. In der Schule nehmen entdeckendes und untersuchendes Lernen und Gruppenarbeit eine wichtige Stelle ein.

    Dieses Grundprinzip ist eine weitere Zuspitzung des 17. Grundprinzips. «Entdeckendes Lernen» ist ein wichtiges Prinzip des Unterrichts in der Jenaplanschule, wobei wir den Kindern wenn möglich gestatten, sich untersuchend mit den Dingen und Erscheinungen der unterschiedlichen «Wirklichkeiten» zu beschäftigen. «Entdeckend-untersuchend lernen» deutet auch auf die Art und Weise hin, wie wir dieses Prinzip gestalten wollen, nämlich indem wir die folgenden Aspekte (die einander oft als Phasen nachfolgen) berücksichtigen:
    - die Begegnung mit den Erscheinungen, spontan oder vom Lehrer organisiert, in vielfältigen Formen wie z. B. Beobachtungskreis, Leute befragen, edukative Wanderungen usw.;
    - Fragen der Kinder, die bei diesen Begegnungen entstehen, das Bearbeiten dieser Fragen im Dialog mit den Kindern;
    - die Untersuchung als der gezielte Versuch, Antworten auf die bearbeitete Frage zu finden;
    - die Berichterstattung in unterschiedlichen Formen, mit einer gemeinsamen Berichterstattung, z. B. im Berichtskreis;
    - die Vertiefung, z. B. durch eine nachgeschaltete Unterrichtsstunde, in der man die Entdeckungen der Kinder nutzt.

19. In der Schule findet die Verhaltens- und Leistungsfeststellung eines Kindes möglichst immer aufgrund des eigenen Entwicklungsverlaufs des Kindes und erst nach einem Gespräch mit dem Kind statt.

    In der Schule findet eine fortwährende Verhaltens- und Leistungsfeststellung statt. In der Jenaplanschule sind dabei die Einmaligkeit jedes Kindes (1. Grundprinzip) und die «Annäherung» des Kindes (4. Grundprinzip) ausschlaggebend. D. h., daß wir die Kinder nicht miteinander, sondern immer mit ihrem eigenen Entwicklungsverlauf vergleichen. Für die instrumentellen und kulturellen Fähigkeiten heißt das, daß wir so genau wie möglich zu bestimmen versuchen, was die Kinder können sollten. Dabei bieten wir einen Aufbau im Schwierigkeitsgrad an, wodurch eine individualisierte Annäherung ermöglicht wird. In der Anwendung dieser Fähigkeiten erweist sich für Kinder ihre Rolle als Kulturträger und -veränderer. In bezug auf die Beurteilung des Verhaltens und der Leistungen individualisieren wir noch stärker. Was für das eine Kind in einem bestimmten Augenblick «gut» ist, ist für ein anderes Kind bestimmt nicht gut. Von Zeit zu Zeit wird in den Lehrerkonferenzen versucht, auf diesem Gebiet weitere Einsichten und Fähigkeiten zu entwickeln, z. B. indem man Praxisbeispiele analysiert und sich gegenseitig ein «feedback» gibt. «Leistung» ist in der Jenaplanschule kein «schmutziges» Wort, im Gegenteil. Jedes Kind soll nach seinem besten Können Leistungen erbringen, auf vielen Gebieten. Das wollen wir für die Kinder auch ermöglichen. In Besprechungen mit den Kindern über ihr Verhalten und ihre Leistungen, in Gesprächen mit den Eltern und in schriftlichen Beurteilungen wollen wir diesem Prinzip gerecht werden.

20. In der Schule betrachtet man Veränderungen als einen Prozeß, der nie endet und der von einer konsequenten Wechselwirkung zwischen Handeln und Denken gesteuert wird.

Die Wechselwirkung zwischen Handeln und Denken gilt für alle vielfältigen Beziehungen innerhalb der Schule: die Lehrer untereinander, der Lehrer mit den Kindern, innerhalb des Kollegiums, mit den Eltern. In der Jenaplanschule besinnen wir uns regelmäßig auf das was wir machen, wie wir es machen und warum wir es machen.

Die Zielsetzungen, die oben für den Unterricht mit den Kindern formuliert wurden, gelten auch für das Kollegium: das Recht auf eine eigene Identität, die positive Bewertung der Verschiedenheit, das Leben innerhalb von Beziehungen, Verwunderung, den unterschiedlichen Aspekten des Menschseins gerecht werden, das Spannungsfeld zwischen Individuen einer Gruppe, das niemals Ausgelernthaben. Auch als Jenaplanschule können wir niemals behaupten, daß wir das Ziel erreicht haben. Wir sind immer auf dem Weg.

(Zusammengefaßt von Kees Both und Kees Vreugdenhil, Jena-Plan-Seminar, Utrecht, NL. Ins Deutsche übertragen von Huub van der Zanden und Annette Theis aus: Die Lehrer Werkstatt, Sondernummer 1, 1989, Spectra-Lehrmittel-Verlag)

Kapitel 10

Offener Unterricht: kontrovers

Wer will den Offenen Unterricht verhindern?

«Öffnung schafft Bewegung» – wir nehmen zum Schluß eine zu Beginn dieses Buches geschilderte Alltagserfahrung wieder auf. Sie wird immer dann als Erfahrung lebendig, wenn sich Eltern und Lehrer im pädagogischen Raum der Schule und in der Öffentlichkeit mit dem Offenen Unterricht auseinandersetzen.

Die Unruhe in der eigenen Person, die wissenschaftlichen Diskurse, die öffentlichen Diskussionen, provozierende Streitereien und bildungspolitische Aufrufe mit Behauptungen und Unterstellungen von «leistungsfeindliches Konzept» über «vorübergehende Mode» bis zu «sozialistische Gleichmacherei» haben zwei weitreichende Gründe:

1. Offener Unterricht berührt durch den Anspruch einer personalen Öffnung das Selbstverständnis, die Gefühle, die Weltbilder, die Alltagsphilosophie, die Grundwerte jedes Erwachsenen – «da kann man nicht mal eben zur Tagesordnung übergehen wie bei der Diskussion um die didaktische Modewelle Mengenlehre».
2. Erziehung und Bildung sind heute wieder öffentliche Themen und rufen daher immer Kontroversen hervor – «da kommt Freude auf, denn beim Offenen Unterricht werden die Gegensätze so richtig sichtbar und können nicht mehr mit Begriffen wie ‹Allgemeinbildung› zugekleistert werden».

Ich habe die ungezählten Auseinandersetzungen um den Offenen Unterricht in den letzten Jahren über Bücher, Artikel, Diskussionsmitschriften, Presseveröffentlichungen, Elternratsprotokollen, Flugblättern, Kampfschriften, Briefen, Zurufen usw. noch einmal mit ganz persönlichem Interesse durchgesehen und fand mich selbst wieder mit wenig schmeichelhaften Rollenzuschreibungen wie «bildungspolitischer Agitator», «blinder Öffnungsaktivist», «missionarischer Eiferer», «Offenheitsfanatiker», «naiver Schulreformer», «theorieloser Praktiker», «leistungsfeindlicher Theoretiker», «einseitiger Kinderfreund», «Elternaufhetzer»...Das zeigt wohl überdeutlich, zu welchen Kontroversen und Aufregungen der Offene Unterricht beitragen kann – selbstverständlich (und zum Trost für mich) hat diese persönliche Analyse auch noch eine andere Seite: Dank für Unterstützung, für Aufklärung, für sachliche Information, Ermutigung zu weiterer Arbeit bis hin zu bewegenden Briefen über die ersten Schritte, über den Gewinn einer neuen, inneren Freiheit stehen den genannten Zuschreibungen fast gleichgewichtig gegenüber.

Wenn man eine eher sachliche Analyse von Dokumenten zu den Auseinandersetzungen durchführt, zeichnen sich vier Ebenen (mit Mischformen) der Kontroversen ab. Sie lassen sich relativ leicht darstellen, wenn man an die rhetorisch geschickt aufgebauten, z. T. hochstilisierten Texte die schlichte Frage anlegt: Was steht dahinter, was gerät bei den Erwachsenen in Unruhe? In Unruhe gerät:

- Unsere Vorstellung von Schule. Bei der Öffnung im Schulbereich werden die vertrauten (und selbstgemachten) Bilder davon, wie Schule zu sein hat, in Zweifel gezogen.
- Unsere Vorstellung von menschlichem Umgang miteinander. Bei der Öffnung der Person für ein verändertes Handeln mit Kindern werden die vertrauten Werte, Lebensstile und ethischen Orientierungen hinterfragt.
- Unsere Vorstellung einer Theorie zur Erziehung von Kindern. Bei der Öffnung für alternative Erziehungskonzepte werden Grundüberzeugungen erzieherischen Handelns so in Bewegung gebracht, daß die (ersehnte) Eindeutigkeit der Theorie nicht mehr gegeben ist.
- Unsere Vorstellungen von gesellschaftlichem Zusammenleben. Bei der Öffnung der Schule nach außen erhalten bildungspolitische Muster wie Chancengleichheit, Leistungsorientierung, Effektivität, Zukunftsorientierung, die Orientierung an «Haben oder Sein» (Fromm 1976), der Gegenwartssinn von Schule u. a. veränderte gesellschaftliche Bedeutung.

Das verwirrende Feld der Argumente, Meinungen, Behauptungen, Erfahrungen und Untersuchungen wird so überschaubarer. Wir stellen hier also die Richtungen und Ebenen der Kontroversen dar, die tatsächlichen und vermuteten Gründe und die häufiger gebrauchten Argumente. Zu fragen ist dabei nach den zugrunde liegenden Interessen oder ganz direkt: «Wer will den Offenen Unterricht verhindern?»

Nach unseren Auswertungen ist eine (vorläufige) Antwort einfach: Es sind Erwachsene, die eine Reihe von Erfahrungen, die sie gemacht haben, als gültige Muster für andere Menschen sehen möchten; es sind Erwachsene, die vorrangig (partei)politische Interessen verfolgen, und es sind Erwachsene, die (heimliche) Ängste vor Veränderungen kompensieren müssen. Wenn man versucht, hinter die sprachlichen Fassaden einer Abwehr von Öffnung zu schauen, werden immer wieder ähnliche Muster offenbar, die wir hier zuspitzend formulieren. Vorherrschend sind Ängste davor, daß

- zuviel Freiheit das eigene Erziehungskonzept verändert;
- ein Lustprinzip die «Pflicht»-Vorstellung verdrängt;
- Bildungskarrieren für das eigene Kind nicht mehr automatisch gesichert sind;
- Macht und Herrschaft über Kinder nicht gewährleistet bleiben;
- zuviel Demokratie den Kindern schaden könnte;
- Experimente die Kinder in ihrer Leistungsbereitschaft verunsichern;
- die Grundfertigkeiten nicht mehr zureichend gelernt werden;
- die Gleichheit der Bildungschancen tatsächlich verwirklicht wird;
- die «Schwachen» überfordert und die «Starken» unterfordert werden;
- der hohe Leistungsstandard im europäischen Wettbewerb sinkt;
- bequeme Arbeitsabläufe und Rituale gestört werden und anderes mehr.

Besonders in der öffentlichen Auseinandersetzung um die «Untersuchungen» von Henning Günther aus Köln, die vom DEV (Deutscher Elternverein) in Nordrhein-Westfalen und vom HEV (Hessischer Elternverein) und Elternvereinen in anderen Bundesländern publiziert wurden, sind Eltern verunsichert worden – bis hin zu eindeutigen Fehlinformationen und Irreführungen vor einseitigem (ultrakonservativen) Hintergrund. Eine sachliche Auseinandersetzung mit den «Forschungsergebnissen» von Günther (vgl. Günther 1989, S. 86ff.) kann über verschiedene Texte nachvollzogen werden (u. a. Brügelmann 1989, S. 2; Gutachten des Arbeitskreises Grundschule, Frankfurt 1989, Scheerer-Neumann 1989, S. 51f.). Eine ganz andere, übergreifende Perspektive mit (gesicherten) empirischen Studien zum Vergleich von Leistungen in offenen und traditionellen Unterrichtsformen findet sich in einer Bilanzierung vor allem internationaler Forschungen (Rauin 1987, S. 125). Dort heißt es über einen Forschungsbericht von Giaconia u. Hedges: «Faßt man die Ergebnisse dieses jüngsten Forschungsberichts zusammen, dann zeigt sich eine mäßige Überlegenheit des ‹offenen Unterrichts› in den nicht leistungsbezogenen Kriterien (soziale Anpassung, Einstellung gegenüber Schule und Lehrern, Kooperativität, Kreativität und Selbständigkeit). In bezug auf fachliches Lernen zeigen sich schwache Vorteile, für die Leistungsmotivation etwas deutlichere Vorteile zugunsten des herkömmlichen Lernens. Einschränkend sollte man feststellen, daß die gemessene ‹allgemeine Intelligenz› der Schüler in den Programmen des ‹offenen Lernens› deutlich über den Werten der Vergleichsgruppen lag.»

Unabhängig von den wissenschaftlichen Kontroversen und bildungspolitischen Streitereien leistet die Auseinandersetzung über den Offenen Unterricht auf jeden Fall einen Beitrag zur Aufklärung über die Funktion der Schule bei der Veränderung von gesellschaftlichen Lernprozessen. Diese wichtige Aufgabe wird, gewollt oder ungewollt, dadurch erfüllt, daß
– in der Praxis der Öffnung die Glaubwürdigkeit und Identität der Erziehenden in besonderer Weise gefordert und offenbar wird;
– in der Theorie über Offenen Unterricht die Notwendigkeit eines kritischen, reflexiven Umgangs mit den einzelnen Elementen aus der Arbeit erwächst;
– im politischen Raum konkurrierender gesellschaftlicher Interessen ein mehrheitsfähiges Reformkonzept durch Überzeugungskraft von Argumenten und Ergebnissen der Öffnungsarbeit in den Schulen entwickelt wird.

Bei allen Diskussionen stellt sich immer wieder die drängende Frage nach übergreifenden Kriterien zur Beurteilung der Öffnung, nach den «gültigen» Maßstäben zur Einschätzung der Ergebnisse aus Offenem Unterricht, nach Handlungsorientierungen oberhalb der Ebene von Unterrichtsmodellen. Konkret gefragt und (einseitig) gegenübergestellt: Ist der Maßstab das Kind oder das von den Erwachsenen erwünschte Leistungsprofil, die gesellschaftliche Verwertbarkeit oder das individuelle Ausgefülltsein?

Meine erste Frage lautet: In welchem Umfang hat eine Gesellschaft das Recht, ihre Erfolgsbedürfnisse bereits ihren Kindern aufzudrücken? Ich möchte diese Frage mit einer historischen These abstützen: Als sich zu Beginn der industriellen Moderne die arbeitsteilige Leistungsgesellschaft etablierte, wurde von der Pädagogik der Aufklärung zum Schutze der Minderjährigen das

«Eigenrecht des Kindes» postuliert. Wenn man schon nicht verhindern wollte oder konnte, daß die Welt der Erwachsenen zerteilt, seziert, spezialisiert wurde, so wollte man doch den Kindern einen Raum erhalten, in dem ganzheitlich gefühlt, gespielt, gedacht werden konnte. Es mag darin eine Utopie stecken, dennoch zehrt von dem Anspruch auf ein Eigenrecht des Kindes alle pädagogische Bemühung von Jean-Jacques Rousseau bis zu Janusz Korczak. Diesen Anspruch aufzugeben, käme einer Kapitulation vor den Produktionsinteressen gleich, die niemand ernstlich wollen kann, gleichgültig, ob es sich um die Kapitulation vor kapitalistischen oder sozialistischen Produktionsinteressen handelt. Vor diesem Hintergrund noch einmal die Frage: in welchem Umfang hat eine Gesellschaft das Recht, ihre Erfolgsbedürfnisse bereits ihren Kindern aufzudrücken?

An diese Frage schließt sich eine weitere an: Wer gibt uns das Recht, den facettenreichen Prozeß kindlicher Begabung und kindlichen Begabens frühzeitig in das enge Bett kognitiver Begabungstests sowie daran sich anschließender intellektueller Trainingsprogramme zu zwängen? Bislang gehörte zu den gesicherten Regeln aller Pädagogik, daß zur Entfaltung kindlicher Erfahrung und Begabung nicht zuletzt die Muße, die Spontaneität, die Freiheit der Phantasie gehöre. Soll dies alles in Zukunft einer ergebnisorientierten Mobilisierung meßbarer Begabungsreserven weichen?

Eine letzte Frage lassen Sie mich ansprechen: Begabung ist kein abgeschlossenes Faktum, sondern ein dynamischer Vorgang, auf den vielfältige Faktoren individueller Fähigkeit und Motivation wie sozialer, ethischer und kultureller Vorprägung gestaltend einwirken. Dieser wechselseitige Anregungsprozeß wird um so wirksamer sein, je weniger er durch Vorgaben reglementiert wird und um so mehr er die ganze Vielfalt der geistigen Tradition einer Gesellschaft widerspiegelt. Ausgehend von dieser Erfahrung mache ich kein Hehl aus meiner Skepsis gegenüber jedem Anspruch, den Prozeß der Begabung zu normieren, ihn durch wie immer definierte Erfassungssysteme zu steuern und zu administrieren. Begabung ist ein Gewächs, das nicht in Monokulturen gedeiht. Wenn das Wort von der Ökologie des Geistes einen Sinn hat, dann hat es ihn hier. Eine Pflanze verdorrt, die aus ihrem Ökosystem herausgerissen wird. Gleiches gilt für

Begabungen, die man aus ihrer sozialen Vernetzung und damit zugleich aus ihren Wertbindungen herauslöst. Wir sollten die Gaben unserer Kinder nicht dem Moloch der instrumentellen Vernunft ausliefern, sondern sie im «Garten des Menschlichen» pflegen.

(aus: Joist Grolle, Verteidigte Aufklärung, Plädoyers zu Erziehung und Politik. München 1988)

Deutlich wird, daß auch bei den Maßstäben der Zusammenhang, das «Sowohl-als-auch» gilt, wie vielfach erläutert. So sollen die in diesem Buch vorgeschlagenen Maßstäbe, Kriterien und Hilfen hier nicht wiederholt, wohl aber vergegenwärtigt werden. Sie können auf diese Weise zu einer selbstbestimmenden Auseinandersetzung mit den unterschiedlichen Pro- und Contra-Argumenten im nächsten Kapitel führen. Maßstäbe wurden vor allem im Bereich des

- Lernens von Kindern,
- des pädagogischen Handelns und
- des Selbstverständnisses von Schulen entwickelt.

Die weitreichenden Perspektiven und Visionen von veränderten Lernbedingungen, die Offene Schulen und Offener Unterricht bei uns erzeugen können, werden nur durch die vielen kleinen Schritte im Alltag glaubwürdig. Eine Orientierung auf dem Weg der kleinen Schritte fällt nicht schwer, wenn die Maßstäbe klar sind – so klar, wie sie von einem neunjährigen Kind aus dem Offenen Unterricht für den genannten ersten Bereich selbst beschrieben sind, und auch so klar, wie sie für den zweiten und dritten Bereich von einem Pädagogen formuliert wurden:

«Die Schule macht mir Spaß. In Deutsch bin ich ganz gut. In Mathematik bin ich auch sehr gut. In Sport: Na ja, ich bin zu schwerfällig, ich komm nicht über den Kasten rüber. Im Malen bin ich auch nicht schlecht. Weben find ich super. Schule macht allgemein so Spaß. Warum, kann ich nicht schreiben.

In meiner Freizeit lese ich viel und gerne. Ich dichte auch viel Gedichte. Ich mag mich so, wie ich bin. Und hoffentlich bleibt das auch so...» (Larissa)

«Eine ‹humane Schule› ist in erster Linie eine Schule, die die in ihr lebenden und lernenden Menschen achtet. Aber das genügt nicht zur Korrektur des Zwecks der gesellschaftlichen Einrichtung Schule selbst. Diese braucht einen härteren und zugleich weiteren Maßstab. Der liegt in der Pädagogik. Sie ist die Bemühung, Kindern zu helfen, in der jeweiligen Gesellschaft erwachsen zu werden und in diesem Vorgang sich selbst zu bewahren. Das ist ein viel strengerer Maßstab, als die politische und ideologische Diskussion erkennen läßt...» (H. v. Hentig 1987, S. 74)

Offener Unterricht:
Was ist Pro, was ist Contra?

Es würde dem Prinzip der Offenheit und dem persönlichen Prozeß der Öffnung des Lesers für die eigenen Vorstellungen widersprechen, wenn wir in diesem Kapitel die Pro- und Contra-Argumente zugeordnet wiedergeben; sie etwa nach möglicher Nähe zu der entwickelten Konzeption (und Definition) von Offenem Unterricht sortieren. Es ist sinnvoller, die hier aufgeführten Argumente selbständig zu bewegen, abzuklopfen und ihre (belebende) Wirkung auf die eigene Meinung zu überprüfen. Zugleich ist diese Zusammenstellung ein abschließendes Gedankenexperiment zum entdeckenden Lernen mit diesem Buch. Zu fragen ist: Was habe ich nicht verstanden, wo kann ich nachlesen, vertiefen, wo muß ich mich in anderer Weise informieren, was regt mich auf, was möchte ich mit anderen Menschen diskutieren?

Die Argumente sind ein Destillat aus vielen Diskussionen zwischen Eltern und Lehrern, Bildungspolitikern, Hochschullehrerinnen, Studenten und Studentinnen, Müttern, Vätern, Kindern. Deshalb sind sie «echt», wenn auch nicht immer direkt und wörtlich (aus Platzgründen) wiedergegeben. Also, welche Argumente können Sie akzeptieren? Welche widerlegen Sie? Was ist *Pro*, was ist *Contra*?

■ Die von den Reformpädagogen angestrebte Einheit von «Kopf, Herz und Hand» ist bezüglich einer inhaltlichen Einheit von Leben und Lernen ziemlich naiv. Wenn damit allerdings das Lernen mit allen Sinnen als ganzheitliches Lernen gemeint ist, dann ist dieses Element des Offenen Unterrichts richtig – gegen das Monopol eines nur intellektuellen oder nur rezeptiven Lernens.

■ Als Schulaufsicht, die auf der Grundlage der Schulpflicht auch garantieren muß, daß die Kinder in der Schule etwas lernen und daß Rahmenpläne erfüllt werden, stehe ich dem nach dem Lustprinzip ablaufenden Lernen bei selbstgewählten Inhalten und Verfahren außerordentlich skeptisch gegenüber, zumal ich bei Unterrichtsbesuchen feststellen mußte, daß zwar in solchen Klassen «sehr viel los» war, die Unterrichtszeit aber nicht effektiv genutzt wurde.

■ «Offenere» Unterrichtsformen wie Wochenplanarbeit, freie Arbeit, spielerisches und entdeckendes Lernen stellen keine neuen Experimente, sondern altbewährte Verfahren dar, die in der deutschen Reformpädagogik zu Anfang dieses Jahrhunderts entwickelt wurden, sich im Ausland tausendfach bewährt haben und nun auch wieder in der Bundesrepublik – nach enttäuschenden «Experimenten» in den 70er Jahren mit wissenschaftsorientierten Curricula, Instruktion, vorgefertigten Lernprogrammen usw. – neue Anerkennung finden.

■ Das Bild von Schule und Unterricht, zu dem der Offene Unterricht ein Kontrastmodell anbietet, ist einseitig und falsch. Besonders jüngere Schüler sind überfordert, wenn sie Unterrichtsinhalte selbst wählen sollen. Aufeinander aufbauende Lerninhalte, lehrgangsmäßig vermittelte Kulturtechniken und Verfahrensweisen bilden die Grundlage des weiterführenden Lernens. Sie müssen den Rahmenplänen entsprechend gelehrt und gelernt werden. Vom Kind selbst bestimmte Lernwege nach Versuch und Irrtum sind unökonomisch und setzen oft am Beginn des Lernprozesses das voraus, was sie zum Ziel haben.

■ Frei nenne ich eine Lernarbeit noch nicht, wenn Lernende zwischen Aufgaben wählen können, die weder von ihnen mitbestimmt worden sind, noch direkten Bezug zu vorher erarbeiteten oder anstehenden Vorhaben erkennen lassen. Kein neues Bild vom Kinde, sondern Skinners fremdgesteuertes, kleinschrittig programmiertes Training isolierter Kenntnisse und Fertigkeiten organisiert den Großteil der Lernmittel für angeblich freie Arbeit. Statt dessen ginge es darum, was einem selbst allein oder in der Gruppe wichtig wird, zu untersuchen, herzustellen, darzustellen, sich dem Ergebnis der öffentlichen wie der Selbstkritik auszusetzen, daraus für die Zukunft zu lernen.

■ Die Offene Schule und der Offene Unterricht wird in den Medien so zerredet, daß zuletzt keiner mehr weiß, was unter diesem «modischen» Begriff zu verstehen ist. Jeder versucht, sein eigenes «Süppchen» zu kochen – von links bis rechts, von der Schulaufsicht bis zur einzelnen Schule. Deshalb sollte die öffentliche Diskussion darüber nicht noch weiter unterstützt werden.

■ Die Ansätze Offenen Unterrichts sind in vielen Schulen erkennbar und erfolgversprechend. Eine öffentliche Diskussion über innere Reformen an diesen Schulen stärkt die Kolleginnen und Kollegen in ihrem Engagement vor Ort und ermutigt andere Schulen, Inseln für pädagogische Reformen zu bilden. Das hilft vielfach den Schulen, sich ein unverwechselbares Profil zu geben und eine hohe Akzeptanz in der Gemeinde und bei den Eltern zu erreichen.

■ Öffentlichkeit ist letztlich für die Kinder im Offenen Unterricht von Nachteil. Manche Schulen erklären, «offen» seit Jahren zu arbeiten, und verschleiern damit ihren pädagogischen Stillstand, um eine ausreichende Anmeldung für ihre Schule zu sichern. An anderen Schulen ist der Druck der Elterninitiativen für «den» Offenen Unterricht so groß, daß Kolleginnen und Kollegen indirekt gezwungen werden, gegen ihre innere Einstellung Offenen Unterricht zu versuchen, halbherzig handeln und mit Folgen für sich selbst und die Kinder scheitern.

■ Offener Unterricht sollte so lange nicht zugelassen werden, solange im Bereich dieser Vorstellung noch experimentiert wird. Die Vorgaben der Lehrpläne in bezug auf die Ziele, Inhalte und Zeitpläne müssen auf jeden Fall eingehalten und öffentlich kontrolliert werden, damit das Erlernen der Grundfertigkeiten gewährleistet ist.

■ Wie bei jeder Veränderung des Unterrichts entstehen auch bei der Öffnung der Schule viele Fragen und Probleme, die öffentlich diskutiert und bewertet werden. Die Öffentlichkeit kann als produktives Element verstanden werden, wenn in der offenen Auseinandersetzung mit Elterngruppen, Verbänden, Behörden, Kolleginnen und Kollegen die Spannungen und Widersprüche dieses Konzeptes durch verständnisbildende Dialoge aufgezeigt werden.

■ Die Diskussion über den Offenen Unterricht mobilisiert nur die Kräfte, die Angst um die Bildungsprivilegien ihrer eigenen Kinder haben. Wenn durch den Offenen Unterricht angeblich das «Chaos» im Klassenzimmer ausbricht, kommen die «Hochbegabten» nicht mehr zu ihrem Recht. Darum sollte man die ganze Begrifflichkeit umstellen und nur noch vom «kindorientierten» Unterricht reden.

■ Bei der Öffnung der Schule nach innen und außen ist die Lehrerin und der Lehrer in besonderem Maße gefordert, ständig das notwendige Gleichgewicht zwischen Anforderungen des Lehrplans und den Interessen der Kinder herzustellen, zwischen den Ansprüchen der Sache und der Lebensnähe zu vermitteln, zwischen Pflichtarbeiten, Lehrgang und Freier Arbeit eine Verbindung zu finden, zwischen der Notwendigkeit, in Gesprächen das Nachdenken zu lernen und zu lehren (Begriffe zu erarbeiten) und dem Spaß, beim Entdecken von aufregenden Dingen einen überzeugenden Zusammenhang zu entwickeln.

■ «Offen» wirkt immer besser als geschlossen. Deshalb wird die Lehrerrolle beim Offenen Unterricht mit zu vielen positiven Vorstellungen belegt. Die verstärkte Einstellung auf das Kind mit gefühlsbetonenden Übertreibungen kann zu einer spannungslosen Pädagogik und einer unechten Harmonievorstellung führen. Muß die Lehrerin und der Lehrer nicht auch kritische Distanz wahren können, müssen sie nicht auch «nein» sagen können, die Sache, den gesellschaftlichen Anspruch auf die Systematik des Lerngegenstandes vertreten? Werden sie deshalb nicht auch verbindliche Kurse und Lehrgänge anbieten müssen?

Die pädagogischen Paten und die Theorie

Welche pädagogischen Paten können für den Offenen Unterricht in Anspruch genommen werden? Eine Antwort müßte weit ausholen – im Rahmen dieses Buches kann hier nur ein kurzer Überblick und eine grobe Einschätzung gegeben werden. Sie bietet dem interessierten Leser die Möglichkeit, über die angegebene Literatur (auch mit den Hinweisen im Anhang) sich mit dem skizzierten Hintergrund weiter vertraut zu machen.

Offener Unterricht wird heute im Zusammenhang mit weit zurückreichenden, anspruchsvollen Theorietraditionen verstanden: Von Pestalozzi, Petersen, Dewey, Montessori, Freinet (vgl. u. a. Baillet 1983) und den deutschen Reformpädagogen (vgl. u. a. Roedler 1987, Oelkers 1989) bis hin zu Lerntheoretikern wie Piaget und Leontjew; von der «open education» (u. a. Groddeck 1983, Hawes/Nyquist 1972, Rauin 1987) und dem «open classroom» (u. a. Kohl 1969) bis zu den Auseinandersetzungen um eine innere und äußere Schulreform (u. a. Furck 1969) und eine Bildungsreform in der BRD (Preuss-Lausitz 1988) und den Entwürfen Offenen Unterrichts in den 70er Jahren (u. a. Garlichs 1974, Wagner 1979), die Diskussion um die «Freien Schulen» (u. a. v. Hentig 1985), dem Wiedererstarken der traditionellen Reformschulen (u. a. Röhrs 1986), der «Bewegung» der alternativen Schulen (u. a. Borchert, Derichs-Kunstmann 1979, Wild 1986) bis zur Diskussion lernzielorientierter Unterrichtskonzeptionen und Vorstellungen eines erziehenden Unterrichts (u. a. Schulz 1988, Benner 1989).

Diese verwirrende Verflechtung unterschiedlichster Theoriestränge wird ergänzt durch die im Kapitel 2 beschriebenen Entwicklungen und Kontroversen: die erneute Diskussion um Begriff und Inhalt der Allgemeinbildung (u. a. Klemm, Rolff, Tillmann 1985), die Diskussion in der Antipädagogik (u. a. Schoenebeck 1982, v. Braunmühl 1975, Flitner 1982), neuere Versuche, ganzheitliche und personenzentrierte Vorstellungen vom Lernen in der Regelschule zu entwickeln (u. a. Gudjons 1989[2], Wagner 1987) und das Bemühen, nun auch spirituelle Inhalte in den Offenen Unterricht einzubringen (u. a. Dalichow 1989).

Hartmut von Hentig hat in einem sehr lesenswerten Vorwort zum aufregenden Buch von David Gribble: Auf der Seite der Kinder. Welche Reform braucht die Schule? (vgl. Literaturempfehlung S. 306) die Auseinandersetzungen um eine humane Schule und die Beiträge der traditionellen Reformpädagogik und der jüngeren Bildungsreform bedacht und in einen aufschlußreichen Zusammenhang gestellt:

Traditionelle Reformpädagogik	Die jüngere Bildungsreform
– Kulturkritik	– Gesamtschule / Ganztagsschule
– natürliche Erziehung / Erziehung durch die Dinge / negative Erziehung	– horizontale Gliederung des Schulwesens / Aufhebung der «Standesschule» / Demokratisierung (a)
– daher Erziehung «vom Kinde aus»	– Selbstverantwortung von Schülern und Lehrern / Fächerwahl / self-direction / Demokratisierung (b)
– Selbständigkeit als Prinzip des Lernens / Lernen durch Erfahrung	
– Anschaulichkeit und Handeln-Lassen als Prinzip des Lehrens	– Aufhebung des Modernitätsrückstands der Schule
– Ganzheitlichkeit / harmonische Entwicklung von Kopf, Herz und Hand	– Wissenschaftsorientierung der Gegenstandsvermittlung / Curriculumreform
– die Schulgemeinde als Lebensgemeinschaft	– antiautoritäre Grundhaltung / emanzipatorische Wirkungen / Erziehung zur Konfliktbereitschaft
– Persönlichkeit als Ziel / Individualisierung als Verfahren	
– die einheitlich gegliederte Schule mit Kursunterricht und Projekten und Altersmischung	– Gleichberechtigung von akademischer und beruflicher Bildung
– der pädagogische Bezug / die Wahrhaftigkeit dieser besonderen menschlichen Beziehung	– Entfaltung der Lernbereitschaft und Lernfähigkeit / das Lernen des Lernens
– Chancengleichheit im Bildungssystem	– soziales Lernen (als Spätling: Humanisierung des pädagogischen Umgangs)
(v. Hentig 1990, S. 239 f.)	

Auch die vielschichtige Theoriediskussion zu einzelnen Konzeptionen Offenen Unterrichts kann hier nicht wiedergegeben werden. Besonders aufschlußreich für eine solche Theoriearbeit sind die Serien und Beiträge der Zeitschrift «Grundschule» (Westermann Verlag, Jg. 88, 89; zusammengefaßt Kasper 1989), die beiden Themenhefte «Öffnung der Grundschule» (1/87 u. 11/88) und ein Sonderheft (89) gleichen Titels von der «Grundschulzeitschrift» (Friedrich Verlag) und das

Bald vergaß ich, wie jung sie war, denn sie war nicht kindlich, oder auf eine so selbstverständliche Weise, daß ich es nicht mehr wahrnahm; höflich; zutraulich; um mich besorgt. Wir sprachen mit leiser Stimme über alles und jedes, ohne das geringste Zögern, was wir als nächstes sagen könnten.

‹Ihr›, sagte sie und meinte entweder uns Erwachsene oder uns Nordländer oder beide, ‹erklärt alles. Wir› – entweder *wir* Kinder oder *wir* Griechen – ‹erklären nichts. Die Sonne ist die Sonne. Wir haben keine Angst, wenn etwas nicht erklärt ist.›

Ich sagte, was ich denn machen solle; um keine Angst zu haben, erklärte ich mir eben die Gründe meiner Angst. ‹Ja›, sagte sie. ‹Und deine Erklärungen machen dir neue Angst, weil sie nicht stimmen, undsoweiter. Wir› – sie lächelte, um Verzeihung bittend – ‹freuen uns über *Veränderungen*.› Sie sprach manche Wörter kursiv.

(aus: Urs Widmer: Liebesnacht. © 1984 by Diogenes Verlag AG Zürich.)

Heft 2 «Die Schulen öffnen – ganzheitlich lernen» von der Zeitschrift «Die Deutsche Schule» (Weinheim 1989) als Beitrag zum Offenen Unterricht der Sekundarstufe.

Vier Bereiche einer theorie- und praxisorientierten Diskussion lassen sich unterscheiden:

1. Eine *pädagogische* Ebene in der Auseinandersetzung um die Rechtfertigung und Bestimmung Offenen Unterrichts mit der Problematik Lehrerautorität und Selbstverwirklichung des Kindes (u. a. Schulz 1989, Kasper 1988, Klafki 1989, Schwarz 1987, Benner 1989, Ramseger 1989, Wallrabenstein 1989).

2. Eine vorwiegend *bildungspolitische* Auseinandersetzung: Innere Schulreform, Selektion oder Förderung, Programmatik von Schulen (u. a. Fauser u. a. 1988, Wagner 1989).

3. Eine mit empirischen Untersuchungen belegte *Kontroverse um die Leistung* im Offenen Unterricht (u. a. Brügelmann 1989, Günther 1988, Rauin 1987).

4. Eine kaum noch zu überblickende Zahl von Berichten zu *Praxispro-*

blemen: Unterrichtsorganisation, Freie Arbeit, Wochenplan, Lernumgebung (u. a. Strote 1985, Mayer-Behrens 1987).

Diese Einschätzung soll hier mit einem knappen Resümee beendet werden, das den Zusammenhang der in diesem Buch entwickelten Vorstellungen mit den Definitionen und Theorieelementen aus Kapitel 3 herstellt: Offener Unterricht als mehrdimensionales Gefüge und Sammelbegriff für verschiedene pädagogische Traditionen und Reformansätze kann nicht – seinem begrifflichen Sinngehalt von «Öffnung – Offenheit» widersprechend – sich einer einzigen «Theorie» verpflichtet fühlen und bietet deshalb für Lernende die Chance einer selbstbestimmten Theoriearbeit. So lassen sich nach zwanzigjähriger Entwicklung und Diskussion in diesem Vorstellungsfeld theorieorientierte, handlungsleitende *Prinzipien* (vgl. die Dimensionen der Öffnung, S. 54) und zwei grundlegende, mit neuen Lerntheorien korrespondierende *Theorieelemente* nachweisen, die ich in ihrer Verknüpfung als innovativ für den Offenen Unterricht bezeichne: «Individualisierung» (Freie Arbeit) in spezifischer Verbindung mit der «Projektorientierung» (Gemeinsames Lernen).

Offener Unterricht in der ehemaligen DDR

Eine Kollegin aus Ost-Berlin schreibt im Frühsommer 1990 zur aktuellen Situation: «...Dieser Wandel im Denken will bei uns nach Jahren der Anpassung erst einmal bewältigt sein. Und gerade hierbei melde ich meine Zweifel und Fragen an. Das Nachdenken über uns tut auch weh, ist doch jeder von uns tief in der eigenen Geschichte verwurzelt. Wie gelingt es jedem einzelnen, sich für eine selbstkritische Befragung zu öffnen? Läßt sich da vieles nicht leichter verdrängen, als eigene Erfahrungen, vor allem die Fehler und Irrtümer, tief und gründlich zu überdenken? Wie bewältigen wir das Spannungsfeld von Ängsten, Betroffenheit und Erwartungen? Flüchten wir nicht oft zu schnell in neue Begriffe, hinter denen noch kein neues Verständnis steht? Wie ehrlich und konsequent sind wir tatsächlich im Umdenken? Solche und andere

Fragen werden mich sicherlich noch lange bewegen und gerade deshalb wünsche ich mir Begegnungen, die zum Hinterfragen provozieren. Schade, daß bei dem rasanten Tempo der deutsch-deutschen Vereinigung so wenig Zeit zur Besinnung bleibt. Dabei müßte man doch gerade in dieser Phase besonders gründlich prüfen und viel Raum zum Ausprobieren und Verändern schaffen. Ich denke, unsere Übergangsschwierigkeiten sind in diesem Sinne eine wichtige Beunruhigung...»

Katrin F.

Was zeigt dieser Ausschnitt aus einer Selbstbesinnung? Zunächst erkennen wir, daß die «Bewegung», die der Umbruch in der DDR im Erziehungsbereich erzeugt hat, eine gewisse Analogie zu den in diesem Buch beschriebenen Prozessen der Öffnung der Person, der Umorientierung, der Veränderung der Lehrerrolle bei Offenem Unterricht besitzt: gesicherte Muster aus der Ausbildung und aus der Alltagspraxis des Unterrichts werden in Zweifel gezogen, die starke Lehrplanorientierung unter dem Gesichtspunkt eines freieren Erziehungsverständnisses bedacht, die Veränderungen als Lernprozeß erfahren, die Suche nach neuen Perspektiven und Konzeptionen vorangetrieben.

«Flüchten wir nicht oft zu schnell in neue Begriffe?» Hier, in anderen Aussagen und in den zahlreichen Erfahrungsberichten, Aufrufen, Zustandsbeschreibungen, ersten Analysen eines Schulsystems im Aufbruch und vor allem in den Gesprächen und Begegnungen mit DDR-Kolleginnen und Kollegen wird jedoch eine andere, erweiterte, tiefere Dimension deutlich als die in unserer Analogie bemühte: Es ist die Betroffenheit im Selbstverständnis der gesamten Person, oder anders formuliert, die Probleme einer inneren psychischen Revolution im eigenen Persönlichkeitsbild, der Umgang mit einer neu zu gewinnenden Identität im Erziehungsprozeß. Gefragt wird daher in allen Diskussionen, auf Tagungen, in Publikationen, in Dialogen zwischen Ost und West:

– Was ist zu erneuern, was gilt es zu bewahren?
– Wie soll es praktisch weitergehen?
– Was tritt an die Stelle von Gleichmacherei und Ideologisierung?
– Welche Perspektiven und Modelle sind für uns hilfreich?
– Wie können die für jeden persönlichen Neubeginn notwendigen identitätsbildenden Persönlichkeitselemente bewahrt, verändert, weiterentwickelt werden?
– Welche Erfahrungen mit Öffnungsprozessen und Umorientierungen gibt es?

In einer solchen Situation des «Umarbeitens» tieferer Schichten der Persönlichkeit sind längere Phasen stiller Besinnung, Formen solidarischer Vergewisserung und Aufarbeitung, praktische Handlungserfahrungen mit ersten Schritten notwendige Bedingungen für einen eigenen identitätsschützenden Weg. Was davon wird tatsächlich bei der Öffnung der Erziehung für veränderte Unterrichtskonzepte und eine grundlegende «pädagogische Revolution» verwirklicht? Antworten darauf können nur die Betroffenen selbst geben – so werden in diesem Kapitel eher authentische Aussagen und Erfahrungen zu Öffnungsproblemen in der DDR wiedergegeben, als etwa aus BRD-Sicht konzeptionelle Vorstellungen für einen Neubeginn mit Offenem Unterricht entwickelt.

Kritische Fragen, Beobachtungen und Verunsicherungen aus unseren Hospitationserfahrungen, aus Vorträgen, Diskussionen, Tagungen und gemeinsamen Projekten mit DDR-Kolleginnen und -Kollegen sollen jedoch nicht verschwiegen, sondern im Sinne eines «Voneinanderlernens» und beginnenden aufklärerischen Dialogs über den Offenen Unterricht in den Ländern der ehemaligen DDR bereitgestellt werden. Dies erscheint um so notwendiger, als die augenblickliche Phase (Frühsommer 1990) auch durch sehr problematische Erscheinungen gekennzeichnet ist:

– Überhastete Einführung von Modellen, die nicht mit Bedachtsamkeit für die eigene Situation modifiziert werden (dreigliedriges Schulsystem u. a.).
– Übernahme von Schulkonzeptionen, die in der Gefahr stehen, autoritäre Strukturen wieder zu festigen, z. B. durch ein extremes Klassenlehrerprinzip (z. B. schnelle Neugründung von Waldorfschulen).
– Naiver Umgang mit den Vorstellungen von Offenem Unterricht in der Reduktion auf eine Technik (Freie Arbeit = Offener Unterricht).
– Unkritische Adaption von (überholten) Richtlinien aus den Bundesländern der BRD.
– Selbstschutztendenzen in der vorschnellen Beschwörung von «bewährten» Vorstellungen (z. B. «Subjektposition», die «Liebe zum Kinde»).
– Rückfall in eine, die notwendige Öffnung verhindernde, absolute Stofforientierung mit rigider Lehrplandisziplin.

Um Mißverständnisse zu vermeiden: Dies sind Einzelerscheinungen, die wir nicht gewichten können, aber sie sind zu nennen, um eine kritische Auseinandersetzung mit dem Offenen Unterricht zu fördern. So müssen wir also auch kritisch fragen, ob beispielsweise die Art und Weise der Einführung von «Offener Unterricht – Modewort oder pädagogische Chance» in das Bewußtsein von über 50000 DDR-Unterstufenlehrerinnen und -lehrern (als Leser der Unterstufenzeitschrift) nicht falsche Hoffnungen erweckt: «Aber jeder Lehrer kann die erstarrte Form des Frontalunterrichts schon dadurch brechen, daß er einige offene Lern- und Arbeitssituationen gestaltet, die Sitzordnung verändert, die dann andere Kommunikations-, Kooperationsbeziehungen, andere Sozialbeziehungen im Unterricht zuläßt.

Wir möchten Ihnen Mut machen, auch mal andere Formen des Lernens zu wagen – im Einverständnis mit Eltern, Kindern und den Lehrern an der Schule...» (Die Unterstufe, H. 2/3 [1990], S. 40)

In bezug auf die in diesem Buch entwickelte Konzeption einer personalen Öffnung soll hier deutlich Stellung bezogen werden: «Auch mal» – so läßt sich Offener Unterricht nicht versuchen, ebensowenig kann man durch Veränderung der Sitzordnung, Kooperationsbeziehungen usw. eine innere Öffnung für einen freieren Unterricht herbeiführen. Dieser Hinweis scheint mir wichtig, weil – mit Blick auf die Lehrerrolle und das persönliche Verhalten in sozialen Situationen – wir in unseren Arbeitszusammenhängen Handlungs- und Denkmuster in den östlichen Bundesländern erlebt haben, die wenig fördernd für eine Umorientierung zu offeneren Unterrichtsformen sind:

– Verdrängung der Ängste und notwendigen Aufarbeitung durch blindgläubige Übernahme der Zauberformel Offener Unterricht.
– Vorschnelles Nachgeben in konflikthaften Diskussionssituationen.
– Häufiger Rückgriff auf («unbedingt notwendige») lineare Lernsysteme, Regularien, Disziplinvorstellungen und Ordnungsansprüche im Bereich der Pädagogik.
– Autoritätsgläubigkeit und Hierarchiedenken in Schul- und Wissenschaftssystemen.
– Gefühlsblockaden bei «ungewöhnlichem» Verhalten von Kindern und in durch Selbsterfahrung bestimmten Arbeitsprozessen in der Fortbildung.

1. Der «Durchschnittslehrer»: Ist um guten Unterricht bemüht, aber ohne Lockerheit, und wirkt sehr gestreßt. Hinterläßt einen angepaßten Eindruck und reagiert nervös und übereifrig, wenn Direktor oder Parteisekretär auftauchen.

Dieser Lehrertypus stellt nach Auskunft der Jugendlichen die überwiegende Mehrheit unter den Pädagogen der Zehn-Klassen-Schulen. Ihm werden Frauen und Männer aller Altersstufen zugeordnet (wobei insgesamt eine Überfeminisierung des Schulbereichs zu beobachten ist).

2. Der «Zyniker»: Meidet brisante Themen und gilt als politisch undurchschaubar. Er wirkt glatt bis zynisch, reißt aber gute Witze. Seinen Fachunterricht zieht er interessant und ziemlich straff durch.

Mit solchen Merkmalen werden fast ausschließlich Männer beschrieben. Offenbar sind sie in der Zehn-Klassen-Schule ebenso häufig zu finden wie in der Abiturstufe. Sie erteilen nach Auskunft der Jugendlichen vorwiegend mathematisch-naturwissenschaftlichen Unterricht und Sport.

3. Der «Glücksfall»: Gilt als aufgeschlossen, gerecht und tolerant. Hat einen «Nerv» für Jugendliche und hält einen interessanten Unterricht.

Dieser als Glücksfall beschriebene Lehrertyp wird fast ausschließlich unter Frauen ausgemacht und fast ausschließlich in der Altersstufe der 30- bis 40jährigen. In der Abiturstufe ist von solchen Lehrerinnen nie die Rede, doch gelten sie offenbar auch in der Zehn-Klassen-Schule als selten. Beinahe romantisch werden sie verklärt, besonders dort, wo sie den engen Rahmen selbständig erweitern und die Schulleitung damit «geschickt austricksen». Dies ist vor allem auf Klassenfahrten der Fall, wo sich eine Art «verschworene Gemeinschaft» bildet, während besagte Lehrerin nach außen die offizielle Linie mitfährt. Diese Doppelrolle wird von Schülern voll akzeptiert. «Würde Frau X. ihre ehrliche Meinung im Lehrerkollektiv äußern, dann wäre sie ganz schnell weg vom Fenster, und wir würden dann die Miesen machen», verteidigte eine Leipziger Schülergruppe pragmatisch ihre Lehrerin.

4. Die «rote Socke»: Führt einen straffen Unterricht und wird als «fies marxistisch», «stramm rot» oder sogar «braun» beschrieben (wobei es fast unter allen Befragten zu Diskussionen um diese Begriffe kommt). Zugeordnet werden hier vor allem Direktoren, Parteisekretäre (die auch unterrichten), Staatsbürgerkunde- und Geschichtslehrer – erstaunlicherweise kaum Pionierleiter, die vor allem der Gruppe 1 zugerechnet werden.

Am häufigsten findet sich dieser Lehrertyp in der Abiturstufe. Interessanterweise kommt es hier zu einer deutlichen geschlechtlichen Differenzierung. Männliche Vertreter (deren Alter mit «von etwa 55 aufwärts» angegeben wird) gelten als «dumm», «borniert» und mitunter als «gewollt kumpelhaft».

Anders bei Frauen (die auch wesentlich jünger geschätzt werden); hier fallen Begriffe wie «krankhaft ehrgeizig», «viehisch stramm», «BDM», «hysterisch» und «arbeitsgeil». Ausschließlich dieser Gruppe wird auch die neue Direktorinnen-Generation an der Oberstufe zugeordnet.

(aus: Freya Klier: Lüg Vaterland. © 1990 Kindler Verlag, München)

Den skizzierten Denk- und Handlungsmustern stehen andere Beobachtungen und Erfahrungen gegenüber, die ebenso bedenkenswert für die Erziehungsvorstellungen und alltäglichen pädagogischen Handlungsmuster in vielen Schulen der BRD erscheinen:

- Die Notwendigkeit, über lehrgangsähnliche Situationen und methodische Kompetenz in der Inszenierung von Übungssituationen eine übertriebene Individualisierung in der Freien Arbeit (mit beziehungsloser «Zettelflut») zu relativieren.
- Die Bescheidenheit und Rücksichtnahme im Umgang miteinander mit der Fähigkeit zu wirklicher Anteilnahme an der Biographie des anderen.
- Die z. T. wohltuende Beständigkeit, Verläßlichkeit, Gründlichkeit und Sinnbindung angesichts westlicher Unverbindlichkeiten, raschen Wechsels der Stile, Moden und Selbstinszenierungen auch im pädagogischen Bereich.
- Eine nüchterne, erfrischend kritische Haltung beim Aufdecken einiger westlicher Erziehungsmuster, die sich in problematischen Verhaltensweisen von Kindern niederschlagen: Ellenbogenmentalität, Egozentrismus, Überverwöhnung, mehr «Haben» als «Sein», Manipulierbarkeit über Konsumorientierung, Narzißmus und Stil vor sozialer Verpflichtung, Projektion eigenen Ehrgeizes in die Kinder, Übertragung von Statusdenken, rigide Selbstverwirklichung über die Kinder u. a. m.

Wie schwierig in diesem Feld widersprüchlicher Wertvorstellungen, Erziehungskonzeptionen und pädagogischen Selbstverständnisses eine notwendige «Biographiearbeit» ist, wird in fast allen relevanten Texten zur pädagogischen Umbruchsituation in der DDR deutlich. Für die Erarbeitung eines eigenen Weges zum Offenen Unterricht sollten (als Empfehlung von DDR-Kolleginnen) vor allem Herausforderungen und Anregungen in den folgenden drei Bereichen bedacht, erarbeitet und umgesetzt werden:

Lehrerrolle: Besinnung auf menschliche und soziale Fähigkeiten vor dem Hintergrund einer fest verankerten Orientierung an eher rationalen Aspekten der Lehre: Kommunikationsstile, Formen des Miteinander-Umgehens, Ermutigungen, kritische Reflexion des Erziehungsverhaltens u. a. (vgl. in diesem Buch die Abschnitte «Öffnung als Prozeß», S. 162, und «Offener Unterricht in der Sekundarstufe», S. 172).

Lernvorstellungen: Problematisierung der «Endziel»-Vorstellung, des linearen, stufenweise präzise sich vollziehenden Aufbaus von Lernvorgängen, Orientierung an Formen entdeckenden Lernens, an der Funktion des Spiels, an der Dimension der Kreativität (vgl. in diesem Buch das Kapitel «Offenes Lernen», S. 110).

Lernmethoden: Auseinandersetzung mit neueren methodischen Konzepten (Freie Arbeit, Wochenplanunterricht, Projektorientierter Fachunterricht) vor dem Hintergrund einer relativ strengen Systematik und Vorplanung aller methodischen Schritte (vgl. in diesem Buch das Kapitel «Brennpunkte», S. 93, und die «Kriterien zur Beurteilung Offenen Unterrichts», S. 169).

Wer diese Zusammenhänge, Hintergründe und Entwicklungen genauer überprüfen, nachlesen und auswerten möchte, sei auf folgende, für unsere Kooperationsarbeit im Bereich «Offener Unterricht DDR» sich als besonders hilfreich erwiesene Publikationen hingewiesen:

Die neue Zeitschrift «Dialoge» (vor allem Heft 1 und 2, Velber 1990 – Friedrich Verlag), die als Diskussionsforum für Bildung, als Lehrermagazin die Verständigungs- und Kooperationsprozesse vorantreibt, die zahlreichen Berichte in der (GEW-)Zeitschrift «Erziehung und Wissenschaft» (Frankfurt), u. a. mit den Heften 3, 4, 5, 7/8 dieses Jahrgangs 90, die Beiträge und Beilagen in der «Grundschulzeitschrift» (z. B. H. 36/1990) und in vielen anderen pädagogischen Fachzeitschriften.

Drei Bücher zu Öffnungsprozessen in der DDR, die für Ost – West gleichermaßen aufregend und informativ sind:

Freya Klier: Lüg Vaterland. Erziehung in der DDR, München 1990 (Kindler);

Aufruf zur pädagogischen Revolution

Wir Eltern, Kinder, Jugendliche und Pädagogen können und dürfen nicht warten.

Wir tragen Verantwortung für eine deformierte Gesellschaft.

Wir sehen, daß nach einer friedlichen Umwälzung allzuschnell die Verdrängung siegt und Konzepte von außen kritiklos übernommen werden.

Schon wieder werden uns Möglichkeiten genommen, einen unabhängigen pädagogischen Weg zu finden.

Um uns wirksam in Europa einzubringen, müssen wir unsere Vergangenheit analysieren, um daraus zukunftsweisende pädagogische Konzepte abzuleiten.

Einige wichtige Bedingungen sind hierfür bereits geschaffen:
- das Ministerium für Bildung hat nur noch Richtlinienkompetenz;
- alle Bildungseinrichtungen haben die Möglichkeit, eigene Profile zu entwickeln und neue pädagogische Konzepte durchzusetzen;
- die Trennung der Bildungseinrichtungen von allen gesellschaftlichen Organisationen und Parteien ist strukturell erfolgt;
- verschiedene Bildungseinrichtungen haben Mitbestimmungsmodelle entwickelt und verwirklicht;
- PädagogInnen haben die Möglichkeit, ihre Arbeit gemeinsam mit Kindern und Jugendlichen eigenverantwortlich zu gestalten.

Diese Bedingungen gilt es zu nutzen und auszubauen.

Deshalb rufen wir auf:
- Laßt die landesweite bildungspolitische Diskussion weitergehen und verschafft ihr Öffentlichkeit!
- Schafft in Euren Bildungseinrichtungen demokratische Strukturen!
- Steht für Eure Verantwortung ein und fordert eine öffentliche Rechenschaftslegung auf allen Ebenen der Volksbildung!
- Organisiert selbst umgehend vielfältige Weiterbildungsmöglichkeiten zur Förderung eines neuen pädagogisch-psychologischen Denkens!
- Kinder, Jugendliche, Eltern und PädagogInnen, begreift Euch als PartnerInnen! Es geht um eine Pädagogik der Glaubwürdigkeit!

Nutzt die jetzt gegebene Chance für eine wahrhaftige pädagogische Revolution! Dazu brauchen wir Mut, Phantasie, Ideen, Zivilcourage, Stärke und Gefühl.

(Verabschiedet am 4. 3. 1990 in Ost-Berlin beim Treffen der Initiativen ‹Bildungsreform von unten› in der DDR)

Jurek Becker: Schlaflose Tage, Frankfurt 1980 (Suhrkamp);
Angepaßt oder mündig? Briefe an Christa Wolf im Herbst 1989. Mit einem Nachwort von Jan Hofmann. Berlin (Ost) 1990 (Verlag Volk und Wissen).

Wir schließen dieses Kapitel mit drei Texten, in denen die Erfahrungen der Betroffenen selbst auf eindringliche Weise zum Vorschein kommen:

Ein (inzwischen) historischer Aufruf zur pädagogischen Revolution (links), der nicht zu schnell vergessen werden sollte; ein Einblick in den Erziehungsalltag von Kindern in der DDR, bei dem auf faszinierende Weise an den Wünschen der Kinder unsere Vorstellung von Offenem Unterricht aufblitzt; ein Statement zum Offenen Unterricht – auf unseren Wunsch für dieses Buch – von der Kollegin Prof. Dr. U. Drews von der Akademie der Pädagogischen Wissenschaften der DDR in Berlin.

«Wenn ich einen Fehler mache, dann sollte die Lehrerin auch mal beide Augen zudrücken.»

«Die Lehrerin müßte auch mal sagen: Ihr könnt diese Stunde machen, was ihr wollt, aber ihr dürft nur nicht laut sein.»

In den Kinder-Urteilen, obwohl vielfältig und von recht unterschiedlicher Qualität, können vor allem drei Ansprüche an die Erziehenden ausgemacht werden:

Die Kinder sind vor allem mit den Kontroll- und Beurteilungshandlungen der Erziehenden unzufrieden. Sie kritisieren:
– daß zu viel kontrolliert und beurteilt wird,
– daß oft zu streng und auch ungerecht beurteilt wird,
– daß es dabei meistens nur um Zensuren geht, die wenig sagen darüber, wie man sich angestrengt hat,
– daß fast immer nur die Erziehenden kontrollieren und beurteilen,
– daß sie selten gefragt werden, wie sie über die Beurteilung denken, ob sie damit einverstanden sind.

Bei den Ansprüchen an die Erziehenden bevorzugen die Kinder:
– den geduldigen Lehrer/Erzieher, der ermutigt, der eher lobt,
– den gerechten Lehrer/Erzieher, der seine Urteile sachlich begründet, der alle Kinder aktiv werden läßt,

– den fröhlichen, heiteren Lehrer/Erzieher, der nicht schreit, der nicht launisch ist,
– den nicht (überzogen) strengen Lehrer/Erzieher, der in allem versucht, die Kinder zu verstehen.

Auffällig ist, daß diese Erwartungen mit Kontroll- und Beurteilungssituationen bzw. Situationen, in denen neue Bildungsinhalte im Mittelpunkt stehen, verbunden werden. Möglich, daß gerade in diesen pädagogischen Situationen die Kinder diese Qualitäten der Erziehenden als besonders bedeutsam erleben oder/und die Erziehenden sie dabei nur selten zeigen.

Die Kinder wünschen sich mehr selbstbestimmtes Tun, als Lehrer und Erzieher ermöglichen. Sie möchten:
– daß sie mitbestimmen können, mit wem sie die Lernaufgaben lösen,
– daß sie auf die Inhalte des Lernens mehr Einfluß haben,
– daß sie sich gegenseitig Aufgaben stellen dürfen,
– daß im Unterricht nicht alle das gleiche tun (müssen),
– daß sie etwas so lange tun dürfen, wie es ihnen Spaß und Freude macht,
– daß sie ihre Klassenräume anders einrichten können,
– daß der Tag (einmal) nach ihren Vorstellungen oder Wünschen ablaufen sollte.

(Bernd Bräuer, Der Alltag von Kindern, in: Dialoge 1/90, S. 12)

Offener Unterricht in der ehemaligen DDR

Vom Frontalunterricht zu ersten Formen
der Öffnung des Unterrichts [1]

Elternmeinung auf einer großen Elternversammlung im März 1990 zur
Öffnung des Unterrichts: «Frau Müller hat schon zu meiner Zeit Frontalunterricht gemacht, und ich habe eine Menge bei ihr gelernt. Unser
Sohn hatte bei ihr Unterricht, da gab es immer noch Frontalunterricht.
Und auch er hat viel gelernt. Jetzt wird unsere Tochter zu ihr in die
Klasse kommen. Ich erwarte wiederum, daß sie genügend lernt. Deshalb sehe ich nicht ein, weshalb Frau Müller ihren Unterrichtsstil umstellen sollte. Eine ganz andere Frage ist, ob sie das überhaupt noch
könnte.»

Protest von vielen Seiten. Gegenpositionen. Nachdenkliche Gesichter. Ja, gehört nun der Frontalunterricht heute sozusagen auf den Müllhaufen der Geschichte? Mitnichten. Er hat schon noch seine Berechtigung. Dies zumindest unter vier Gesichtspunkten: Seine generelle und
überhastete «Abschaffung» (möglicherweise per Dekret) würde zunächst wohl ein ziemliches Chaos an unseren Schulen auslösen. Zum
zweiten sind eine Reihe materieller Bedingungen zu schaffen, die geeignet sind, die frontal ausgerichteten Kommunikationsstrukturen unseres Unterrichts zu durchbrechen.

Sie reichen von sehr leicht zu realisierenden (wie z. B. der Umstellung der Sitzordnung) bis zu jenen, die heute noch ein gewisses Problem für viele Schulen darstellen: Arbeitsmittel für die Kinder, die für
jedes einzelne Kind wie auch für gemeinsames Lernen in großen wie in
kleinen Gruppen Anreiz und Anregung bieten können, «Futter» im
Klassenraum zum Entdecken, Erkunden, Probieren, Gestalten, aber
auch zum stillen Nachdenken – das alles braucht sicher seine Zeit. Entmutigend? Nein, denn das Tempo, um solche Bedingungen zu schaffen, hängt auch (aber natürlich nicht nur) von jeder einzelnen Kollegin

---

[1] a) Leicht bearbeiteter Auszug aus: Drews, U.: Rehak, B.: Unterrichtsgestaltung
im Umbruch. (Verlag Volk und Wissen, Berlin). Dem Buch liegt u. a. eine Ideenskizze zur Weiterentwicklung der Unterstufe in der DDR zugrunde. (Vgl. Drews,
U.: Wie weiter in der Unterstufe. In «Pädagogik». Berlin, H. 2 – 3 / 1990)
b) Daß Frontalunterricht und Offener Unterricht nicht ohne weiteres gegenübergestellt werden können, ist der Autorin bewußt. Wenn sie es dennoch tut, dann sind
hierfür ausschließlich pragmatische Gründe ausschlaggebend.

ab – vorausgesetzt, man identifiziert sich mit einer neuen Art des Unterrichtens.

Zum dritten ist frontales Unterrichten durchaus legitim, wenn es um die möglichst rationelle Vermittlung von Fakten geht. Und schließlich muß in der Tat auch die individuelle Berufsbiographie eines Lehrers, einer Lehrerin berücksichtigt werden. Ein Abschied von lange gewohnten und vertrauten Herangehensweisen an den Unterricht ist sicher mit schmerzhaften Prozessen verbunden. Die Autorin ist auch nicht der Auffassung, daß jede(r) zu einer ganz raschen Veränderung seiner Unterrichtsgestaltung verpflichtet ist. Nachdenken, sich selbst auch einmal in Frage stellen, Versuche, Ausprobieren aber lohnen sich mit Sicherheit, auch wenn man persönlich meint, man habe mit dem Frontalunterricht die der eigenen Wesensart gemäße Unterrichtsweise gefunden...

Vor allem bedingt durch unsere internationale Abgeschiedenheit mutet «Offener Unterricht» fast wie eine Art Überfall auf unser bisheriges Herangehen an Unterricht an. Ein Überfall allerdings, der auszuhalten ist. Und nicht nur das:

Von vielen Kollegen und Kolleginnen wird hierin bereits eine große Herausforderung gesehen, der sie sich stellen und in deren Sinne manch einer schon gedacht und gearbeitet hat: So läßt sich beispielsweise Kollegin Hoffman seit Jahren die Wünsche und Hoffnungen der Kinder an den Unterricht, vor allem an das nachfolgende Schuljahr sagen und versucht sie zu berücksichtigen. In ihrer jetzigen zweiten Klasse waren übrigens die «Renner» für Klasse 3 – eingegrenzt auf das, worüber die Kinder mehr wissen wollten – die Ozonschicht der Erde, Saurier, Afrika, Getreide und Erze. Entdeckungen machen lassen im Heimatkundeunterricht (ob im Klassenzimmer oder auf Unterrichtsgängen) waren ebenfalls durchaus keine Seltenheit. Auch in anderen Fächern konnten die Kinder entdecken, erfinden, knobeln, ihre Fragen und Probleme in den Unterricht einbringen – wenn auch noch in zu geringem Maße. Der Lehrplan drängte und bedrängte häufig zu sehr, so daß nicht immer genügend Zeit hierfür blieb.

Nicht geringgeschätzt werden darf auch, welche Möglichkeiten sich im Hort für die Kinder ergeben haben und noch ergeben, um das Leben, die Umwelt und sich selbst zu entdecken. Erkenntnisse aus der pädagogischen Arbeit im Hort können durchaus für eine Bereicherung der Unterrichtsarbeit im Sinne des offenen Unterrichts genutzt werden. Und nicht zu vergessen ist auch all das, was gerade in den letzten

Monaten von vielen Kollegen und Kolleginnen neu begonnen, erdacht, erprobt, an Anregungen aufgegriffen wurde.

Also haben wir schon vieles getan und brauchen uns nur noch ein wenig zu steigern? Das wäre wohl eine Fehleinschätzung. Aber alle bisherigen Ansätze in unserer eigenen Arbeit, in der unserer Kollegen sollten wir ganz bewußt im Sinne von Ermutigungen nutzen und hieran anknüpfen. Es wäre unklug, das nicht zu tun. Dennoch geht es um einen Umbruch, der zumindest in drei Richtungen neu durchdacht, gewagt und erprobt werden muß:[2]

• *Öffnungen zum Kind hin*, seinen Entwicklungsmöglichkeiten, seiner Neugier und Entdeckerfreude, seinen Fragen und aktuellen Bedürfnissen, seinen Beziehungen zu anderen Kindern, seinem natürlichen Bedürfnis, einem anderen Kind zu helfen, mit anderen etwas gemeinsam zu tun.

Das Kind kann unter solcher Sicht beispielsweise über begrenzte Zeiträume hinweg seinen «Lernplan» einmal selbst bauen. Es wählt die Gegenstände seiner Zuwendung frei aus. Es kann lesen, mit anderen Kindern zusammen Mathematikaufgaben üben, sich eine Geschichte ausdenken und aufschreiben, eine begonnene Pflanzenbeobachtung mit drei oder vier Klassenkameraden beenden und die Ergebnisse mit ihnen diskutieren; es kann zeichnen oder gestalten u. a. m. Das Spektrum der Lernmöglichkeiten wird grob vorgegeben, um Anforderungsniveau und Ansprüche zu wahren. Der sog. Morgenkreis spielt hierfür eine wichtige Rolle. Über Ergebnisse und Erfolge wird der ganzen Klasse berichtet, die Freude wird allen mitgeteilt.

Kollegen und Kolleginnen, die so zu arbeiten begonnen haben, haben dies zunächst in einer oder in zwei Stunden erprobt und dann in Abstimmung mit den anderen in der Klasse unterrichtenden Lehrern und Lehrerinnen so ausgedehnt, wie sie es für vertretbar gehalten haben, um die Lehrpläne bzw. Rahmenpläne zu bewältigen. Die größte Entdeckung, die sie dabei gemacht haben, war die, in welch völlig überraschender Weise die Kinder miteinander umgegangen sind und sich gegenseitig geholfen haben.

Manche haben auch schon einmal mit Wochenplänen für die Kin-

2 Die Autorin dankt hier vor allem M. Bönsch, A. Garlichs, H. Meyer, J. Ramseger, H. Schwarz, W. Wallrabenstein für wichtige Anregungen.

der gearbeitet – aber dies noch sehr selten, weil die materiellen Voraussetzungen hierfür fehlen, sie selbst noch zu unsicher, die Eltern überwiegend skeptisch waren und viele Kinder hierin vorerst noch keinen «ernsthaften» Unterricht sehen konnten. Doch auch dies wird sich allmählich verändern lassen.

● *Öffnungsmöglichkeiten zur Schule hin:* Die Kinder sollten der Schule zeigen dürfen, was sie können. Ausstellungen mit Arbeitsergebnissen beleben nicht nur graue und triste Flure, sondern wecken auch das Interesse der größeren Schüler für die Kleinen und umgekehrt. Daß sie geschmacksbildend wirken, auf besondere Lebensprobleme der Kinder aufmerksam machen sollen und können, versteht sich dabei von selbst, will aber immer wieder gut bedacht sein. In einem weiteren Sinne gehört hierzu auch die Schulhofgestaltung, die viel diskutierte Begrünung von Schulhöfen, gehört die Wiederbelebung von Schulfesten und -feiern u. a. m.

Von besonderer Wichtigkeit ist, daß hierbei Unterstufenklassen untereinander, aber auch ältere und jüngere Klassen miteinander ins Gespräch kommen, gemeinsam arbeiten, gestalten und feiern und hierdurch Verständnis und Achtung füreinander gewinnen. Hierfür gibt es an einer ganzen Reihe von Schulen schon gute Voraussetzungen und Beispiele. Erwähnt sei lediglich, welch schöne Traditionen es in Sachen Hortfeste und -feiern, gemeinsame Arbeiten der Hortkinder u. ä. gibt.

● *Öffnungsmöglichkeiten zur Schulumwelt,* zum Leben überhaupt. Die Post, das Rathaus – sie werden in der Regel besucht. Aber wird auch der Burgruine, der alten Gasse, dem Friedhof Aufmerksamkeit zuteil? Lenken wir den Blick unserer Kinder auf Pflanzen in Pflasterritzen, auf umweltgeschädigte Bäume, auf schutzbedürftige Neuanpflanzungen? Lassen wir sie beobachten, wie die Menschen miteinander umgehen, sich freuen, sich streiten, sich helfen oder einander ausgrenzen, kein Verständnis für Schwächere, für den der Sprache nicht kundigen Ausländer u. a. m. zeigen? Wir sollten es im Interesse unserer Kinder viel mehr und häufiger tun und dabei auch aktive «Eingriffsmöglichkeiten» der Kinder auszuloten versuchen. Aber auch im Unterricht ist noch viel Platz für das Aufgreifen von Lebensproblemen und Konflikten der Kinder, der Menschen in der

Stadt, in der Gemeinde. Und nach wie vor sollten Gesprächspartner, die den Horizont der Kinder beträchtlich erweitern können, im Unterricht willkommen sein.

Ist offener Unterricht nun ein Allheilmittel? Mit Sicherheit nicht! Es sollen an dieser Stelle nur nicht schon wieder Barrieren vor einem neuen Beginnen errichtet werden.

(Ursula Drews)

Kapitel 11

Kinder, Eltern, Lehrer zum Offenen Unterricht

Kinder

«Mir macht am meisten Spaß beim Lernen in der Klasse das Rechnen, ja, das Drucken und... Es gibt nicht gerade viel, was ich nicht gerne mache!» *Basti*

«Meine Oma sagt immer: Na warte mal, bis du in das vierte Schuljahr kommst! Also, ich glaub, die wissen das auch nicht richtig, weil früher die Schule, die hat das ja auch ganz anders gemacht als wir jetzt.» *David*

«Nee, wenn meine Oma kommt, dann sagt sie immer: Du kannst aber gut lesen und schreiben und rechnen...» *Marion*

«Ich kann da machen, was ich will. Und im anderen Unterricht find ich schlimm, wenn alle dasselbe machen müssen. Das ist doch auch langweilig, weil manche das ja schon können. Das ist ja Baby-eierleicht und so...» *Matthias*

«Bei der Freien Arbeit mach ich zuerst die Sachen, die ich besser kann. Wenn etwas schwerer ist, kann ich meine Freundin fragen, wie es geht...» *Svenja*

«Es ist sehr schön, wenn man für sich arbeitet. Ich kann mir die Zeit selbst einteilen, und ich mach das Schwere zuerst, weil ich dann nicht mehr daran denke, was ich noch machen muß.» *Nils*

«Das ist gut, daß ich mich zu anderen Kindern setzen kann. Ich sitze nämlich bei einigen Sachen bei bestimmten Kindern. Die helfen mir!» *Dolores*

«Ich finde das gut, daß wir den Klassenrat machen. Nämlich, vielleicht hat einer Ärger gehabt, und wenn man das dann nicht bespricht, dann fühlt er sich traurig oder bleibt so ganz allein sitzen. Und wenn man das bespricht, vielleicht kann man das wegmachen.» *Wibke*

Eltern

«Also ehrlich gesagt: Ich war total dagegen. Ich dachte, keine Leistung, Spielen, Kuschelecke, die Kinder dürfen tun, was sie wollen. Der Lehrer ist schließlich der Fachmann und muß den Schülern das beibringen, was er für richtig hält. Und das geht am besten nach einem festen Plan! So habe ich gedacht, bis ich das erste Mal von der Lehrerin eingeladen wurde, mir den Unterricht anzuschauen. Ich merkte gleich: Die wollen ja freiwillig lernen, und es macht ihnen Spaß. Da würde ich gerne auch noch mal Schüler sein. Inzwischen bin ich alle 14 Tage einmal in der Schule und arbeite eine Stunde im Unterricht mit. Da ist mir so einiges über meinen Dennis aufgegangen. Der kann auch ohne Druck arbeiten, und ich habe schon mit der Lehrerin darüber gesprochen, warum es bei uns zu Hause nicht klappt mit ihm.» *Hartmut E.*

«Ich habe drei Kinder in verschiedenen Klassen. Nele hat als einzige Offenen Unterricht. Und ich muß sagen, daß ich jetzt von dieser Unterrichtsform überzeugt bin durch den Vergleich. Bei Katharina und Jan ist es, wie es auch zu meiner Schulzeit war: Häufig Theater mit den Hausaufgaben, der übliche Streß vor den Klassenarbeiten und null Information über das, was gelernt wurde. Nele dagegen schleppt immer irgend etwas an, was sie gemacht hat, z. B. jetzt so ein selbstgedrucktes Buch mit Tiergeschichten. Sie erzählt unaufgefordert vom Unterricht und fragt mich Löcher in den Bauch. Ich hätte nie geglaubt, daß Kinder so viele Fragen haben können. Außerdem ist sie jetzt schon im vierten Schuljahr viel selbständiger als die beiden Größeren im 6. und 8. Schuljahr. Ich brauche mich bei ihr um gar nichts zu kümmern. Das ist fast schon unheimlich. Übrigens halte ich die beiden anderen für intelligenter. Es ist wohl einfach eine Frage der Einstellung zur Schule, und Kinder merken das sofort.» *Maren V.*

«Einige der Ziele des Offenen Unterrichts unterstütze ich, weil wir sie in unserer Arbeitswelt auch brauchen. Kooperationsfähigkeit, soziale Sensibilität und Selbständigkeit müssen heute als Fähigkeiten von den Schulen, gleich in welchem Unterrichtsstil, entwickelt werden. Ich habe mich kürzlich davon überzeugen können, wie engagiert und ernsthaft Schülerinnen und Schüler eines siebten Schuljahres in dieser sogenannten Freien Arbeit ihre Aufgaben erledigen. Ob sie nun dabei das Wichtigste überhaupt lernen, nämlich das Lernen des Lernens, bleibt abzuwarten. Auf jeden Fall hat die Stoffhuberei der alten Schule nicht das gewünschte Ergebnis gebracht! Heute muß man flexibel sein, sich schnell auf neue Situationen einstellen können, kommunizieren können und vor allem kreativ sein, experimentierfreudig. Insofern ist der Offene Unterricht für unsere Branche vielleicht eine gute Voraussetzung. Natürlich darf diese Freiheit nicht zu Lasten der Grundfertigkeiten gehen, z. B. der Rechtschreibfähigkeit...» *Markus F.*

«Ja, was soll ich dazu sagen: Meine Tochter fühlt sich im Offenen Unterricht einfach wohl. Sie ist ausgefüllt, und das ist mir im Augenblick für mein Kind das Wichtigste...» *Ayre Ü.*

Lehrerinnen und Lehrer

«Ich möchte vorausschicken, daß mir die einzelne Schülerpersönlichkeit wichtiger ist als das gemeinsam erreichte Lernziel. Ideal wäre es, wenn ich mit der Klasse länger als vier Jahre zusammen sein könnte. Ich denke, es wäre dann möglich, als Lehrer langsam aber sicher immer überflüssiger zu werden. Ich möchte darauf aber nicht weiter eingehen, denn die Realität sieht anders aus.

Ich bin nicht überflüssig, spiele in den ersten vier Schuljahren zwar nicht die größte, aber doch eine große Rolle im Leben der Kinder. Daraus resultiert natürlich eine Verantwortlichkeit. Meine wichtigsten Aufgaben sind in etwa folgende: Ich bin Initiator, Fragesteller, Anreger von Lernprozessen. Manchmal auch jemand, der Rechenschaft fordert. Ich beobachte auch die Lernprozesse der Kinder. Ist ein Kind, das anfangs sehr passiv war, neugierig geworden, übt eines, das egozentrisch war, mittlerweile gelegentlich Solidarität usw. Ich versuche auch, die Lernvorgänge, die sehr schwierig sind, in so kleine Schritte aufzuteilen, daß das Kind es schaffen kann. Dies alles ist ein immens hoher Anspruch an uns Lehrer, den wir auch nur zu einem Teil erfüllen können.» *Friedegund P.*

«Bei der ‹Öffnung› des Unterrichts können die Kinder Eigenverantwortung für ihr Lernen übernehmen und einen Teil des Unterrichts unabhängig von der Lehrerin – entsprechend ihrem Können und ihren Interessen – gestalten. Sie müssen nicht dauernd auf ihren Plätzen sitzen, sie können sich im Klassenraum frei bewegen und mit anderen Kindern zusammen etwas tun. Mir gefällt, daß ich mehr Zeit für die einzelnen Kinder habe, sie dadurch besser kennenlerne und ihnen gerechter werden kann...» *Helga B.*

«Um Kinder mit Schule und Lehrer wieder näher zu bringen, ist ein Veränderungsprozeß notwendig. Offener Unterricht kann beiden Seiten wieder mehr Freude bereiten, wenn der Lehrer den Schülern Vertrauen schenkt, eigene Lernwege gehen zu können, und ihnen ein Mitspracherecht bei der Gestaltung der Unterrichtsinhalte und deren Ablauf einräumt. Selbständigkeit und Selbstbewußtsein sind die Resultate...» *Werner H.*

«Der gewohnte starre Unterrichtsablauf hatte mich, selbst empfindsamer und unsicherer durch einschneidende persönliche Veränderungen geworden, unzufrieden gemacht. Ich empfand ihn als kalt, starr, unpersönlich, als reine Lehrerplanarbeit. Über Monate quälte mich eine immer mehr wachsende Unzufriedenheit. Nur manchmal, für Minuten, fühlte ich mich wohl in der Klasse... Nun habe ich weniger Angst. Was mache ich heute, was muß ich heute abhaken, lehren, erreichen? Es ist nicht mehr das Wichtigste. Wir können nun gemeinsam überlegen, woran wir arbeiten.» *Eva B.*

«Ich glaube, wenn jemand grundsätzlich an freiem Unterricht interessiert ist, kann er dies auch schaffen. Wichtig ist dabei natürlich die Bereitschaft, sich verunsichern zu lassen und etwas Neues auszuprobieren. Mancher Kollege, von dem ich anfangs dachte, der schafft das nie, hat sich dann sehr positiv entwickelt.

Ich habe mich im Laufe der letzten sechs Jahre auch sehr verändert. Ich bin gelassener geworden, ich kann Kritik besser vertragen. Und der Anspruch, der unserer Ausbildung impliziert war, ein perfektes Vorbild zu sein, keine Schwächen zu haben, hat sehr stark an Bedeutung verloren. Im Moment starker Belastung falle ich leider gelegentlich in die alten Verhaltensmuster zurück. Obwohl meine Sensibilität meinem Verhalten gegenüber und somit meinen Fehlern gegenüber zugenommen hat, bemerke ich solche Fehler häufig nur, wenn die Kinder darauf reagieren.

Ich wiederhole: Ich nehme die Kinder auf jeden Fall sehr ernst. Das heißt natürlich nicht, daß ich jede ihrer Äußerungen akzeptiere. Körperliche Gewalt z. B. kann ich nicht dulden. Ich halte keinen antiautoritären Unterricht ab. Es gibt gewisse Spielregeln, die von den Kindern wesentlich mehr abverlangen als der Frontalunterricht. Sie müssen den Leistungsstand der anderen akzeptieren, allgemein stärker Rücksicht nehmen. Wenn ich sehe, daß gewisse Spielregeln nicht eingehalten werden – z. B. ein Kind verhält sich so, daß andere darunter leiden –, greife ich ein. Wir reden dann später darüber, ich bedaure es häufig, daß ich gezwungen war einzugreifen, aber ich stehe dazu...» *Lotte B.*

Kapitel 12

Praktische Hilfen

Literaturempfehlungen

Die folgenden Empfehlungen sollen einen schnellen Zugriff auf wichtige Texte und Bücher zum Offenen Unterricht ermöglichen – deshalb wird weniges unter vielen Schwerpunkten und Aspekten genannt. Die Empfehlungen sind natürlich – wie alle Literaturhinweise – subjektiv, jedoch vor dem Hintergrund langjähriger Erfahrungen in der Lehreraus- und -fortbildung und in der Elternarbeit in der Regel praxiserprobt. Eine weitere, vertiefende Auseinandersetzung mit der Thematik ist über die zahlreichen Hinweise im Text und die umfangreiche Literaturliste möglich. Also auf einen Blick:

1. Pädagogische Einführung
Schwarz, H.: Prinzipien und Formen einer offenen Grundschule, Empfehlungen für die Regelschule. Friedrich Forum 2. Velber 1987 (Friedrich Verlag).

Eine präzise formulierte, von pädagogischem Engagement und schulpraktischer Weitsicht getragene Einführung – sie verdeutlicht eindringlicher als viele theoretische Texte die Notwendigkeit einer Öffnung zum Kind.

2. Erziehungshintergrund und Erziehungsverhalten
Flitner, A.: Konrad, sprach die Frau Mama... Über Erziehung und Nicht-Erziehung. Berlin 1982 (Severin und Siedler).

Formuliert die Aufgaben der Erziehung verständlich und in fundierter Auseinandersetzung mit der Antipädagogik.

Rumpf, H.: Mit fremdem Blick. Stücke gegen die Verbiederung der Welt. Weinheim 1986 (Beltz).

Mit scharfem Blick entlarvt der Autor die lernbehinderten Muster von Erwachsenen – neue Erfahrungen für veränderte Lern- und Bildungsprozesse sind zu entwickeln und werden hier anspruchsvoll dargestellt.

Rolff, H.-G. / Zimmermann, P.: Kindheit im Wandel. Eine Einführung in die Sozialisation im Kindesalter, Weinheim 1990, Neuausgabe (Beltz).

Eine anschauliche Einführung in die Veränderungen des Kinderalltags (Reduktion von Eigentätigkeit, Mediatisierung der Erfahrungen, Expertisierung der Erziehung) mit entsprechenden Konsequenzen für eine Veränderung der Schule.

Schulz von Thun, F.: Miteinander reden, Bd. 1: Störungen und Klärungen. Allgemeine Psychologie der Kommunikation. Reinbek 1981 (Rowohlt).

Ein aufregendes und hilfreiches Buch, um sich selbst und den Umgang mit anderen Erwachsenen (und Kindern) besser zu verstehen und positiv zu verändern: so wünscht man sich die Brücke zwischen Wissenschaft und Lebenswelt (vgl. auch Bd. 2: Stile, Werte, Persönlichkeitsentwicklung. Hamburg 1989).

3. Alltagspraxis Offenen Unterrichts

Buschbeck, H. / Ernst, K. / Rebitzki, M.: (K)eine Schule wie jede andere. Vom Tempelhofer Projekt zu neuen Lernformen. Weinheim 1982 (Beltz).

Darstellung offenen Grundschulunterrichts in Berlin mit zahlreichen praktischen Anregungen, Fallstudien, Argumentationshilfen und Überlegungen zur Förderung verhaltensauffälliger Kinder.

Drews, U.: Unterricht in Deutschland. Schulreports zur Reformpädagogik. Baltmannsweiler 1994 (Schneider).

Sensible Erfahrungsberichte aus Offenen Schulen.

Garlichs, A. u. a.: Alltag im offenen Unterricht. Das Beispiel Lohfelden-Vollmarshausen. Frankfurt / M. 1990 (Arbeitskreis Grundschule, Postfach 900148, 60441 Frankfurt / M.

Ein sensibler und genauer Bericht über Kinder in offenen Lernsituationen aus einer beispielhaften «Dorf»-Schule mit eigenem Schulprofil (Jenaplan-Elementen u. a.).

Sonderheft «Öffnung der Grundschule» der «Grundschulzeitschrift», Velber 1989 (Friedrich Verlag).

Enthält wichtige, vergriffene Texte zum Offenen Unterricht, eine aktuelle Umfrage, Bildungspolitisches und Historisches und zahlreiche Beiträge zur Praxis, Lehrerrolle, Hintergrund und Diskussion.

Sehrbrock, P.: Freiarbeit in der Sekundarstufe I. Frankfurt / M. 1993 (Cornelsen / Scriptor)

4. Zur Theorie der Öffnung der Schule

Benner, D.: Auf dem Weg zur Öffnung von Unterricht und Schule. In: Die Grundschulzeitschrift, H. 27, Velber 1989 (Friedrich Verlag).

Die m. E. bislang qualifizierteste Auseinandersetzung über theoretische Grundlagen zum Offenen Unterricht und zur Offenen Schule. Entfaltet unter systematischen, historischen und schulpädagogischen Fragestellungen einen kritischen Begriff von Öffnung im Zusammenhang von Wissenschaft, Erziehung und Unterricht.

Kasper, H.: Offener Unterricht in der Diskussion. In: Kasper, H., u. a.: Laßt die Kinder lernen. Offene Lernsituationen. Braunschweig 1989 (Westermann Schulbuchverlag), S. 12 ff.

Eine hilfreiche, detaillierte Darstellung der Hintergründe, der Entwicklung und der Probleme des Offenen Unterrichts.

5. Zum historischen und bildungspolitischen Hintergrund

Röhrs, H. (Hg.): Die Schulen der Reformpädagogik heute. Düsseldorf 1986 (Schwann).

Das klassische Handbuch reformpädagogischer Schulideen und Schulwirklichkeit. Lebt von der engagierten Selbstdarstellung der Konzepte und enthält weiterführende Beiträge für eine übernationale Verständigung zur Bedeutung der Reformpädagogik.

Rödler, K.: Vergessene Alternativschulen. Geschichte und Praxis der Hamburger Gemeinschaftsschulen 1919–1933. Weinheim–München 1987 (Juventa).

Eine mit zahlreichen Dokumenten versehene Aufarbeitung der Geschichte der Hamburger Reformschulen – überraschend innovativ und bildungspolitisch heute wieder ein Lehrstück für das Verhältnis von innerer und äußerer Schulreform.

von Hentig, H.: Die Schule neu denken. Eine Übung in praktischer Vernunft. München 1993 (Hanser).

Ein überzeugendes Plädoyer für eine freie und offene Schule.

6. Hilfen für die Öffnung des Unterrichts

Aus der Fülle der Bücher zur Wochenplanarbeit, Freien Arbeit, Klassenraumgestaltung mit vielen Vorschlägen, Skizzen und Anregungen für eine schrittweise Öffnung werden hier vier unterschiedliche, aber besonders praxisrelevante Veröffentlichungen hervorgehoben:

Baillet, D.: Freinet – praktisch. Beispiele und Berichte aus Grundschule und Sekundarstufe. Weinheim 1983 (Beltz).

Eine überzeugende Realisierung der Prinzipien von Freinet.

Mayer-Behrens, H.: Grundschule – Haus für Kinder. Vom Klassenraum zur Lernlandschaft. Ein Kernstück der Schulreform. Heinsberg 1987 (Agentur Dieck).

Ein materialreicher, unmittelbar praktische Anregungen vermittelnder Einblick in die Veränderung des Schulalltags im Rahmen der Jenaplan-Pädagogik.

Hameyer, U.: Pädagogische Ideenkiste Primarbereich. Kronshagen 1994 (Körner).

Eine praktische Hilfe für (fast) alle Bereiche der Öffnung, z. B. auch mit Planungshilfen.

Kleingeist, H., u. a.: Kinder lernen selbständig. Arbeitshilfen für Freie Arbeit und Wochenplanunterricht in der Grundschule. Herausgegeben vom Landesinstitut für Schule und Weiterbildung. Soest 1989 (Soester Verlagskontor).

Eine von langjähriger Praxis der Öffnung in Nordrhein-Westfalen getragene, faszinierend praktische und verständliche Einführung.

Weitere bewährte Texte:

Freie Arbeit und Projektunterricht. Heft 10 von «Pädagogik». Hamburg 1993 (Pädagogische Beiträge).

Huschke, P.: Wochenplanunterricht. Praktische Ansätze zur inneren Differenzierung, zu selbständigem Lernen und zur Mitgestaltung des Unterrichts durch die Schüler. Weinheim 1990 (Beltz).

7. Hilfen für eine Veränderung der Schule

Tillmann, K.-J. (Hg.): Was ist eine gute Schule? Hamburg 1989 (Bergmann + Hellbig).

Neben klugen Darstellungen der Eigenschaften guter Schulen finden sich vor allem viele Beiträge zu Schulveränderungen in der Sekundarstufe anhand konkreter Beispiele.

Kleingeist, H. / Schuldt, W., u. a.: Gemeinsam Schule machen. Arbeitshilfen zur Entwicklung des Schulprogramms. Herausgegeben vom Landesinstitut für Schule und Weiterbildung in Nordrhein-Westfalen. Soest 1988 (Soester Verlagskontor).

Eine praktikable Handreichung für Schulen, um über zahlreiche Arbeitshilfen ein eigenes Schulprogramm zu entwickeln.

8. Untersuchungen zur Arbeit und Leistung im Offenen Unterricht

Die folgenden drei Untersuchungen bieten Ergebnisse und «harte» Argumente zum Leistungsvergleich «Offener Unterricht – Traditioneller Unterricht» – auch auf der Grundlage internationaler Studien:

Ranin, U.: Differenzierender Unterricht – Empirische Studien in der Bilanz. In: Hessisches Institut für Bildungsplanung und Schulentwicklung (Hg.): Qualität von Schule, H. 3, Untersuchungen zur Unterrichtsqualität. Wiesbaden 1988 (HfBS, Wiesbaden).

Röbe, H.-J.: Freie Arbeit – Eine Bedingung zur Realisierung des Erziehungsauftrages der Grundschule? Bern 1986 (Lang).

Ramseger, J.: Offener Unterricht in der Erprobung. Erfahrungen mit einem didaktischen Modell. Weinheim 1985 (Juventa).

9. Zur Kritik am Offenen Unterricht

a) Texte gegen den Offenen Unterricht auf der Grundlage fragwürdiger Untersuchungen:

Günther, H.: Freie Arbeit in der Grundschule. Hg. v. Elternverein NW und vom hessischen Elternverein. Elternverein NW e. V.: 53115 Bonn, Endenicher Str. 12, 1988 a.

ders.: Effekte des Offenen Unterrichts – Empirische und lerntheoretische Befunde. In: Heldmann, W. (Hg.): Gymnasiale Bildung – Erziehung für die Lebenswelt. Bericht über den 38. Gemener Kongreß. Krefeld 1988, S. 68–107 (Pädagogik & Hochschule Verlag).

b) Texte, die sich damit auseinandersetzen:

Brügelmann, H.: Geschlossene Forschung über offenen Unterricht. In: Die Grundschulzeitschrift, H. 23, Velber 1989, S. 2 f (Friedrich Verlag).

c) Texte zur grundlegenden schulpädagogischen Diskussion:

Schulz, W.: Offene Fragen beim Offenen Unterricht. In: Kasper, H., u. a.: Laßt die Kinder lernen. Offene Lernsituationen. Braunschweig 1989, S. 75 ff. (Westermann Verlag). (Vgl. dort auch Kasper, H. und Haarmann, D.).

10. Weniger bekannte Bücher zum Hintergrund des Offenen Unterrichts

Sechs faszinierende Bücher, die mehr Leserinnen und Leser haben sollten, weil sie aus Praxiserfahrungen engagiert, differenziert und behutsam für das lernende Kind eintreten.

Wild, R.: Erziehung zum Sein. Erfahrungsbericht einer aktiven Schule. Heidelberg 1986 (Arbor Verlag).

Zimmer, J.: Die vermauerte Kindheit. Bemerkungen zum Verhältnis von Verschulung und Entschulung. Weinheim 1986 (Beltz).

Dolto, F.: Alles ist Sprache. Kindern mit Worten helfen. Berlin 1989 (Quadriga Verlag).

Bambach, H.: Erfundene Geschichten erzählen es richtig. Lesen und Leben in der Schule. Konstanz 1989 (Faude Verlag).

David Gribble: Auf der Seite der Kinder. Welche Reform braucht die Schule? Mit einem Vorwort von Hartmut von Hentig. Weinheim 1991 (Beltz).

Das für mich aufregendste und wichtigste Buch der letzten Jahre zum Bereich «Kind – Schulreform», weil es «Pädagogik» klärt, verändert und damit «Schulreformer» (wieder) ermutigt.

11. Zur Lernberatung und Leistungsbeurteilung im Offenen Unterricht

Von den vielen Büchern, die sich für einen kindorientierten, offenen Umgang mit Lern- und Verhaltensproblemen im Unterricht auseinandersetzen, hebe ich folgendes Buch aufgrund positiver Praxiserfahrungen hervor:

Molnar, A. / Lindquist, B.: Verhaltensprobleme in der Schule. Lösungsstrategien für die Praxis. Dortmund 1990 (Verlag Modernes Lernen).

Da der Offene Unterricht über seine Kind- und Förderungsorientierung sinnvollerweise zu einer verbalen Beurteilung und damit zu Berichtszeugnissen führt, sei auf folgenden Titel hingewiesen:

Bartnitzky, H. / Christiani, R.: Zeugnisschreiben in der Grundschule. Heinsberg 1987.

12. Zur integrativen Arbeit

Schöler, J.: Integrative Schule – Integrativer Unterricht. Ratgeber für Eltern und Lehrer. Reinbek 1993 (Rowohlt).

13. Kooperative Schulentwicklung

Grundschule im Aufbruch. Heft 76 der «Grundschulzeitschrift». Seelze 1994 (Friedrich).

Schule – zwischen Routine und Reform. Jahresheft 12. Seelze 1994 (Friedrich).

Film- und Videoliste

von Jörg Ramseger

1. Filme der Landesbildstellen

Verleih: Über die örtlichen Bildstellen.

Titel: «Offener Unterricht in der Grundschule»
Kurzdaten: VHS-Kassette, 29 Min., color, 1985, FWU-Leihnummer 420468.
Inhalt: Beispiele aus der Praxis des Offenen Unterrichts an der Paul-Klee-Schule, Berlin-Tempelhof («Tempelhofer Projekt»): Klassenraumgestaltung, Freie Arbeit, Kleingruppenarbeit, Entdeckendes Lernen, Einzelbetreuung der Kinder, Mitarbeit von Eltern im Unterricht, Erfahrungsaustausch in der Lehrergruppe.

Titel: «Individualisierung, Freie Arbeit und Wochenplanunterricht.
Ein Film aus dem Grundschulprojekt Münster-Gievenbeck»
Kurzdaten: Medienpaket mit VHS-Kassette, 45 Min., color, und schriftlichem Begleitmaterial, 1987.
Verleih: In der Regel bei der jeweiligen Landesbildstelle. In Hamburg auch beim Institut für Lehrerfortbildung; in Schleswig-Holstein auch beim Institut für Praxis und Theorie der Schule, Seminar Ahrensburg. Ansonsten beim Institut für Allgemeine und Historische Erziehungswissenschaft der Universität Münster, Georgskommende 26, 48143 Münster.
Inhalt: Der Film befaßt sich mit einem Spezialproblem des Offenen Unterrichts: der didaktischen Organisation von Phasen mit Freier Arbeit im Wochenplanunterricht. Er zeigt, wie die räumlichen und zeitlichen Strukturen der Schule für den Offenen Unterricht verändert werden können, wie die Freiarbeit durch Wochenarbeitspläne strukturiert wird und auch mehrere Lehrer im Fachlehrersystem Offenen Unterricht durchführen können. Er geht auf die Probleme der Unterrichtsvorbereitung ein und nimmt zu der Frage «Wie fängt man an?» Stellung.

Das schriftliche Begleitmaterial enthält neben dem vollständigen Text des Kommentares didaktische Empfehlungen zum Einsatz des Filmes in Veranstaltungen der Lehreraus- und -fortbildung sowie umfangreiche Literaturübersichten und zahlreiche Fotokopiervorlagen. Das Medienpaket eignet sich sowohl für die Vorführung vor größeren Gruppen als auch zum Selbststudium.

Titel: «Schulleben in einer Peter-Petersen-Schule»
Kurzdaten: VHS-Kassette, 17 Min., color, 1984, FWU-Leihnummer 420440.

Inhalt: Die Kölner Grundschule Mülheimer Freiheit macht sich Elemente der praktischen Pädagogik Peter Petersens zunutze, um angemessene pädagogische Lösungen für die Aufgabe der Integration von ausländischen Mitschülern in das Regelschulsystem zu entwickeln. Die Video-Tonbildreihe ist nach den «Bildungsgrundformen» gegliedert, wie Peter Petersen (1884–1952) sie genannt hat: Gespräch, Spiel, Arbeit, Feier. Diese Elemente dienen als Rahmen der von den Lehrern, Schülern und Eltern der Grundschule Mülheimer Freiheit gemeinsam ausgefüllt wird.

Titel: «**Freiarbeit an einer Montessori-Schule**»

Kurzdaten: VHS-Kassette, 16 Min., color, 1983, FWU-Leihnummer 420409.

Inhalt: Fünfteilige Video-Tonbildreihe aus einer privaten Montessori-Schule in München, in der lern- und verhaltensbehinderte Kinder gemeinsam mit nichtbehinderten Kindern unterrichtet werden. Der Film verdeutlicht, welche Bedeutung Maria Montessori der Freiarbeit zumaß, und veranschaulicht drei Prinzipien der Montessori-Pädagogik: die Einzelarbeit in der selbständigen Auseinandersetzung mit didaktischem Material; die Zusammenarbeit der Schüler untereinander und die Differenzierung und Integration von Schülern unterschiedlicher Lernniveaus. Darüber hinaus geht die Tonbildreihe auf die Anforderungen an die Lehrer ein.

2. Freinet-Film der Brüder Jochen und Martin Zülch

Titel: «**Lehrer verändern die Schule. Der Unterricht von Anne-Marie Mislin**»

Kurzdaten: VHS-Kassette, 33 Min., color, Produktion: 1975/76.

Verleih: Bei Portoerstattung kostenlos ausleihbar beim Arbeitskreis Grundschule e.V., Sektion Hamburg, p.A. Reinhard Kühl, Blomeweg, 39, 22147 Hamburg

Inhalt: Der Film zeigt die Praxis der Dorfschullehrerin Anne-Marie Mislin, die in Ottmarsheim im Elsaß das erste und zweite Schuljahr nach dem Konzept der Freinet-Pädagogik unterrichtet. Es wird deutlich, wie nach der Öffnung des Unterrichts für die Erfahrungen der Kinder die Unterrichtsinhalte zunehmend von diesen selbst eingebracht und im entdeckenden Lernen selbständig bearbeitet werden. Die Kinder sind in alle relevanten Entscheidungen mit eingebunden. Die Lehrerin steht mit Rat und Unterstützung zur Seite. Ausführlich wird gezeigt, wie sich die Kinder im fibelfreien Erstleseunterricht mit Hilfe der Freinet-Druckerei das Lesen selber beibringen und die Kulturtechnik dabei als ein für sie persönlich bedeutsames Ausdrucksmedium entdecken. Zu dem Film gibt es ein Buch mit dem Titel «Lehrer und Schüler verändern die Schule. Bilder und Texte zur Freinet-Pädagogik», zusammengestellt und kommentiert von Martin Hülch, Beiträge zur Reform der Grundschule Bd. 48, Frankfurt/M.: Arbeitskreis Grundschule 1981.

3. Filme der Glocksee-Schule Hannover

Verleih: Gegen Gebühr beim Verein zur Förderung des Schulversuchs Glocksee e. V., p. A. Glocksee-Schule, Am Lindenhofe 14, 30519 Hannover

Titel: Es sind sechs verschiedene Filme aus der Glocksee-Schule verfügbar. Bitte fordern Sie unter Beifügung eines Freiumschlags ein gesondertes Informationsblatt bei der Schule an.

4. Film für die Lehrerfortbildung in Rheinland-Pfalz

Quelle: Staatl. Institut für Lehrerfort- und -weiterbildung, Butenschönstr. 1, 67346 Speyer.

Titel: «Freiarbeit in der Grundschule»
Kurzdaten: VHS-Kassette. Der Film ist nur für Veranstaltungen zur Lehrerfortbildung in Rheinland-Pfalz vorgesehen und wird nicht verliehen.
Inhalt: Materialien aus dem SIL-Projekt «Anfangsunterricht».

5. Filme aus der Niedersächsischen Landesmedienstelle

Verleih: Stiftstr. 13–15, 30159 Hannover

Titel: **42 00864 Unterricht nach Freinet**
Anregungen für die Arbeit in der Schule
16 min f D 1987 **Adr.:** B, E, L
Inhalt: Der Film gibt Einblicke in ein Treffen von Freinet-Lehrern und ihren «Unterricht nach Freinet»: 1. Einführung. 2. Beispiele zu methodisch-didaktischen Komplexen nach Freinet: «Ausdruck – Druckarbeit», «Tastendes Versuchen». «Selbständig sein – selbständig machen». (Ein Video-Tonbild).
FWU
Weitere Filme (Ausleihe unter Signatur):
42 44175 Individualisierung, Freie Arbeit u. Wochenplanunterricht
42 40054 Kindsein ist kein Kinderspiel
42 41420 Unterricht nach Wochenplan. Erfahrungen mit selbstgesteuertem Lernen.

6. Filme aus dem Grundschulprojekt Gievenbeck

Verleih: Kostenlos ausleihbar (Bestellvordruck anfordern!) beim Institut für Allgemeine und Historische Erziehungswissenschaft der Universität Münster, Georgskommende 26, 48143 Münster.
Titel: **«Wißt ihr was? Schule macht Spaß!»**

Ein Porträt des Grundschulprojekts Münster-Gievenbeck.

Kurzdaten: Videokassette (nach Wunsch im System VHS, VCR-Standard-I oder U-matic erhältlich), 30 Min., color, 1982.

Inhalt: Der Film stellt die Organisation und die Unterrichtspraxis des Grundschulprojektes vor und verdeutlicht an mehreren Beispielen, was die Lehrerinnen und Lehrer der Wartburg-Schule in Münster unter dem Prinzip der «Öffnung des Unterrichts für die Erfahrungswelt der Kinder» verstehen. Neben der Freien Arbeit werden der fibelfreie Erstleseunterricht nach dem Spracherfahrungsansatz, das Lernen in Projekten und die gemeinsame Planung und Gestaltung von Lernsituationen der Kinder im Team und in Zusammenarbeit mit den Eltern vorgestellt. Darüber hinaus wird zu den besonderen pädagogischen Chancen der Ganztagsschule Stellung genommen.

Titel: **«Individualisierung, Freie Arbeit und Wochenplanunterricht. Ein Film aus dem Grundschulprojekt Münster-Gievenbeck»**

Kurzdaten: Siehe oben die Angaben unter Nr. 1 (Filme der Landesbildstellen).

7. Film des Adolf-Grimme-Instituts, Marl

Titel: **«Kindsein ist kein Kinderspiel».** Folge 4: Ich habe vor der Schule keine Angst.

Kurzdaten: VHS-Kassette, 45 Min., color, 1986.

Verleih: Kostenlos ausleihbar bei der Landesbildstelle Westfalen-Lippe, Warendorfer Str. 24, 48145 Münster/W.; bei der Landesbildstelle Hessen, Gutleutstr. 8, 60329 Frankfurt/M., sowie bei zahlreichen Evangelischen Medienzentralen. Käuflich zu erwerben beim: Landesfilmdienst Hessen, Kennedyallee 105a, 60596 Frankfurt/M.

Inhalt: Der Film zeigt am Beispiel der Freien Schule Frankfurt und einer «normalen» Grundschule in Mörfelden, wie Unterricht ohne Noten und festen Stundenplan funktioniert, wie Kinder in altersgemischten Gruppen und im Offenen Unterricht freiwillig und mit hoher Motivation lernen und dabei benachteiligten Kindern besonders geholfen werden kann. Dazu ist schriftliches Begleitmaterial beim Adolf-Grimme-Institut, Eduard-Weitsch-Weg 25, 45768 Marl erhältlich.

8. Freinet-Film der Filmemacher Barbara Lindemann und Wolfgang Jung

Titel: **«Den Kindern das Wort geben».** Dreiteilige Video-Dokumentation aus einer Freinet-Klasse im Elsaß.

Kurzdaten: VHS-Kassetten, Teil I: 30 Min., Teil II: 82 Min., Teil III: 60 Min., color, Sept. 1976 bis Juni 1977.

Verleih: Gegen Vorführgebühr bei Barbara Lindemann und Wolfgang Jung, Horner Str. 127, 28203 Bremen.

Inhalt: Die Dokumentation verfolgt über die Dauer eines Jahres die Arbeit eines Freinet-Lehrers, der eine vierte Klasse neu übernimmt und mit ihr den Übergang von traditionellen Unterrichtsformen zur Freinet-Pädagogik vollzieht. Die Filme zeigen verschiedene Unterrichtsvorhaben, das selbständige Arbeiten der Schüler in dem in «Ateliers» gegliederten Klassenzimmer und geben einen Eindruck von dem sich entwickelnden Sozialverhalten der Kinder. Es werden auch Aussagen zum politischen Selbstverständnis der Lehrergruppe innerhalb der École Moderne gemacht, der der Lehrer angehört.

9. Filme der Pädagogik Kooperative e. V., Bremen

Verleih: Gegen Gebühr bei der Pädagogik Kooperative e. V., Goebenstr. 8, 28209 Bremen.

Titel: «**Freinet-Pädagogik – Wir machen einen Wochenplan**»
Videofilm der Kl. 4 b aus Jülich.
Kurzdaten: VHS- oder VCR-Kassette, 50 Min., color, Leihgebühr DM 30,– + Porto.
Inhalt: Der Film zeigt die Arbeit im Wochenplanunterricht während eines Schultages in einer Freinet-Klasse in Jülich: das Experimentieren in der Freien Arbeit, die Arbeit an Texten und in der Druckerei, an der Klassenzeitung und Klassenkorrespondenz. Die Schüler haben selbst überlegt, was in dem Film vorkommen soll, und einige «besonders schöne» Arbeiten für den Drehtag aufgehoben.

Titel: «**Ein Unterrichtstag beim Fliegenden Teppich**»
Kurzdaten: VHS-Kassette, 50 Minuten, color, Leihgebühr DM 50,– + Porto.
Inhalt: Der Film zeigt die Anfänge Freinet-orientierter Arbeit an einer Sonderschule für Körperbehinderte. Der Film setzt grundlegende Kenntnisse von Freinet-Pädagogik voraus und zeigt erste Versuche, diesen Ansatz auf die spezifische Situation der körperbehinderten Schüler zu übertragen.
Weitere Filme zur Freinet-Pädagogik (u. a. auch auf der Sekundarstufe) sind bei der Pädagogik-Kooperative in Vorbereitung bzw. bereits verfügbar.

10. Film der Landesbildstelle Bremen

Titel: «**Unterricht nach Wochenplan. Erfahrungen mit selbstgesteuertem Lernen**»
Kurzdaten: Zwei Teile auf einer VHS-Kassette mit schriftlichem Begleitmaterial. Teil I: 29 Min., Teil II: 32 Min. Produktion: 1985. Archiv-Nr.: 424169.
Verleih: Landesbildstelle Bremen, Zentralverleih von AV-Medien, Uhlandstr. 53. 28211 Bremen.
Inhalt: Der erste Teil stellt die Arbeit mit dem Wochenplan in einer dritten Klasse dokumentarisch vor. Die Lehrerin erläutert zunächst den Wochenplan

unterricht auf einer Elternversammlung. Dann erlebt man wie 25 Kinder nebeneinander und miteinander lernen, ohne daß es ständig einer Anleitung bedarf, und schließlich äußern sich Eltern – auch kritisch – zu dieser Unterrichtsform. Der zweite Teil skizziert den Bedingungsrahmen des Wochenplanunterrichts und bietet Material für seine Bewertung: Voraussetzungen der Arbeit, Einbeziehung der Eltern in den Unterricht, veränderte Lehrerrolle, kritische Fragen an die Unterrichtskonzeption und der Nutzen für die Schüler.

11. Filme im Audiovisuellen Zentrum des Fachbereichs Erziehungswissenschaft der Universität Hamburg

Verleih: Gegen Gebühr (DM 30,– je Band) beim Audiovisuellen Zentrum des Fachbereichs Erziehungswissenschaft der Universität Hamburg, Von-Melle-Park 8, 20146 Hamburg. (Dort auch käuflich zu erwerben.)

Titel: «**Offener Unterricht an Hamburger Grundschulen**»
Kurzdaten: VHS-Kassette, 30 Min., color, 1987, Archiv-Nr. VHS 794.
Inhalt: Die Aufnahmen zu diesem Film wurden von Mitarbeitern des Fachbereichs Erziehungswissenschaft an sechs verschiedenen Schulen gemacht und geben Einblick in den Stand der inneren Schulreform an Hamburger Grundschulen Mitte der achtiger Jahre. Der Film zeigt Lehrerinnen und Lehrer, die teilweise erste Schritte auf dem Weg zum Offenen Unterricht unternommen haben, teilweise schon seit längerer Zeit nach dem Konzept des Offenen Unterrichts oder der Freinet-Pädagogik unterrichten. Leitende Prinzipien des Offenen Unterrichts wie die Öffnung zur Umwelt, das Lernen voneinander und von den Dingen, produktorientiertes Lernen und die Einzelbetreuung der Kinder in individueller Beratung durch die Lehrer/innen werden anhand von Beispielen demonstriert. Organisationsformen wie Wochenplanunterricht, Klassenrat, Tagesplanung, Freie Arbeit und Projektunterricht werden ebenfalls gezeigt.

Titel: «**Auf dem Weg zum Offenen Unterricht**». Ein Vormittag in zwei ersten Klassen.
Kurzdaten: VHS-Kassette, 30 Min., color, 1987. Archiv-Nr. VHS 413.
Inhalt: Der Film zeigt Unterrichtsbeispiele aus zwei Klassen der Grundschule Kielortallee in Hamburg gegen Ende des ersten Schuljahres. Die Lehrerinnen versuchen hier, eher offene und eher traditionelle Unterrichtsformen miteinander zu verbinden. Für beide Lehrerinnen ist es der erste Versuch mit Offenem Unterricht. Anhand einzelner Unterrichtsbeispiele werden die Lernumwelt der Kinder, die Arbeit nach dem Lehrgang «Lesen durch Schreiben» von Jürgen Reichen, Werken, Mathematik, die Sozialformen im Klassenzimmer und das Einbringen von eigenen Lerninteressen durch die Kinder dokumentiert. Der Film ist durch Zwischentitel gegliedert, die Unterrichtsbeispiele sind nicht kommentiert.

Titel: «**Projektwoche Schule Wegenkamp**»
Kurzdaten: VHS-Kassette, 40 Min., color, 1986. Archiv-Nr. VHS 415.
Inhalt: Dieser Film berichtet in Einzelbeispielen von einer Projektwoche zum Thema «Hamburg» an der Grundschule Wegenkamp in Hamburg. Aus der Arbeit von mehr als 20 Projektgruppen werden vier Beispiele vorgeführt: eine Gruppe zur Hamburger Geschichte, eine Gruppe, die über das Niendorfer Gehege gearbeitet hat, eine Gruppe, die traditionelle Hamburger Gerichte gekocht hat, und eine Gruppe, die eine Projektzeitung angefertigt hat. Die Projektwoche endet mit einer Ausstellung der Arbeitsergebnisse aller Gruppen und einem großen Fest für die Schüler, Eltern und Freunde der Schule.

Titel: «**Offener Unterricht in einer dritten Klasse**»
Kurzdaten: VHS-Kassette, color, 1987, 40 Min.
Inhalt: In längeren unkommentierten Sequenzen werden Unterrichtsausschnitte aus einer dritten Klasse zu den Bereichen Sachunterricht (Projekt) und Mathematik (Einsatz von Rechenspielen im Unterricht) gezeigt. In einem dritten Teil werden die Behandlung und Diskussion von in der Klasse entstehenden Konflikten dokumentiert, für die im Gespräch auch nicht immer eine Lösung gefunden wird.

Titel: «**Lernsituationen aus dem Leseunterricht im 1. Schuljahr**»
Kurzdaten: VHS-Kassette, color, 1988, 26 Min.
Inhalt: Die Aufnahmen wurden in einer ersten Klasse nach einem halben Jahr Schulzeit in einer Grundschule am Stadtrand Hamburgs gemacht. Die Kinder lernen Lesen nach dem Lehrgang «Lesen durch Schreiben» von Jürgen Reichen. In diesem Unterricht werden zusätzlich selbstgefertigte didaktische Materialien eingesetzt. Der Film zeigt die Arbeitsangebote und die Lernmaterialien, den Umgang der Kinder damit in individuellen und partnerbezogenen Lesesituationen sowie das Lesen in der Gruppe. Das Band ist unkommentiert, jedoch mit Zwischentiteln gegliedert.

Titel: «**Ansätze Offenen Unterrichts in der Sekundarstufe I**»
Kurzdaten: VHS-Kassette, color, 1988, 34 Min.
Inhalt: In den weiterführenden Schulen wird der Versuch unternommen, einzelne Elemente des Offenen Unterrichts umzusetzen. Der Film zeigt Unterrichtsausschnitte aus verschiedenen Klassen der Jahrgangsstufen 5 bis 7 an drei Hamburger Gesamtschulen und einem Gymnasium. Dokumentiert werden kurze Sequenzen eines situativen Ansatzes im Englischunterricht und des Wochenplanunterrichts im Fach Deutsch sowie Wochenplanunterricht in verschiedenen Fächern, freie Arbeitszeit, Projektunterricht und Ausschnitte aus einem Projekttag Mathematik. Der Film ist mit Zwischentiteln gegliedert und kommentiert. Schriftliches Begleitmaterial ist vorhanden.

Titel: «Von **ADLER** bis **WERBESPRÜCHE**». 26 Szenen. Lehrerhilfen bei Leseschwierigkeiten.

Kurzdaten: VHS-Kassette, color, 1987. Archiv-Nr. VHS 760.

Inhalt: Dieses Band enthält 26 Szenen aus dem Leseunterricht in Klasse 1–3. Im Rahmen eines Jahresseminars zur Lehrerfortbildung wurden Schwierigkeiten beim Erwerb und bei der Vermittlung der Schriftsprache untersucht. 14 Lehrerinnen und Lehrer ließen ihre Unterrichtsstunde aufnehmen und beteiligten sich an der Auswertung. Jede Szene zeigt eine aktuelle Schwierigkeit beim Lesen oder beim Schreiben eines Wortes; nach diesen Wörtern sind die Szenen benannt. Die Szenen zeigen mögliche Lehrerhilfen, sie zeigen die Bedeutung der Verständigung zwischen Lehrer und Schüler und geben einige methodische Anregungen. Eine Schriftfassung ist erhältlich bei Prof. Dr. Mechthild Dehn, FB 6, Universität Hamburg, Von-Melle-Park 8, 20146 Hamburg (Freiumschlag erbeten!).

12. Film von Jörg Haug zum Heimat- und Sachunterricht

Titel: «**Lern- und Arbeitsformen im Heimat- und Sachunterricht der Grundschule**»

Kurzdaten: VHS-Kassette, color, 1985, 40 Min., Archiv-Nr. 420261.

Verleih: Kreisbildstelle Reutlingen, Kaiserstr. 27, 72764 Reutlingen.

Inhalt: Es handelt sich um Aufnahmen über zwei Schuljahre hinweg aus den Klassen 3 und 4 einer ländlichen Grundschule in Bad Urach (Baden-Württemberg). Die Aufzeichnungen stellen wichtige Stationen für das Lernen und Arbeiten im Heimat- und Sachunterricht dar. Dazu gehören die Veränderung der Lernumwelt und die Schaffung zahlreicher Möglichkeiten zur Förderung der Selbsttätigkeit der Schüler im Unterricht. Im einzelnen zeigt der Film Formen der Materialbeschaffung und -darbietung durch den Lehrer, die Öffnung der Schule für die Fragen und die Erfahrungswelt der Kinder, Beispiele handlungsorientierten und arbeitsteiligen Lernens, forschendes und entdeckendes Lernen in der Umgebung der Schule und vieles andere mehr. Ein besonders eindrucksvolles Dokument für einen anspruchsvollen Sachunterricht unter ganz normalen Schulbedingungen.

13. Offener Unterricht in der Sek. I

Titel: «**Lernen mit Spaß macht schlau**»

Kurzdaten: VHS-Kassette, 40 Min., Produktion 1990.

Inhalt: Offener Unterricht wird am Beispiel einer Hamburger Hauptschulklasse dokumentiert: Freie Arbeit, projektorientierte Arbeit mit Wochenplänen, Klassenlehrerteam u. a. Verleih, Kauf (84.– DM), Information über Thomas Unruh, Gesamtschule Neustadt, Jan-Valkenburg-Str. 11, 20355 Hamburg; desgleichen der nächste Film:

Titel: «**Das Lernen (wieder) lernen – Offener Unterricht in der Sekundarstufe**»
Kurzdaten: VHS-Kassette, 25 Min.
Inhalt: Realisierung Offenen Unterrichts mit Wochenplänen in einer R 7

Titel: «**Offener Englischunterricht – so geht's**»
Kurzdaten: VHS / Pal, 26 Min. Klett Video
Inhalt: Offener Unterricht und Freiarbeit in einer 6. Klasse einer niedersächsischen Orientierungsstufe. Bestellnr. 58 7253, Ernst Klett Verlag, Postfach 1 170, 71398 Korb

Titel: «**Offener Unterricht in den Klasse 5/6 – Gesamtschule Kassel-Waldau**»
Kurzdaten: VHS-Kassette
Inhalt: Umfangreicher Einblick in den Offenen Unterricht der Offenen Schule Kassel-Waldau (vgl. Literaturliste). Themen: Freie Texte, Drucken, Arbeit mit Karteien, Klassenrat, Klassenraumgestaltung u. a.
Verleih: Gesamtschule Kassel-Waldau, Stegerwaldstr. 45, 34123 Kassel-Waldau; Tel. 05 61 / 51 20 38

Kontaktadressen in den Bundesländern

Die folgende Aufstellung enthält – nach Bundesländern geordnet – Kontaktadressen zur Information und Orientierung über «Offene Schule – Offener Unterricht». Zuerst führen wir jeweils die Anschriften von Verbänden, Vereinen und Lernwerkstätten an, dann die Adressen von Kolleginnen und Kollegen, die Eltern und Lehrern Rat geben können. Zunächst Adressen, die bundesweit bei der Unterstützung einer Öffnung der Schule von Interesse sind:

Arbeitskreis Grundschule – Der Grundschulverband – e. V. Postfach 9001 48, 60441 Frankfurt (Main)

Aktion Humane Schule e. V. – Bundesvorsitzender: Prof. Dr. W. Wallrabenstein, Bredenbekhörn 29, 22397 Hamburg – Bundesgeschäftsstelle: Dipl.-Päd. Detlef Träbert, Werfelweg 2, 70437 Stuttgart

Bundesarbeitsgemeinschaft «Eltern gegen Aussonderung», c / o Manfred Rosenberger, Stülerstraße 2, 10787 Berlin

COMED Verein zur Förderung von COMMUNITY EDUCATION, c / o RAA Dortmund, Burgholzstr. 150, 44145 Dortmund, Tel.: 02 31 / 50 25 8 30

Freinet-Pädagogik: Pädagogik Kooperative e. V., Goebenstraße 8, 28209 Bremen, Tel.: 04 21 / 34 49 29

Drucken und Lernen Peter Vöge, Bleicherstraße 12, 26122 Oldenburg, Tel.: 04 41 / 1 63 34

Schleswig-Holstein

Lernwerkstatt des IPTS für GHS Ammersbek, Teichweg 27, 22949 Ammersbek

Lernwerkstätten an den regionalen Seminaren für Grund- und Hauptschulen des Landesinstituts für Praxis und Theorie der Schule in Schleswig-Holstein, IPTS, in Flensburg, Heide, Kiel, Husum, Lübeck, Kisdorf, Norderstedt, Pinneberg

Aktion Humane Schule Schleswig-Holstein e. V., Volkmar Sieh, Friedheim 56, 24944 Flensburg

Prof. Dr. Uwe Hameyer, Pädagogische Werkstatt Kiel, Olshausenstr. 75, 24118 Kiel

Klaus Bielfeldt, IPTS-Seminar Kiel für Realschulen, Schreberweg 5, 24119 Kronshagen

Rainer Simon, IPTS-Seminar Itzehoe für Grund- und Hauptschulen, Vor dem Delftor 5 a, 25524 Itzehoe

Barbara Suhr, IPTS 42, Schreberweg 5, 24119 Kronshagen

Werner Broders, Realschule Wesselburen, Postfach 85, 25764 Wesselburen

Hamburg

Aktion Humane Schule, Arbeitskreis Hamburg

Prof. Dr. Fritz Kath, Lenhartzstr. 8, 20249 Hamburg

Lernwerkstatt des IFL Hamburg, Wegenkamp 9, 22527 Hamburg

Eltern für eine kinderfreundliche Grundschule e. V. c/o Michael Roschek, Ottersbekallee 25, 20255 Hamburg

Elternverein Hamburg e. V., c/o Erika Woisin, Essener Straße 82 D, 22419 Hamburg

Dr. Johannes Bastian, Universität Hamburg, Fachbereich Erziehungswissenschaft, Zentrum für Schulpraxis, Von-Melle-Park 8, 20146 Hamburg

Prof. Dr. Wulf Wallrabenstein, Universität Hamburg, Fachbereich Erziehungswissenschaft, Institut für Didaktik der Sprachen, Von-Melle-Park 8, 20146 Hamburg

Hermann Schwarz, Gudrunstraße 71, 22559 Hamburg

Ingrid-Telse Körner, Brunsberg 28, 22529 Hamburg (Eltern für Integration)

Thomas Unruh, Krumdal 6, 22587 Hamburg (Hauptschule)

Cornelia von Ilsemann, Fischers Allee 87, 22763 Hamburg (Sek. II)

Niedersachsen und Bremen

Verein zur pädagogischen Förderung ausländischer Kinder Osnabrück e. V. (VPAK), Christa Röber-Siekmeyer, Rosenplatz 20, 49074 Osnabrück, Tel.: 8 73 38

Heide Niemann, Auf dem Amtshof 29, 30938 Burgwedel

Irmi Weiland, Hainbundschule, Ernst-Fahlbusch-Straße 22, 37077 Göttingen

Volker Längsfeld (Schulleiter), Grundschule Wardenburg, Litteler Straße 3, 26203 Wardenburg, Tel.: 0 44 07 / 7 31 05

Horst Schönfeld (Schulleiter), Grundschule Widukindland, Widukindplatz, 49086 Osnabrück

Prof. Dr. Hans Brügelmann, Beim Rumpsmoore 35, 28844 Weye-Leerte

«Büffelstübchen» Lernwerkstatt e. V., Feldstr. 15, 28816 Stuhr

Berlin

Aktion Humane Schule Berlin, Peter Heyer, Elisenstr. 16, 12109 Berlin

Lernwerkstatt der TU Berlin, Franklinstraße 28 / 29, 10587 Berlin

Pädagogische Werkstatt der FU Berlin, Habelschwerdter Allee 45, 14195 Berlin

Helene Buschbeck, Albrechtstraße 65, 12103 Berlin

Humboldt Universität Berlin, Grundschulwerkstatt, Geschwister-Scholl-Str. 6, 10099 Berlin

Karin Ernst, Neue Kantstraße 5, 14075 Berlin

Hessen

Lernwerkstatt an der Grundschule Bonbaden, Am Kreuzberg, 35619 Braunfels

Lernwerkstatt für Grund- und Sonderschulen, HILF-Außenstelle, Am Schwanhof 50, 35037 Marburg

Grundschulwerkstatt Frankenberg, Freilingstraße 8, 35066 Frankenberg

Grundschulwerkstatt der Gesamthochschule Kassel, Henschelstr. 6, 34013 Kassel

Ernst Purmann, Grundschule Lohfelden-Vollmarshausen, 34253 Lohfelden

Enja Riegel (Schulleiterin), Langenbeckstraße 6–18, 65189 Wiesbaden

Charlotte Röhner, Reformschule Kassel Wilhelmshöhe/Wahlershausen, 34131 Kassel-Wahlershausen

Claus Claussen, Cimbernstraße 31, 65719 Hofheim/Taunus

Klaus Lindemann (Direktor), «Offene Schule» Kassel-Waldau, Stegerwaldstraße 45, 34123 Kassel-Waldau

Prof. Dr. Ariane Garlich, Prof. Dr. Gudrun Spitta, Gesamthochschule Kassel, Heinrich-Plett-Straße 40, 34132 Kassel

Prof. Dr. Gertrud Beck, Joh.-Wolfgang-Goethe-Universität, FB 4, Postfach, 60325 Frankfurt/M.

Prof. Dr. Richard Meier, Joh.-Wolfgang-Goethe-Universität, FB 4, Postfach, 60325 Frankfurt/M.

Rosemarie Portmann, Am Großen Garten 8, 65207 Wiesbaden-Breckenheim

Nordrhein-Westfalen

Grundschulwerkstatt Gievenbeck, Appelbreistiege 40, 48149 Münster

Lernwerkstatt der Freinet-Cooperative Revier, Pavillon der GGS Laer, Alte Wittener Straße 19, 44803 Bochum-Laer

Lernwerkstatt «PRIMA», Berliner Allee 5, 59425 Unna

Kölner Lernwerkstatt der Freinet-Cooperative, Dagobertstraße 79, 50668 Köln

Lernwerkstatt Wuppertal, Schule für Erziehungshilfe, Wilkhausstr. 131, 42105 Wuppertal

Schulwerkstatt des Instituts für Schulentwicklungsforschung der Universität Dortmund, Postfach 500500, 44205 Dortmund

Lernwerkstatt der Gesamthochschule Wuppertal, Gauss-Sraße 20, 42097 Wuppertal

Gerhard Sennlaub (Schulrat), Hauptstraße 92, 58332 Schwelm

Prof. Dr. Tassilo Knauf, Am Gottesberg 61, 33619 Bielefeld

Heide Bambach, Laborschule Bielefeld, Laerstraße 12, 33615 Bielefeld

Helga Kleingeist, Landesinstitut für Schule und Weiterbildung, Paradieser Weg 64, 59494 Soest

Gertrud Greiling, Ganztags-Grundschule Gievenbeck, Appelbreistiege 40, 48149 Münster

Ulrike Potthoff, Konkordiastraße 59, 40219 Düsseldorf

Horst Bartnitzky, Heinrich-Albrod-Str. 54, 47249 Duisburg

Baden-Württemberg

Aktion Humane Schule Baden-Württemberg e. V., Gudrun Pfitzer, Eugen-Bolz-Str. 13, 73430 Aalen

Schuldruck-Zentrum der PH Ludwigsburg, Reuteallee 46, 71634 Ludwigsburg

Didaktische Werkstatt der PH Karlsruhe, Bismarckstraße 10, 76133 Karlsruhe

Prof. Dr. Hildegard Kasper, Pädagogische Hochschule Heidelberg, 69120 Heidelberg

Prof. Dr. Gabriele Faust-Siehl, Hartmeyerstraße 86, 72076 Tübingen

Rolf Robischon, Lassbergstr. 14, 79117 Freiburg

Dipl-Päd. Detlef Träbert, Werfelweg 2, 70437 Stuttgart

Bayern

Aktion Humane Schule Bayern e. V., Leonrodstraße 19, 80634 München

Helga Müller-Bardorff, M. A., Pembaurstraße 11, 81243 München

Dr. Edeltraud Röbe, Krautgartenweg 3, 86199 Augsburg

Saarland

Landesinstitut für Pädagogik und Medien, Albert Bier, Beethovenstraße 26, 66125 Dudweiler, Tel.: 06897/790861

Brandenburg

Prof. Dr. U. Drews, Pestalozzistr. 39, 13187 Berlin

Sachsen

Lernwerkstatt Leipzig an der 1. Grundschule, Dr. S. Voigt, Straße des 18. Oktober 8 b, 04103 Leipzig

Ausland

Jürgen Reichen, Wielandplatz 10, CH-4054 Basel, Schweiz

Arbeitsmittel und Verlagsadressen

Bücher, Spiele, Karteien, Hefte, Folien, Schachteln, Würfel, Chips und Stöpsel: Wer kennt sich genau aus und weiß, wo er was bekommt? Übungsmaterialien, Arbeitsmittel, Selbstbildungsmittel, Halbfertigprodukte: Wer weiß, ob sie zum Handeln anregen, die Eigentätigkeit fördern, Selbstüberprüfung ermöglichen, so «offen» sind, wie der Unterricht sein sollte?

Antworten, Hilfen udn Vorschläge für Lehrerinnen, Lehrer (und Eltern):

1. Schauen Sie Ihre alten Sachen durch: Zu Hause und in der Schule findet sich vieles, was man mit geringem Aufwand zu Übungs- und Selbstbildungsmitteln für die Klasse verwandeln kann. Arbeitshefte, alte Sprachbücher, Kataloge, Zeitschriften, Spiele, Arbeitsblätter kann man zerschneiden, kopieren, aufkleben, mit Folie überziehen und so zu spezifischen Karteien und Anregungsbögen zusammenstellen.

2. Sammeln Sie und tauschen Sie Materialien mit Kolleginnen und Kollegen aus: Jeder hat bestimmt irgend etwas auch für Ihre Kinder Interessantes anzubieten.

3. Bauen Sie sich mit den Materialpaketen und Praxisblättern der pädagogischen Zeitschriften langfristig ein Angebot von Karteien und Anregungsbögen für die Klassen auf.

4. Untersuchen Sie die Angebote an Arbeitsmaterialien in den Katalogen der Schulbuchverlage und überprüfen Sie die Materiallisten und Vorschläge in den Büchern von Buschbeck und Kleingeist (siehe S. 303 f.)

5. Nicht alle Materialien sind für offenere Unterrichtsformen geeignet – der Name eines Verlages oder eines Autors allein ist noch keine Begründung für ein Angebot in der Klasse. Überprüfen sie mit Ihrer Erfahrung die Einsatzmöglichkeiten in Ihrem Unterricht: Hilfen über handlungsleitende Prinzipien finden Sie bei Hagstedt (siehe S. 328).

6. Für eine erste Orientierung empfehle ich, Prospekte zu bestellen und die Kataloge, Angebote und Preise der Verlage und Hersteller zu vergleichen und für einen Einsatz zu überprüfen; mit Sicherheit erhalten Sie dadurch auch

Anregungen dafür, einige Arbeitsmittel auch selbst herzustellen: Neben den klassischen Schulbuchverlagen (z. B. Klett, CVK), die inzwischen differenzierende Arbeitsmittel wie z. B. Karteien anbieten, haben sich vor allem die folgenden Verlage auf Arbeitsmittel spezialisiert:

Pädagogik Kooperative e. V. Materialienvertrieb, Goebenstr. 8, 28209 Bremen. Die Selbsthilfeorganisation der Freinet-Bewegung bietet neben den Druckmaterialien u. a. auch Karteien an (z. B. Schreibkartei, Lesekartei, Textilkartei, Moorkartei, Indianerkartei, Klang- und Musikinstrumentenkartei und: die Druckkartei). Besonders die Reihe «Projekte – von Kindern für Kinder» mit Ergebnissen aus der Projektarbeit mit Kindern ist für die Öffnung der Schule geeignet.

Agentur Elke Dieck, Postfach 13 29, 57399 Heinsberg (Spiele, Karteien, Folien und Setzleisten, Bücher zur Öffnung der Grundschule)

Wehrfritz GmbH, Postfach 11 07, 96476 Rodach (Katalog mit Übersicht über Spiele und Materialien, Bücher etc.)

Verlag Otto Heinevetter, Papenstraße 41, 22089 Hamburg (Blankomaterial zur Herstellung eigener Übungsaufgaben, Spiele, Lesen durch Schreiben, Sabefix)

Freiarbeit e. V. Nachtigallenweg 8, 47441 Moers (Praktische Ordnungshilfen, Ablagekisten, Boxen etc.)

AOL-Verlag, Waldstraße 17, 77839 Lichtenau (Lernkarteien, Kopiervorlagen, Schnippelbücher, Spielcontainer, Buch: 250 Projekte und Ideen für eine lebendige Schule; AOL-Projekte-Buch; auch in Buchhandlungen, Rowohlt-Verlag)

Lehr- und Arbeitsmittel, Eichendorffstraße 29, 48167 Münster (Blankomaterialien, Halbfertigprodukte, Stöpsel, Kästchen)

vpm, verlag für pädagogische medien. Unnastraße 19, 20253 Hamburg (Wortlistentrainingsprogramm, Grundwortschatz-Wörterbuch, Regenbogen-Lesekiste)

Spectra-Lehrmittel-Verlag KG, Postfach 6 30, 46286 Dorsten (Lern-, Spiel- und Arbeitsmittel mit Selbstkontrollen)

Drucken und Lernen, Bleicherstraße 12, 26122 Oldenburg (Materialien für die Klassendruckerei, gebrauchte Schriften, Setzrahmen usw.)

Rhinozeros – Spielpädagogischer Kontakt- und Informationsladen, Viehofer Platz 1, 45127 Essen (Spielkarteien und -bücher, Arbeitshilfen für den Unterricht)

Reinhard Hail Lehrmittel, Eifelstraße 20, 72766 Reutlingen 28 (Halbfertigprodukte und Blankomaterialien, Schreibkartei, Mathematik-Spielkiste)

Harrasser & Überla Lehrmittelverlag GmbH, Postfach 25 22, 95448 Bayreuth (Lehr- und Lernmittel, LUK-Arbeitshefte und Kontrollgeräte)

SCHUBI Lehrmittel GmbH, Hochwaldstraße 18, 57078 Siegen (Blanko-Puzzles, Würfel, Lotto, Memory, Leseuhr, Rechenuhr)

Kaleidoskop, Regentenstr. 53, 51063 Essen (Lernkarteien)

Verlag Im Hollen, Hollen 51, 27327 Martfeld (Ordnungssysteme, Kästen, Behälter)

Sauros-Verlag, Marienstraße 87, 50825 Köln (Spiele, Arbeitsmittel)

Freiarbeit-Verlag Frohmut Menze, 77839 Lichtenau (Karteien, Lernschreiben, Lernkarussell)

Pädagogika Zentrale, Postfach 100202, 30917 Seelze (Unterrichtsmaterialien, Karteien)

Verlag an der Ruhr, Postfach 102251, 45472 Mülheim / Ruhr

Riedel Lehrmittelhaus, Unter den Linden 15, 72762 Reutlingen (Montessori-Materialien)

Nachwort

Für dieses Buch habe ich in anderer Weise als sonst zu danken. Mit einem Ratgeber für das vielschichtige Thema «Offene Schule – Offener Unterricht» ist ein einzelner fast überfordert, weil Kinder und Erwachsene, Eltern und Lehrer, Lebenspraxis und Wissenschaft, Pädagogik und Didaktik, Unterrichtswirklichkeit und Schulpolitik, eigene und fremde Erfahrungen und noch vieles mehr zu berücksichtigen sind.

Deshalb gilt mein Dank zunächst jenen Menschen, die mir Mut gemacht haben, ein so verrücktes Buch zwischen und in allen Bereichen zu schreiben: Durchgehalten habe ich nur, weil die «Öffnung» auch für mein persönliches Leben bedeutsam wurde.

Ich danke aber vor allem jenen 77 Menschen (die ich hier nicht aufführen kann), die mir das Vergnügen bereiteten, in den letzten fünf Jahren nachhaltig von ihnen lernen zu dürfen. Darunter sind vier ziemlich kleine Menschen, die ich doch namentlich nenne, stellvertretend für all die wunderbar-schrecklichen Kinder in den Schulen, die mein Lernen immer wieder verändert haben.

Danke dir also, Constanze, mit deiner Klarheit; Dank an dich, Kay-Uwe, mit der unnachahmlichen Mischung aus Charme, Entdeckerdrang und der Konfliktlust; danke dir, Christine, für die neunmalklugen Fragen und Dank an Nils, den mein Schienbein und mein Herz nicht vergessen können.

Und so will ich dieses Buch auch beschließen mit einem Text von Nils, der am Anfang des vierten Schuljahres über Umwege an mich gelangte und wohl das Wichtigste über seine Entwicklung in einer offenen Lerngemeinschaft enthält:

«An…!
Ich finde, daß Du sehr nett bist, außerdem bist Du die einzige, die sich um mich kümmert. Ich hoffe, daß Du dasselbe empfindest. Du kannst mich in der großen Pause am Fußballplatz erreichen. Ich finde, daß Du Dich ganz doll um mich kümmerst und vergesse nie Dich. Ich mag Dich … und ich hoffe, daß Du in der großen Pause zu mir kommst. Ich hoffe es jedenfalls. Und wenn Du Hilfe brauchst, ich bin immer für Dich da…»

Wulf Wallrabenstein

Literaturhinweise*

Adorno, T. W.: Tabus über den Lehrerberuf. In: Erziehung zur Mündigkeit. Frankfurt/M. 1970, S. 70 f.

Aebli, H.: Weisheit: auch ein Ordnen des Tuns? In: Zeitschrift für Pädagogik, H. 5, Weinheim 1989, S. 605 ff.

Aebli, H.: Grundlagen des Lehrens. Stuttgart 1987

Ders.: Denken: Das Ordnen des Tuns. Stuttgart 1980

Anders, G.: Die Antiquiertheit des Menschen, Bd. II. München 1987

Arbeitskreis Grundschule e. V.: Lehrer und Schüler verändern die Schule. Bilder und Texte zur Freinet-Pädagogik. Frankfurt/M. 1981

Bärmann, F.: Über die Schule. Plädoyer für eine Angeklagte. In: Die Deutsche Schule, H. 9, Hannover 1980, S. 521 ff.

Balhorn, H./Brügelmann, H. (Hg.): Jeder spricht anders. Normen und Vielfalt in Sprache und Schrift. Konstanz 1989

Bastian, J./Gudjons, H. (Hg.): Das Projektbuch. Hamburg 1986

Bastian, J./Gudjons, H.: Über die Projektwoche hinaus. In: Pädagogik, H. 7/8, Hamburg 1987, S. 8 f.

Bateson, G.: Geist und Natur. Frankfurt/M. 1982

Beck, U.: Risikogesellschaft. Auf dem Weg in eine andere Moderne. Frankfurt/M. 1986

Beck, J./Boehncke, H. (Hg.): Jahrbuch für Lehrer 1978. Hamburg 1977

Benner, D.: Baustein Erziehender Unterricht. In: Wilhelm Wittenbruch (Hg.): Das pädagogische Profil der Grundschule. Heinsberg 1984

Berg, H. C.: Genetisch lehren mit Wagenschein und Willmann. In: Neue Sammlung, H. 1, Stuttgart/Velber 1990

Berger, P. L./Luckmann, T.: Die gesellschaftliche Konstruktion der Wirklichkeit. Eine Theorie der Wissenssoziologie. Frankfurt/M. 1977

Bergk, M.: Fehler in Lernschritte auflösen. In: Die Grundschulzeitschrift, H. 12, 1988, S. 12 f.

Bergk, M./Meiers, K. (Hg.): Schulanfang ohne Fibeltrott. Bad Heilbrunn 1985

Berne, E.: Spiele der Erwachsenen. Reinbek 1972

Bernfeld, S.: Sisyphos oder die Grenzen der Erziehung. Frankfurt/M. 1973

Bernhard, T.: Ein Kind. München 1986

Betz, D./Breuninger, H.: Teufelskreis Lernstörungen. München 1987

Bichsel, P.: Schulmeistereien. Darmstadt 1985

---

* Vgl. auch die in den Literaturempfehlungen, S. 302 f. genannten Arbeiten. Sie werden hier nicht noch einmal aufgeführt!

Bloch, E.: Das Prinzip Hoffnung, Bd. 2. Frankfurt/M. 1959

Borchert, M./Derichs-Kunstmann, K. (Hg.): Schulen, die ganz anders sind. Erfahrungsberichte aus der Praxis für die Praxis. Frankfurt/M. 1979

Bourdieu, P.: Zur Soziologie der symbolischen Formen. Frankfurt/M. 1974

Brügelmann, H. (Hg.): ABC und Schriftsprache: Rätsel für Kinder, Lehrer und Forscher. Konstanz 1986

Brügelmann, H.: Kein Denkmalschutz für «Offenheit». In: Die Grundschulzeitschrift, H. 18, 1988, S. 2 f.

Brügelmann, H.: Lehrer werden ist sehr schwer – Lehrer bleiben gar nicht mehr... In: Die Grundschulzeitschrift, H. 13, 1988, S. 48 f.

Busch, L. u. a.: Nicht nur eine neue Lesemethode. In: Die Grundschulzeitschrift, H. 1, 1987, S. 14 ff.

Buschmann, H. und J. (Hg.): Unser Kind geht auf die Waldorfschule. Erfahrungen und Ansichten. Hamburg 1990

Dalichow, I. (Hg.): Beziehung statt Erziehung. Freiburg 1989

Dalin, P.: Organisationsentwicklung als Beitrag zur Schulentwicklung. Paderborn 1986

Daschner, P./Lehberger, R. (Hg.): Hamburg – Stadt der Schulreformen. Hamburg 1990

Dearden, R. F.: Was ist Entdeckendes Lernen? In: Grundschulunterricht, Bd. 4, Braunschweig 1977, S. 68 ff.

Dennison, P. und G.: Das Handbuch der Edu-Kinestetik für Eltern, Lehrer und Kinder jeden Alters. Freiburg 1989

de Saint-Exupéry, A.: Der kleine Prinz. Düsseldorf 1956

Edelhoff, Ch.: Lehrerfortbildung im Schnittfeld der Interessen und Bedürfnisse. In: Pädagogik, H. 6, 1988, S. 8 f.

Ernst, K.: Wie lernt man offenen Unterricht? Erfahrungen aus der Lernwerkstatt an der TU Berlin. In: Pädagogik, H. 6, 1988, S. 14 f.

Esser, B./Wilde, Ch.: Montessori-Schulen. Grundlagen und pädagogische Praxis. Hamburg 1989

Fauser, P. u. a. (Hg.): Lernen mit Kopf und Hand. Weinheim 1983

Fauser, P.: Praktisches Lernen und Schulreform. In: Zeitschrift für Pädagogik, H. 6, Weinheim 1988, S. 729 ff.

Fauser, P.: Welche pädagogische Freiheit braucht die Schule? In: Grundschule, 1989, S. 45 f.

Feldenkrais, M.: Bewußtheit durch Bewegung. Der aufrechte Gang. Frankfurt/M. 1978

Fend, H.: Gute Schulen – schlechte Schulen. Die einzelne Schule als pädagogische Handlungseinheit. In: Die Deutsche Schule, 3/1986

Fingerhut, R./Manske, C.: Ich war behindert an Hand der Lehrer und Ärzte. Protokoll einer Heilung. Reinbek 1984

Fischer, A.: Psychologie der Arbeit (1925). In: ders.: Leben und Werk, Bd. 2, München 1950, S. 241 f.

Fölling-Albers, M.: Kindheit – entwicklungspsychologisch gesehen. In: Beiträge zur Reform der Grundschule, Bd. 75, 1989, S. 40 ff.

Foster, J.: Aktives Lernen. Konzeption des entdeckenden Lernens im Primarbereich. Ravensburg 1984

Freinet, C.: Pädagogische Texte. Reinbek 1980

Freinet, C.: Die moderne französische Schule. Paderborn 1979[2].

Friedell, E.: Abschaffung des Genies. Zürich 1984

Fromm, E.: Haben oder Sein. Stuttgart 1976

Fuchs, G. B.: Der Bahnwärter Sandomir. Ein Lesebuchroman und andere Prosastücke. München 1977

Furck, C.-L.: Innere oder äußere Schulreform? In: Fürstenau, P. u. a.: Zur Theorie der Schule, Weinheim 1969, S. 115 ff.

Furck, C.-L.: Innere und äußere Schulreform. Hamburg 1989

Fynn: «Hallo, Mister Gott, hier spricht Anna». München 1988

Galperin, P.J.: Zu Grundlagen der Psychologie. Köln 1980

Garlichs, A. u. a. (Hg.): Didaktik offener Curricula. Weinheim 1974

Garlichs, A. / Groddeck, N. (Hg.): Erfahrungsoffener Unterricht. Beispiele zur Überwindung der lebensfremden Lernschule. Freiburg 1978

Gaudig, H.: Freie geistige Schularbeit in Theorie und Praxis. Breslau 1922

Gesslein, I. / Lippert, H.: Schule macht Spaß. Eine Sammlung von Lernmaterialien für den individualisierenden Unterricht. Würzburg 1987

Gewerkschaft Erziehung und Wissenschaft: Schule für Schüler, Ostfriesische Hochschultage 1987. Nordhorn 1988

Ders.: Die Deutsche Schule. Zeitschrift für Erziehungswissenschaft, Bildungspolitik und pädagogische Praxis, H. 2, 1989

Gorz, A.: Wege ins Paradies. Berlin 1985

Griscom, C.: Der Weg des Lichts. Spiritualität und Erziehung. München 1989

Groddeck, N.: Offener Unterricht. In: Enzyklopädie Erziehungswissenschaft, Bd. 8, S. 621 f. Stuttgart 1985

Grolle, J.: Verteidigte Aufklärung. Plädoyers zur Erziehung und Politik. Weinheim / München 1988

Gudjons, H.: Handlungsorientiert lehren und lernen. Bad Heilbrunn 1989[2]

Habermas, J.: Nachmetaphysisches Denken. Philosophische Aufsätze. Frankfurt / M. 1988

Haedayet, W. / Wallrabenstein, W.: Offener Unterricht in der Bundesrepublik. Zum aktuellen Stand der inneren Schulreform. In: Die Grundschulzeitschrift, Sonderheft 1989, Velber 1989, S. 4 ff.

Hänsel, D.: «Kindgemäßheit» – Programm einer Pädagogisierung der Schule. In: Pädagogik, H. 5, Weinheim 1984, S. 29 f.

Dies.: Das Projektbuch Grundschule. Weinheim 1986

Hagstedt, H.: Karteien wachsen lassen, in: Die Grundschulzeitschrift, H. 1, Velber 1987, S. 21 f.

Hameyer, U.: Schüler lernen in eigener Regie – Eine vergleichende Untersuchung zur Praxis entdeckenden Unterrichts in vier Ländern. Typoskript. Kiel 1989

Handke, P.: Kindergeschichte. Frankfurt/M. 1981

Hawes, G. P./Nyquist, E. B.: Open Education. New York 1972

Heldmann, W. (Hg.): Gymnasiale Bildung. Erziehung für die Lebenswelt. Kongreßbericht. Krefeld 1988

von Hentig, H.: Vorwort zu David Gribble: Considering children, in: Neue Sammlung, Heft 2. Seelze-Velber 1990, S. 232ff.

Ders.: «Humanisierung». Eine verschämte Rückkehr zur Pädagogik? Andere Wege zur Veränderung der Schule. Stuttgart 1987

Ders.: Wie frei sind freie Schulen? Stuttgart 1985

Ders.: Das allmähliche Verschwinden der Wirklichkeit. München 1984

Herndon, J.: Die Schule überleben. Stuttgart 1972

Herz, O.: Schule und Stadtteil... denn das Ferne liegt so nah. In: Hamburg macht Schule, Jg. 2, H. 1, 1990, S. 4ff.

Hessisches Institut für Bildungsplanung und Schulentwicklung: Beiträge aus dem Arbeitskreis «Qualität von Schule», H. 1 und 2, 1987

Ders.: H. 4, 1988

Holzkamp, K.: Sinnliche Erkenntnis. Frankfurt/M. 1985

Huschke, P./Mangelsdorf, M.: Wochenplan – Unterricht. Weinheim, Basel 1988

von Humboldt, W.: Über die Verschiedenheit des menschlichen Sprachbaus. In: Ders.: Werke, Bd. 3. Schriften zur Sprachphilosophie. Darmstadt 1963, S. 144ff.

International Study Group Newsletter: Denkschrift von deinem Kind (übersetzt von Erik Blumenthal), in: Grundschule 7/8, Braunschweig 1985, S. 49

Jegge, J.: Dummheit ist lernbar. Bern 1976

Kasper, H. u. a.: Laßt die Kinder lernen. Offene Lernsituationen. Braunschweig 1989

Kasper, H./Piechorowski, A. (Hg.): Offener Unterricht an Grundschulen. Ulm 1978

Kellmer Pringle, M.: Was Kinder brauchen. Stuttgart 1979

Kesselring, T.: Jean Piaget. München 1988

Klafki, W.: Ziele zeitgemäßer Grundschulpädagogik. In: Die Grundschule, H. 2, 1989, S. 256f.

Klafki, W.: Konturen eines neuen Allgemeinbildungskonzepts. In: W. K.: Neue Studien zur Bildungstheorie und Didaktik. Weinheim 1985, S. 12–30

Klemm, K./Rolff, H.-G./Tillmann, K.-J.: Bildung für das Jahr 2000. Bilanz der Reform. Zukunft der Schule. Hamburg 1985

Klewitz, E./Mitzkat, H. u. a.: Entdeckendes Lernen und offener Unterricht. Braunschweig 1977

Klier, F.: Lüg Vaterland. Erziehung in der DDR. München 1990

Kohl, H.: The Open Classroom. New York 1969

Korczak, J.: König Hänschen I. München 1981

Krappmann, D./Oswald, H.: Freunde, Gleichaltrigengruppen, Geflechte. Die soziale Welt der Kinder im Grundschulalter. In: Fölling-Albers, M. (Hg.): Veränderte Kindheit – veränderte Grundschule, Frankfurt/M. 1989, S. 94 ff.

Kreie, G.: Die veränderte Rolle der LehrerInnen in integrativen Klassen. In: Die Grundschulzeitschrift, H. 27, 1989, S. 17 f.

Krone, W.: Zur Erziehung des Erziehers. Behaviorismus – Psychoanalyse – Humanistische Psychologie. Frankfurt/M. 1988

Kultusminister des Landes Nordrhein-Westfalen (Hg.): Richtlinien und Lehrpläne für die Grundschule in Nordrhein-Westfalen. Köln 1985

Laing, R. D.: Gespräche mit meinen Kindern. Köln 1980

Lersch, R.: Praktisches Lernen und Bildungsreform. Zur Dialektik von Nähe und Distanz der Schule zum Leben. In: Zeitschrift für Pädagogik, H. 6, 1988, S. 78 ff.

Lévi-Strauss, C.: Das wilde Denken. Frankfurt/M. 1968

Lohmann, H.: Auf dem Weg zu einem schuleigenen Konzept. In: Burk, K. (Hg.): Auf dem Wege zu einem schuleigenen pädagogischen Konzept. Mehr gestalten als verwalten. Frankfurt/M. 1988, S. 125 ff.

Mann, J.: Schlechte Schüler gibt es nicht. München 1981

Maurer, F.: Sachunterricht als Erschließen der kindlichen Lebenswirklichkeit. In: Sachunterricht. Grundbaustein. 1985, S. 44–61

Meier, R.: Ermutigung zu (kleinen) Schritten. In: Die Grundschulzeitschrift, Sonderheft ‹Öffnung der Grundschule›, 1989, S. 16 f.

Meyer, H.: Unterrichtsmethoden. 2. Praxisband. Frankfurt/M. 1987

Miller, A.: Am Anfang war Erziehung. Frankfurt/M. 1980

Mollenhauer, K.: Vergessene Zusammenhänge. Über Kultur und Erziehung. München 1983

Ders.: Umwege. Über Bildung, Kunst und Interaktion. Weinheim 1986

Montessori, M.: Kinder sind anders. Stuttgart 1961

Negt, O./Kluge, A.: Öffentlichkeit und Erfahrung. Zur Organisationsanalyse von bürgerlicher und proletarischer Öffentlichkeit. Frankfurt/M. 1962

Neil, A. S. u. a.: Die Befreiung des Kindes. Köln 1973

Neubert, H.: Lernen im Beruf als Nachdenken über sich selbst (Teil 1 + 2). In: Die Grundschulzeitschrift, H. 4 und H. 5, 1987

Neuner, G.: Allgemeinbildungskonzeption – Inhalt – Prozeß. Berlin (DDR) 1989.

Oelkers, J.: Reformpädagogik. Eine kritische Dogmengeschichte. Weinheim/München 1989

Ders.: Öffentlichkeit und Bildung. Ein künftiges Mißverständnis. In: Zeitschrift für Pädagogik, 34/1988, S. 579 ff.

Ders.: Die Reformpädagogik. In: Westermanns Pädagogische Beiträge, H. 6, 1986, S. 34 ff.

Oerter, R. / Montada, L.: Entwicklungspsychologie. München 1982

Pallasch, W. / Reimers, H.: Pädagogische Werkstattarbeit. Weinheim, München 1990

Paulig, P.: Die Staatsschule – ein Fall fürs Pflegeheim. In: Bußmann, H. und J. (Hg.): Unser Kind geht auf die Waldorfschule. Hamburg 1990, S. 17 f.

Petersen, P.: Führungslehre des Unterrichts. Braunschweig 1951

Piaget, J.: Gesammelte Werke in 10 Bänden. Stuttgart 1975

Preuss-Lauritz, U.: Für ein neues Bildungsverständnis, 8 Thesen. In: Pädagogik, H. 7 / 8, Weinheim 1988, S. 31 f.

Priebe, B.: Lehrerfortbildung und Schulqualität – ein Kollegium lernt gemeinsam. In: Tillmann, K.-J. (Hg.): Was ist eine gute Schule? Hamburg 1989, S. 95 f.

Ramseger, J.: Neun Argumente für die Öffnung der Grundschule. In: Die Grundschulzeitschrift, H. 1, 1987, S. 6 f.

Rauschenberg, H.: Wenn ein Kind auf dem Schrank sitzen bleibt. In: Die Grundschulzeitschrift, H. 23, 1989, S. 28 f.

Reichen, J. u. a.: Hinweise zum Werkstattunterricht oder Wie man offenen Unterricht und Wochenplanarbeit durchführt. Hamburg 1986

Röder, H.: Die holistische Schule. Weyerbusch 1990

Rolff, H.-G. u. a.: Jahrbuch der Schulentwicklung, Bd. 5, Weinheim 1988

Rumpf, H.: Belebungsversuche. Ausgrabungen gegen die Verödung der Lernkultur. Weinheim 1987

Ders.: Mit fremdem Blick. Stücke gegen die Verbiederung der Welt. Weinheim 1986

Rutter, M. / Maughan, B. / Mortimore, P. / Oustan, J.: Fünfzehntausend Stunden. Schulen und ihre Wirkung auf die Kinder. Weinheim 1980

Scharrelmann, H.: Aus meiner Werkstatt. Braunschweig 1922

Scheel, B.: Offener Grundschulunterricht. Weinheim 1978

Schmid, B. A.: Gegen die Macht der Gewohnheit: Systematische und wirklichkeitskonstruktive Ansätze in Therapie, Beratung und Training. In: Transaktions-Analyse. H. 2 – 3, 1988, S. 68 f.

Schnurre, W.: Ich frag ja bloß. München 1973

Schoenebeck, H. v.: Unterstützen statt Erziehen. München 1982

Scholz, H.: Was sich bei uns verändert hat. In: WPB, H. 6, 1986, S. 28 f.

Schütz, A. / Luckmann, T.: Strukturen der Lebenswelt. Neuwied, Darmstadt 1975

Schulz von Thun, F.: Miteinander reden 2. Stile, Werte und Persönlichkeitsentwicklung. Hamburg 1989

Schulz, W.: Praktisches Lernen als aufgeklärtes Handeln. In: Pädagogik, H. 7 / 8, 1989, S. 61 f.

Schwartz, E.: Für die Grundstufe einer Gesamtschule. In: Schwartz, E. (Hg.): Begabung und Lernen im Kindesalter, Bd. 1, Grundschulkongreß 1969. Frankfurt / M. 1970 (Arbeitskreis Grundschule)

Schwarz, H.: Einstieg in offenen Unterricht. In: Die Grundschulzeitschrift, Sonderheft 1989 «Öffnung der Grundschule», Velber 1989, S. 12 ff.

Sienknecht, H. / Ramseger, J.: 70 Jahre und ein bißchen leise – eine Lagebeschreibung. In: Die Grundschulzeitschrift, H. 31, 1990, S. 31 f.

Spitta, G.: Kinder schreiben eigene Texte: Klasse 1 und 2. Bielefeld 1985

Steiner, G.: Lernen. 20 Szenarien aus dem Alltag. Bern 1988

Strote, I.: Das Wochenplanbuch für die Grundschule. Lernen zwischen Pflicht und Kür. Heinsberg 1985

Tenorth, H.-E. (Hg.): Allgemeine Bildung. Analysen zu ihrer Wirklichkeit, Versuche über ihre Zukunft. Weinheim 1986

Tietgens, H.: Kann die Lehrerfortbildung von der Erwachsenenbildung lernen? In: Lehrer lernen – Lehrerfortbildung und Erwachsenenbildung im Gespräch, Akademiebericht Nr. 146, Dillingen 1989

Tillmann, K.-J.: Sozialisationstheorien. Eine Einführung in den Zusammenhang von Gesellschaft, Institution und Subjektwerdung. Hamburg 1989

Tymister, H. J.: Individualpsychologische Beratung als pädagogische Intervention. In: Zeitschrift für Individualpsychologie, 14. Jg., 1989, S. 234 f.

Tymister, H. J. / Wallrabenstein, W.: Lernen im Deutschunterricht. Stuttgart 1982

Ulmert, K.: Theorie und Praxis des offenen Unterrichts. München 1978

Valtin, R. / Warm, U. (Hg.): Frauen machen Schule. Frankfurt/M. 1985

Vasquez, A. / Oury, F.: Vorschläge für die Arbeit im Klassenzimmer. Die Freinet-Pädagogik. Hamburg 1976

Vester, F.: Denken, Lernen, Vergessen. Stuttgart 1975

von Braunmühl, E.: Antipädagogik. Studien zur Abschaffung der Erziehung. Weinheim 1975

von Dick, L.: Alternativschulen – Information, Probleme, Erfahrungen. Reinbek 1979

Wagenschein, M.: Naturphänomene sehen und verstehen. Genetische Lehrgänge. Stuttgart 1985

Wagner, A. C.: Schülerzentrierter Unterricht. Über die psychologischen Schwierigkeiten, guten Unterricht zu machen. In: Rogers und die Pädagogik. Weinheim 1987, S. 13 f.

Dies.: Selbstgesteuertes Lernen im offenen Unterricht. In: Einsiedler, W.: Konzeption des Grundschulunterrichts. Bad Heilbrunn 1979

Wagner, R.: «Offene Schule» – Von der Idee zur Realisierung. In: Die Deutsche Schule 2. Weinheim 1989, S. 156 ff.

Wallrabenstein, W.: Profil und Beurteilung offenen Unterrichts. In: Die Grundschulzeitschrift, H. 26, 1989, S. 2

Ders.: Laberlaber, blabla? Wie man mit der Sprache besser zurechtkommt. Reinbek 1983

Ders.: Wenn Schüler ihr Lernen in die Hand nehmen. Offener Unterricht in der Grundschule. In: Lernen. Ereignis und Routine, Friedrich Jahresheft IV, Velber 1986, S. 34 ff.

Ders.: Offener Unterricht in der Grundschule: Eine stille Revolution? In: Daschner, P./Lehberger, R. (Hg.): Hamburg – Stadt der Schulreformen. Hamburg 1990, S. 129 ff.

Ders.: Offener Unterricht kontrovers. In: Die Grundschulzeitschrift, H. 11, Velber 1988, S. 6 ff.

Wallrabenstein, W./Balhorn, H. u. a.: Sprache im Anfangsunterricht. München 1981

Warm, U./Strutz, S.: Grundschule: Domäne der Frauen? In: Grundschule, H. 2, 1985, S. 14 f.

Weidenmann, B.: Anschaulichkeit. Die zunehmende Verhätschelung des Lerners? In: Pädagogik, H. 9, 1989, S. 11 f.

Wellendorf, F.: Schulische Sozialisation und Identität. Weinheim 1973

Widmer, U.: Liebesnacht. Zürich 1982

Wimmer, M.: Die Kindheit auf dem Lande. Hamburg 1983

Wittenbruch, W.: Pädagogische Gestaltung des Schullebens – eine Illusion? In: Forum Pädagogik, H. 1, 1988, S. 12 f.

Wommelsdorff, O.: Freie Arbeit 1931. In: Die Grundschulzeitschrift, Sonderheft 1989, S. 10 ff.

Wygotzki, L. S.: Denken und Sprechen. Frankfurt/M. 1977

Ziehe, T./Stubenrauch, H.: Plädoyer für ungewöhnliches Lernen. Reinbek 1982

Ratgeber für den Umgang
mit Kindern im Alltag –
Praktische Tips, Ideen,
Anregungen.

Harris Clemens /
Reynold Bean
Ohne Regeln geht es nicht
*Konsequent bleiben in der
Erziehung*
(rororo sachbuch 19754)

Astrid von Friesen
Liebe Spiel eine Rolle *Was
Kinder und was Eltern
brauchen*
(rororo sachbuch 60153)
Geld spielt keine Rolle *Erziehung im Konsumrausch*
(rororo sachbuch 19680)

Susanne Frinke-Dammann /
Reiner Scholz
Tagesmütter *Eine Orientie-
rungshilfe*
(rororo sachbuch 60322)

Hermann Liebenow
**Konsequenz – Wie Eltern lernen,
was Kinder brauchen**
(rororo sachbuch 60540)

Cornelia Nitsch
Bloß nicht alles richtig machen
*Vom partnerschaftlichen
Umgang mit Kindern*
(rororo sachbuch 60470)

Lorelies Singerhoff
Starke Kinder *Wie Eltern
emotionale und soziale
Intelligenz fördern*
(rororo sachbuch 60539)

Verena Sommerfeld
Trotz, Wut, Aggressionen
*Wenn Eltern nicth mehr
weiter wissen*
(rororo sachbuch 60615)

ARND STEIN

Wie wir verstehen und helfen können
**WENN KINDER
AGGRESSIV SIND**
roro
MIT KINDERN LEBEN

Arnd Stein
Wenn Kinder aggressiv sind
*Wie wir verstehen und
helfen können*
(rororo sachbuch 60582)

Lienhard Valentin
Mit Kindern neue Wege gehen
*Erziehung für die Welt von
morgen*
(rororo sachbuch 60826)

Torsten Winter
"Ich möchte so gerne ein Tier!"
*Alles über Katzen, Hunde
Meerschweinchen & Co.*
(rororo sachbuch 60326)

Anthony E. Wolf
**«Meine Freunde dürfen das
aber!»** *Vom Nachgeben
und Grenzensetzen in der
Erziehung*
(rororo sachbuch 60157)

Ute York
Nachschlagen statt Zuschlagen
*Erziehungsfragen auf einen
Blick*
(rororo sachbuch 60201)

Weitere Informationen in der
Rowohlt Revue, kostenlos im
Buchhandel, und im **Internet**:
www.rororo.de